国家出版基金项目
NATIONAL PUBLICATION FOUNDATION

# 抗日战争
# 专题研究

张宪文
朱庆葆 | 主编

第三辑
敌后
根据地

# 新四军
# 与江苏抗日根据地
# 社会形态研究

叶美兰 曾凡云 徐 鸣 著

江苏人民出版社

图书在版编目(CIP)数据

新四军与江苏抗日根据地社会形态研究 / 叶美兰,
曾凡云, 徐鸣著. — 南京 : 江苏人民出版社, 2025. 7.
(抗日战争专题研究 / 张宪文, 朱庆葆主编). — ISBN
978 - 7 - 214 - 30193 - 2

Ⅰ. E297.3;K269.506

中国国家版本馆 CIP 数据核字第 2025TC9324 号

| | | |
|---|---|---|
| 书 名 | 新四军与江苏抗日根据地社会形态研究 | |
| 著 者 | 叶美兰 曾凡云 徐 鸣 | |
| 责 任 编 辑 | 李晓爽 | |
| 装 帧 设 计 | 刘葶葶 | |
| 责 任 监 制 | 王 娟 | |
| 出 版 发 行 | 江苏人民出版社 | |
| 地 址 | 南京市湖南路 1 号 A 楼,邮编:210009 | |
| 照 排 | 江苏凤凰制版有限公司 | |
| 印 刷 | 苏州市越洋印刷有限公司 | |
| 开 本 | 652 毫米×960 毫米 1/16 | |
| 印 张 | 29 插页 4 | |
| 字 数 | 314 千字 | |
| 版 次 | 2025 年 7 月第 1 版 | |
| 印 次 | 2025 年 7 月第 1 次印刷 | |
| 标 准 书 号 | ISBN 978 - 7 - 214 - 30193 - 2 | |
| 定 价 | 128.00 元 | |

(江苏人民出版社图书凡印装错误可向承印厂调换)

教育部哲学社会科学研究重大委托项目
2021年度国家出版基金资助项目
南京大学"双一流"建设卓越计划项目
"十四五"国家重点出版物出版专项规划项目

## 合作单位

南京大学　北京大学　南开大学　武汉大学

复旦大学　浙江大学　山东大学

台湾中国近代史学会

## 学术顾问

金冲及　章开沅　魏宏运　张玉法　张海鹏
姜义华　杨冬权　胡德坤　吕芳上　王建朗

# 编纂委员会

# 总　序

张宪文　朱庆葆

　　日本侵华与中国抗日战争是近代中国最重大的历史事件。中国人民经过 14 年艰苦卓绝的英勇奋战，付出惨重的生命和财产的代价，终于取得伟大的胜利。

　　自 1945 年抗日战争结束至 2015 年，度过了漫长的 70 年。对这一影响中国和世界历史进程的重大事件，国内外历史学界已经做过大量的学术研究，出版了许多论著。2015 年 7 月 30 日，在抗日战争胜利 70 周年前夕，中共中央政治局就中国人民抗日战争的回顾和思考进行集体学习，习近平总书记发表重要讲话，指示学术界应该广为搜集整理历史资料，大力加强对抗日战争历史的研究。半个月后，中共中央宣传部迅速制定抗日战争研究的专项规划。8 月下旬，时任中共中央宣传部部长刘奇葆召开中央各有关部委、国家科研机构和部分高校代表出席的专题会议，动员全面贯彻习总书记的讲话精神，武汉大学和南京大学的代表出席该会。

　　在这一形势下，教育部部领导和社会科学司决定推动全国高校积极投入抗战历史研究，积极支持南京大学联合有关高校建立抗战研究协同创新中心，并于南京中央饭店召开了由数十所高校的百余位教授、学者参加的抗战历史研讨会。台湾也有吕芳上、陈立文等十多位教授出席会议,共同协商在新时代深入开展抗战历史研究的具体方案。台湾著名资深教授蒋永敬在会议上发表了热情洋溢的讲话。经过几个月的酝酿和准备,南京大学决定牵头联合我国在抗战历史研究方面有深厚学术基础的北京大学、南开大学、武汉大学、复旦大学、浙江大学、山东大学及台湾学者共同组建编纂委员会,深入开展抗日战争专题研究。中央档案馆和中国第二历史档案馆也积极支持。在南京中央饭店学术会议基础上,编纂委员会初步筛选出 130 个备选课题。

南京大学多次举行党政联席会议和校学术委员会会议,专门研究支持这一重大学术工程。学校两届领导班子均提出具体措施支持本项工作,还派出时任校党委副书记朱庆葆教授直接领导,校社科处也做了大量工作。南京大学将本项目纳入学校"双一流"建设卓越计划,并陆续提供大量经费支持。

江苏省委、省政府以及江苏省委宣传部,均曾批示支持抗战历史研究项目。国家教育部社科司将本项研究列为哲学社会科学研究重大委托项目,并要求项目完成和出版后,努力成为高等学校代表性、标志性的优秀成果。

本项目编纂委员会考察了抗战历史研究的学术史和已有的成果状况,坚持把学术创新放在第一位,坚持填补以往学术研究的空白,不做重复性、整体性的发展史研究,以此推动抗战历史研究在已有基础上不断向前发展。

本项目坚持学术创新,扩大研究方向和范围。从以往十分关注的九一八事变向前延伸至日本国内,研究日本为什么发动侵华战争,日本在早期做了哪些战争准备,其中包括思想、政治、物质、军事、人力等方面的准备。而在战争进入中国南方之后,日本开始逐步将战争引出中国国境,即引向广大亚太地区,对东南亚各国及东南亚地区的西方盟国势力发动残酷战争。研究亚太地区的抗日战争，有利于进一步揭露日本妄图占领中国、侵占亚洲、独霸世界的阴谋。

本项目以民族战争、全民抗战、敌后和正面战场相互支持相互依靠的抗战整体，来分析和认识中国抗日战争全局。课题以国共两党合作为基础，运用大量史实，明确两党在抗日战争中的地位和作用，正确认识各民族、各阶级对抗日战争的贡献。本项目内容涉及中日双方战争准备、战时军事斗争、战时政治外交、战时经济文化、战时社会变迁、中共抗战、敌后根据地建设以及日本在华统治和暴行等方面，从不同视角和不同层面，深入阐明抗日战争的曲折艰难历程，以深刻说明中国抗日战争的重大意义，进一步促进中华民族的伟大复兴。

对于学界已经研究得甚为完善的课题，本项目进一步开拓新的研究角度和深化研究内容。如对山西抗战的研究更加侧重于国共合作抗战；对武汉会战的研究将进一步厘清武汉会战前后中国政治、经济、社会的变迁及国共之间新的友好关系。抗战前期国民党军队丢失大片国土，而中国共产党在十分艰难的状况下，在敌后逐步收复失地，建立抗日根据地。本项目要求对各根据地相关研究课题，应在以往学界成果基础上，着力考察根据地在社会改造、经济、政治、人才培养等方面，如何探索和积累经验，为1949年后的新中国建设提供有益的借鉴。抗战时期文学艺术界以其特有的文化功能，在揭露日军罪行、动员广大民众投入抗战方面，发挥了重要作用。我们尝试与艺术界合作，动员南京艺术学院的教授撰写了与抗日战争相关的电影、美术、音乐等方面的著作。

本项目编纂委员会坚持鼓励各位作者努力挖掘、搜集第一手历史资料，为建立创新性的学术观点打下坚实基础。编纂委员会要求全体作者坚决贯彻严谨的治学作风，坚持严肃的学术道德，恪守学术规范，不得出现任何抄袭行为。对此，编纂委员会对全部书稿进行了两次"查重"，以争取各个研究课题达到较高的学术水平，减少学术差错。同时，还聘请了数十位资深专家，对每部书稿从不同角度进行了五轮审稿。

　　本项目自 2015 年酝酿、启动，至 2021 年开始编辑出版，是一项巨大的学术工程，它是教育部重点研究基地南京大学中华民国史研究中心一直坚持的重大学术方向。百余位学者、教授，六年时间里付出了艰辛的劳动，对抗战历史研究做出了重要贡献！编纂委员会向全体作者，向教育部、江苏省委省政府以及各学术合作院校，向江苏凤凰出版传媒集团暨江苏人民出版社，向全体编辑人员，表示最崇高的敬意和诚挚的感谢！

# 目　录

**绪　论** *001*

一、国内外研究现状　*001*

二、研究内容、史料来源　*009*

三、学术创新与突破点　*011*


**第一章　新四军与江苏抗日根据地建立与发展** *013*

第一节　全国抗战爆发前的江苏社会　*013*

一、政权更迭与政局演变　*013*

二、经济发展与社会变迁　*017*

第二节　江苏沦陷和日伪的统治　*037*

一、全国抗战初期的江苏战场　*037*

二、日伪政权在江苏的统治　*054*

第三节　新四军与江苏抗日根据地的开辟与发展　*060*

一、江苏抗日根据地的开辟　*060*

二、江苏抗日根据地的巩固与发展　*071*

## 第二章　新四军与江苏抗日根据地的政治建设　076

### 第一节　江苏抗日根据地的民主政权建设　076

一、江苏抗日根据地民主政权建设的历程　077

二、江苏抗日根据地的施政纲领及其具体化　087

### 第二节　江苏抗日根据地民主政权的制度建设　097

一、参议会制度　097

二、行政体制　104

三、司法制度　113

四、干部人事制度　119

### 第三节　中共在江苏抗日根据地的自身建设　131

一、思想建设——整风运动　131

二、组织建设——精兵简政　136

三、作风建设——群众路线　145

四、廉政建设——反贪污反浪费　150

## 第三章　新四军与江苏抗日根据地的经济建设　157

### 第一节　江苏抗日根据地的财政建设　157

一、江苏抗日根据地的财经政策和方针　157

二、江苏抗日根据地的财政机构和人员　167

三、江苏抗日根据地的财政管理与监督机制　177

### 第二节　江苏抗日根据地的减租减息与大生产运动　189

一、江苏抗日根据地的减租减息运动　190

二、江苏抗日根据地的大生产运动　198

### 第三节　江苏抗日根据地的工商税收　209

一、江苏抗日根据地的工商业　209

二、江苏抗日根据地工商税收的建立与发展　218

　　三、江苏抗日根据地的主要工商税种　225

　第四节　江苏抗日根据地的金融货币　235

　　一、江苏抗日根据地金融机构的创建与发展　235

　　二、江苏抗日根据地货币的发行与流通　242

　　三、江苏抗日根据地的货币斗争　248


第四章　新四军与江苏抗日根据地的新闻、教育与文化　256

　第一节　卓有成效的新闻出版宣传工作　256

　　一、报刊类型、内容、受众的多元化选择　257

　　二、苏南、苏中、苏北地区全面发展　269

　　三、党和军队领导人高度重视新闻出版宣传　279

　第二节　教育事业在艰难困苦中蓬勃发展　283

　　一、学校教育举步维艰　283

　　二、廉政教育长抓不懈　286

　　三、民众教育丰富多彩　296

　第三节　文学艺术的繁荣及其社会影响　298

　　一、抗日根据地文学与艺术的兴起　299

　　二、抗日根据地文学与艺术的繁荣　308

　　三、文学艺术繁荣发展的社会影响　316


第五章　新四军与江苏抗日根据地的社会建设　323

　第一节　新四军在江苏抗日根据地的群众工作　324

　　一、新四军开赴江苏前沦陷区群众工作的开展　324

　　二、新四军在江苏抗日根据地群众工作的开展　329

　　三、江苏抗日根据地群众工作的特点　348

　第二节　江苏抗日根据地的统战工作　356

　　　新四军对江苏各派别的统战工作　357

　　第三节　江苏抗日根据地的卫生工作　380

　　　一、新四军在江苏抗日根据地卫生工作的开展　381

　　　二、江苏抗日根据地医疗卫生工作的主要内容　385


余　论　392

　　　一、新四军在江苏抗日根据地的发展特征　393

　　　二、新四军在江苏抗日根据地建设的基本经验　397


参考文献　408


索　引　421

# 绪 论

## 一、国内外研究现状

全国抗战时期,新四军在江苏坚持抗战并创建了比较巩固的抗日根据地。本文所研究的"江苏抗日根据地"主要包括新四军在江苏建立的苏南、苏中、苏北三块抗日根据地,以及目前行政区域属于江苏的新四军建立的淮北抗日根据地和淮南抗日根据地的一部分。

学界关于新四军与江苏抗日根据地的研究已经有了一定的基础,就国内外已有研究成果而言,有相关史料的收集与整理,在抗日战争史与国共关系史的相关论著中也会涉及本主题的研究内容,均为本课题的深入研究提供史料储备与理论支撑。近几年来,本课题组对此主题的研究已经取得了在学界有一定影响力的成果,在此,着重对本课题组已有的研究基础做一简要梳理。

(一)国内有关新四军与江苏抗日根据地的研究述评

1. 关于新四军史料的整理。中华人民共和国成立以前就已开展,零星散见于抗战时期共产党创办的报纸杂志,以及当时公开发行的报刊书籍。中华人民共和国成立以后,人民解放军建军、发展历史的研究加强,既有史料汇编,也有相关回忆录。尤其是改革开放以来,从中央到地方,各级党委非常重视新四军研究,加之江苏、上海、安徽等地新四军历史研究会的纷纷成立,高校、科研院所专家学者的加入,新四军研究成果丰硕,既有中央军委组织编写的大型史料丛书,也有新四军历史研究会、分会组织编写的各根据地发展史,以及专题论述、回忆录和口述材料等,以上史料为本课题的开展奠定了扎实的史料基础。

2. 有关新四军史的最新研究。在抗日战争时期,新四军是中国共产党领导的取得丰功伟绩的一支重要武装力量。新四军在华中抗日根据地政治、经济、文化、社会建设诸方面都积累了丰富经验。新四军史内容主要包括:国共两党领导人与新四军的组建、新四军的发展战略,新四军发展史中的重要历史事件(如中共六届六中全会、皖南事变、黄桥战役、曹甸战役等),新四军领导人关于新四军发展的军事思想、群众思想、统战思想等。在中共领导人关于新四军的发展战略与对新四军组建与发展的指导方面,王骅书长期予以关注,其在《抗日战争研究》《安徽史学》《史学月刊》等权威和核心期刊发表论文近10篇。如其对"发展华中"战略的关注,作者在《新四军、八路军华中"连通"战略的缘起与逐步实现》[《史学月刊》2013(3)]和《抗战期间中共"发展华中"战略研究辨析》[《抗日战争研究》2012(4)]等论文对此作了专题探讨。上述成果认为将新四军、八路军在武装上连成一体"打通南北地域"是中共中央和毛泽东在八路军、新四军先后改编组建之初就存在的构想,其关乎抗日战争胜利的格局与性质,以及抗战胜利后国共两党的成败未来。同时,发展华中和中共两大军事力量在华中汇合是抗战期间中共中央较早的战略构想。由于受到国际国内综合因素的影响,在华中地区开展敌后游击战争并未得到显著发展。中共出于对抗战全局的总体考量与战后格局的长期筹划,从新战略发展需要,指挥八路军进入华中与苏北地区。八路军与新四军在 1940 年会师。再如曾凡云则对蒋介石与皖南事变,以及国民党电文中关于新四军史料记载的重要价值作了初步探讨。他主持江苏省社科基金项目"苏北地区新四军未刊史料的整理与研究",参与国家社科基金重大委托项目"中国新四军史料整理与研究",并在《史学史研究》《北京师范大学学报》(哲学社会科学版)、《安徽史学》等权威期刊发表文章近 10 篇。

　　毫无疑问,在人民军队的发展史上,新四军具有独特的地位。八路军由长征胜利到达陕北的主力红军第一、第二、第四方面军和陕北工农红军组成,新四军则由留在赣、闽、浙、湘、粤、皖、鄂、豫八省的红军游击队组成。二者同样都是党领导下统一的革命武装,但由于历史与斗争环境的差异,两者却显示了不同的个性与特色。所以,陈毅指出:"光荣革命八路军的名字,代表着伟大的红军主力长征的历史,而光荣革命的新四军的名字,则代表着我党我军所领导的伟大的游击兵团的历史。"①

　　但是,当前学界有关新四军史的研究与其在中国抗战史的地位还十分不相称,本课题将进一步加强相关研究。具体包括:一是对新四军发展史作系统研究;二是加强对新四军重要领导人的军事思想、根据地建设思想的研究;三是着眼于新四军的军事斗争与建设,加强对新四军与日伪顽斗争的研究;四是对新四军的统战工作、群众工作、教育工作等课题展开深入研究。

　　3. 有关江苏抗日根据地研究。江苏是中华民族较早进行抗战

①　马洪武:《史海求真集》,南京:南京大学出版社 2006 年,第 149 页。

的地区之一,江苏战场是中国抗战的一个极其重要的战场,具有重要的战略地位。1938 年春,新四军挺进江南,开始积极对日作战,江苏遂逐步成为中国共产党领导的华中抗战的核心区域之一。江苏成为中国共产党领导的华中抗日根据地的核心区域之一。可以说,江苏抗日根据地,是新四军在日军已经停止对国民党正面战场大举进攻、把重点转向占领区的形势下深入敌后建立的;同时此地又面临着留在华中敌后的国民党军十多万主力部队的压力,因而长期处于敌伪顽三面夹击极为不利的环境中。在这种形势下,江苏抗日根据地的宝贵经验自是别具一格。江苏抗日根据地的党、政、军建设,财经、文化、教育、卫生等工作以及社会变迁都有自己的特色,积累了丰富的经验,认真总结其经验教训,对新中国史研究有所借鉴,因而仍具有较强的现实意义。

　　1937 年 12 月 13 日,日军占领南京并对居民实施疯狂的大屠杀。1938 年 6 月,徐州会战结束,但国民党军队并没有完全撤离江苏,韩德勤以兴化为驻地成为江苏的最高长官。1938 年夏,新四军挺进江南建立了以茅山为中心的根据地,此后相继在沦陷区建立苏南、苏中根据地。1940 年,汪伪政权建立。从此开始,到 1945 年 9 月抗日战争胜利为止,江苏地区成为日伪、国民党与新四军斗争最激烈的区域。侵华日军联合汪伪政权对新四军在江苏建立的根据地采取残酷统治,疯狂掠夺物资。

　　在日伪与国民党对江苏抗日根据地的统治与掠夺研究方面已经有了坚实的研究基础。关于南京大屠杀研究。张连红长期专注于此领域,其独著或作为主要参与者先后出版《南京大屠杀研究:历史与言说》《南京大屠杀全史》(上、中、下)、《创伤的历史:南京大屠杀与战时中国社会》《南京大屠杀史料集》《中国正面战场》等,主持并合作翻译《魏特琳日记》《南京事件争论史》等,在《历史研究》《近代史研究》

《抗日战争研究》《亚洲研究》《民国档案》等权威刊物上发表相关学术论文 30 余篇。张生先后独著或参与出版《南京大屠杀史研究》(上下)、《中国敌后战场》《中国正面战场》《南京大屠杀史研究》(增订版)、《南京大屠杀史料集》。并在《历史研究》《抗日战争研究》《史林》《安徽史学》等权威期刊发表相关论文 20 余篇。上述两位学者对南京大屠杀的深入研究,也深化了江苏沦陷区史的研究。

有关沦陷区社会经济问题。齐春风的《沦陷时期南京的粮食供应》一文,探讨了南京沦陷区的经济问题。作者对南京沦陷区粮食的供应进行了系统研究,认为南京沦陷后的大部分时间里,民众的生活极为困苦,粮食供应紧张为其基本特征。1939 年之前日军并没有加紧对南京地区的粮食控制,之后,日军开始控制粮食的流通,推行所谓的许可证制度与计口授粮制度,南京城内民众的粮食供应受到极大限制,严重影响民众的日常生活。张连红的《战时国民政府对日军罪行的调查——以"敌人罪行调查委员会"为中心》一文,指出:太平洋战争爆发后,国民政府开始与同盟国一起为战后惩处战犯而开展敌人罪证调查,并于 1944 年 2 月在国民政府行政院正式成立了"敌人罪行调查委员会",制定了一系列有关敌人罪行调查的工作规程和办事细则,进一步推动了敌人罪行的调查工作,在抗战胜利前夕,蒋介石试图通过改组"敌人罪行调查委员会",重新明确敌人罪行调查工作的分工,以适应战后审判的需要。虽然调查委员会进行了艰苦努力,整理汇编了近 3 000 件罪证材料,但因国民政府及相关政府组织不能完全认识调查日军罪行的意义,而且成立的相关机构也不具有权威性等因素的制约,这就直接影响了国民政府战时日军罪行的调查成效。

此外,在新四军群众工作与统战工作研究方面。周建超专注于新四军与帮会的研究。他认为,在新民主主义革命时期,对于帮会工作的处理，一直是共产党需直接面对的现实问题与政策问题。抗战时期华中地区帮会林立，它们既是新四军可以争取和团结的力量，同时又存在被日军收买充当汉奸，或为国民党顽固派利用充当反共急先锋的现实危险。因此，争取帮会大部分成员积极参加抗日，便成为华中新四军领导抗日民族统一战线的重要任务之一。在中国共产党的领导下，新四军在华中地区对于帮会，不仅制定了积极动员、团结、利用的有效政策措施，而且更重要的是高效地实行政策，进而可以团结大部分帮会成员，让他们加入并维护抗日民主统一战线，对于抗日战争的最终胜利做出应有的贡献。

以上的相关研究为本课题在日伪及国民党对江苏抗日根据地的残酷统治与掠夺研究方面奠定坚实的基础。

4. 新四军革命精神与社会主义核心价值观研究。新四军革命精神与社会主义核心价值观研究既是新四军史研究的重要内容，也是当前践行社会主义核心价值观能否顺利进行的必备条件。新四军在中国共产党的领导下，经过艰苦卓绝的斗争实践，为抗日战争的胜利作出了重要贡献；同时，也铸就了宝贵的革命精神。新四军革命精神是中国共产党在抗战时期和解放战争初期形成的宝贵精神财富，是中华民族精神的重要体现和组成部分。在当今，我们加强铁军精神的研究，总结历史经验，有利于促进宣扬社会主义核心价值观，激励我们在新时代新征程大力弘扬"不怕困难、不畏艰难，勇于斗争、敢于胜利"的精神。

在新四军革命精神与社会主义核心价值观等研究领域，如叶美兰主持的江苏省教育厅重大攻关项目"新四军文化的主导价值与社会主义核心价值观研究"，本项目以马克思价值观念的理论，研究新四军文化的主导价值及其当代意义，以苏北根据地文化建设为中心，分析了新四军文化建设的过程、内容、特点和经验，对于推动抗战文化研究具有重要意义。该项目通过研究新四军文化的主导价值与社会主义核心价值观之间的内在关联性,将有助于弘扬传统民族精神和新四军精神,进一步推进社会主义核心价值观教育;而且对于培育区域特色的文化创新精神,推动江苏经济社会发展具有重要作用。李锋专注于新四军文化艺术史的研究。如其主持的江苏省高校哲学社会科学项目"新四军艺术史料整理与红色文化传承途径研究",他不仅整理了丰富的新四军艺术史资料,形成了丰硕的研究成果,发表了数篇高质量学术论文,产生了重要影响,而且为新四军艺术史的研究奠定了史料基础。徐成探讨了盐阜区新四军文艺的形式与内容,充分证明了新四军文化艺术来源于群众、来源于实践、服务于群众的核心思想。他还从事"抗战时期苏北根据地与延安解放区文艺活动比较研究""苏北新四军文化主导价值认同的建构与文化治理研究"等方面研究,发表了十余篇有关新四军文化研究的论文,在学界产生了一定的影响。

随着新四军革命精神在社会生活中渗透程度的变化,新四军文化的一些内在价值取向与特质也在不断发生变化。由此,本课题在上述研究的深厚基础上,将从新四军革命精神与当代中国主流价值观的关系整合入手,分析新四军文化发展的必然趋势以及由此对践行社会主义核心价值观所带来的深刻影响,探讨江苏红色文化资源的保护和开放策略,研究新四军文化发展的历程及其成果表现、新四军文化的时代内涵及其价值意蕴、新四军文化价值观对马克思主义中国化的理论贡献等一系列重大、热点问题。

（二）国外有关新四军的相关研究

在新四军通史研究方面,如日本宍戸寛『中国八路軍、新四軍史』(河出書房新社 1989 年)、三好章『摩擦と合作:新四軍 1937—1941』(創土社 2003 年)等著作。从国共关系角度考察皖南事变,如加拿大 ShermenX. Lai（赖小刚），*A War within a War*：*The Road to the New Fourth Army Incident in January* 1941，Joural of Chiese Military History 2（2013）。当然，国外关于近代中国军事史尤其是抗日战争史与国共关系史的相关研究中也会涉及新四军的相关议题，比如：F. F Liu，*A Military of Modern China*，*1924—1949*，Princeton University Press，1956. Hsi-sheng Ch'i（齐锡生），*Nationalist China at War*：*Military Defeats and Political Collapse*，*1937—1945*，University of Michigan Press，1982. Ger Teitler& Kurt W. Radtke eds. *A Dutch Spy in China*：*Reports on the First of the Sino-Japanese War*，*1937—1939*，Brill，1999. Richard J. Aldrich，*Intelligence and the War against Japan*：*Britain*，*America and the Politics of Secret Service*，Cambridge University Press，2008. Maochun Yu，*The Dragon's War*：*Allied Operation and the Fate of Modern China*，*1937—1947*，Naval Institute Press，2006. Yung-fa Chen，*Making Revolution*：*The Communist Movement in Eastern and Central China*，*1937—1945*，University of California Press，1986. ［英］方德万（Hans J. van de Ven），《中国的民族主义和战争（1925—1945）》（生活·读书·新知三联书店 2007 年）等，以上论著均为本课题的开展提供史料储备与理论基础。

由此，根据当前学界对新四军与江苏抗日根据地研究的形势和舆论动态，课题组将不断拓展研究空间。进一步加强对新四军与江苏抗日根据地，即苏北抗日根据地、苏中抗日根据地和苏南抗日根据地的系统研究，拟主要研究新四军江苏根据地的政权建设、财经工作、群众工作、社会变迁以及自身特点与影响，总结经验教训，以更好地服务于当今江苏经济社会的发展。

## 二、研究内容、史料来源

（一）研究内容

1. 新四军与江苏抗日根据地建立与发展。充分调查、整理江苏各地档案馆、党史办、图书馆所藏的相关档案资料,在全国抗战背景下,梳理清楚新四军与江苏抗日根据地的开辟与建立,在此基础上,致力于深化日军、汪伪、国民党对江苏抗日根据地的经济掠夺、基层统治、思想文化统治等领域,分析和解读日伪对江苏抗日根据地的残酷统治、经济的疯狂掠夺、对江苏抗日根据地民众的严密思想控制等,努力把江苏抗日根据地的研究向前推进一步,为探讨抗战时期江苏地区财产损失等课题夯实研究基础。

2. 新四军与江苏抗日根据地的民主政治建设。首先梳理江苏抗日根据地民主政权建设的历程(苏南、苏中、苏北)与实践(施政纲领与参议会制度安排),再次阐释江苏抗日根据地的相关制度安排(行政体制、司法制度、人事制度),进而进一步揭示中国共产党在江苏抗日根据地的自身建设(思想建设、组织建设、作风建设、廉政建设)。

3. 新四军与江苏抗日根据地的经济建设。主要是梳理新四军与江苏抗日根据地在财政经济,工商税收以及交通运输方面的运行概况,并分析其特点。

4. 新四军与江苏抗日根据地的文化教育。首先,重点分析新四军与江苏抗日根据地新闻出版宣传工作概况(新闻出版宣传结构多元发展、苏南苏中苏北地区全面发展、党和军队领导人高度重视新闻出版宣传工作)。其次,梳理江苏抗日根据地教育事业发展概况(学校教育举步维艰、廉政教育常抓不懈、民众教育丰富多彩）。再次，阐释新四军与江苏抗日根据地文学艺术的繁荣概况并阐发其社会影响。

5. 新四军与江苏抗日根据地的社会建设。主要分为新四军在江苏抗日根据地的群众工作（敌后抗日根据地的开辟，群众工作的开展及特点），新四军在江苏抗日根据地的统战工作（对各派别、对国际友人、对在华日本人以及各自的特点），以及新四军在江苏抗日根据地的卫生工作（开展状况与特点）。

6. 余论部分总结新四军与江苏抗日根据地自身发展特征及其对抗日战争的影响，并揭示历史教训。

（二）史料来源

第一，在新四军史与江苏抗日根据地史方面。课题依托国家社科重大委托项目"中国新四军史料整理与研究"（11@ZH020）、国家社科重大招标项目"抗日老战士口述史资料抢救整理"（15ZDB045）子课题"新四军抗日老战士口述史资料抢救整理"、江苏省社科基金一般项目"苏北地区新四军未刊史料的整理与研究"（16SB001）等项目，已经收集整理了十分丰富的新四军史与江苏抗日根据地的史料，为进一步研究相关课题奠定了坚实的资料基础。

第二，在新四军革命精神与社会主义核心价值观研究方面。课题组对于新四军革命精神与社会主义核心价值观首次进行了系统研究。课题依托江苏省教育厅重大攻关项目"新四军文化的主导价值与社会主义核心价值观研究"（2016ZDAXM005）等项目的资助，在新四军革命精神、新四军文化艺术等方面开展了卓有成效的研究。

第三，在南京大屠杀史与抗战史研究方面。课题依托国家社科基金一般项目"抗战时期中国受害者PTSD研究——以南京大屠杀受害者为中心"（09BZS021）、2015年度国家社科基金重大项目"《钓鱼岛问题文献集》及钓鱼岛问题研究"(15ZDB049)、2016年度国家社科基金"抗战工程"专题项目,"国外有关中国抗日战争史料整理与研究之一:李顿调查团档案翻译与研究"(16KZD017)。课题组依托上述科研项目,不仅收集整理出版了近百册的大屠杀史料,而且最先系统地对该课题展开了深入研究,发表和出版了一批有重点影响的论文和图书,为世人了解南京大屠杀的真相作出了重要贡献。

此外,还有相关专题研究论著,如《南京大屠杀史研究》(凤凰出版社2016年)、《中国敌后战场》(华夏出版社2015年版)、《海峡两岸合编中华民国史专题·抗日战争与战时体制》(南京大学出版社2015年)、《新四军丛书:万卷归海——财经战线卷》《众志成城——政权建设卷》(江苏人民出版社2015年)、《中日经济战中的走私活动(1937—1945)》(人民出版社2002年)等。

## 三、学术创新与突破点

(一)课题内容研究上的创新

1. 目前,新四军与江苏抗日根据地史的研究,并没有引起学界的足够重视。现有的研究成果,仅仅对新四军发展过程中的皖南事变这一课题研究相对充分。因此课题组除了对学界比较关注的个别课题,利用最新公布的档案资料展开深入研究外,将根据所掌握资料,运用历史学、政治学、军事学等相关理论,对新四军的组建与发展进行系统研究,对江苏抗日根据地进行全方位研究,并在此基础上探讨有关重要问题合理的解释理论,揭示新四军组建与发展的客观历史,分析江苏抗日根据地建设的内容与成功经验;尤其是对学界研究薄弱的江苏抗日根据地的政权建设史、财经工作史、党的建设史、统战工作史以及社会变迁等课题展开系统研究。

2. 为加强抗日战争史的研究创新。通过新四军史、抗日根据地史等问题的研究，寻求加强全民族抗战史，尤其是中共在敌后坚持抗战的历史研究的科学方法，提高抗战史的真实性，有效地遏制历史虚无主义等有害信息传播，力争为保障和对舆论导向的正确把握提供理论支撑，以江苏抗日根据地文化建设为中心，分析了新四军文化建设的过程、内容、特点和经验，对于推动抗战文化研究具有重要意义，努力为社会经济文化的发展创造良好的舆论环境，保障国家内部的文化安全。

（二）课题研究方法方面的应用创新

1. 在研究过程中的研究方法、研究范式上的创新探索。课题研究基于学科交叉的基础上产生，因此在研究方法上不能够仅仅依赖传统意义上史学的研究方法，而且应该引入政治学、经济学、军事学等学科的科学研究方法，最大限度采用体现学科交叉发展成果的多维度研究方法来解释研究问题的本质规律。

2. 在实践意义方面的创新，有助于科学的认知中国共产党领导下的新四军和华中抗日根据地在全国抗战中的重要作用，同时建立能够适应当前社会发展需要的价值引导和舆论宣传，为实现思想意识形态领域的稳定、繁荣和净化社会思想文化环境做出努力。

3. 马克思主义理论研究方面。本课题依托国家社科基金项目：《马克思主义经典作家社会有机体思想研究》（14BKS004）、教育部人文社科项目"马克思主义社会有机体理论发展史研究"（11YJA710077）等的资助，课题组成员开展的新四军与江苏抗日根据地研究将为马克思主义中国化、马克思主义在中国的发展等课题的研究作出一定的贡献。

# 第一章　新四军与江苏抗日根据地建立与发展

## 第一节　全国抗战爆发前的江苏社会

近代以来,在中国早期现代化进程中,江苏走在了全国的前列,到全国抗战爆发前,江苏在近代产业发展、基础设施建设、城市近代化等方面都取得了一定的成效,但也存在着城乡和区域发展不平衡的问题。全国抗战爆发后,江苏成为中国军队对日作战的主战场之一,随着国民政府军在正面战场节节失利,江苏全省大部分沦陷。在日伪政权的统治下,江苏各地的社会经济日益凋敝,广大人民的生活困苦不堪。中国共产党及其领导的抗日武装——新四军承担起主导和支撑江苏抗战大局的历史重任,成功开辟了江苏抗日根据地。中国共产党和新四军团结带领广大人民群众开展抗日斗争和根据地建设,在极其艰苦的环境中巩固和发展了江苏抗日根据地,最终迎来了抗日战争的胜利。

### 一、政权更迭与政局演变

中国这个东方文明古国是在极端屈辱和灾难深重之中进入 20

世纪的。在义和团运动和八国联军侵华战争之后，中国被迫签订了空前丧权辱国的《辛丑条约》，清政府彻底沦为了"洋人的朝廷"。晚清时期，清政府在江苏省设置江苏巡抚作为全省最高行政长官，兼理全省军、民政务，巡抚衙门驻苏州，同时设置两江总督，总管江苏、安徽和江西三省的军民政务，两江总督署驻南京。在义和团运动中，两江总督刘坤一与湖广总督张之洞等清政府地方官员与西方列强妥协，达成"东南互保"协议，使江苏免于八国联军侵华战乱的波及。1901年，清政府开始实行"新政"，涉及政治、军事、经济、教育等领域的改革。在辛亥革命前的十年间，主政江苏的历任两江总督张之洞、魏光焘、端方等思想都较为开明，积极推行"新政"，在经济和教育等领域，取得了较为显著的成绩。可以说，在中国早期现代化进程中，江苏从一开始就走在了全国的前列。

但是，清末"新政"的推行依靠的是"赤字财政"，到了1910年，清政府的预算赤字已接近8 000万两白银，地方各省也普遍出现了财政匮乏的状况，作为沿海富庶省份的江苏也出现了高达108万两白银的财政赤字。[①]清政府和地方各省为推行"新政"而征敛无度，导致民生日困，社会矛盾日益尖锐。1907年，江苏巡抚陈夔龙在向清政府的奏议中称："慨自甲午而后，继以庚子之役，偿款数钜期迫，财力竭于外输，其原因一也。内外亟图自强，百度同时并举。他不具论，即练兵、兴学两大端，岁支之款殆不可以数计，其原因二也。各省筹款之法，不必尽同，要以征榷为宗，说者每谓征榷取之于商，固胜取之于农，不知商人重利，断不肯坐受亏耗，于是加其售

---

① 彭雨新：《辛亥革命前夕清王朝财政的崩溃》，湖北省历史学会编：《辛亥革命论文集》，武汉：湖北人民出版社，1981年，第183—185页。

价以取偿,而四民胥受其累矣。"①辛亥革命爆发后,清政府江苏巡抚程德全于 1911 年 11 月 5 日在苏州宣布独立,江苏都督府宣告成立,程德全出任都督,史称"江苏光复"。随后,上海、南京相继光复,孙中山领导的中华民国南京临时政府成立。

清帝退位以后,袁世凯窃取了民国政权。1913 年,袁世凯镇压了"二次革命",张勋出任江苏都督,从此江苏政权为北洋军阀所控制。民国北京政府在地方上实行"军民分治",1912 年 12 月,江苏省行政公署在南京成立,省署内设民政长,专门负责管理全省民政事务,此后袁世凯曾下令将各省民政长改为巡按使,1916 年 7 月,北京政府将各省的巡按使改称省长。但是,北京政府时期的江苏省长并不掌握实权,作为全省最高军事长官的督军才是实际上的主政者。从 1913 年到 1927 年,江苏政权基本上为直系军阀所控制。在历任江苏省长中,虽有王瑚、韩国钧等思想开明、为政清廉的官员,但历任江苏督军都是军人出身,掌握着全省军政大权,军阀统治下的江苏政局动荡,吏治极为败坏,官吏欺压民众、贪赃枉法,民众苦不堪言。1925 年 1 月,江苏省长韩国钧深感"问心无以对苏,而力不能救苏",通电辞职。② 这一时期,虽然时局动荡,但在各界有识之士的努力推动下,江苏社会经济发展还是取得了一定的成就。

1927 年 4 月,南京国民政府建立后,在南京设立了江苏省政府。1927 年 11 月,国民政府任命钮永建为江苏省政府主席。1929 年 2 月,江苏省政府由南京迁往镇江。此后,到全国抗战爆

---

① 故宫博物院明清档案部编:《清末筹备立宪档案史料》,北京:中华书局,1979 年,第 117 页。
② 江苏省地方志编纂委员会编:《江苏省志·政府志(上)》,南京:江苏人民出版社,2005 年,第 225 页。

发前,叶楚伧、陈果夫、顾祝同相继担任江苏省政府主席。从1927年到1937年,历届江苏省政府一方面秉承国民政府当权者的意志,镇压江苏人民的革命斗争,巩固国民党在江苏的统治,另一方面也积极推行了各项建设,在一定程度上推进了江苏的现代化进程。

从20世纪初到全国抗战爆发前,江苏省行政区划与管理体制的演变可以分为三个阶段。在清朝末年,江苏地方政府机构层次分为省—府(直隶州、直隶厅)—县(散州、散厅)三级制。辛亥革命以后,民国北京政府最初是简化了清代的行政区划,1912年废除了府、州、厅的建置,在省以下只保留了县级行政区划。1914年至1927年,北京政府又实行省、道、县三级制。南京国民政府成立后,废除了省县之间的道一级建置,各县直属于省。从1933年开始,江苏全省又划分了若干个行政督察区,设置行政督察专员公署作为江苏省政府的常设派出机构,协助省政府督导辖区范围内各县的政务。行政督察区简称专区,行政督察专员兼任该区的保安司令部司令,还兼任公署所在地县政府的县长,因此,原本主要担负行政监督职责的行政督察专员及其公署实际上成为介于省和县之间的又一级行政建置,到全国抗战爆发前江苏省的行政区划再度演变为省、专区、县三级制。

此外,南京作为国民政府的首都所在地,于1927年设立南京特别市,为国民政府行政院直辖。

到1937年全国抗战爆发前,江苏省共设有10个专区和61个县(其中包括新中国成立以后划归上海市的崇明、松江、金山、奉贤、南汇、川沙、上海、宝山、嘉定、青浦等10个县以及划归安徽省的砀山、萧县2个县)。其中,在苏南地区设有4个专区:第一区专员公署驻溧阳县,管辖溧阳、宜兴、金坛、丹阳、镇江、扬中6个县;

第二区专员公署驻无锡县,管辖无锡、武进、江阴、吴县、吴江、常熟、太仓、昆山8个县;第三区专员公署驻松江县,管辖松江、金山、奉贤、南汇、川沙、上海、宝山、嘉定、青浦9个县;第十区专员公署驻江宁县,管辖江宁、溧水、高淳、句容4个县。在苏中地区设有2个专区:第四区专员公署驻南通县,管辖南通、如皋、启东、海门、靖江、崇明6个县;第五区专员公署驻江都县,管辖江都、高邮、仪征、泰兴、泰县、六合、江浦7个县。在苏北地区设有4个专区:第六区专员公署驻盐城县,管辖盐城、阜宁、东台、兴化4个县;第七区专员公署驻淮阴县,管辖淮阴、淮安、宝应、宿迁、泗阳5个县;第八区专员公署驻东海县,管辖东海、赣榆、灌云(包含拟设的连云市)、沭阳、涟水5个县;第九区专员公署驻铜山县,管辖铜山、丰县、沛县、萧县、砀山、邳县、睢宁7个县。①

## 二、经济发展与社会变迁

江苏自古享有"鱼米之乡"的美誉,随着中国古代经济重心的南移,自宋代以来的一千多年中,江苏一直是我国经济发达地区。近代以后,上海开埠并确立了全国经济中心的地位,江苏作为上海的重要经济腹地,在上海的辐射带动下,经济社会发展走在了全国前列。近代中国处在由传统向现代转型的过渡时期,从20世纪初到全国抗战爆发前,江苏的现代化进程在曲折中艰难推进,在产业发展、基础设施建设、城市近代化等方面都取得了一定的成效,但也存在着城乡、区域发展不平衡的问题。

---

① 江苏省地方志编纂委员会编:《江苏省志·政府志(上)》,南京:江苏人民出版社,2005年,第213,214页。

（一）产业发展

1. 滩涂农业开发

近代以来，江苏的农业生产一直位居全国前列，到全国抗战爆发前，江苏主要农作物的产量占到了全国总产量的 10% 以上。[①]江苏沿海分布有异常丰富的滩涂资源，滩涂农业开发是 20 世纪上半叶江苏农业生产发展的一大亮点。

在清代前期，江苏沿海地区属于两淮盐区，在北起陈家港，南到吕四港，西至范公堤，东达黄海边的范围内，共有土地 1 900 多万亩，全部用于蓄草煎盐，清政府为了保证盐税的收入，严禁在盐区内开垦种植，违者治罪。而近代以来，江苏沿海滩涂不断淤涨，海岸线逐渐东移，盐场也随之东迁，产盐量逐年下降，盐业经营日益困难，原来世代煮盐为生的"灶民"迫于生计，开始自发地开垦废弃荒芜的旧盐场土地。20 世纪初，随着清末"新政"的推行和近代工商业的发展，商税已占清政府税收之大宗，盐税已经不是其财政收入的主要来源，盐区垦殖的限制有所放宽。1901 年，张謇率先在南通、海门交界处创办了通海垦牧公司，利用原吕四盐场的土地，"择其能垦者开沟筑堤，以兴种植，能盐者，仍蓄草供煎，以顾食盐"，开创了"盐垦兼营"的滩涂农业开发模式，"一以开国家之利源，一以舒盐商之积困也"。[②]

辛亥革命以后，民国政府出台了一系列奖励实业的措施，张謇出任北京政府农商总长后又颁布了奖励垦殖的条例，再加上第一次世界大战期间西方列强放松了对中国经济的控制，民族资本主

---

① 江苏省委党史工作办公室编：《江苏省抗日战争时期人口伤亡和财产损失》，北京：中共党史出版社，2014 年，第 7 页。

② 江苏省垦殖设计委员会编：《苏北滨海垦殖区各盐垦公司概况》，1936 年，第 2 页。

义工业迎来了发展的"黄金时期"。在民族资本主义工业较为集中的江浙地区,纺织业生产的快速发展对原棉的需求量大增,带动了江苏沿海垦荒植棉的热潮。在 1910 年代,"垦植之风,遂遍于通泰两属之各场",1920 年代初,江苏沿海地区的盐垦公司已有 40 多家,其中大多创办于 1917、1918 年间。① 到 1935 年,江苏沿海地区的如皋、南通、盐城、阜宁、东台五县境内共有盐垦公司 77 家,经营土地共计 400 余万亩。②

　　盐垦公司是效仿近代西方国家股份制公司而建立的农业资本主义性质的企业,通过发行股票来筹集原始资本,股东凭股票从公司的经营利润中获得分红,公司一般设有董事会来决定生产经营的重要事项,并由董事会任命经理负责公司的日常经营和管理。盐垦公司雇佣佃农进行生产经营,租种盐垦公司土地的佃农虽然是以家庭为单位进行生产,但他们的生产活动大多是在公司统一指挥下进行的。江苏沿海垦殖区的土地收成一般分为春、秋两季,春季种麦豆,秋季种棉花,佃户春季的生产活动受到盐垦公司的限制,以免影响秋季棉花的收成,秋熟之后,盐垦公司和佃户多以四六分的方式分配收成。

　　农田水利建设对于农业生产的发展至关重要,在"煮海为盐"的时代,江苏沿海滩涂地区出于海盐生产的需要没有修筑海堤,盐场东迁以后,范公堤以东的旧盐区土地饱受海潮的侵袭和洪涝灾害的困扰。此外,由于沿海滩涂的土壤中含有大量盐分,进行土壤改良也是滩涂农业开发必须要解决的问题。在中国传统的小农经济时代,农业生产主要以家庭为单位进行,无法进行大规模的农田

---

① 李积新:《江苏盐垦事业概况》,《东方杂志》1924 年第 21 卷第 11 号,第 66 页。
② 江苏省垦殖设计委员会编:《苏北滨海垦殖区各盐垦公司概况》,第 2 页。

水利建设。而在盐垦公司经营的土地上，一切农田水利建设均由公司组织进行，所需费用由公司负担。与传统的小农经济相比，盐垦公司这种资本主义"大农业"的近代化生产经营方式在农田水利建设方面的优势尽显。在开垦土地之前，各盐垦公司首先要组织修筑海堤，开挖河渠，海堤既能积蓄淡水，又能防止海潮的侵袭，河渠既能排涝防洪，又能冲洗土壤中的盐分。这样，沿海滩涂围垦区的农田水利建设与土壤改良工作同步进行，成效显著，为滩涂农业开发的顺利进行提供了基础性的保障。

经过 30 多年的滩涂农业开发，到全国抗战爆发前，江苏的农业经济有了较快的发展，棉花产量大幅的增加，沿海滩涂的盐碱荒地一变而为近代中国重要的棉花产地，江苏沿海地区的整体风貌也有了较大的改变，"垦殖区东部数百万亩蔓草荒烟之地，一变而阡陌相连，田庐相望，此诚吾国近二三十年来农业界之盛举也"①。

### 2. 近代工业发展

江苏是中国近代民族工业的重要发祥地。20 世纪上半叶，中国正处在早期工业化阶段，1910 年代是以纺织、食品等轻工业部门为主的民族资本主义工业发展较快的时期。这一时期，得益于上海先进工业技术和近代企业管理制度的扩散效应，苏南地区沪宁铁路沿线的苏州、无锡、常州等地近代工业发展迅速，形成了以轻纺工业为主体，缫丝、面粉、棉纺三大行业为支柱的近代工业聚集区。在苏中，南通近代化事业的领导者张謇充分认识到了上海作为近代中国经济中心的首位度，发挥南通地区与上海隔江相望的区位优势，与上海形成了"前店后工厂"的关系。在张謇的领导下，以南通为中心，辐射周边的启东、海门、如皋等地，形成了江苏近代

---

① 江苏省垦殖设计委员会编：《苏北滨海垦殖区各盐垦公司概况》，第 1 页。

工业的又一重要聚集区。根据南京国民政府实业部 1932 年的调查,当时江苏全省共有 20 家新式纱厂,其中位于江苏沿海地区的共有四家,其中南通有两家、启东一家、海门一家,均属于张謇创立的大生纱厂系统,据统计,这四家纱厂共有纺纱机 1 799 台,纺织工人 14 419 人,分别占到了全省总数的 31.22% 和 35.87%。在当时江苏全省 102 家资本额在千元(银圆)以上的棉纺织厂中,南通有六家、海门三家、启东两家。[①]

　　而在苏北,由于缺少工业中心城市的带动,除陇海铁路沿线的徐州、连云港等地外,大部分地区到全国抗战爆发前几乎没有成规模的近代工业企业。以盐城县为例,根据国民党"中央政治学校" 1931 年的调查,盐城全县"无近代式之工厂组织,盖因邑民经济能力薄弱,地又逼海噬僻壤,交通极塞,故无人投资类似工厂之组织"。全县人口总数为 1 152 462 人,"一般人民稼穑而外,捕鱼治盐,采薪伐碳,聊自谋生",全县劳动人口中从事农业的占到了 85%,从事工业的仅占 5%。盐城县的工业主要是传统的手工业,县内只有成立于 1928 年的平民工厂,主要生产藤竹用具;以及由当地佛教会出资创办的职业传习所,主要生产毛巾布匹;此外还有三家碾米厂,每家米厂只有工人 4 到 6 人。全县的手工工人约有 4 000 人,工种有木匠、竹匠、皮匠、油漆匠、裁缝、脚行等,其中还有 30% 的工人处于失业状态。[②] 盐城工业落后的状况,是 20 世纪上半叶江苏近代工业发展严重不平衡的一个缩影。

　　3. 传统产业转型

　　在中国早期现代化的浪潮下,随着近代工业的兴起,一些传统

---

① 赵如珩编:《江苏省鉴》,新中国建设学会,1935 年,第 136—142 页。
② 吴福保:《盐城县政府实习总报告》,1931 年,第 70—73 页。

产业也开始了近代转型。到了 1920 年代,在近代工业发展较快的苏南和苏中沿江地区,传统的商业贸易开始转型,南京、无锡、苏州、常州、南通等地出现了一批经营近代工业产品的新式商业。无锡被誉为"小上海",轻纺工业发达,带动了相关的产品流通和市场交易,被时人称为"布码头"和"丝都",在南通,则形成了以棉花、纱、布为主要特色的交易市场。这一时期,具有代表性的是江苏盐业的转型发展。

自古以来,江苏沿海地区就是我国重要的海盐产区。两淮盐区南起长江沿岸,北至今山东日照一带,东临黄海,其中又以淮河为界分为淮南盐区和淮北盐区。此前,淮南盐区是江苏沿海的主要产盐区,到了清朝末年,随着海岸线逐渐东移,淮南盐区的产盐量大不如前,淮北盐区逐渐成为两淮盐业的重心所在。从 20 世纪初开始,江苏沿海地区的海盐制盐工艺逐步从煎制发展到滩晒,滩晒改变了此前以柴草为能源煮盐的生产方式,代之以阳光、风力来蒸发制盐。淮北盐区的开发较晚,但盐区内地势平坦辽阔,适合修筑盐滩,盐产量大且运销便利,因而成为 20 世纪上半叶江苏的主要产盐区。据统计,自 1920 年到 1929 年,淮南盐区的年均产盐量仅为 97 万担,而淮北盐区的年均产盐量则达到了 763 万担。[①] 到 1937 年,两淮盐区共有 10 个盐场,其中淮北盐区有 4 个盐场,且面积较大、产量较高:涛青场,在东海、赣榆、日照三县境内,中正场、板浦场、济南场在灌云县境内;淮南盐区的盐场数量则由 20 世纪初的 20 个减少到 6 个:新兴场,在阜宁县境内,伍佑场,在盐城县境内,草堰场,在东台县、兴化县境内,安梁场,在东台县境内,丰掘场,在如皋县境内,余中场,在南通县境内。

---

① 田秋野、周维亮:《中华盐业史》,台湾:商务印书馆,1979 年,第 365 页。

此外,江苏沿海地区还率先开始生产精盐。1903 年,张謇在南通吕四盐场设立了同仁泰盐业公司,次年,同仁泰公司聘请日本制盐技师试制成功了我国最早的精盐。1906 年,同仁泰公司制成的精盐运往意大利,参加当年举行的米兰世界博览会,因"色味俱佳"受到与会各国的称赞,获得博览会最优等奖牌。① 辛亥革命以后,曾陆续有商人在江苏沿海地区筹办精盐工厂,最终都因管理不善或成本过高而未能顺利投产。1936 年 10 月,久大精盐公司在淮北盐区大浦港设立久大精盐分厂,于 1937 年 5 月建成投产,年产量 30 万担。在全国抗战爆发前,江苏的精盐生产虽由于种种原因未能扩大规模,但精盐的配制和生产在当时是具有开创性的事业,在中国近代盐业发展史上具有重要意义。

在 20 世纪初,两淮盐务仍由清政府的两江总督管理,实行"官督商销"的专卖制。辛亥革命以后,民国北京政府沿袭了清朝的盐务管理体制,虽然盐政改革的呼声日益高涨,但两淮盐商与北洋军阀结成了利益共同体,世袭专商垄断两淮盐业的特权,在民国前期得以继续保留。1931 年 5 月,南京国民政府公布了《新盐法》,规定盐业实行就场征税,食盐自由买卖,任何人不得垄断。虽然后来《新盐法》因种种原因未能付诸实施,但在中国近代盐业史上仍具有重要意义,开启了盐业自由经营的时代。此后,国民政府财政部又进行了盐业管理体制的改革,整合盐务管理机构,在财政部内设盐政司,负责盐业行政管理事务,另设直属财政部的盐务总局,负责全国盐业的具体经营管理和盐税征收。盐务总局在两淮盐区设有两淮盐务管理局和扬州分局,负责原盐生产、运输和税务。到全

---

① 江苏省地方志编纂委员会编:《江苏省志·盐业志》,南京:江苏科学技术出版社,1997 年,第 106 页。

国抗战爆发前,两淮盐区废止了此前"官督商销"的专卖制度,逐步推行自由贸易,盐务管理体制得以理顺,盐业销量和盐税税收均有大幅度的增加。

（二）基础设施建设

1. 铁路和公路建设

从 20 世纪初到 1920 年代是近代中国铁路事业发展较快的时期,这一时期江苏的铁路建设走在了全国前列,津浦铁路和陇海铁路两条重要铁路干线先后通车。1908 年,江苏境内第一条铁路——沪宁铁路竣工通车,1909 年南京市内的宁省铁路竣工,1912年津浦铁路全线贯通。1925 年,陇海铁路徐(州)海(州)段竣工,徐州至大浦港(位于今连云港市)段直达通车,连云港辟港以后,陇海铁路又于 1935 年修至连云港埠。到 1936 年,起自吴县(今苏州市),经盛泽,到浙江嘉兴的苏嘉铁路;起自南京尧化门,经中华门至安徽芜湖、宣城的江南铁路相继竣工通车。然而,20 世纪上半叶的江苏铁路建设呈现出严重的不平衡。1927 年南京国民政府成立时,在江苏省长江以北地区,虽然有津浦铁路和陇海铁路两条铁路干线经过,但在江北 31 个县中有 25 个县没有通客运铁路。1928年,江苏省政府开始规划修建贯通江苏南北、连接沪宁铁路和陇海铁路的两条铁路干线:锡榆铁路,规划从无锡起经江阴过江至靖江,再经姜堰、东台、盐城、阜宁至赣榆;京吕铁路,规划从浦口起经仪征、江都、泰县至姜堰与锡榆铁路交汇,再向东经如皋、南通、海门、启东至吕四港。① 但是,到全国抗战爆发前,这一铁路建设计划一直未能付诸实施。

相比较而言,20 世纪上半叶江苏公路建设的成就较为显著。

---

① 江苏省民政厅编:《江苏省政府十七年度施政大纲》,1928 年,第 13 页。

江苏近代第一条公路诞生在南通,1905 年,张謇创办的大生纱厂投资修建了港闸路,从唐闸镇通到天生港码头,线路全长 6 公里,也是全国最早的民营公路。然而,在 1930 年代以前,江苏政局动荡,历届地方政府"提议筑路者,可谓绝无仅有"。① 南京国民政府成立以后,开始加快推进江苏的公路建设,1928 年,江苏省政府设立公路局,对全省的公路建设进行统筹规划,将拟建公路分为国道、省道和县道,并按照规划线路开始建设。后来,根据国民政府军事委员会 1932 年召开的"七省公路会议"的规定,国道、省道分别改称公路干线和支线。经过近 10 年的建设,到全国抗战爆发前,江苏全省累计修筑完成干线和支线公路 3 280.9 公里②,近代公路交通网络初具规模,但公路建设的南北失衡问题非常突出。国民政府和江苏地方当局在线路规划时虽然注意到了江南和江北公路建设的平衡问题,但在实际施过程中,到 1937 年,全省路基、桥涵、路面全部完成的 19 条公路均位于江南地区,"而江北公路,为财力所限,远逊江南",已修成的公路"大半土路,行车困难"。③

　　在 1930 年代江苏省竣工通车的公路中,具有代表性的公路干线是苏浙皖三省联络公路和通榆公路。1932 年 5 月,国民政府"全国经济委员会"筹备处"鉴于以前各省修筑公路,大都各自为政,难收联络之效,殊有统筹规划之必要"④,决定修筑联通江苏、浙江、安徽三省的六条公路干线,设计总里程 1 043 公里,定名为"苏浙皖三

---

① 江苏省公路局编:《江苏省公路局年刊》,江苏省公路局,1931 年,第 1 页。
② 江苏省交通史志编纂委员会编:《江苏公路交通史》第 1 册,北京:人民交通出版社,1989 年,第 100 页。
③《苏省公路建设长足进步》,《道路月刊》1937 年第 53 卷第 3 号,第 64—66 页。
④ 实业部中国经济年鉴编纂委员会编:《中国经济年鉴民国二十四年续编中》第 2 册,北京:商务印书馆 1935 年,第 405 页。

省联络公路",并组织成立了"苏浙皖三省道路专门委员会"督促各省建设机关加紧施工。苏浙皖三省联络公路有四条干线经过江苏,即宁杭公路、沪杭公路、宁芜(湖)公路和苏(州)嘉(兴)公路,到1933年,这四条公路的江苏段共计352.87公里全部竣工通车。[1]苏浙皖三省联络公路修建完成,"使各省漫无系统之片段路线,统筹整理为全国性之公路干道,是为我国公路建设划时代之策动"[2],其在江苏境内四段公路的通车,不仅便利了苏南地区与上海、浙江、安徽等省市的经济交流和人员往来,带动了沿线各地的社会经济发展,还在全国抗战爆发后的军事运输中发挥了不可替代的重要作用。

近代以来,苏北地区交通不便,社会经济发展相对滞后,因此,江苏省政府在1928年即开始筹划修建通海公路,规划线路自南通起向北经如皋、东台、盐城、阜宁、灌云等地到达东海县,后来线路延伸至赣榆县,改称通榆公路,拟建线路全长405公里。到1937年,通榆公路有超过3/4的路段竣工通车,其中从东台县富安镇至盐城县草堰口镇152公里的路段是利用原范公堤修筑。在全国抗战爆发前,通榆公路虽未能全线通车,但其线路覆盖了苏北未通客运铁路的8个县,成为当时江苏沿海地区南北向的交通要道,并为新中国成立以后204国道的全线贯通奠定了基础。

## 2. 港口和航运建设

进入20世纪以后,随着早期现代化进程的推进,江苏的航运事业也有了较大的发展。20世纪初,海州临洪河口的大浦镇开埠建港,成为当时苏北地区农产品的集散地,1925年陇海铁路修至大

---

① 江苏省交通史志编纂委员会编:《江苏公路交通史》第1册,第132页。
②《中国公路事业之回顾与展望》,《福建公路》1946年第3期,第21,22页。

浦后,盐业公司在大浦建成盐坨,大浦又成为淮北盐区原盐的集散中心。到了1930年代以后,临洪河逐渐淤塞,大浦港由此衰败。随着近代中国东西向铁路干线陇海铁路建设的推进,开辟对接铁路运输的出海港口已经迫在眉睫,陇海铁路工程局几经选择,最终确定在当时灌云县境内云台山北麓的黄海之滨开辟港口。1934年,长450米、宽60米的连云港一号码头开工建设,为钢板桩式结构码头,防浪堤、驳岸、港口疏浚等配套工程同步进行建设,工程由富有港口建设经验的荷兰治港公司承接,整体进展较快,1935年一号码头竣工投入使用,随后山东中兴煤矿公司又赞助陇海铁路局修建二号码头,作为煤炭专用码头,长450米、宽55米,存煤量可达10万吨。连云港建成后,港口货物吞吐量迅速增长,1935年为34.78万吨,1936年达到50.97万吨,到1937年上半年已达41.82万吨。其中,煤炭占出港货物的比例从1935年的35％增长到1937年上半年的80.3％,连云港成为近代中国重要的煤炭出口港之一。[①] 随后开通的上海—连云港海运航线也是1949年以前我国重要的沿海航线。此外,在全国抗战爆发前江苏沿海地区开辟的海港还有灌河口的燕尾港(今属灌云县)、堆沟港(今属灌南县)和陈家港(今属响水县),小庙口港等(今属射阳县)。

在内河航运方面,江苏向以水乡著称,特别是苏南和苏中地区,江河纵横、水网密布,到20世纪初,新式轮船基本上取代了旧式帆船,江苏的内河航运业开始快速发展。到1930年代,江苏形成了苏州、南通两个内河航运枢纽,以苏州为中心的内河航线东至上海、南达杭州,西经无锡、常州到镇江,北经常熟通长江;南通港

---

① 江苏省地方志编纂委员会编:《江苏省志·交通志·航运篇》,南京:江苏古籍出版社,2001年,第148,149页。

是长江沿岸的重要港口,招商局开通的上海—海门—南通—如皋—扬州轮船航线是当时江浙地区最重要的内河航线之一。江苏南北的广大地区均可通过以苏州、南通为枢纽的内河航运网络到达上海,从而融入华东地区以上海为中心的江河海航运体系,改善了对外交通和经济联系。①

3. 水利工程建设

长期以来,江苏沿海地区外有海潮的侵袭,内有洪涝灾害的困扰,当地人民深受其害。1931年夏季,长江、淮河流域遭遇了百年不遇的特大洪水,江北运河溃决,江苏沿海各地受灾严重。水灾过后,主管水利工程建设的江苏省建设厅组织实施了江北运河堵口复堤工程,先后修复缺口200余处,并专门成立了江北运河工程局负责维护运河堤防。为彻底解决困扰苏北地区的水患问题,南京国民政府决定实施"导淮"工程,从1932年开始动工,先后动员民工超过30万人,对废黄河从淮阴杨庄至盐城套子口段共334里的河道进行疏浚整治,并在下游开辟了长40多里的中山河作为淮河新的入海河道,整个工程到1937年春基本完成。"导淮"工程的实施在一定程度上减轻了江苏沿海地区的水患,并为后来新中国的治淮事业准备了条件。与此同时,江苏省建设厅在全省实施了征工浚河工程,计划用三年的时间,每年利用农闲时段,督促地方政府筹资征工,将全省大小河道圩堤疏浚整治完成。工程自1932年开始实施,当年江苏全省有45个县参与,"开河230道,计程3600余公里,出土已估报者870万公方,受益田亩约计2240万公

---

① 戴鞍钢:《中国近代经济地理:江浙沪经济地理》第2卷,上海:华东师范大学出版社,2014年,第62页。

亩"①。此外,当时淮河通过江苏沿海的射阳港、新洋港、斗龙港、王家港和竹港入海,"故五港之通塞与里下河泄水问题关系至为密切"。在沿海五港中,王家港和竹港淤塞较为严重,1931年10月,江苏省建设厅实施了王家港和竹港的疏浚工程,采用人工挑浚和机船开挖等方式进行河道清淤,并将港道截弯取直,工程前后历时三个月,至1932年1月全部完工。②

苏南地处南京国民政府的统治中心,然而自清末以来,太湖流域水利失治,"自光绪丙午以来,苏属频被灾"③。到了民国初年,江苏政局动荡,"江南水利无大工程,亦无规划"④。南京国民政府成立后,于1929年设立了太湖流域水利委员会,开始加强对太湖流域的治理。白茆河在常熟县东南境,注入长江,1931年,太湖流域水利委员会派员对白茆河流域进行了实地调查,并在调查报告中指出,"白茆上接湖水,下通长江,长凡五十余里,是太湖洪水宣泄之要口。白茆一港之通塞非仅常熟一县利害之攸关,太湖全流域水利亦将受其影响"⑤。1935年,国民政府全国经济委员会下属的扬子江水利委员会开始负责太湖流域的水利工程事务,并决定在白茆河与长江交汇处修建闸门。1936年1月,白茆闸工程开工,当年8月建成,建成后的白茆闸为钢筋混凝土结构,闸门为悬挂式,可随时启闭,设有五个排水孔洞,闸门上还建有桥梁。白茆闸建成后,"则倒灌之患既除,泛溢之害亦免,水灾次数可以减至最少"⑥。

① 江苏省建设厅编:《江苏省建设厅二十一年度征工浚河概况》,1933年,第4页。
② 江苏省建设厅编:《江苏省建设厅二十年度业务概要》,1933年,第45页。
③《疏浚太湖水道议吴江费揽澄稿》,《申报》1911年10月14日,第7版。
④《水利协会呈请修浚太湖文》,《申报》1919年10月8日,第10版。
⑤《白茆河调查报告》,《太湖流域水利季刊》1931年第4卷第2、第3期合刊,第2页。
⑥《白茆闸工程计划概要》,《扬子江水利委员会年报》1935年第1期,第99页。

此外,1935 年 3 月到 10 月间,在全国经济委员会的组织下,江苏省政府和上海市政府共同实施了吴淞江截弯取直工程,有效提高了吴淞江的泄洪能力,减轻了太湖上游河道的泄洪压力,亦大大缩短了苏南至上海的航运里程。

(三) 城市近代化

进入 20 世纪以后,在早期现代化的大潮下,江苏出现了一批具有近代化面貌和功能的城市。城市近代化是以近代工业发展为基础的,因此,到全国抗战爆发前,江苏各地的城市建设和近代工业的发展一样呈现出严重的不平衡。

1. 政治城市

在 1920 年代以前,作为江苏省会的南京城市近代化进展迟缓,不仅远远落后于上海、广州、武汉等近代化的"领跑者",还一度被江苏省内新兴的近代化城市无锡、南通所超越。1927 年国民政府定都南京以后,南京成为全国性的政治城市,城市近代化的进程开始加快。1929 年 6 月,国民政府设立了"首都建设委员会",由蒋介石亲自出任主席,孙科为常务委员,胡汉民、孔祥熙、宋子文、戴季陶、阎锡山等国民政府要员担任委员。"首都建设委员会"下设"国都设计技术专员办事处",由林逸民任主任,为了学习借鉴西方国家城市近代化的经验,还聘请美国著名建筑工程师墨菲、古力治,以及曾留学欧美的吕彦直、范文照等一批国内专家为顾问,共同编制南京城市建设规划。1929 年 12 月,首都建设委员会正式发布《首都计划》。

根据《首都计划》,南京市区将被划分为若干个功能分区进行建设:紫金山南麓为政治区;傅厚岗一带为行政区;长江沿江两岸为工业区;以明故宫、新街口为中心的商业区;以鼓楼为中心的文教区;山西路一带为新建住宅区。在实际建设方面,从 1927 年到

1937 年的 10 年间,南京城区内相继建成了一批近代化的建筑,包括政府办公场所、商业金融机构、医院、学校、住宅等,以及明故宫机场、下关新火车站、中山码头、首都电厂、首都水厂、中央体育场等城市基础设施。

在《首都计划》的诸多构想中,城市道路建设得到了最大程度的落实。此前,南京的城市道路建设缺乏统一的规划,城区道路狭窄、凹凸不平,每逢雨雪天气即遍地沟洼、泥泞难行。南京国民政府成立后,即开始对南京城区道路进行大规模的整修,到全国抗战爆发前,基本建成了《首都计划》所设计的方格网式的道路系统,奠定了当今南京城市路网的基础格局。在当时新建的城市道路中,大多数为新式的柏油路,其中,为迎接孙中山灵榇奉安中山陵而建成的中山路,路面宽度为 12 米,是当时南京全市最宽的柏油马路。中山路起自下关中山码头,经鼓楼、神策门、新街口、大行宫至中山门,线路总长度约 15 公里,于 1929 年建成,是南京城区东西向和南北向的主要干道,此后,西联中山路的汉中路和南联中山路的中华路、雨花路于 1932 年建成,北联中山路的中央路于 1934 年建成,构成了贯通南京城区的十字交叉型干道路网。①

2. 经济城市

在近代江苏的经济城市中,南通城市近代化的成就引人瞩目。南通不仅是我国近代民族工业的发祥地,也被当代著名的建筑学家吴良镛誉为"中国近代第一城",吴良镛指出:"南通是中国早期现代化的产物,它不同于租界、商埠或列强占领下发展起来的城市,是中国人基于中国理念,比较自觉地、有一定创造性地、通过较

---

① 江苏省交通史志编纂委员会编:《江苏公路交通史》第 1 册,第 112—115 页。

为全面的规划、建设、经营的第一个有代表性的城市。"①

在中国早期现代化的历程中,少数新兴近代化城市主要是依托租界、商埠和港口发展起来的,大多数旧式城镇难以突破城垣的局限,只是在传统城垣范围之内有限度地进行道路桥梁、房屋建筑和公用设施的局部更新,因此,从全国范围来看,大部分地区的城市近代化缺乏规划、步伐缓慢、成效不彰。南通古称通州,古代通州城始建于五代后周显德五年(公元 958 年),大致呈"口"字方形,宋代以后直至明清时期,通州一直作为州城,具有典型的中国古代城市的格局。到了近代,通州老城东、西两侧的关厢地区有所发展,但从整体上来看,其城市格局仍未突破城垣的局限,旧城垣合围的面积不过 1 平方公里左右。作为南通近代化事业的领导者,张謇以先进的理念引领南通的城市规划和建设,构建了以通州老城为中心的"一城三镇"的空间布局。各片区的功能分工是:以改造后的旧城和扩建的新城合为主城区,以城西唐闸镇为工业区,以长江边的天生港为港口区,以狼山周边为风景区和新式住宅区,三个副城区与主城区相距各约 6 公里,并以新式公路相联通,形成了分工明确、协调发展的整体格局。正如吴良镛先生所指出的:"与同时期国内外城市建设大事单项相比,南通未必都是最早的,规模未必是最大的,更不一定有多少'之最',重要的是一系列建设事业与设施能在一个地方有大致规划地、较为集中地建设起来,在不长的时间内将一个封建的县城开始过渡到现代城市,不能不认为具有划时代的意义。南通城市及其地区的规划、建设、管理、经营的整体性、关联性、城区城乡协调发展,是其他城市难以比肩的,意义

---

① 吴良镛:《张謇与南通"中国近代第一城"》,《清华大学学报》(哲学社会科学版)2003
　年第 6 期,第 4 页。

重大。"①

从 20 世纪初开始,在张謇的主导下,南通兴建了学校、医院、银行、公园、博物馆、养老院、发电厂等一批近代化的市政工程和公用设施。1921 年,南通在全国范围内较早地拆除了旧有城垣,在原城基之上修建了新式的环城马路,据有关史料记载,到 1930 年代初,南通旧城墙内外的老城区"俱为改良之市街,纵横十余里均系碎石砌成,宽丈余,每距十余丈有一电灯,每街口俱有警察";城西南的新市区"俱新式马路,宽二丈至五丈,两边为人行道,中行汽车、马车、人力车,人行路两侧即两行杨柳,并杂植桃李之属"②。此外,分别连接主城区与唐闸工业区和天生港区的交通要道城闸路、跃江路也经整修改建为新式公路,并与主城区的主要干路相衔接,形成了近代化的城市交通网络。到全国抗战爆发前,经过 30 多年的发展,南通的城市近代化取得了很大进展,"以下州小邑,胜誉全国,著模范之名"③,同时也带动了周边如皋、启东、海门等地的城市建设和发展。

3. 港口城镇

江苏东临黄海,拥有绵长的海岸线,沿海岸线分布着数量众多的大小城镇。其中,坐拥铁路、海运交通之利的连云港开埠以后,港口生产和港区城市建设发展迅速,孙中山先生在《建国方略》中规划的"东方大港"成为现实,到全国抗战爆发前,连云港已经由原来的海滨渔村发展成为当时中国为数不多的近代化港口城市之一,1935 年 11 月,国民政府行政院批准在连云港埠设立连云市,连

---

① 吴良镛:《张謇与南通"中国近代第一城"》,《清华大学学报》(哲学社会科学版)2003
　　年第 6 期,第 4 页。
② 南通县自治会编:《二十年来之南通》,1930 年,第 86 页。
③ 南通县自治会编:《二十年来之南通》,第 1 页。

云港成为南京国民政府时期江苏第一个获准成立的省辖市。

进入 20 世纪以后,工业化无疑是江苏城市近代化的主要动力,但某些传统产业在这一时期仍然带动了一些城镇近代化的发展。陈家港位于黄海之滨,灌河(又称潮河)入海口南侧,在近代以前是一片人烟稀少的广袤海滩,当地居民以渔猎为生,尤善于捕蛏子,置木架于海滩晾晒蛏干,因而得名"蛏架港",后改称陈家港。1911 年,江淮水利测量局聘请的水利专家胡雨人到灌河下游一带调查,看到的是"遍地蛏壳"的海边渔村,"蛏架港居民数百户,绝无商店一所,远客到者,必寄宿、就食于董事家";"海安集(今属响水县)稍有市场,而客店无一塌隙地,薰蒸于厨灶之旁,而无可奈何";"直至双港(今属响水县),远离海口七八十里,始得与寻常市集相比"。①

20 世纪初,由于淮南盐区产量日益减少,清政府开始在淮北盐区的灌河两岸筹设新盐场,以接济淮南盐区的食盐销售,故名济南盐场。1912 年,济南场正式设立,采用滩晒的工艺制盐,到 1920 年代,济南场的年均产盐量达到 451 万担,占到了整个两淮盐区盐产量的一半以上,其中,大有晋、大源、庆日新、裕通四家盐务公司在陈家港铺滩晒盐,盐滩"规模最为整齐,产量亦最大"。此后,淮北盐区所产食盐弥补了淮南盐区减产造成的供应缺口,"销区之广,甲于全国",还出口到日本、东南亚等地。盐务管理机构为集中管理存盐和便利运销起见,在淮北各盐场组织兴建盐坨,陈家港建成了"全国首屈一指"的盐坨,容量达 425 万担,成为当时淮盐的主要集散地之一。② 从 1918 年开始,各家盐业公司相继在陈家港兴建

---

① 《江淮水利调查笔记》,陆阳、胡杰编:《胡雨人水利文集》,北京:线装书局,2014 年,第 34—37 页。
② 田秋野、周维亮:《中华盐业史》,第 362—366 页。

了三座木质码头,岸壁初为砖石结构,后改造为钢筋混凝土,可停泊 3 000 吨级左右的轮船。此后,陈家港码头日渐兴盛,国内南来北往的货轮进出频繁,西方国家的商船也经常到港装卸货物。1934 年,淮北盐区建成总长 914 公里的盐场公路,经此公路,陈家港北上可到山东日照等地,南下连接阜宁、盐城。盐业的兴盛和近代交通事业的发展带来了人口的聚集和市镇的繁荣,到 1930 年代,陈家港已经从人烟稀少的海边渔村发展成为新兴的近代化海洋城镇,港区设有电报局、中国银行办事处,兴建了近代化的学校、医院,街市上店铺林立,商旅云集。

4. 农垦城镇

从 20 世纪初开始的滩涂农业开发,极大地改变了江苏沿海地区的产业结构和整体风貌。与在成熟地区进行农业开发不同,沿海滩涂农业开发是一项艰巨的开创性事业,是复杂的系统性工程,滩涂农业开发的效益和可持续性有赖于健全、完善的支持保障系统。特别是在江苏沿海荒芜的盐区开展垦殖,需要同步甚至率先推进垦区社会事业的发展。对此,以张謇为代表的江苏实业先驱们有着清醒的认识。

此前,江苏沿海滩涂一带生存环境恶劣,人烟稀少,只有少数煮盐为生的"灶民"世代居住于此,滩涂围垦的热潮兴起后,吸纳了大量从事垦殖业的人口,从 1914 年到 1921 年,在今盐城市境内的各盐垦公司,从南通、崇明、海门、启东招募来佃农就有 10 万人以上。张謇创办的通海垦牧公司在创立之初,就率先开展农田水利建设,应对海潮侵袭和洪涝灾害,在保障农业生产的同时也改善了垦区的生存环境,在张謇的推动下,各家盐垦公司在修筑堤坝的同时也"以堤为路",修筑道路和桥梁,架设电线和电话,并在垦区内建立学校、商店、诊所、邮局等生活配套设施。到 1930 年代,今盐城市大丰区境内的大丰、裕华、泰和、通遂四家盐垦公司,已累计建成公路703公里,桥梁304座,电话线路259公里,仓库161所,工厂8座,雨量站和气象站7座,小学12所,中学2所,棉垦训练班和师资训练班各1所。① 随着人口的聚集和近代化公共设施的兴建,垦区内的城镇也日见繁荣兴旺,在今大丰区境内,大丰盐垦公司在其垦区内兴建了新丰、南阳、大中等市镇,裕华盐垦公司兴建了裕华镇,商记垦团兴建了通商镇等。这些近代化农垦城镇的出现,以点带面,推动了江苏的城市近代化进程。

在早期现代化的大潮下,江苏各地的旧式城镇普遍出现了一些新的变化。在1930年代,苏北盐城县城内兴建了一些此前从未有过的近代化公用设施:公共体育场,位于城北,占地30余亩,设有网球场、篮球场、足球场和女子体育场;中山公园,与公共体育场毗邻,占地20余亩,"花榭亭台,粗具规模";县立硕陶图书馆,系盐城士绅祁铸臣为纪念其子祁硕陶捐资兴建,建成后无偿交由盐城县政府教育局管理。② 然而,与同时期的近邻南通形成鲜明对照的是,盐城"若以纯粹近代式之眼光论,则根本无市政之可言",县城的街道狭窄,最宽者约5米,最窄者仅约2米,大多是以砖砌成,用石板铺路者都很少,桥梁多为旧式高拱桥,无法通行汽车。城内的路灯都是煤油灯,照明费用由附近住户负担,排水设施为旧式砖砌阴沟,"不能容积大雨时水量",全城仅有小菜场一处。盐城城市近代化进展的滞后并非个例,当时江苏"江北各县情形,大都类此,不

---

① 姚恩荣、邹迎曦:《盐垦公司和废灶兴垦——大丰县近代农业经济史初探》,中国人民政治协商会议大丰县委员会文史资料研究委员会编:《大丰县文史资料》第7辑 盐垦史专辑,大丰县文史资料研究委员会,1987年,第4,5页。
② 吴福保:《盐城县政府实习总报告》,第446,447页。

能独为盐城责"①。

## 第二节　江苏沦陷和日伪的统治

### 一、全国抗战初期的江苏战场

1937年"七七事变"爆发,揭开了中国人民全国抗战的序幕。"七七事变"后不到一个月,平津地区迅速沦陷,日军随即把侵略的矛头指向了东南沿海地区,1937年8月13日,淞沪会战爆发成为中国军队对日作战的主战场之一。在历经淞沪会战、南京保卫战、徐州会战等重要战役之后,国民政府军在正面战场节节失利,江苏全省大部沦陷。

（一）淞沪会战

全国抗战爆发后,国民政府于1937年8月7日在南京召开了最高国防会议,确立了持久抗战的抗日战略,以军事委员会为对日作战的大本营,并将全国对日作战的战场划分为五大战区,江苏分属第三和第五战区:第三战区作战地域为江苏长江以南地区和浙江省,冯玉祥为司令长官,顾祝同为副司令长官;第五战区作战地域为江苏长江以北地区和山东省,蒋介石兼任司令长官,韩复榘为副司令长官。

1937年8月13日,淞沪会战爆发,蒋介石兼任第三战区司令长官,从全国各地调集军队赶赴淞沪地区,部署开展抗击日本侵略的第一次大规模会战。随后,国民政府外交部于8月14日发表声明称:"中国之领土主权,已横受日本之侵略……中国决不放弃领

---

① 吴福保:《盐城县政府实习总报告》,第514—517页。

土之任何部分,遇有侵略,惟有实行天赋之自卫权以应之。"①当时,上海尚有英国、美国、法国等西方列强控制的租界区,因此,淞沪会战的主要作战地域是在租界区以外的上海市区,以及当时属于江苏省管辖的青浦、嘉定、宝山、川沙、南汇、松江、奉贤、金山等上海郊县。淞沪会战历时三个月,中国军队先后参战的有 6 个集团军、70 个师,共 70 余万人,其中包括当时中国军队装备最为先进的"中央系"部队的主力,日军也先后调集 9 个师团 20 余万人入侵淞沪地区,战况极为激烈,双方均付出了惨重的伤亡代价。在上海北郊宝山县的罗店镇,中国军队与日军反复争夺,从 1937 年 8 月 19 日到 28 日的十天之中,阵地先后易手达 13 次之多,"罗店全镇毁于炮火,成为一片焦土",中国军队"经常趁敌机不能活动的晚间,发动夜战以夺回白天丧失的阵地,有时进行肉搏战,双方伤亡都很大"②,罗店亦被后人称为淞沪会战中的"血肉磨坊"。中国军队九十八师的一个营奉命坚守宝山县城,从 1937 年 8 月 31 日到 9 月 7 日,与装备精良、兵力占优的日军浴血奋战达七昼夜,终因敌众我寡,营长姚子青和全营 500 多名官兵全部壮烈牺牲。

在淞沪会战中,"当时我方军火与装备均远逊于日军。但各级官兵同仇敌忾,斗志十分高昂。为了国家的存亡,他们奋不顾身,浴血奋战",③打破了日本侵略者"三个月灭亡中国"的狂妄计划,鼓舞了全国军民抗击日本侵略的斗志,也赢得了国际社会的同情和

---

① 《国民政府自卫抗战声明书》,上海社会科学院历史研究所编:《"八一三"抗战史料选编》,上海:上海人民出版社,1986 年,第 600 页。

② 黄维:《一寸山河一寸血的淞沪战争》,宋希濂、黄维等:《正面战场淞沪会战——原国民党将领抗日战争亲历记》,北京:中国文史出版社,2013 年,第 203 页。

③ 薛祚光:《血战罗店》,宋希濂、黄维等:《正面战场淞沪会战——原国民党将领抗日战争亲历记》,第 206 页。

支持。同时,在淞沪会战期间,华东地区的大批工厂企业和文教机构,利用前线将士浴血奋战赢得的宝贵时间,克服重重困难迁往西南、西北大后方,为之后坚持持久抗战奠定了物质、技术和人才基础。

　　但是,国民政府坚决执行"片面抗战"的路线,军事委员会在淞沪会战中采取"消极的专守防御"战略,"战役指导上又将几十万精锐密集于长江南岸狭长地带,层层设防,作战又不主动灵活,听任日军飞机大炮集中轰击,消极挨打"[1],虽然给予日军一定的杀伤,但自身也付出了极大的伤亡代价,实际上违背了战前确定的"以空间换时间"的持久抗战方针。特别是在战役后期的撤退阶段,从淞沪前线撤下来的数十万中国军队"既不能进行有组织的逐次抵抗,以迟滞敌军的行动,又无鲜明的退却目标。造成各部队各自为政,拼命地向西逃窜。战场统帅部,对许多部队都不明白其位置,遂使敌军如入无人之境"。究其原因,乃是国民政府不愿意依靠和动员广大民众的力量抗战,而是"妄图依赖国际联盟和九国公约签字国,对日本施加压力,与日本进行和谈,以谋求结束战争"[2]。

　　(二) 南京保卫战

　　早在 1932 年 "一·二八" 淞沪抗战之后,国民政府为防止日军再度从上海入侵,开始着手在沪宁地区构筑国防工事。苏南地区"北有长江,南有太湖,二者之间湖沼绵亘,河流纵横,形成水网地带,是敌人运动的天然屏障,有利于守而不利于攻",从 1934 年到 1936 年,军事委员会组织部队构筑了吴福线(从苏州至常熟福山

---

[1] 郭汝瑰:《第十四师杀敌见闻》,宋希濂、黄维等:《正面战场淞沪会战——原国民党将领抗日战争亲历记》,第 217 页。

[2] 宋希濂:《血战淞沪》,宋希濂、黄维等:《正面战场淞沪会战——原国民党将领抗日战争亲历记》,第 143 页。

镇)和锡澄线(从无锡至江阴)两道防御线,阵地上多为永久性和半永久性的国防工事。但是,在淞沪会战中,由于蒋介石企图依赖西方国家的"国际干预","上海各部队未能及时主动撤至永久阵地,利用这些永久工事,继续作战,消耗敌人。当部队被动撤到永久阵地时,迫于敌人尾追,无喘息余地,不得不一退再退,永久工事无从利用"①。因此,在 1937 年 11 月 12 日上海失守以后,苏南各地也迅速沦陷:11 月 15 日昆山沦陷,11 月 19 日苏州、常熟沦陷,11 月 26 日无锡沦陷,11 月 29 日常州沦陷,12 月 2 日江阴沦陷,12 月 8 日,当时的江苏省会镇江沦陷。此后,日军大本营下达命令,命侵华日军"华中方面军"协同海军攻打南京。日军"华中方面派遣军"司令官松井石根指挥约 20 万人,分三路向南京进犯。

面对日军向南京进逼的危急形势,蒋介石在南京先后主持召开了三次高层军事会议,讨论南京的防守问题,与会的高级将领从敌强我弱的客观形势出发,大多数认为南京易攻难守,主张仅在南京外围派遣少数部队进行象征性的抵抗即迅速撤退,但蒋介石仍在希冀所谓"国际干预",军事参议院院长唐生智亦认为南京作为首都,又是孙中山先生陵寝所在地,如轻易失守,将有碍国际观瞻,因而力主固守南京。最终,蒋介石决定固守南京一到两个月,任命唐生智为南京卫戍司令长官,调集 14 个师约 15 万人的部队保卫南京,1937 年 11 月 20 日,国民政府发表宣言,正式宣布迁都重庆。1937 年 12 月 4 日起,日军开始进攻南京外围阵地,由于守卫南京的中国军队大多是从淞沪战场撤退下来的疲惫之师,在此前的作战中已遭受很大的损失,补充了大批缺乏作战经验的新兵,难以抵

---

① 黄德馨:《京沪杭国防工事的设想、构筑和作用》,宋希濂、黄维等:《正面战场淞沪会战——原国民党将领抗日战争亲历记》,第 51—58 页。

御兵力、装备均占优势的日军进攻。12月7日,蒋介石乘飞机离开南京,国民政府军统帅部迁往武汉。到12月8日,南京外围阵地相继失守,日军开始向南京城区进犯,战至12月12日,日军攻陷了南京城外的制高点雨花台,并从多处攻破南京城垣,侵入南京城内,蒋介石得知战况后,知道南京已无法继续固守,即电令唐生智"相机撤退"①。

唐生智接到蒋介石的命令后,即召集南京守军高级将领会议,下达撤退命令和突围计划。但是,唐生智在作出撤退部署后,即于12月12日晚先行从下关渡江撤离南京,致使10余万守军失去指挥,在撤退过程中秩序混乱,甚至自相踩踏,损失惨重。战前唐生智为对外宣示所谓"与南京共存亡"的决心,下令将南京沿长江各码头的船只撤走,结果导致守军撤至江边后无船可渡,延误了撤退的时机,各部队官兵因泅渡长江被淹死及遭日军飞机轰炸而死者甚多。12月13日,南京失守,中国守军只有少数部队成功突围,大批滞留城内未及撤走的官兵被日军俘虏,和城内的无辜平民一起惨遭日军屠戮,遇难者有30万人以上。

从1937年11月12日上海沦陷,到12月13日南京失守,在一个月的时间内苏南地区各主要城镇全部沦陷,究其原因,固然有敌强我弱的客观因素,但其主要原因是国民政府片面抗战路线影响下军事指挥的严重失误。由于淞沪战场撤退的混乱,此前花费巨大人财物力构筑的国防工事吴福线和锡澄线未能有效发挥抵御日军进攻的作用即轻易失守,面对日军以优势兵力进逼南京的危局,国民政府军统帅部再次作出了错误的决策,将10余万部队置于易攻难守的孤城,与优势的敌人展开被动挨打的消极防御阵地战,死

---

① 江苏省中共党史学会编:《江苏抗日战争史》,北京:中共党史出版社,2007年,第61页。

守硬拼,完全违背了持久抗战的方针。作为南京保卫战军事主官的唐生智,空有爱国热情和勇气,对战役的组织和指挥却乏善可陈,就在前线官兵英勇奋战、浴血牺牲时,唐生智"每日傍晚在庭前散步,照常由侍从身背大温水瓶,手捧小茶壶和三炮台随侍左右,每几分钟用热毛巾拂脸,品香茗,香烟一支接一支地抽,看样子颇为镇定安详"①,而对于在前线作战负伤的官兵,由于"收治伤兵的设施悲剧性地不足",南京卫戍当局竟弃之不顾,南京城内大街上"经常见到伤兵,有的跛行,有的在地上爬着,乞求得到医治",这势必严重影响到整个南京守军部队的士气。② 到后来组织守军撤退时,唐生智更是表现为"惊慌失措、放弃指挥、不负责任,甚至丧失军事道德,先期而逃,导致近十万军队群龙无首、撤退混乱、自相践踏,最后落入敌人重围中,成为这场战役的罪人"③。

(三) 徐州会战

南京失守后,南京卫戍司令长官部撤销,1937 年 12 月 20 日,顾祝同出任第三战区司令长官,作战地域调整为苏南地区、安徽南部和浙江、江西、福建,此前,李宗仁于 1937 年 10 月 25 日出任第五战区司令长官,统一指挥苏北、山东地区的战事。日军在侵占南京以后,又把侵略的矛头指向了战略要地徐州。徐州地处苏、鲁、豫、皖四省要冲,又是津浦、陇海两条铁路干线交汇的枢纽,历来为兵家必争之地。日军侵占南京后,继续北上进犯,于 1937 年 12 月 14 日侵占扬州,1938 年 1 月 3 日侵占盱眙,此后,日军大本营制订了

①　程奎朗:《南京复廓阵地的构筑及守城战斗》,唐生智、刘斐等:《正面战场南京保卫战——原国民党将领抗日战争亲历记》,北京:中国文史出版社,2013 年,第 49 页。
②　张宪文主编:《南京大屠杀史料集:国际监察局文书・美国报刊报道》29,南京:江苏人民出版社,2014 年,第 480 页。
③　经盛鸿:《论南京保卫战中的唐生智》,《日本侵华史研究》2016 年第 4 期,第 67 页。

进犯徐州的作战计划,决定以济南和南京为基地,调集 8 个师团又
3 个旅团、2 个支队,共约 25 万人的兵力,兵分两路,沿津浦铁路南
北夹击攻占徐州。此时,国民政府已经意识到不可能依赖西方国
家的干涉来结束中日战争,必须做好长期抗战的准备,为了在战略
上保卫抗战的军事指挥中心武汉,国民政府军统帅部决定组织徐
州会战。

蒋介石和中国军方高层总结了半年多来对日作战的经验,吸
取了淞沪会战和南京保卫战失利的教训,在战略指导上不再主张
单纯固守阵地的消耗战,亦不再强调一城一地之得失,而是更加注
重“以空间换时间”的持久战。1938 年 1 月,蒋介石在武汉主持召
开抗战军事检讨会议,在会上发表讲话时称“自从上海、南京失守,
我们唯一的政治、外交、经济的中心就在武汉,武汉决不容再失”,
“我军的战略……就是东面我们要保持津浦路,北面要保持道清
路①,来巩固武汉核心的基础”。② 根据最高统帅部的战略意图,李
宗仁等主持第五战区制定了保卫徐州的作战计划,决定“集中兵力
于徐州南北地区,将津浦路南段来犯之日军阻止于淮河以南,在鲁
南地区阻击、牵制津浦路北段和陇海路东段可能来犯之敌”③。

1938 年 1 月中旬,南路日军开始沿津浦铁路北犯,遭到中国军
队的顽强阻击,至 3 月初,日军被阻止于淮河以南,与北路日军南
北夹击徐州的图谋被粉碎。北路日军于 2 月中旬开始南侵,中国
军队节节抵抗,日军第五师团被阻于鲁南临沂地区,日军第十师团

---

① 在河南省境内的铁路,从道口镇(今滑县)至清化镇(今焦作市博爱县)。
② 秦孝仪主编:《中华民国重要史料初编——对日抗战时期》第二编作战经过(二),台
湾:“中央文物供应社”,1981 年,第 68 页。
③ 秦孝仪主编:《中华民国重要史料初编——对日抗战时期》第二编作战经过(二),第
68,69 页。

一部于 3 月中旬起向徐州以北的门户台儿庄进犯,遭到中国军队的顽强阻击,双方在台儿庄反复争夺,战斗十分激烈。4 月 3 日,第五战区集结优势兵力发起反攻,日军溃退,至 4 月 7 日,中国军队取得了台儿庄战役的胜利。

在徐州会战期间,日军为策应徐州南北地区的作战,派海军舰船运载第一〇一师团一部于 1938 年 3 月 17 日在南通登陆,由于中国军队防守力量薄弱,当日南通沦陷,随后,日军接连攻陷海安、如皋、东台等地。4 月 26 日,日军侵占盐城,5 月 7 日侵占阜宁,意图威胁徐州地区中国军队的侧背。从 5 月初开始,侵华日军"华北方面军"和"华中派遣军"分别调集优势兵力,南北对进,企图合围徐州地区的中国军队,为了保存有生力量,坚持持久抗战,国民政府军统帅部决定主动放弃徐州,第五战区部队分批转移,5 月 19 日徐州沦陷。

从 1937 年 12 月 13 日南京失守、日军渡长江北犯,到 1938 年 5 月 19 日第五战区部队主动放弃徐州,前后历时五个多月,中国军队面对日军精锐主力的南北夹击,英勇奋战、节节抗击,"使其无法打通津浦路,充分地发挥了以空间争取时间的战略计划,使我大后方有充分时间来部署次一阶段的武汉大会战"[①]。在徐州会战中,中国军队吸取了全国抗战爆发以来对日作战的经验和教训,不再采取"坚城死守"的被动作战方式,而是积极争取和保持战役的主动权,"守徐州而不战于徐州",充分利用天时、地利、人和等各方面的优势条件,在津浦路南北地区节节抗敌,并以周密的部署、有效的配合和果决的行动,及时抓住战机取得了台儿庄战役的胜利。

---

① 李宗仁:《徐州会战》,孙连仲、刘斐等:《正面战场徐州会战——原国民党将领抗日战争亲历记》,北京:中国文史出版社,2013 年,第 21 页。

后来面对优势日军的进逼和包围，中方的战役指挥者并没有被此前的局部胜利冲昏头脑，而是从持久抗战的大局出发，沉着应对，有序部署几十万中国军队在短短数日之内突出重围，分批向外线转移。在整个战役突围的过程中，中国军队的主力损失不大，充分保持了有生力量，并按计划先后到达预定位置，迅速投入了保卫武汉的战斗。可以说，在徐州会战期间，中方在战役指挥上已经比前一阶段的淞沪会战和南京保卫战有了较大的改进，中国军队在这一阶段的对日作战中积累的诸多重要经验，为后来武汉会战期间中方确立"守武汉而不战于武汉"的战略方针提供了宝贵的参考和启示。

（四）苏北正面战场的作战

在徐州会战期间，中国军队对日作战的主要战场在津浦铁路南北两侧，与此同时，日军为策应徐州方面的作战，以一部兵力渡长江向苏北地区进犯，驻防苏北的中国军队节节阻击，有力地配合了徐州方面主力部队的作战。

苏北地区最先遭到日军进犯的是连云港。全国抗战爆发以后，日本军方发表了所谓"遮断航行"的宣言，宣布对中国江苏、浙江、福建、广东四省的沿海港口实行封锁。为执行封锁计划，日本海军于1937年9月13日出兵侵占了连云港外海距港口约40公里的车牛山岛，此前，国民政府军第七军在军长廖磊的带领下已于8月初从广西柳州赶赴连云港布防。9月间，日本海军以车牛山岛为基地，阻断了连云港至山东沿海青岛、日照等地的海上交通，在连云港口外先后调集了1艘航空母舰，及巡洋舰、驱逐舰、鱼雷艇数艘，以舰炮向岸上炮击，并派飞机轰炸连云港港区，期间还两次派海军陆战队乘小艇企图在墟沟登陆，为中国守军所击退。10月中旬，第七军调往上海参加淞沪会战，国民政府军第三十一军、第四十军相继接防连云港地区。此后,日军飞机继续加紧对连云港港区的空袭,并在军舰的掩护下多次以小股部队进行试探性登陆,中国守军则以有力部队封锁连云港港口,严密布防。

1937年11月21日,日军在军舰的强大炮火掩护下强行在连云港港口登陆,形势一度十分危急,中国守军第三十一军立即组织反击,奋力击退日军。南京失守以后,国民政府军统帅部划定沿淮河、洪泽湖南岸、淮安、东坎镇旧黄河入海口一线以北地区属第五战区作战地域,1938年2月,第五战区司令长官李宗仁派第五十七军移驻连云港地区。1938年4月间,日本侵略者收编的伪"山东自治联军"刘桂堂、张宗元、刘沛臣等部伪军企图打通海(州)青(岛)公路,在日本海军的配合下从山东日照、诸城等地窜至赣榆县北境的柘汪镇登陆。得悉伪军窜犯的消息以后,第五十七军一一二师一部立即奉命从连云港北上赣榆、日照迎敌。从4月下旬到5月上旬,第一一二师所部连战连捷,相继攻克碑廓、巨峰、涛雒、柘汪等伪军据点,将敌击溃,迫使残余的伪军从海上逃遁。在整个徐州会战期间,由于连云港守军的严密防守,日军除了不断进行炮击、空袭和小规模袭扰外,始终未敢进行大规模的登陆,中国军队成功地粉碎了日军从海上增兵、沿陇海铁路进犯徐州的图谋。

在全国抗战爆发前,国民政府江苏省政府驻镇江,上海沦陷以后,日军向南京进犯,江苏省政府于1937年11月21日撤离镇江,11月26日,为实行战时军政合一的体制,国民政府任命顾祝同兼任江苏省政府主席,韩德勤兼任江苏省政府委员、民政厅长,并决定江苏省政府迁往江都县(今扬州市),12月14日江都沦陷前,江苏省政府又匆匆迁驻淮阴县清江浦。此后,因顾祝同一直不能到任,江苏省政府的政务实际上由韩德勤主持,江苏全省的保安部队亦由韩德勤统一指挥。1938年初,江苏省保安部队分驻苏中、苏北各地,所部被划归第五战区第一游击区,作战任务是"于淮海扬各属,向津浦、陇海各线及江海岸之敌游击"。[1] 1938 年 2 月间,韩德勤令江苏各保安部队"积极选取有利目标,用全力向敌猛袭,予以更大打击",驻苏中地区的江苏保安第一支队、江苏保安第二团等部遵令出击,组织突击队攻入与江苏省毗邻的安徽省来安县城,并伏击了从滁州北犯的日军,活动于澄(江阴)虞(常熟)地区的游击部队赵韵松部,先后进占获漕港、后滕镇、锦丰镇、十二圩、老海坝等处村镇(今属苏州张家港市)。[2]

　　随后,江苏省保安部队改编为第八十九军,韩德勤任军长,下辖第三十三师、第一一七师,每师辖 2 个旅 4 个团。徐州会战初期,第八十九军分驻苏北、苏中各地布防,其中第八十九军军部及直属部队驻淮阴,第三十三师驻淮阴、高邮一带,第一一七师驻泰县、兴化一带。第八十九军编成后,又与驻防苏北邳县、东海、赣榆、连云港等地的第五十七军合编为第二十四集团军,由第三战区司令长官顾祝同兼任总司令,因顾祝同不能到任,由韩德勤兼任副总司令代理总司令职权,徐州会战期间该军由第五战区统一指挥。1938年 3 月,第五战区各部队正与日军在津浦铁路南北两线激战,日军华中派遣军为策应进犯徐州的作战,从驻上海的第一〇一师团中抽调第一〇一联队、第一四九联队的 4 个步兵大队共 5 000 余人组成了佐藤支队,由第一〇一旅团旅团长佐藤正三郎指挥,向南通进犯。当时,韩德勤将第八十九军主力集中于淮阴、泰州地区布防,而对于南通地区则疏于防守,仅由少数地方保安团队分散驻防。

① 中国第二历史档案馆编:《国民政府抗战时期军事档案选辑》(上),重庆出版社,2016年,第 300 页。

② 中国第二历史档案馆编:《国民政府抗战时期军事档案选辑》(上),第 503,504 页。

1938 年 3 月 17 日凌晨,日军由海军舰艇运送,在狼山附近的大姚港江面抢滩登陆,向南通进犯。当时,中国军队在南通的驻军仅有南通独立大队张星炳部,共 5 个连,兵力薄弱,其中南通城区的守军仅 2 个连。日军以优势兵力、在空军战机的配合下向南通城区进攻,中国守军与日军激战后伤亡惨重,被迫退出城外,当日上午日军侵占南通城,下午侵占天生港。3 月 18 日,日军向如皋进犯,中国守军仅有 200 余人,寡不敌众,3 月 19 日如皋沦陷。3 月 20 日侵占海安,3 月 21 日侵占姜堰,3 月 22 日侵占海门,3 月 24 日侵占启东,3 月 25 日侵占东台,南通地区的主要城镇全部沦陷。此后,南通地区的中国军队退入乡间收容整训,并不断派出小股部队袭扰各据点的日军。

1938 年 4 月中旬,日军佐藤支队在接到华中派遣军攻击东台、盐城的命令后,随即以主力部队集结向北进犯,在南通地区各据点仅留下少量兵力驻守。中国军队迅速抓住这一有利时机,组织兵力发起反攻作战,收复了西亭、金沙等城镇。4 月 28 日,国民政府江苏省第四区行政督察专员兼保安司令葛覃和保安司令部参谋长张星炳等组织南通地区的保安部队和抗日武装共 3 000 余人,向南通城发起反攻。中国军队反攻南通的战斗持续到 5 月 9 日,前后历时 11 天,驻守南通的日军共约 200 人,兵力不多但战斗力较强,中国军队人数虽多,但皆为地方部队,缺乏实战经验、协同配合不力,因此,虽然参加反攻的中国军队奋勇作战,数次攻入城内,但最终未能收复南通。① 南通反攻作战虽然最终未能完成克复南通的作战目标,但这是全国抗战时期江苏正面战场上中国军队为数不多

---

① 张树峰、钱小雷、瞿曙琨:《1938 年的南通保卫战与反攻南通》,《江海晚报》2015 年 8 月 3 日,B01 版。

的主动反攻作战之一,而且南通地方抗日武装在没有任何正规部队参战的情况下,敢于持续进攻日军占据的城市,不仅有力地牵制了敌人的力量,也大大鼓舞了江苏人民的抗日斗志。

　　1938年4月中旬,日军开始从南北两线调集兵力,企图合围徐州地区的中国军队主力,侵占南通地区的日军佐藤支队主力也于4月下旬开始向东台一带集结,企图向北进犯,威胁徐州地区中国军队的侧背。4月24日,日军集结2 000余人从东台兵分三路向盐城进犯,驻守盐城地区的第八十九军三十三师一九四团、一九八团、一一七师七〇一团及盐城常备团等地方部队,在白驹、刘庄、西团、戴家窑、新镇、安丰、大团、伍佑等处与来犯日军激战。4月25日,日军飞机向盐城县城内投掷燃烧弹,引发大火,并以优势兵力突破中国守军多处阵地,逼近盐城城垣。4月26日,战斗更加激烈,中国守军渐渐不支,前来增援的第五十七军一一一师尚未到达,"而盐城城墙原多破坏,复被轰毁数处,城外房屋密接,工事多已摧毁,守兵伤亡过重,增援不及,反易遭敌各个击破",韩德勤乃于当夜下令盐城守军向北撤退至上冈、沟墩一带布防。①

　　蒋介石得知盐城失守的消息后,即去电命令韩德勤所部"应迅速集中兵力,乘敌立足未稳,后继部队未到以前,断然对盐城之敌采取攻势,不得一再使该敌肆意猖獗或北窜,致陷被动"②。但是,韩德勤还未及部署反攻,从1938年4月28日起,侵占盐城的日军就沿(南)通(赣)榆公路继续向北进犯,中国守军在草堰口、沟墩等处顽强阻击,经激战后阵地被日军突破。5月3日起,日军开始向阜宁进犯,中国守军为第八十九军的4个团、从连云港地区赶来增

---

① 中国第二历史档案馆编:《国民政府抗战时期军事档案选辑》(上),第557,558页。

② 中国第二历史档案馆编:《国民政府抗战时期军事档案选辑》(上),第561页。

援的第五十七军——一师2个团以及地方部队。日军在飞机和炮火的掩护下进攻，中国守军奋勇作战，伤亡惨重，战至5月6日，中国军队被迫撤退，阜宁失守。

对于徐州会战期间苏北正面战场的作战，时任国民政府军事委员会军训部长的白崇禧后来曾有如下评价："韩德勤为江苏省主席兼第二十四集团军总司令，保有苏北、皖东以至运河及通海公路（南通——海州）之北端，且迭次向津浦路南端游击，减轻我五战区主力之特别威胁，于台儿庄之胜利有间接之贡献。"①客观来看，韩德勤作为苏北正面战场作战的指挥者，其部署多有失当之处，蒋介石亦曾指出韩德勤的指挥部署"仍嫌消极"，而参加苏北正面战场作战的中国军队中下层官兵则普遍表现出了旺盛的抗日斗志和饱满的爱国热情，他们的英勇奋战和浴血牺牲为配合徐州会战主战场的作战作出了真正的贡献，在江苏抗日战争史上写下了光辉的一页。

（五）沦陷初期的江苏敌后形势

徐州会战结束以后，江苏全境沦陷。此后，日本侵略者积极准备扩大侵略战争，并把侵略的矛头指向了当时中国抗战的中心武汉，1938年6月18日，日军大本营下达了实施武汉作战的命令。根据日军大本营的指令，侵华日军华中派遣军调集了第二军、第十一军9个师团的部队，共约25万人，在海军和空军的配合下，沿长江两岸溯江而上，向武汉进犯。

此前，日本侵略者为了强化对沦陷区的控制，于1938年4月开始编组警备师团，专门用于执行占领区的警备任务。1938年6月

① 贾廷诗、马天纲等：《白崇禧先生访问纪录》（上册），台北：中央研究院近代史研究所，1985年，第203页。

下旬以后，原来集结于沪、宁、杭地区的日军华中派遣军各主力师团相继西调参加进犯武汉的作战，在日本国内新组建的第一一六师团编入华中派遣军，该师团除了抽调 4 个步兵大队组成石原支队参加进犯武汉的作战外，其余部队于 1938 年 8 月底在南京附近集结，作为日军华中派遣军的总预备队。此后，在日本国内编组完成的警备师团第十五师团、第十七师团相继在上海登陆，第十五师团司令部设于南京，除一部兵力驻芜湖外，主力部队主要用于控制南京、扬州一带的占领区，第十七师团司令部设于苏中，主要控制苏州、常州、无锡一带的占领区。从徐州失守直到 1938 年 10 月武汉会战结束，侵华日军在江苏一直处于战略收缩状态，以有限的兵力重点控制苏南沦陷区，在苏北、苏中地区除占据徐州、扬州、南通等少数城镇外，相继退出了此前侵占的一些地区。在此期间，日本侵略者没有在江苏战场发动大规模的进攻，只有日本海军发动了进犯连云港的作战。

1938 年 5 月 20 日，日本海军调集航空母舰 1 艘，其他舰只 20 艘，运载陆战队 3 个大队 2 000 余人，在飞机和舰炮的掩护下，向连云港发起了海、陆、空联合进犯。日军在攻占了靠近连云港港口的东、西连岛后，在连云港正面强行登陆，守军国民政府军第八军游击总队奋起抵抗，伤亡惨重，与日军在孙家山一线相持。5 月 22 日，第五十七军一一二师接替第八军游击总队防守孙家山阵地，6 月至 7 月间，日军多次企图从孙家山、庙岭、西墅、墟沟、黄窝等地登陆，遭到中国守军的顽强阻击，均被打退。8 月 2 日，日军再次进犯，一度攻占了中国守军的大桅尖阵地。大桅尖海拔 600 多米，是云台山的最高峰、连云港的制高点，其得失事关连云港保卫战全局的成败，在危急时刻，第一一二师三三四旅六六七团团长、中共地下党员万毅奉命率部投入战斗，协同第三三六旅六七二团两面夹击日军,于次日一举收复了大桅尖制高点。9月间,日军在飞机、军舰的掩护下又多次向连云港中国守军阵地进犯,均被击退。10月间,第一一二师奉命调往安徽策应武汉会战,第八十九军三十三师接替连云港地区的防务。此后,日军又多次向中国守军云台山阵地进犯,第三十三师顽强抵抗,直到1939年1月间仍与日军相持在孙家山、大桅尖一线。[①]

　　1939年2月间,日军华北方面军调集第二十一师团、第一一四师团各一部,并以驻山东青岛的第五师团南下,采取侧面包抄的战术,向连云港地区进犯。2月下旬,日军第五师团在日本海军的配合下,兵分三路,以一部兵力在山东日照的安东卫登陆,随后于2月27日占领赣榆,另一部兵力则由青岛海运至灌河口,在响水口一带登陆,3月4日相继侵占灌云县治板浦镇和东海县治海州城,还有一路日军从鲁南临沂出发,沿公路向连云港地区进犯。此外,从徐州向西进犯的日军第二十一师团一部侵占新安镇(今新沂市),随后沿陇海铁路向大浦镇进犯。连云港的中国守军腹背受敌,面临被日军合围的危险,被迫撤出云台山阵地,连云港地区的主要城镇沦陷。从1937年11月到1939年3月,连云港保卫战历时一年多,创造了全国抗战时期中国军队在抗登陆作战中成功抵御日军进犯时间最长的纪录。

　　1938年11月,国民政府军事委员会设立鲁苏战区,负责指挥苏北地区和山东的敌后游击战争,于学忠任鲁苏战区总司令,率部进驻山东开展敌后游击战,韩德勤任鲁苏战区副总司令,并兼任江苏省政府主席,负责指挥国民政府军在苏北地区的敌后游击战。鲁苏战区在苏北敌后的部队主要有:第八十九军李守维部,原财政

---

① 苏中保主编:《连云港抗战志》,北京:中国文史出版社,2015年,第91—96页。

部江淮税警总团改编的第八军游击总队陈泰运部,苏鲁皖边区游击总指挥李明扬、副总指挥李长江所部等。此前,侵华日军为集中主力进犯武汉,在江苏战场收缩兵力,"敌人所占者皆为点线,其他广大之面悉归苏鲁游击军所控制,且不断向敌袭击,破坏敌铁路交通,使敌困扰"①。武汉会战结束以后,日本侵略者加强了在占领区的兵力,加大了对敌后抗日武装的打击力度。1938 年 11 月 20 日,驻徐州、睢宁一带的日军调集 3 000 余人,在飞机、坦克的掩护下,沿宿(迁)睢(宁)公路向宿迁进犯。11 月 21 日,日军对宿迁县城形成包围,并在飞机和重炮的配合下攻城,中国守军第八十九军三十三师一九八团顽强抵抗,但因武器装备落后、援军久久未至,守军伤亡惨重,于 11 月 22 日被迫弃城突围,宿迁城沦陷,第一九八团团长刘振璜、副团长吴绍文、第八军游击第三总队总队长胡文臣等大部分守城官兵牺牲。

　　1939 年 2 月,日军华北方面军为切断苏北敌后抗日武装的海陆交通补给线,调集第五师团、第二十一师团、第一一四师团各一部,发起所谓"卜号作战",其中一路日军以第五师团为主力,配合日本海军在苏北沿海登陆,攻占连云港地区,另一路日军第二十一师团在宿迁一带集结,2 月 24 日开始向淮(阴)泗(阳)地区进犯。面对日军的进攻,韩德勤所部仓促抵抗,节节败退,日军于 2 月 27 日侵占泗阳、沭阳,3 月 2 日侵占淮阴,随后接连侵占淮安、宝应、涟水等地。淮阴失陷以后,韩德勤将鲁苏战区副总司令部和江苏省政府移驻兴化,此后,国民政府军在苏北、苏中的游击区主要位于以兴化为中心的高邮、宝应、淮安、淮阴一带和泰兴、泰县地区。国民政府军在苏南地区的抗日游击战由第三战区指挥,主要以高淳、

---

① 贾廷诗、马天纲等:《白崇禧先生访问纪录》(上册),第 378 页。

宜兴、溧阳地区为游击根据地,1939 年 11 月,第三战区设立第二游击区,以苏南地区和皖南地区为游击作战区域,第三战区司令长官顾祝同兼任总指挥,冷欣为副总指挥,并担任江苏省政府江南行署主任,率部进驻溧阳,实际负责指挥国民政府军在苏南的敌后游击战。

抗日战争进入相持阶段以后,国民政府军在江苏敌后的抗日活动日趋消极,主导和支撑江苏抗战大局的重任也就历史性地落在了中国共产党及其领导的抗日武装——新四军的肩上。

## 二、日伪政权在江苏的统治

侵华日军在江苏的侵略与暴行使江苏的社会经济遭受严重破坏,人民的生命财产遭受重大损失。从 1937 年 11 月至 1938 年 12 月,日军入侵江苏各地,对所经过的城镇和乡村进行疯狂的轰炸,对无辜平民和放下武器的中国军人进行血腥的屠杀,据不完全统计,这一时期江苏全省直接伤亡人数达 430 148 人。[①] 由于日军的肆意劫掠、焚烧,江苏各地的生产生活设施遭到严重破坏,还有大批工厂企业迁往大后方,大量难民逃离家园,致使江苏的工农业生产严重倒退,社会经济一片萧条。据不完全统计,仅在 1937 年内,江苏全省各地(不包括南京市)共损失工厂 372 个,价值 6 119 万元(法币),占到了当年全国工厂损失总数的 12％以上,此外南京市共损失工厂 91 个,价值 1 594 万元(法币),损失工厂数占到了原有工厂总数的 80％以上。[②]

日本在入侵江苏初期,就在其占领的各城镇建立了所谓"治安

---

① 江苏省委党史工作办公室编:《江苏省抗日战争时期人口伤亡和财产损失》,第 41 页。
② 江苏省地方志编纂委员会编:《江苏省志·大事记》(中),南京:江苏古籍出版社,2001 年,第 370 页。

维持会"，拉拢或胁迫地方士绅加入，在日军负责实施奴化统治的"宣抚班"控制下活动，协助日本侵略者维持地方统治秩序，并负责供应日军的军需物资和日常生活用品。1938年2月，日军大本营为统一指挥入侵中国华中地区的作战，下令组建"华中派遣军"，畑俊六任司令官，设司令部于南京。随后，日本侵略者开始加紧扶植成立正式的华中伪政权，并将江苏各地的"治安维持会"更换名称为"自治会"。1938年3月，在日本侵略者的幕后导演下，以梁鸿志为首的所谓"中华民国维新政府"在南京成立，其成员多为原北京政府时期的旧官僚和政客。1938年5月，隶属于伪维新政府的伪江苏省政府在苏州成立，陈则民任伪省长，各地的"自治会"则改组为县级伪政权——伪县公署。

1938年10月，日军在攻陷武汉以后，由于战线太长，"速战速决"灭亡中国的图谋破产，被迫停止了对正面战场的大规模进攻，抗日战争进入相持阶段。此后，日本确定了"以华制华，以战养战"的侵略方针，开始加强对沦陷区的控制和掠夺。1939年9月，日军大本营为了巩固其在中国占领区的统治，下令撤销华中派遣军，组成"中国派遣军"，以西尾寿造为总司令、板垣征四郎为总参谋长，总司令部设在南京，江苏成为日本侵华期间殖民统治的中心地区。此前，在日本侵略者的引诱下叛逃的原国民党副总裁汪精卫到达上海，与日方秘密勾结，筹组全国性的伪政权。1940年3月，以汪精卫为首的伪国民政府在南京粉墨登场，取代了伪"维新政府"。

1940年6月，汪伪政府改组了江苏各级地方伪政权，高冠吾被任命为伪江苏省政府主席兼省民政厅厅长，日伪控制的各县公署改称县政府，伪县知事改称伪县长，在县以下建立区、乡、镇等基层伪政权。在苏北徐州和盐阜地区，1939年5月，侵华日军"华北方面军"扶植成立了伪政权"苏北行政专员公署"，在军事上受日军华北方面军控制,在行政上隶属于伪"华北政务委员会"。1940 年以后,"苏北行政专员公署"划归汪伪政府管辖,后改称伪"苏淮特别区行政长官公署"。1943 年 9 月,汪伪政府任命郝鹏举为伪"苏淮特别区行政长官",并兼任"徐州绥靖公署主任"。1944 年 2 月,汪伪政府决定将伪"苏淮特别区行政长官公署"升格为伪"淮海省政府",管辖苏北和皖北地区的徐州、东海、赣榆、淮安、沭阳、阜宁、宿县、灵璧等 23 个县、市的伪政权,郝鹏举任伪"淮海省政府"省长。

　　汪伪政府为了巩固自身统治,在日本侵略者的扶植下组建了庞大的伪军作为其政权的支柱,还成立了名目繁多的军警和特务组织。汪伪政府的伪军主要是由成建制投降的原国民政府军,以及搜罗的散兵游勇、武装土匪和帮会分子组成,早在汪伪政府正式粉墨登场之前,汪精卫、周佛海就在日本侵略者的支持下于 1939 年在上海成立了伪"和平建国军总指挥部",开始收罗江苏、浙江、安徽各地的游杂武装,编组伪"和平军"。1940 年以后,江苏成为汪伪政权统治的中心地区,在全省各地编组和驻扎的伪军数量庞大、名目繁多,其主要分布情况如下①:

　　(一)伪第一方面军。该部伪军编成最早,在 1938 年伪"维新政府"时期就已组建,汪伪政府成立后改编为伪"苏浙皖绥靖军",1941 年 1 月编组为伪第一方面军,伪总司令为任援道,"总司令部"先后驻南京、苏州,下辖 7 个师、3 个旅又 2 个团。该部伪军除部分驻浙江、安徽外,大部驻南京、镇江、金坛、武进、苏州等地,此外,先后驻苏南地区的伪军还有伪暂编第二军、伪南京警卫部队、伪南京要港司令部所属部队、伪税警总团等。

---

① 江苏省地方志编纂委员会编:《江苏省志·军事志》(上),北京:军事科学出版社,2000
　年,第 139—146 页。

（二）伪第一集团军。1941 年 2 月，活动于扬州、泰州一带的原国民政府军鲁苏皖边区游击总指挥部副总指挥李长江率所部公开投降日伪，所属部队被汪伪政府改编为伪第一集团军，李长江任伪"总司令"，"总司令部"驻泰州，下辖 4 个师、2 个旅又 1 个团，分驻泰州、江都、姜堰、黄桥等地，到 1943 年底，伪第一集团军番号撤销，李长江调南京任汪伪政府军事参议院副院长，所属伪军编入伪第五集团军。

（三）伪第 2 集团军。1941 年 3 月，活动于阜宁、盐城、东台一带的原国民政府军江苏省保安第三路指挥官兼保安第八旅旅长杨仲华率所部投降日伪，汪精卫委任杨仲华为伪"苏皖边区绥靖总司令"，1942 年 1 月该部伪军编组为伪第二集团军，杨仲华任伪总司令，"总司令部"驻东台，下辖 4 个师、1 个旅又 2 个团，总兵力约 15 000 人，分驻东台、盐城、阜宁、如皋、掘港等地，1942 年 10 月，杨仲华被汪伪政府撤职查办，伪第二集团军番号撤销，所属伪军编入伪第五集团军。

（四）伪第五集团军。1943 年 12 月，汪伪政府将苏中、苏北地区的伪军统一编组为伪第五集团军，项致庄任伪总司令，"总司令部"驻扬州，下辖伪第九军和伪第十二军，共 7 个师又 1 个旅，分驻扬州、泰州、泰兴、姜堰、兴化、盐城、阜宁、东台、海安、如皋等地。1944 年 9 月，汪伪政府撤销伪第五集团军番号，项致庄调任伪"浙江省省长"，伪第十二军随项致庄调往浙江，伪第九军继续留驻泰州一带，编入伪第二方面军。

（五）伪第二方面军。1942 年 4 月，驻山东西南部定陶、曹县一带的原国民政府军冀察战区副总司令兼第三十九集团军副总司令孙良诚率所部 3 万余人投降日伪，汪伪政府委任孙良诚为伪第二方面军总司令，"总司令部"驻河南开封。1944 年 9 月，汪伪政决定伪第二方面军由河南调往苏北地区，任命孙良诚为伪"苏北绥靖公署"主任，统一指挥苏北、苏中地区的伪军。伪第二方面军"总司令部"驻泰州，下辖10个师又2个旅，总兵力一度达4万余人，其中伪第4军驻盐城一带，伪第五军先后驻阜宁、姜堰、高邮等地，伪第九军驻泰州、扬州、东台、淮安等地，其余各部伪军驻兴化、如皋、南通等处。

（六）伪第七方面军。郝鹏举出任伪"淮海省省长"和"徐州绥靖公署主任"后，在日军的支持下网罗组织了一支伪军，1945年6月，汪伪政府任命郝鹏举兼任伪第七方面军总司令，"总司令部"驻徐州，下辖3个师又3个旅，分驻徐州、睢宁、沭阳、灌云等地，总兵力3万余人。此外，先后驻苏北、苏中地区的伪军还有汪伪政府收编原国民政府军鲁苏战区和"忠义救国军"投敌部队编成的伪暂编第十九师、第二十二师、第二十八师、第三十六师，以及伪"苏北屯垦总署"所属部队等。

1940年11月，日本"御前会议"通过所谓"中国事变处理纲要"，其中提到，要加紧扶植新成立的汪伪政权，"使之努力协助强化"日本的侵略战争"所必要的各种施策"，并"指导"汪伪政府向日军占领区"努力渗透政治力量"。① 侵华日军中国派遣军为了贯彻"以战养战"的侵华战略方针，强化汪伪政权，巩固占领区的统治，加紧经济掠夺，授意汪伪政权于1941年5月成立"'清乡'委员会"负责指导所谓"'清乡'运动"，由汪精卫兼任委员长，陈公博、周佛海任副委员长，汪伪政府特务组织头目李士群任秘书长。1941年7月，汪伪政府清乡委员会开始推行"'清乡'运动"，以所

①中央档案馆、中国第二历史档案馆、吉林省社会科学院合编：《日汪的清乡》，北京：中华书局，1995年，第4页。

谓"军政并进,剿抚兼施""三分军事,七分政治"为口号,在军事方面由侵华日军实施,汪政权的伪军负责配合,在政治方面由汪伪政府负责。江苏省是日伪"清乡"的重点,整个"'清乡'运动"就是首先从苏南地区开始的,汪伪政府"'清乡'委员会"在苏州设立办事处,全权负责江苏的"清乡"事务,办事处下设"'清乡'督察专员公署",并在镇江和苏北地区分别设立"'清乡'主任公署",在日伪控制的各县划定"清乡"区,设立"特别区公署",直接掌控"清乡"区内的一切军政事务。在日伪"清乡"的高潮阶段,"汪伪政府的势力较广泛地伸向基层社会,不但各级行政机构延伸到乡村,日伪的特工组织、军警系统也设置了平行组织,迫使老百姓驯服于该政权"①。为了加强政治控制和便于经济掠夺,汪伪政府还在基层社会推行保甲制度,伪政权的各种苛捐杂税、工役以及日军征购军粮都是通过保甲组织摊派到户。

通过"'清乡'运动",日伪加强了对沦陷区人民的经济掠夺和压榨,江苏各级伪政权的财政收入大幅度增加,广大人民则是深受其害。1944年6月,汪伪政府实业部经过调查亦承认,"各地方官署暨军警机关,多有违法征税情形",伪政权控制下的江苏各地关卡林立,对过往商民进行重重盘剥压榨,当时从海安到南通间的水路总长约100公里,沿途竟设有关卡十多处,"平时仅为二、三日之行程,近因以上关系,常需十日或十四日始可抵达",而"物价之高涨,货运不畅实为最大之症结"。② 在日伪政权的统治下,江苏各地的社会经济日益凋敝,人民生活苦不堪言。

---

① 江苏省中共党史学会编:《江苏抗日战争史》,第229页。
② 余子道、刘其奎、曹振威编:《汪精卫国民政府"清乡"运动》,上海:上海人民出版社,1985年,第348—350页。

## 第三节　新四军与江苏抗日根据地的开辟与发展

### 一、江苏抗日根据地的开辟

淞沪会战与南京保卫战结束后,江南大片国土沦陷,国民政府军西撤至安徽、浙江、江西相连的山区,命令新四军限期开赴芜湖、南京、镇江、丹阳之间的地区对日作战。在中共中央正式接受蒋介石对叶挺任命后,1937 年 11 月 8 日,毛泽东发出了新四军军部暂设南昌的电报。1938 年 1 月 4 日,项英率军部离开武汉,6 日抵南昌,军部设书院街高升巷张勋公馆。随着各地部队陆续向皖南、皖西集结,为了靠前指挥,4 月 5 日,新四军军部由南昌移驻皖南歙县岩寺。不久,根据形势发展要求,新四军军部移驻泾县云岭。

（一）苏南抗日根据地的初创

关于集结后新四军的行动原则,早在 1938 年 2 月 14 日,新四军副军长项英与第一支队司令员陈毅提出:新四军"不住岩寺,尽可能向前伸出到浙、苏、皖之昌化、绩溪、孝义〔丰〕、宣城、宁国"。到达上述地区后,接受国民政府一定的任务,"机动的完成"①。对此,毛泽东复电同意;并称新四军应"力争苏浙皖边发展游击战争……但在目前最有利于发展地区还在江苏境内的茅山山脉,即以溧阳、溧水地区为中心,向着南京、镇江、丹阳、金坛、宜兴、长兴、广德线上之敌作战,必能建立根据地,扩大四军基地。如有两个支队,则至少一个在茅山山脉,另一个则位于吴兴、广德、宣城之线以

---

① 中国人民解放军历史资料丛书编审委员会编:《新四军·文献》(1),北京:解放军出版社,1988 年,第 211 页。

西策应"①。

为了解苏南一带地形、敌情以及沦陷后的社会状况,毛泽东建议项英"先派支队去溧水一带侦察"。新四军军部主要领导人商量再三,决定委托新四军军分会副书记、第一支队司令员陈毅,从在皖南整编的第一、第二、第三支队抽调400多人,组成先遣队,挺进江南敌后作战略侦察。在决定先遣队领导人时,陈毅推荐曾参加1934年红军北上抗日先遣队、富有军事指挥经验的新四军第二支队副司令员粟裕任先遣队司令员兼政委,得到了叶挺、项英等新四军领导人的肯定。

遵照中共中央与毛泽东指示,新四军军部决定由粟裕率领先遣队开赴苏南敌后。1938年4月28日,先遣队从皖南歙县岩寺潜口出发,叶挺、项英等新四军领导人到岩寺镇外进行欢送。先遣队乘汽车到青阳,后步行,于5月1日到南陵。5日夜过青弋江,继续越过湾沚(芜湖县治)宣城间的铁路封锁线,插到芜湖县东边的东门渡。13日,到黄池镇,再向北经博望,于20日到朱门。然后昼伏夜行,进入苏南高淳。22日,抵江宁县铜山镇西南业家庄。

同时,为坚定以项英为代表的新四军部分领导人不怕困难,坚决将队伍开赴江苏敌后抗日的决心,5月4日,毛泽东致信新四军政委项英:"在敌后与日伪作战虽有困难,但比在敌前同友军一道并受其指挥反会要好些,方便些,放手些。敌情方面虽较严重,但只要有广大群众,活动地区充分,注意指挥的机动灵活,也会能够克服这种困难。"②在信中,毛泽东也指出了新四军能够在苏南敌后坚持抗战的政策方针,即充分发动与组织当地群众,创建根据地。

① 中国人民解放军历史资料丛书编审委员会编:《新四军·文献》(1),第212页。
② 中国人民解放军历史资料丛书编审委员会编:《新四军·文献》(1),第111页。

毛泽东认为,"在广德、苏州、镇江、南京、芜湖五区之间广大地区创造根据地,发动民众的抗日斗争,组织民众武装,发展新的游击战争,是完全有希望的"①。14日,中央书记处发出《关于新四军行动方针的指示》,要求"新四军正应利用目前的有利时机,主动的、积极的深入到敌人后方去,以自己灵活坚决的行动,模范的纪律与群众工作,大大的去发动与组织群众,建立地方党,组织与团结无数的游击队在自己的周围,扩大自己,坚强自己,解决自己的武装与给养"②。

粟裕率领先遣队到达苏南后,一方面积极完成军部交给的侦察任务,把苏南敌后的敌情、地形以及社会、民众情况及时报告军部;另一方面积极开展军事行动打击敌人,取得卫(韦)岗一战胜利;揭露敌人罪行、宣传抗战政策,消除当地群众对新四军的误会,鼓起了苏南人民与日伪坚决抗争的信心。

在先遣队完成侦察任务之际,5月中旬,陈毅率领新四军第一支队东进。6月1日离开南陵,3日夜间进入江苏,12日到溧阳竹箦桥,14日达到茅山,开始了创建茅山抗日根据地的斗争。6月中旬,张鼎丞率领第二支队也开始向东前进至皖苏交界处。军部领导人项英等制定了关于苏南地区新四军的部署方针,即第二支队司令部和第三团一部以"当涂之东小丹阳两侧山地为根据地,对南京至当涂铁路进行破坏并争取群众;另以一部到芜湖、当涂以东至丹阳之间的河网地区活动,争取群众"③。6月23日,项英致电陈毅指出了新四军第一、第二支队进入敌后的行动原则。项英认为,

---

① 马洪武主编:《新四军和华中抗日根据地史料选(1937—1940)》第一辑,上海:上海人民出版社,1982年,第23页。

② 马洪武主编:《新四军和华中抗日根据地史料选(1937—1940)》第一辑,第24页。

③ 中国人民解放军历史资料丛书编审委员会编:《新四军·文献》(1),第219页。

"建立根据地"与"执行保卫武汉的总任务"要"同时并进"。"目前
应以茅山、瓦屋山为根据地(包括新桥之西北山地),并在镇、句之
间山地及丹阳西北山地建立基点,依靠这些基点向四周游击。"①

6月下旬,粟裕回到第二支队司令部主持工作。从此,新四军
第一、第二支队在陈毅、粟裕领导下,遵照中共中央与新四军军部
的指示,在苏南地区把争取群众与创建抗日根据地密切结合起来。

陈毅率第一支队进驻茅山以北的宝埝镇后,积极宣传国民政
府抗战建国、国共合作抗日等政策,认真执行国民党第三战区下达
的破坏镇江至下蜀之间铁道以牵制日军会攻武汉的命令,策应先
遣队破坏铁道,其中"七八两月间,曾动员十七万居民进行破坏交
通";并寻找时机歼灭日伪,"先后与日伪在卫岗、新塘、新丰、句容、
高资、下蜀、江宁车站、鸡笼山、永安桥、薛镇等地予敌重创"。②

初到苏南敌后地区,陈毅、粟裕率领第一、第二支队努力向群
众宣传、解释抗战的意义,以动员组织群众,同时大力整理、扶助地
方游击队。6月底,陈毅与江南抗日自卫团总团长管文蔚联系后,
派二团一营营长段焕竞到访仙桥约管文蔚会面。7月上旬,陈毅与
管文蔚会面后,派新四军第一支队政治部主任刘炎至管文蔚部视
察,并将管文蔚所部改称"丹阳游击纵队",以管文蔚为司令。不
久,新四军第一支队又陆续派出20多名军政干部帮助管文蔚部整
训,并开始建立共产党组织。9月,"丹阳游击纵队"扩编为新四军
挺进纵队,对外称"江南抗日义勇军挺进纵队",开辟了以访仙桥为
中心,包括镇江东乡、武进北乡、扬中县以及江北扬州泰州沿江地
带在内的丹北游击根据地。

———————————

① 中国人民解放军历史资料丛书编审委员会编:《新四军·文献》(1),第230,231页。
② 中国人民解放军历史资料丛书编审委员会编:《新四军·文献》(1),第248页。

1938 年 10 月,陈毅积极争取在江阴活动的梅光迪部和朱松寿部。1938 年秋,即在创建茅山抗日根据地之际,陈毅派新四军第一支队 2 团 1 营从茅山东进侦察,并与中共澄锡虞工委取得联系,将梅光迪、朱松寿两支游击队合编为江南抗日义勇军第 3 路,并派新四军第一支队参谋长胡发坚带一批军政干部加强领导,该部在江阴、武进、无锡等地开展抗日活动。1939 年春,周恩来到达皖南军部并与新四军军部领导人重新商定了新四军"向北发展、向东作战"的行动方针。随之,陈毅部署新四军第六团及江南抗日义勇军第三路东进抗日。此外,第一支队还争取曾任国民党泰兴县教育局长巫恒通领导的地方自卫武装,后被编为新四军的新三团;茅山地区的其他小游击队也先后被争取过来。第二支队积极则争取了小丹阳等地的游击队。到 1939 年春,新四军第一、第二支队已经建立起茅山、丹北、横山、小丹阳、江宁、句容以北等大小十余块抗日根据地,拥有人口 40 万左右,苏南抗日根据地初具规模。

至 1939 年 8 月底,新四军东进部队由出发时的 1 000 余人发展到 5 000 余人;并且在中共东路工委领导下,广泛宣传组织群众,积极组建农民抗敌协会、青年抗敌斗争协会等群众团体,东路人民抗日斗争出现了新局面。

为加强对东路抗战的领导,1940 年 1 月,中共新四军军分会和中共东南局联席会议决定,应进一步"加强在苏锡一带工作与部队,求得人枪款之解决"[①];同时,陈毅派吴仲超、何克希等到东路加强领导力量。3 月,在陈毅建议下,东南局和新四军军部派谭震林到东路地区组织军政委员会,领导该地的江抗部队和中共江苏省

① 中共江苏省委党史工作办公室:《中国共产党江苏历史 第一卷(1921—1949)》,中共党史出版社,2021 年,第 260 页。

委下属组织,以建立东路抗日根据地。4月下旬,谭震林到达东路后,把江南抗日义勇军东路司令部改称江南抗日救国军东路指挥部,谭震林任司令员兼政委。为发展东路抗战,东路指挥部以苏(州)常(州)为基地,向周围展开进攻。至11月,江抗东路指挥部所属部队已发展到6个支队3 000多人,控制了苏常太、澄锡虞、青昆嘉地区大小市镇94个,人口约200万,苏南抗日根据地得到进一步巩固与扩大。

(二)开创苏北和苏中抗日根据地

在徐州会战发生之际,日军集中苏南地区兵力予以支援,对苏中地区的扬州、南通等沿江城市及主要县城只留少量兵力进行驻扎,广大农村仍是国民党统治区。在淞沪会战和徐州会战后,韩德勤率领的国民党第八十九军,李明扬、李长江的鲁苏皖边区游击队以及陈泰运的财政部税警总团等部队开始驻扎在苏北。江苏省政府也迁到兴化,苏中遂成为国民党政府在江苏的政治军事中心。

徐州会战爆发后,中共中央从全民族抗战大局出发,对发展苏北敌后游击战争作了一系列指示。在徐州会战之际,即5月4日,中共中央致电东南分局书记、新四军军分会书记项英:"在茅山根据地大体建立起来之后,还应分兵一部分进入苏州、镇江、吴淞三角地区,再分一部分渡江进入江北地区。"14日,中共中央致电中共江苏省委时指出:"省委目前中心任务是加强对于乡村游击战争的领导,创立许多游击根据地。"①22日,中共中央在关于徐州失守后的工作建议中再次强调:江苏省委即应派一些得力干部,"在津浦以东、陇海以南、长江以北的广大地区内,即应建立一个能独立领

---

① 中共江苏省委党史资料征集研究委员会苏中史编写组:《苏中抗日斗争》,南京:江苏人民出版社,1987年,第12页。

导工作的工委,其主要任务为发展游击战争。"①遵照中共中央上述指示,8月,中共江苏省委组建了中共江北特委,陆续抽调一批干部到南通、如皋等地开展工作。江北特委积极动员群众,联络曾经参加红十四军的人员作为骨干,逐步建立起地下党组织和群众抗日武装,为苏中抗日根据地的开辟积蓄了力量。

1938年9月29日至11月6日,中共中央召开了扩大的六届六中全会。会议在科学地分析抗日战争形势的基础上,重申了全党独立自主地放手组织人民抗日武装,开展敌后游击战的方针;并且作出了大力巩固华北,发展华中的战略决策。

鉴于因事项英提前离会,对中共中央六届六中全会确定的"巩固华北,发展华中"的战略方针,以及会议后期批判王明"一切经过统一战线"的右倾错误并不了解,1939年2月,中共中央决定派周恩来到皖南军部视察,再次就新四军的发展方向与军部领导人商定,最终确定新四军的战略方针是:"向北发展,向东作战。"4月,中共中央书记处作出"关于发展华中武装力量的指示",明确指出"华中是我党发展武装力量的主要地域,并在战略上华中亦为联系华北、华南之枢纽,关系整个抗战前途甚大","希望东南局及新四军领导同志顾全全国局势及华中之重要,抽调大员及大批干部到江北"。②

1939年12月,中共中央中原局书记刘少奇到达皖东地区以后,对华中敌后抗战形势进行了深入分析。他认为目前在华中地区,"江苏北部是有最大发展希望的地区,因此,这是我们突击方向,应集中最大力量向这方面发展"③。1940年1月19日,中共中

① 中国人民解放军历史资料丛书编审委员会编:《新四军·文献》(1),第114页。
② 中国人民解放军历史资料丛书编审委员会编:《新四军·文献》(1),第126,127页。
③ 中国人民解放军历史资料丛书编审委员会编:《新四军·文献》(1),第137页。

央书记处就新四军发展方针作出重要指示,重申中共中央六届六中全会关于"发展华中"战略方针,以及周恩来在皖南军部商讨的"向南巩固、向东作战,向北发展"的方针,明确指出"华中是我们目前在全国最好发展的区域"。①

新四军军分会副书记,第一支队司令员陈毅坚决贯彻新四军"向北发展"的方针。为执行"向北发展"的战略方针,1939 年 1 月,陈毅开始部署江南抗日义勇军挺进纵队攻打并占领扬中,作为渡江北上的"跳板";同时,部署梅嘉生和韦永义率领挺进纵队的第三、第四支队和第二支队一部渡过长江,努力控制长江北岸江都县的嘶马、大桥一带,建立了长江北岸的桥头堡。11 月,江南指挥部下辖的新四军挺进纵队和苏皖支队,率先进入苏北,分别在大运河以东的江都和大运河以西的仪征、天长、六合等地积极开展抗日活动。

1940 年 1 月,挺进纵队全部渡江到吴家桥一带进行整编。6 月,新四军江南指挥部在粟裕率领下的第二团、新六团等部向长江边开进。6 月 28 日,在韩德勤教唆下,李长江纠合三个纵队围攻挺纵所在的郭村,郭村保卫战开始。战争爆发后,在挺纵、苏北特委以及陈毅的正确领导下,再加上苏皖支队支援,挺纵取得了郭村战斗的胜利,这次胜利不仅锻炼和提高了部队的战斗力,鼓舞了人民群众的斗争情绪,而且震慑了江北其他地方实力派,为新四军东进抗日以及建立根据地奠定了基础。7 月 8 日,粟裕率领江南指挥部所属部队渡江在苏北塘头与挺纵、苏皖支队会合。7 月下旬,根据中央指示,新四军军部泰州姜堰成立苏北指挥部,以陈毅、粟裕分任正副指挥,苏北指挥部下辖 3 个纵队。此后不久,陈毅、粟裕指挥部队东进黄桥,开辟了黄桥根据地。

---

① 中国人民解放军历史资料丛书编审委员会编:《新四军·文献》(1),第 141 页。

正当新四军在黄桥展开根据地建设,打击日伪之际,韩德勤违背民意,在东台召开军事会议妄图先消灭黄桥地区的新四军,然后再北上驱逐南下的八路军一部。9月3日,韩德勤以两路大军开始向陈毅部进攻。在陈毅、粟裕指挥下,6日,取得营溪战斗胜利,13日取得姜堰战斗胜利。10月6日,歼韩德勤部八十九军军部。韩德勤率残部逃回兴化。10日,新四军一部攻占东台,并于南下的八路军在白驹会师,共同完成了开辟苏中、苏北抗日根据地的战略任务。

(三)江苏地区淮南、淮北抗日根据地的开辟

南京沦陷后,日军随即北犯,至1938年6月,包括江苏仪征、六合、扬州、盱眙在内的津浦路两侧大部地区相继沦陷。面对日军的烧杀抢掠,沦陷区民众组织抗日自卫军展开了英勇斗争。

在新四军第一、第二支队开辟苏南、苏北与苏中抗日根据地之际,活跃在皖中、皖东地区的新四军第四支队,与江北指挥部下辖的新四军第五支队共同开辟了津浦路东抗日根据地。[1]

为深入开展皖东敌后抗日斗争工作,1938年8月,中共中央长江局成立中共皖东工作委员会,开始在皖东敌后建立党组织,在新四军第四支队帮助下,大力开展群众工作。为了执行中共中央向皖东发展的指示,11月17日,军部派张云逸带领数十名干部和特务营两个连渡江北上。张云逸到达皖中与高敬亭会合后,积极在淮南铁路和津浦路之间开展游击战争,创建抗日根据地。扩大的中共六届六中全会召开后,为执行"发展华中"战略方针,1939年4月,中共中央相继发出《关于发展华中武装力量的指示》与《关于建

---

[1] 1942年以前称"皖东抗日根据地",从1942开始,与津浦路西抗日根据地合并,称"淮南抗日根据地",其中一部分位于江苏境内。

立皖东北抗日根据地的指示》。一方面,中共中央强调华中在战略上关系抗战前途甚大,另一方面指出党"在皖东的中心任务是建立皖东抗日根据地"。4月下旬,中共中央中原局决定将中共皖东工委改为中共苏皖省委。5月,中共苏皖省委决定组建津浦路东临时前敌委员会,并指挥新四军第四支队、挺进纵队等在津浦路以东进行抗日活动。7月23日,新四军江北指挥部成立,总指挥张云逸。其下辖的第五支队,在罗炳辉带领下开辟了以盱眙县半塔集为中心的皖东津浦路东抗日根据地。11月,根据陈毅指示,苏皖支队渡江北上至仪征、扬州及南京外围地区,与新四军第五支队会合,积极开展抗日游击战争与建立根据地的斗争。

随着国民党对共产党政策的转变,即由抗战初期的合作逐渐转到以摩擦为主,地处华中的新四军与国民党之间也出现了不和谐的局面。1940年3月,国民党政府军令部制定了"剿办"皖东新四军的方案。在津浦路东,韩德勤率军频繁进攻罗炳辉率领的第五支队和苏皖支队。3月21日,韩德勤趁第五支队主力西援津浦路西第四支队之际,又率军攻打驻半塔集新四军第五支队后方。危急时刻,在刘少奇指挥下,一面发动和组织新四军与当地群众坚决积极应对;另一方面急电黄克诚所部南下支援。在新四军第四支队、第五支队、苏皖支队、江南指挥部挺进纵队及地方武装协同作战下,半塔保卫战取得胜利。这为建立皖东抗日根据地奠定了基础。8月,八路军第五纵队和皖东新四军第五支队在淮宝地区会师,这使得皖东、皖东北与苏北紧密联系在一起,大大加快了皖东抗日根据地的发展。

1938年5月19日,徐州沦陷。22日,中共中央书记处根据毛泽东对徐州失守后华中形势地分析,发出了《中共中央关于徐州失守后对华中工作的指示》。随着抗战形势的发展,为支援新四军发展华中,中共中央派彭雪枫南下华中。根据豫东、鄂北、鲁南、皖西北交界地区的抗战形势,彭雪枫认为"必须要一强有力的相当大的基干部队,配属相当数量的军政干部,前往加强统一战线及游击战争领导"①。遵照中共中央以及中原局书记刘少奇指示,在彭雪枫领导下,到 1939 年底,中共领导下的抗日力量在皖东北地区的不断发展壮大,使皖东北地区抗日形势大好。

然而,执行蒋介石反共方针的李品仙,在 1940 年 1 月派桂系第十四游击纵队司令马馨亭,率千余人强行进入皖东北,企图取代与新四军第六支队合作关系比较好的盛子瑾担任第六区行政督察专员。盛子瑾不愿让位又无力对付马馨亭的进攻,便转而向新四军、八路军求援。中共苏皖边区委和驻皖东北新四军、八路军领导人张爱萍、江华等为维护皖东北团结抗战局面,决定采取"援盛打马"方针。在张爱萍的统一指挥下,新四军第六支队第四总队一部和八路军苏鲁豫支队一起,给马部以沉重打击。李品仙"以马代盛"行动未能得逞,于是将盛子瑾撤职,并下令通缉。盛子瑾慑于国民党皖省当局的通缉,又不愿留下继续与共产党合作抗日,遂于 2 月底率所部渡淮南下,试图投奔苏北的李明扬。自此,共产党领导的军队独立担负起皖东北地区的抗战重任。

1940 年 2 月 7 日,中共中央中原局发出关于建立苏北、皖东北根据地的指示:"八路军、新四军及党的组织在苏北及皖东北目前的总任务,是争取该地区成立党所领导下的抗日反奸的根据地。"②

盛子瑾出走后,张爱萍率新四军第六支队第四总队转战灵北、灵南、宿东、五河北、泗县等地,歼灭伪军和地方顽固势力,加强对

---

① 冯文纲编:《彭雪枫年谱》,郑州:河南人民出版社,2000 年,第 96,97 页。

② 中国人民解放军历史资料丛书编审委员会:《新四军·文献》(1),第 146 页。

地方旧政权进行改造。3 月 24 日,在青阳召开第一届各界代表大会,选出第六区行政专员陈粹吾(陈因病辞职,6 月由刘玉柱接任),保安司令张爱萍。皖东北抗日根据地正式建立。

## 二、江苏抗日根据地的巩固与发展

黄桥战役后,苏中、苏北抗日根据地得到进一步巩固和发展,刘少奇决定尽快把中原局的指挥机关迁往苏北,并去电中共中央请示,建议成立统一指挥华中抗日根据地军政事务的领导机构。1940 年 10 月 14 日,毛泽东等在给新四军领导人的电报中明确指出"建设苏北根据地是很大工作,同意陈毅统一苏北军事指挥","同意刘少奇去苏北与陈毅会合",布置一切;并强调"注意苏北与皖东打成一片,不要使中间有间断"。① 1940 年 11 月 7 日,刘少奇、黄克诚率部到达海安,与陈毅、粟裕等商谈新四军八路军总指挥部的筹建事宜。12 日,中共中央同意成立华中新四军八路军总指挥部,以叶挺、陈毅为正副总指挥,统一指挥陇海路以南的新四军与八路军。17 日,华中新四军八路军总指挥部正式成立。

1941 年 1 月 4 日,皖南事变爆发。1 月 17 日,国民党军事委员会宣布取消"新四军番号"的通令。为此,20 日,中共中央军委发布重建新四军军部的命令。25 日,新四军新军部在盐城正式成立。2 月 26 日,遵照中共中央军委发布的命令,将陇海路以南、长江南北地区的新四军和八路军部队整编为 7 个师和 1 个独立旅,共 9 万余人。在中国共产党和新四军新军部领导下,江苏抗日根据地广大军民浴血奋斗,在极其艰苦的环境中巩固和发展了根据地,最终迎来了抗日战争的胜利。

---

① 中国人民解放军历史资料丛书编审委员会编:《新四军·文献》(1),第 186,187 页。

（一）在反"扫荡"和反"清乡"斗争中巩固抗日根据地

1941 年 1 月 16 日,日军大本营陆军部根据"对华长期作战指导计划",要求侵华日军"作战以维持治安及肃正占据地区为主要目的,不进行大规模进攻作战。如果需要,可以进行短促的奇袭作战。但以不扩大占据地域和返回原驻地为原则"。[①] 日军中国派遣军由此开始转变侵华军事战略,不再对正面战场发动大规模进攻,转而以主要精力巩固占领区、进行所谓"治安肃正"。江苏成为日伪"治安肃正"的重点区域。而在皖南事变以后,国共关系恶化,华中地区的国民党顽固派对抗日日趋消极,反而以主要力量来对付新四军,不断制造摩擦。江苏抗日根据地一时处在日、伪、顽的夹击之中,形势十分严峻。1941 年 2 月 2 日,中共中央军委指示新四军的战略任务是:打破敌、顽夹击,着重巩固陇海铁路以南、长江以北、津浦铁路以东的基本根据地,并大力经营苏南,发展皖中和鄂豫边区的游击战争。[②] 1941 年 5 月 20 日,中共中央决定,东南局与中原局合并,正式成立中共中央华中局,以刘少奇为书记,负责领导华中抗日根据地和新四军的工作。

1941 年 2 月,日军对苏中抗日根据地发动第一次大规模的"扫荡",并妄图引诱李长江部投敌,新四军第一师主力避敌锋芒,讨伐投敌的伪军李长江部,于 2 月 20 日攻克泰州城。日军虽然侵占了苏中抗日根据地的各主要城镇,但并未实现消灭新四军第一师主力的图谋。到 4 月中旬,新四军第一师趁日伪军疲惫之际,主动发起攻势作战,攻克了苏中地区 10 余处日伪据点,并先后三次进击

---

① 中国抗日战争军事史料丛书编审委员会编:《新四军·参考资料》(8),北京:解放军出版社,2015 年,第 251 页。

② 江苏省中共党史学会编:《江苏抗日战争史》,第 113 页。

海安县城，给予日伪军以沉重打击。此后，新四军第一师与苏中抗日根据地的地方武装和广大民兵互相配合，采取地方部队在内线坚持斗争，主力部队跳出日伪军的包围，转移到外线机动作战、打击敌人的战术，先后成功粉碎了 1942 年日伪军的"清剿"，1943 年至 1944 年日伪的"清乡"，保存了有生力量，坚持和巩固了苏中抗日根据地。

由于侵华日军一直把消灭新四军军部作为其"治安肃正"的重要既定目标，因此苏北抗日根据地成为日军重点"扫荡"的地区。1941 年 7 月至 8 月、1942 年 11 月、1943 年 2 月至 4 月，日伪军先后对苏北抗日根据地发动了三次大规模的"扫荡"。在华中局和新四军军部的领导下，新四军第三师和苏北地方武装、民兵密切配合，采取"扫荡"圈内开展小规模反击战，"扫荡"圈外开展集中攻势作战的战术，取得了在平原水网地区反"扫荡"作战的胜利，粉碎了日伪军消灭新四军军部和主力部队的图谋，使苏北成为更加巩固的抗日民主根据地。

苏南抗日根据地处于日伪统治的中心地区，由于长江的阻隔，长期以来，战斗在苏南的新四军第六师面临着敌强我弱的艰难环境，基本上处于独立作战的状态。1941 年 10 月，新四军第六师第十八旅转移到苏中地区，苏南抗日根据地的主力部队只剩下兵力较为薄弱的新四军第十六旅。面对日、伪、顽的严重夹击和反"扫荡"、反"清乡"、反摩擦的艰巨任务，第十六旅和苏南区地方武装以分散的游击战争，采取灵活机动的战术，在与日伪顽艰苦的斗争中继续坚持和发展了苏南抗日根据地。到 1943 年 12 月，"以茅山为中心的苏南抗日根据地有了很大的发展，北起长江，南至宣（城）长（兴）公路，东临太湖，西至当涂、芜湖的广大区域内，除城镇及铁路、公路线为日伪军占领外,广大乡村地区均为新四军所控制"①。

此外,淮南、淮北抗日根据地军民也以灵活机动的斗争,打败了日伪军的"扫荡"和国民党顽固派的"摩擦"。到1943年底,江苏抗日根据地渡过了抗战最艰苦的阶段。

(二)在反攻中发展和扩大抗日根据地

进入1944年以后,日军在太平洋战场连遭败绩,为了打通从中国东北到东南亚的大陆交通线,挽救日军在南洋战场的危局,日军大本营调集重兵在中国战场发起了豫湘桂战役,日伪军对江苏抗日根据地的压力有所减轻。华中局和新四军军部根据中共中央的指示,决定抓住有利战机,对敌占区发起反攻作战。

1944年3月5日,粟裕指挥新四军第一师发起车桥战役,一举攻克了苏中日伪的重要据点淮安县车桥镇(今属淮安市淮安区),收复了淮安、宝应以东纵横二百余里的沦陷区.使苏中、苏北、淮南、淮北各抗日根据地连成一片,揭开了江苏抗日根据地战略反攻的序幕。此后,新四军第一师暨苏中军区先后发起了春季、夏季和秋季攻势作战,到1944年底已经完全恢复了苏中根据地1940年时的地区,并有了进一步的发展。

1944年1月起,新四军第三师暨苏北军区先后发起春季、夏季攻势作战,攻克了陈家港等日伪据点,解放了灌河与射阳河之间的广大地区。进入1945年以后,苏北军区主力部队又连续发起春季、夏季攻势作战,集中兵力进攻日伪军盘踞的城镇和交通线,到1945年3月,攻克日伪据点20余处,解放了灌河以北的广大地区,随后于4月间发起了阜宁战役,攻克阜宁县城及外围据点22处,收复国土250余平方公里。到1945年7月,新四军全部解放了盐城、

----

① 江苏省中共党史学会编:《江苏抗日战争史》,第123页。

阜宁以东地区,苏北抗日根据地得到进一步扩大。

此外,淮南军区、淮北军区也按照中共中央和毛泽东提出的"扩大解放区,缩小沦陷区"的要求,主动向日伪军发起攻势作战,恢复和扩大了抗日根据地。1945年1月,根据中共中央提出的发展东南的战略任务,粟裕率新四军第一师部分主力部队南下,与苏南的新四军第十六旅会合,成立苏浙军区,粟裕任司令员,向苏、浙、皖边地区发展,沉重打击了日伪军,并粉碎了国民党顽固派的阻挠和进攻,进一步巩固和发展了苏南抗日根据地。

1945年8月10日,日本政府决定接受《波茨坦公告》,向反法西斯同盟国投降。新四军军部根据中共中央的指示,部署各主力部队和地方武装,在广大人民群众的大力支援下,迅速展开了对日伪军的全面反攻。至9月2日日本正式签字投降时,共解放县城40座、大小市镇400余处,消灭和迫降日伪军4.15万人,基本上控制了苏、皖两省长江以北的中小城市和广大乡村,使苏中、苏北、淮南、淮北解放区连成一片,挫败了蒋介石阻止八路军和新四军受降、独占抗战胜利果实的企图,江苏抗日根据地迎来了抗日战争的胜利。①

―――――――――――

① 江苏省中共党史学会编:《江苏抗日战争史》,第143页。

# 第二章　新四军与江苏抗日根据地的政治建设

## 第一节　江苏抗日根据地的民主政权建设

中共要建立巩固的抗日根据地,其首要和根本的任务就是建立起抗日民主政权。只有建立了政权,才能将群众有效地组织起来,通过群众团体,进一步建立起武装力量,镇压土匪、特务、汉奸,维持地方治安,从而巩固抗日根据地。如果不能建立起政权,就会造成军队驻则兴,军队撤就垮的局面。其结果就是新四军开辟的地区只是游击区,因为没有政权的根据地是无法巩固的。

抗日民主政权采取了以民主集中制为原则的新民主主义共和制政权组织形式——民主集中制的参议会制度,这是抗日民主政权的根本政治制度。其特点是既不采用西方的三权分立制度,也未简单照搬中共在土地革命时期实行的工农民主专政下的立法、行政合一制,而是在民主集中制原则指导下实行立法(参议会)与行政(政府)并例、行政领导司法(法院)的崭新体制。各边区抗日民主政权,实际上是中共中央、各分局及各区委统一领导下的相互独立完整的地方政权。①

## 一、江苏抗日根据地民主政权建设的历程

新四军在江苏建立的抗日根据地,主要包括位于华中的苏南、苏中和苏北抗日根据地,以及淮北苏皖边区和津浦路以东的淮南抗日根据地。不同于其他抗日根据地,华中地区是国民党统治的核心区域,华中老百姓视国民政府为正统,国民党在此地区的影响很深,民族矛盾虽是主要矛盾,但阶级矛盾比华北地区尖锐,这就使得中共在华中地区建立抗日民主政权困难重重。由于战争环境和国民党的阻挠,华中抗日根据地在整个抗战时期始终没有建立一个统一的抗日民主政权,只是各战略区分别建立了各自独立的抗日民主政权,有的在同一个战略区,也没有统一的抗日民主政权,如苏北战略区是按盐阜区和淮海区分别进行政权建立的,同时大部分战略区抗日民主政权的建立,也不是如陕甘宁边区等地那样采取自下而上的方式,而是采取了自上而下的方式。

（一）苏南区

1938 年 5 月,新四军进入苏南敌后,成立了统一战线性质的各界抗敌自卫委员会,但没有立即建立中共领导下的抗日民主政权。日军对苏南的野蛮占领,致使苏南地区社会秩序十分混乱。到达苏南的新四军,其首要工作是通过游击战争消灭日军、打击汉奸和残害民众的土匪武装,以恢复当地的社会秩序;同时组织当地民众共同抗日。全国抗战初期是日本对中国的战略进攻阶段,国共两党重新合作,关系向好,因此中共没有立即建立党领导下的抗日民主政权,而主要是恢复原有的乡、保组织,争取原有的乡、保甲长参

---

① 唐宝富:《抗日根据地政治制度研究》,北京:人民出版社,2001 年,第 44,45 页。

加抗战工作。同时,还让国民党江南行署派出县长在新四军解放的地区内重建国民党的县、区政府,并给予各方协助,这样做主要是希望能推动国民党的进步,与中共能紧密合作、团结抗日。

但是,国民政府下的官员们拒绝与中共进行紧密合作,反而大肆进行反共活动,破坏抗日团结。抗战进入相持阶段后,日军开始调整侵华政策,军事进攻为主让位于政治诱降,拉拢分化国民政府高层投靠日本。由此,国民政府也开始将政策重点由对外转为对内,制定了比较系统的"溶共、防共、反共"政策,《限制异党活动办法》《沦陷区防范共党活动办法》等文件随之出台。之后,苏南国民党军队和在敌后的国民党县长、区长的反共活动变本加厉,不断制造摩擦事件,逮捕、残杀新四军指战员和中共地方民运工作人士,策动反动刀会暴乱、派遣部队投降,进行反共活动,以致公开的武装进攻新四军。时局迅速逆转,投降、分裂、倒退的危机日益严重。[①]这些现象是当时全国反共高潮的一个组成部分,是国民党准备投降的重要步骤。中共中央于 1939 年"七七抗战两周年"之际发表宣言,提出"坚持抗战,反对投降;坚持团结,反对分裂;坚持进步,反对倒退"的三大政治口号;并于 1940 年 1 月 28 日发出了《克服投降危险力争时局好转》的指示。1940 年 2 月 1 日,中共中央作出了《关于目前时局与党的今后任务的决定》,明确提出要巩固与扩大各个抗日根据地,在这些根据地上建设完全民选的没有任何投降反共分子参加的抗日民主政权。1940 年 3 月 6 日,又发出了《抗日根据地的政权问题》的指示,着重强调了建立、巩固与发展抗日民主政权,作为巩固抗日进步势力、抵抗倒退投降势力,力争时

---

① 中共江苏省委党史工作委员会、江苏省档案馆编:《苏南抗日根据地》,北京:中共党史资料出版社,1987 年,第 496,497 页。

局好转、克服时局逆转的重要任务之一,指出"国民党反共顽固派极力反对我们在华北、华中等地建立抗日民族政权,而我们则必须建立这种政权"。这种抗日民主政权,必须实行"三三制"的原则,就是说要"根据抗日民族统一战线政权的原则,在人员分配上,应规定共产党员占1/3,非党的左,进步分子占1/3,不左不右的中间分子占1/3"。同时,"必须保证共产党员在政权中占领导地位"①。

1940年4月,苏皖区党委和新四军江南指挥部召开了联席会议,重点研究讨论了党中央上述的决定和指示。在联席会议上通过的《为坚持江南敌后抗战之政治纲领》中提出了"实现敌后抗日民主政权"和"拥护宪政运动,实现民选政府与地方自治"。② 这份纲领体现了苏南中共党委在建立敌后抗日民主政权的认识上有了较大的进步,但对建立这种政权的重要意义和提法上还是不够明确,原因在于担心破坏与国民党的团结、影响统一战线,"主要是我们在思想上存在某些顾虑,以为苏南紧靠国民党后方第三战区,顽强我弱,担心影响与恶化国共两党关系"。因此,联席会议结束后,在实际工作中,中共并没有及时从上而下建立党领导的县以上抗日民主政权,打出抗日民主县政府的旗帜。只是把原来各地抗敌自卫委员会改成为几个县联合的抗敌总会,或者成立这种几个县联合的抗敌总会,作为抗战政权性质的领导机构,代行县政府的职能。但是,这种抗敌总会仍是"不正规"的,不能算是正式的政府。那时,中共只能在其军队控制区内成立区以下各级抗日民主政权,委派自己的区长、乡长,把基层政权转到中共领导下和进步分子手中。

---

① 肖周录、朱子良、汪艳编:《民主革命时期党的人权理论与实践资料汇编》,西安:西北工业大学出版社,1992年,第47页。
② 马洪武主编:《新四军和华中抗日根据地史料选(1937—1940)》第二辑,上海:上海人民出版社,1984年,第59页。

　　苏南敌后县以上各级抗日民主政府的建立,是在 1941 年 1 月皖南事变以后。皖南事变后,中共对国民党顽固派采取了政治上、军事上的全面反击。1941 年 1 月 22 日,江南人民抗日救国军(后改编为新四军第六师)政治部发布命令:决定在苏南敌后从上而下成立江南行政委员会、专员公署、县各级抗日民主政府。首先在京沪铁路以北的东路地区各地成立了专员公署和县政府,委派中共的专员、县长,抗日民主政府实行"三三制"原则,吸收非中共人士、党外人士参加。其条件:"(1) 不与敌伪勾结;(2) 拥护抗日民主,不反共;(3) 接受共产党领导。"同年 3 月 15 日,江南行政委员会筹备委员会在东路地区召开了会议,确定将苏南全区划分为六个行政专员公署,其在京沪铁路以北的有四个,京沪铁路以南的有两个:"苏太常地区为第一行政公署,澄锡虞地区为第二行政专员公署,淞浦地区为第三行政专员公署,丹北地区为第四行政专员公署,茅山、江句地区为第五行政专员公署,太滆、长滆、两溧地区为第六行政专员公署,均于 1941 年 6 月 15 日成立。"①但成立后不久,由于 7 月 1 日日寇汪伪宣布在东路地区"清乡",新四军第六师师部及十八旅部队奉命渡江,转移到苏中地区,京沪铁路以北的四个行政专员公署地区划归苏中管辖,在苏南敌后实际上只剩下了六个当中的最后两个行政专员公署,之后这两个行政专员公署合并改称为苏南行政专员公署,成为苏南抗日民主政权的最高领导机构,归苏皖特委领导。但那时由于苏南敌后环境紧张,日本、国民党、中共三角斗争错综复杂,地区被分割,环境不稳定,各地工作发展不平衡(由于身处战争年代,为适应军事发展的需要,当时中

---

① 中共江苏省委党史工作委员会、江苏省档案馆编:《苏南抗日根据地》,北京:中共党史资料出版社,1987 年,第 498 页。

共各组织区域的划分、职能的调整等变动比较频繁），到1942年，苏南行政专员公署在名义上是作为当时苏南敌后抗日民主政权的最高领导机构，但实际上其办事机构已被撤销，只是对外号召，发布政令。这种名存实亡的办法是待将来适当时机，条件成熟，再行成立苏南行政公署。

1942年是苏南抗日根据地恢复、巩固与继续发展的一年。在这一年里，中共向西恢复了横山地区，向北恢复了上党地区，向东重新打开了太湖地区局面，并相继成立了横山、上党、太湖等地县一级抗日民主政权，活动地区不断扩大，两溧地区已成为苏南敌后一个比较稳定的后方基地，苏南的领导机构一年多来一直驻在这个地方。当时，苏北地区的发展任务基本上已经完成，主力部队已发展到相当数量，人民的人力财力物力的负担已达到一定的饱和状态，其主要任务应是以深入巩固根据地的建设为主。加之，日寇加强对盐阜地区的大"扫荡"和积极准备在苏中地区"清乡"，整个苏北地区斗争形势转趋严重，主力部队需要适当分散，而苏南地区又有较好的空隙，因此，新四军军部决定苏中主力一部分渡江南下，同时，也是为今后向东南沿海敌后发展做好准备。

为了适应新的形势需要，全面进行苏南抗日根据地的政权建设，加强敌后抗日民主政权工作，统一行政领导，以利于坚持敌后长期抗战，准备反攻力量，经苏皖区党委研究，认为需要成立苏南区行政公署作为苏南敌后抗日民主政权的最高领导机构，之后报请华中局并得到批准。鉴于苏南位于长江以南，紧靠南京，是华中根据地的南翼，日本军队和国民党军队夹机形势严峻，斗争尖锐，处境孤悬，必须贯彻"精兵简政"原则，苏南区行政公署与苏皖区党委实行机构合一，即一套班子，两块招牌，行政公署正副主任由苏皖区党委正副书记兼任，其他各处、局长亦由苏皖区党委和十六旅的有关部门负责干部兼任。

中共最初打算通过召开苏南各界人士代表会议的方式产生苏南区行政公署及其委员会,但当时面临着日伪军进行轮番"扫荡"和"清乡"的严峻形势,最后只能决定召开各县县长联席会议,通过总结两年来苏南敌后抗日民主政权建设的经验,确定今后如何进一步加强与巩固抗日民主政权建设问题,选举产生苏南区行政委员会。

中共最初打算通过召开苏南各界人士代表会议的方式产生苏南区行政公署及其委员会,但当时面临着日伪军进行轮番"扫荡"和"清乡"的严峻形势,最后只能决定召开各县县长联席会议,通过总结两年来苏南敌后抗日民主政权建设的经验,确定今后如何进一步加强与巩固抗日民主政权建设问题,选举产生苏南区行政委员会。苏南各县县长联席会议,于1943年3月18日在溧水小蒋家小学里召开,同时紧接着苏皖区党委扩大会议之后进行。这次会议名为苏南各县县长联席会议,实际上只有京沪铁路以南各县抗日民主政府的县长参加;京沪铁路以北的地区,当时已划归苏中领导,没有人来参加。即使是京沪铁路以南各县,也没有全部到齐,如太滆地区的武南、锡宜武、太湖三个单位都因日伪军"扫荡""清乡",滆湖、长荡湖东西交通被阻而未能来出席。当时出席会议的人员各县县长及相关干部20余人。苏皖区党委书记兼十六旅政委江渭清出席了会议,会议由苏皖区党委副书记邓仲铭(邓振询)主持。会议开始由茅山保安司令樊玉林做了题为《苏南敌后抗日民主政权建设》的报告,然后到会人员就其报告和苏皖区党委提出的《苏南施政纲领》《苏南区行政公署暂行组织法》(草案),决定成立苏南区行政公署。这个暂行组织法由将成立的苏南行政公署修订后公布。最后,会议推选出13人为行政委员,其中江渭清为主任,邓仲铭为副主任,组织苏南区行政公署,不再另设立各分区的行政专员公署,行政公署直接领导各县的工作。

综上所述,苏南区抗日民主政权建设的演变可分为四个时期:第一个时期是1938年5月—1940年3月。这是新四军进入江南,打击敌人,逐步恢复苏南社会秩序,帮助国民党恢复当地政权的阶段;第二个时期是1940年3月—1941年1月。1940年3月,苏皖区党委与新四军江南指挥部党委联系会议颁布《为坚持江南敌后抗战之政治纲领》,提出"实现敌后抗日民主政权",但这一阶段尚未建立有系统的政权机构,只是以群众团体的组织来建立政权,没有在区以上建立政府;第三个时期是1941年1月—1943年3月。这是皖南事变之后,中共在苏南地区建立县以上各级抗日民主政权的阶段;第四个时期是1943年3月到1945年10月。这是中共全面进行苏南抗日根据地政权建设的阶段。在1943年3月18日召开了苏南各县县长联席会议,会议通过了《苏南区行政公署暂行组织法》,并根据"精兵简政"的原则,成立了苏南区行政公署,将其作为苏南敌后抗日民主政权的最高领导机构,并与苏皖区党委实行机构合一。

（二）苏北区

苏北,一般是指江苏省长江以北地区。1941年3月,为适应当时斗争需要,中原局及新四军军部决定实行小省制,即把苏北地区划分为苏中和苏北两块抗日根据地。苏北抗日根据地的范围主要是苏北的北半部,包括淮海和盐阜两个地区。苏北抗日根据地地扼华中、华北联系的枢纽,向南可以与新四军在江南建立的根据地相互策应,直接威胁日本侵华军总部与汪伪政府首都南京;向北、向西可与山东抗日根据地和淮北、淮南抗日根据地连接,与华北、中原两大战略区紧密相连。所以,苏北是当时日本、国民党、中共

三方必争之地。它是由山东纵队陇海南进支队,以及以八路军第
一一五师第三四四旅和第三四三旅第六八五团为主组成、后称新
四军第三师的部队开辟、创建的。在一段时期内,苏北抗日根据地
是中共中央中原局(后为华中局)和新四军军部所在地,成为华中
敌后抗日战场的政治领导和军事指挥中心。[①]

　　苏北抗日根据地是按盐阜区和淮海区分别进行政权建设的。
皖南事变后,1941 年 6 月苏北盐阜军区和淮海军区成立,9 月盐
阜区行政公署和淮海区行政公署成立,主任分别是曹荻秋和李一
氓。党政军领导机构建立后,苏北抗日根据地正式创立。之后,
地方党和政府在华中局直接指导下,积极进行了划分地区、建立
各级政权、组织群众团体,以及发动群众减租减息的工作。1942
年冬,两区进行民主建政,成立大区和县的参议会,废除保甲制,
民主选举各级行政委员会和乡长、村长,改造了基层政权。为适
应新的斗争形势,1942 年 11 月实行精兵简政,成立苏北军区,盐
阜军区与淮海军区均改为军分区。不久,实行一元化领导。1943
年,先后成立了统一领导淮海、盐阜两区的苏北党政领导机关。
苏北军区,仍由第三师领导机关兼,司令员兼政治委员黄克诚,下
辖盐阜军分区和淮海军分区。苏北区党委,书记黄克诚,下辖盐阜
地委和淮海地委,苏北行政公署兼盐阜行政公署,主任曹荻秋;苏
北淮海行政公署,主任刘一氓。至此,苏北的盐阜、淮海两区完全
统一。

　　(三) 苏中区

　　苏中区,位于江苏中部,与苏北、淮北、淮南、皖江、苏南等华中

---

① 中共江苏省委党史工作委员会、江苏省档案馆编:《苏北抗日根据地》,北京:中共党史
　　资料出版社,1989 年,第 1 页。

各抗日根据地毗邻相连。皖南事变前，统称苏北。华中局在1941年3月决定将新四军第一师的活动区域正式定名为苏中区，区域范围为东台兴化以南，长江以北，运河以东。同时，正式成立了苏北行政委员会。下设五处一局：民政处、文教处、财经处、司法处、保安处和粮食局。1942年5月1日，苏北行政委员会改组为苏中行政公署。全区先后成立了四个行政分区和一个特区：第四行政区（辖南通、如皋、海门、启东四县），第三行政分区（辖靖江、泰兴、泰县、如西四县），第二行政分区（辖泰东、东台、兴化三县），第一行政分区（辖江都、高邮、宝应三县），兴东泰特区（"联抗"活动地区），设立了相应的地（工）委、专（公）署和军分区领导机构。为了适应敌后斗争的环境，由党、政、军各方面主要负责人合组苏中军政党委员会，统一领导全区工作。1942年底进一步贯彻实行一元化领导体制，撤销各级军政党委员会，建立各级党委，粟裕、陈丕显分别担任苏中区党正、副书记。①

　　苏中抗日根据地的建政工作是自上而下进行的。1941年，县、区两级政权的建设工作首先开始，但因战争环境无法进行民选，因此县区长及政府主要成员是通过同级党组织委派的方式产生的，在人员构成上则遵循了"三三制"的原则。在全苏中14个县中有半数以上的县和30个区及时成立了参议（政）会，各级政府对各阶层人士以诚相见，虚心听取他们的批评和建议。由于保留了国民政府原来的乡、保行政体制及人员，使得根据地的部分地区仍在封建势力的控制下，民主政权的基础不牢固，政府的法令难以有效的贯彻执行。为加快政权建设，1943年，在苏中抗日根据地，苏中区党委发布了《关于建立党对政府的正确领导及积极改造政权的决

① 中共江苏省委党史工作委员会、江苏省档案馆编：《苏中抗日根据地》，第9，10页。

定》(以下简称"《决定》")。《决定》指出,苏中抗日民主政权在区以
下的机构还没有进行彻底的民主改造,各级民主政府也没有建立。
为了削弱这些地区尚存的封建势力,从现在开始要对这些基层政
权进行改造以建立民主政府,并提出了改造基层政权的具体办法。
《决定》发布之后,苏中行政公署领导各公署、县政府开展了改造基
础政权的工作。采取四种形式:"一、正规民主的新乡制;二、乡政
府机构的初步民主,即成立临时乡政府;三、由区署聘定的乡政府;
四、由委任或民选改造乡镇长。"之后不久,苏中区党委又提出三种
补充办法:"一是机构的改造也就是从基层政权的组织机构上加以
改造,把过去建立在个人负责的乡、保、甲制度改造为民主的乡政
府制。这包括行政公署指示信中前三项的办法,即(1) 正规民主新
乡制;(2) 半正规的民主新乡制;(3) 组织临时的乡镇政府。二是
人事的改造,即撤换贪污腐化和落后不求进步的旧乡保长,委任或
民选新的进步的乡保长或加派副乡长等。三是加强训练乡保长,
从思想上、政治上改造他们。……各县区要加紧对现有乡保长的
政治及思想的教育,办三天到五天的短期训练班,讲课内容主要
是:(1) 坚持斗争的问题;(2) 乡保长的职责;(3) 乡级党政军民的
正确关系;(4) 各种重要政策,如锄奸、土地等政策。"①到 1943 年
12 月,"苏中根据地 1 560 个乡中,实行新乡制的有 76 个,实行半
正规改造的 387 个,实行人事改造的 693 个,占总数的 74%。基层
政权改造的成果,最终铲除了封建的保甲制度,也削弱了日伪和国
民党顽固派实行伪化统治的社会基础"②。

---

① 中共江苏省委党史工作委员会、江苏省档案馆编:《苏中抗日根据地》,第 223 页。

② 中共江苏省委党史工作委员会、江苏省档案馆编:《苏中抗日根据地》,第 11 页。

## 二、江苏抗日根据地的施政纲领及其具体化

（一）施政纲领的制定与颁布

宪法是民主政治的法律化，是国家的根本法。它既是法律制度的组成部分，同时又是政治制度的重要基础。宪法的直接目的是奠定宪政的法律基础，而宪政则是民主政权实现新民主主义政治制度化的重要目标。在建设抗日民主政权的过程中，中共非常重视作为宪政基础的宪法制定工作，各边区相继制定和颁布了适应抗日与民主要求，又切合自身特点的宪法性文献——施政纲领。施政纲领集中反映了抗日民主政权的新民主主义性质，体现了无产阶级领导的，各抗日阶级、阶层和党派的根本利益要求。

全国抗战初期，中共中央提出的全面抗战路线则是各边区施政纲领贯彻始终的一条主线。1937 年 8 月，中共中央在洛川会议上通过了《抗日救国十大纲领》，这为抗日民族统一战线提供了共同纲领。《纲领》全面概括了中共的抗日救国主张，是全面抗战路线的具体化，也是中共"新式的民主共和国"理论的具体化。《抗日救国十大纲领》成为中共在抗日根据地建立民主政权的施政纲领，据此，各抗日根据地在先后建立抗日民主政权以后，分别制定了适合各自区域条件的施政纲领。尽管各边区在形式上存在一些区别，不同历史阶段在内容上各有侧重，但都是《抗日救国十大纲领》原则指导下的产物，因而都体现了"团结、抗战、救中国"的精神。其基本内容包括：第一，团结抗日高于一切。团结抗日是各边区施政纲领的第一要务。为了强调团结抗日的重要性，施政纲领在抗日民主政权的具体政策中规定：保护抗日各阶级阶层的政治、经济权利和利益，加强阶级阶层之间的合作关系；保障抗日武装部队、军队及其家属的供给及权利；扩大与加强正规军；广泛

开展游击战争,建立群众性的地方武装,并逐渐实现义务兵役制;拥护边区人民子弟兵,充分保障其给养和经常性满员;认真优待一切抗日军人家属,抚恤荣誉军人和抗日烈士遗族。同时,还明文规定,剥夺日本帝国主义及其附属汉奸的权利。第二,实行民主政治。为了实现新民主主义宪政,将抗日根据地造就成为"民主中国"的模型,施政纲领中都把实行民主政治作为抗日民主政权的一项重要任务。如健全各级民意机关及政府机关,树立民主政治的新作风;保障一切抗日人民的民主自由权利。第三,发展经济。施政纲领中都强调保护抗日人民的财产权、物权和地权,调节各社会阶级阶层之间的利益关系。促进经济发展,为抗战提供物质保障。如合理调整地主和农民的租佃关系与债务关系,促进农业生产发展;调节劳资双方利益,改善工人生活;积极发展工业生产与商业流通;实行合理的税收制度。第四,加强文化教育建设。为提高根据地人民文化政治水平,粉碎敌伪奴化教育与亲日反共宣传,施政纲领都相应规定了发展边区抗战文化教育的政策。如开展新启蒙运动;普及教育,创办各级学校消灭文盲;提倡简体字、推进新文字运动;培育抗战人才,加强干部教育;发展出版事业,大量发行抗战书报等。

具体到江苏抗日根据地,中共苏皖区委在 1940 年 4 月提出了《为坚持江南敌后抗战之政治纲领》十条;经过三年的酝酿和修改,1943 年 3 月 18 日,经中共苏皖区委提议,苏南行政公署颁布了《苏南施政纲领》十五条,这个纲领充分体现了新民主主义政权建设和法制建设的"三三制"原则。1944 年,苏中行政公署颁布了《苏中区施政纲要》十三条。这一时期属于抗日根据地大发展时期,其纲领的内容多以建设与巩固新民主主义根据地,积极准备反攻力量和胜利完成抗日救国大业为主题。

（二）施政纲领的具体化和条文化

在施政纲领相关条文的立法原则和立法精神的基础上，抗日民主政权又相继制定了人权、土地、劳动、财经、婚姻、教育等一系列法规条例。这些法规条例作为施政纲领的进一步具体化、条文化，既反映了根据地内抗日人民的抗日愿望，又体现了抗日人民的民主意志，有力地促进了抗日民主政权的制度化和法制化。

1. 人权立法

江苏抗日根据地各地不仅以法制形式通过制定宪法性文献——施政纲领来保障人民的人权、政权和财权，还先后颁布了被各地区视为第二施政纲领的保障人权条例或法规。这些条例法规如：苏北抗日根据地所辖的淮海区在 1941 年 12 月颁布了《淮海区修正人权保障条例》；1942 年 3 月，盐阜区颁布了《盐阜区行政公署保障人权暂行条例》，同年 7 月，盐阜区又颁布了《改善工人生活条例》。1944 年，苏中行政公署也颁布了《苏中区改善农业雇工生活暂行条例草案》和《苏中区人权财权保障条例》。这些条例法规内容基本相同，主要内容有：

首先，明确了人权的内涵与范围。所谓人权，即为抗日人民的政治自由和民主权利。最基本的包括："(1) 自由权。如《苏中区人权财权保障条例》宣布本区一切抗日人民，有言论、出版、集会、结社、居住、迁移、信仰及抗日自卫之自由。"[1]《淮海区修正人权保障条例》中规定"本区人民有参加任何抗日部队机关及自治团体之自由"[2]。(2) 平等权。《苏中区人权财权保障条例》中规定："本区一切抗日人民，不分种族、阶级党派、性别、职业与宗教，其政治上法

---

[1] 中共江苏省委党史工作委员会、江苏省档案馆编：《苏中抗日根据地》，第 370 页。

[2] 中共江苏省委党史工作委员会、江苏省档案馆编：《苏北抗日根据地》，第 108 页。

律上一律平等。"①其他各抗日根据地都有类似条例。(3)人身权。《苏中区人权财权保障条例》规定:"本区一切抗日人民,有身体不受侵犯之权利。"②《淮海区修正人权保障条例》规定"本区人民身体、财产、名誉、以及其他法益受侵犯时,均由依据法令乡主管机关控诉之权利"③。(4)财产权。保护根据地人民的财产权也是各地区人权保障条例中的一项重要内容。如《苏中区人权财权保障条例》中"第三章财权"有三条明确规定:"保障一切人民及法人之私有财产权,有依法使用收益及处分之自由权";"租佃及债权债务,双方须本团结互助之精神,减租减息,交租交息,一切租佃债约之缔结,须依双方自愿"和"为改善工人生活,提高生产效率,须普遍实行增加工资,保障劳方之生活要求及提高劳动热情,保障资方之营业利润。"④(5)抗日自卫权。除上述各项人权之外,一些抗日根据地出于镇压日寇汉奸特工对抗日人民人权财权的破坏,还在人权保障的条例中明确规定人民有抗日自卫权,如《苏中区人权财权保障条例》第五章就是关于自卫权的内容,当中提到"本区抗日人民得依法自动组织脱离生产或不脱离生产之抗日自卫武装及购置武器弹药;上述人民武装与武器弹药,须向政府登记,接受政府军事机关之统一领导与指挥。凡依法组织之人民抗日自卫武装及其武器弹药,任何机关、部队、团体或个人不得非法侵犯、改编、解散或收缴。本区人民遇有敌伪盗匪绑架或烧杀淫掠情事,有直接抗击或逮捕之权。被敌伪盗匪劫掠之人民财物,经任何机关、部队、团体或个人夺回后,应全部发还原主,不得任意处

---

① 中共江苏省委党史工作委员会、江苏省档案馆编:《苏中抗日根据地》,第 370 页。
② 中共江苏省委党史工作委员会、江苏省档案馆编:《苏中抗日根据地》,第 370 页。
③ 中共江苏省委党史工作委员会、江苏省档案馆编:《苏北抗日根据地》,第 108 页。
④ 中共江苏省委党史工作委员会、江苏省档案馆编:《苏中抗日根据地》,第 371 页。

分或有所需索"①。抗日自卫权的设立带有极强的时代特征,虽不同于一般人权立法的规则,却关乎当时中国人民抗日战争时期的需要。因为对于抗日民众而言其最高的权利就是自卫权,这种自我保护和防卫的权利属于抗日民众的生存权范畴,再加上国民党政权不允许人民武装起来抗日甚至镇压抗日运动,这就使得此项权利的设立更具政治意义。因为只有这一权利得到保证,才能从根本上保障和实现民众其他的民主权利。

其次,规定了有关人权保障的措施。各抗日根据地的人权保障条例规定都比较详细。比如在苏中抗日根据地就规定:

(1)除司法机关或公安机关依法执行其职务及军队在作战期间对妨碍或破坏战争任务的人,要做紧急处置之外,任何机关部队团体或个人不得加以逮捕、审讯或处罚。但现行犯及汉奸敌探不在此列。(2)司法机关或公安机关逮捕人犯,应有充分证据,并依法定手续执行。(3)非司法或公安职权的机关、军队、团体或个人,拘获现行犯,须在24小时内连同证据送交由检察职权或公安机关依法办理。接受犯人的司法或公安机关,应于24小时内质讯。(4)逮捕人犯,不准施以侮辱殴打及刑讯逼供,审判重证据不重口供。(5)司法机关审理民事案件,从传到之日起,不得超过30天必为判决宣告,被当事人不受积延讼累。(6)司法机关受理民事案件,非抗传或不执行判决及有特殊情形时,不得扣押。(7)除戒严时间外,非现役军人不受军法审判,军人与人民发生诉讼时,刑事案件在侦查完结后,军人交军法处,非军人送司法机关依法裁判。民事诉讼由司法机关办理。(8)人民诉讼,司法机关不得收任何费

① 中共江苏省委党史工作委员会、江苏省档案馆编:《苏中抗日根据地》,第372,373页。

用。(9)被扣人犯的财物,非经判决,不得没收,并不得调换或任意损坏。(10)区乡政府对居民争讼事件,得由双方当事人之同意为之调解。如不服调解,当事人可向司法机关申诉,不得拦阻或越权处分。(11)各区乡政府对任何案件,仅可进行调解,决无审讯拘留与处决权。(12)人民不服审判机关判决之案件,得依法按次上诉。(13)各县(第一审)审判机关,判决死刑案件已逾上诉期限而不上诉者,除因战事紧急情形外,须经专署以上政府之审核批准方得执行,违者以杀人论罪。(14)在夫妻间、婆媳间、父母子女间及工商业中师傅与学徒间,严禁一切打骂或虐待之行为,并严禁堕胎溺婴情事。(15)不论任何公务人员如有非法行为或失职渎职情事,致使人民之人权财权遭受损害时,任何人得以任何方式,向县以上任何一级政府控告之。①

这些人权保障条例从各地的实际情况出发,用法律的形式对人民的各项民主权利加以规定,"并建立参议院和成立法院,实行人民陪审员制度和巡回调解制度,从而有力地保障了根据地人民群众的生存权、政治权、经济权和发展权"②。抗日民主政权专门进行人权立法,是对其宪法性文献——施政纲领的重大补充。人权法规及条例的颁布,对抗日民主政权的民主政治和法制的建设具有重要的历史意义。

2. 土地立法

农民问题的核心在于土地,土地问题就是我国民主革命的基

① 中共江苏省委党史工作委员会、江苏省档案馆编:《苏中抗日根据地》,第371,372页。
② 耿学忠:《论华中抗日根据地人权建设的实践及现实启示》,《新华日报》2015年7月31日。

本问题。全民族抗战时期,为了建立巩固的抗日民族统一战线,团结一切力量打败日本侵略者,中共主动将先前"没收地主土地归农民所有"的政策改为减租减息政策。抗日民主政权的土地立法,就是以这一土地政策为理论依据的。如《苏中区施政纲要》规定:"彻底实行减租减息,保证交租交息,合理调整主佃与债务关系,提高与发展农业生产及手工业。"这就把党的减租减息政策法制化、具体化了,表明转变后的土地政策在各边区正贯彻执行。根据中共的土地政策及抗日民主政权施政纲领相关精神,江苏抗日根据地各战区相继结合本地情况进行了土地立法,制定了一系列的土地法规条例。如:《盐阜区减租条例》(1942年)、《淮海区租佃关系调协办法》(1942年9月)、《苏南行政区处理土地问题暂行条例》(1944年9月)、《苏中区土地租佃条例》(1944年)等。这些土地法规条例,进一步明确了租佃双方关系及处理办法,使党的土地政策以及抗日民主政权施政纲领相关内容更加具体化和条文化,其内容主要有:

一是保护合法土地所有权。1942年颁布的《苏南行政区处理土地问题暂行条例》规定:凡土地房屋债权及其他一切合法之私有财产,有营业证或契约,经政府备案登记者,一律依法保障其私有权,任何人不得侵犯。私有财产其私有主有自由使用支配权,其继承人有继承权。此外,为扩大耕地面积,增加根据地的农业生产,有些地方还出台了相关的垦荒条例,"荒地系指:一、可供耕种之草地草荡。二、可供耕种之河岸洼地。三、久失经营之荒芜熟地"。承包办法中规定"凡公有私有荒地,须经各县政府按照地方生产计划及地理条件勘查并确定其可垦范围以后,方得招垦,俾得集中资力人力分区分期进行"[1]。"公荒有政府分配给抗属、难民、贫民开

---

[1] 中共江苏省委党史工作委员会、江苏省档案馆编:《苏中抗日根据地》,第354页。

垦,并归其所有,在一定期限内免除或减税,私荒开荒,应先由业主开垦,如业主无力开垦,在其荒芜时政府得找人开垦,并在一定期限内免除或减少其税,土地所有权仍属原主,但开垦者有承佃权。"①

法律既承认地主土地的所有权,又保护农民的佃权。《苏南行政区处理土地问题暂行条例》第四条中写道:"凡承种他人之土地者有承佃权。第一款:承佃权之设定有期限者,依其期限,期满后出租人有依约处置之自由,包括出典、出卖、自耕、雇人耕种或转租,但在抗战期间,地主收地应估计农民生活,并须于收获前三个月通知承佃人,倘承佃人生活上感到困难,承佃人得呈请政府救济,政府得召集业佃双方加以调剂或延长佃期或退佃一部。第二款:出租人于契约期满招人承佃或出典、出卖时,原承租人依同等条件,有承佃、承典、承买之优先权。第三款:出租人出卖、出典有承佃权或契约期限未满之地,原承租人有继续承佃之权,非至期限届满,新主不得另佃他人。"②保护农民承佃权,是贯彻中共减租减息政策的关键,否则农民担心地主随时抽佃,不敢积极减租且影响他们的生产积极性。

二是规定减租、交租办法。减租是中共抗战时期政策的第一方面内容。根据中共制定的土地法的相关规定,"地主出租土地后,必须依法减租,即按法定减租额收租,不得多收或法外增租。地租的减租率原则上实行'二五减租',即按抗战前减的原租额减收25%"③。由于各地土地质量不同,地主经济条件不同,租佃形

---

① 中共江苏省委党史工作委员会、江苏省档案馆编:《苏南抗日根据地》,第226页。
② 中共江苏省委党史工作委员会、江苏省档案馆编:《苏南抗日根据地》,第223页。
③ 转引自孙学龙等:《抗日战争时期的土地法律制度——以陕甘宁、晋察冀等根据地为例》,《新西部》2010年11月30日。

式各异，所以实际减租率各地并不相同。如1944年《苏中区土地租佃条例》规定："减租标准得斟酌实际情形改为二成，或一成五，或一成减租（即打八折或八五折或九折交租）。"①"减租后实际缴纳的租额，不得超过全年正产收获量的37.5%，其原来租额低于37.5%的不得增加。减租须就应交正租额照减，佃农不得将押租折成租额加进正租内同减，业主亦不得以退押为理由向佃户加租。"②

交租是中共土地政策第二个方面的内容。法律规定，实行减租后，承租者必须按约交租，不得无故抗阻不交。如确实因为遭受天灾人祸，无法收成时，可根据实际情况给佃户进行酌情减免。在苏中抗日民主政府建立之后，实行二五减租以前，佃户所欠旧租一律免交。"交租斗秤以当地通用斗秤为标准，不得使用大斗秤收租。"③"公私租佃土地，在减租后，已经换立新约者，佃户应照新约交租，不得无故不交租。每年各季交租时期，一律在正产物收获后履行。"④为鼓励农民开垦荒地，相关土地条例还规定"开垦公荒，承垦者有永佃权，并于垦竣后5年内不缴地租及其他各种公益负担"⑤。

三是规定减息交息办法。抗日民主政权严禁私人借贷中的高利盘剥。对一般借贷，各战区实行减息。减息办法，一般以年利一分半作为计息标准。"超过一份半者，应减为一分半，不及一分半者依其约定，减息之后债务人有交息之义务。""抗战前成立的借贷

① 中共江苏省委党史工作委员会、江苏省档案馆编：《苏中抗日根据地》，第358页。
② 中共江苏省委党史工作委员会、江苏省档案馆编：《苏中抗日根据地》，第359页。
③ 中共江苏省委党史工作委员会、江苏省档案馆编：《苏中抗日根据地》，第361页。
④ 中共江苏省委党史工作委员会、江苏省档案馆编：《苏中抗日根据地》，第360页。
⑤ 中共江苏省委党史工作委员会、江苏省档案馆编：《苏中抗日根据地》，第355页。

关系,其利息超过原本一倍者,停利还本,超过原来两倍者本利停付","凡抗战后成立的借贷关系,因天灾及其他不可抗拒之原因,债务人员无力履行债约时,得请呈政府调处,酌量减息免息还本",这就保护了借贷人的正当权利。而对于债权人的合法权益条例中同样也给予保障,"凡抗战后新成立的借贷关系,债务人到期不能付息还本,债权人有依法处理抵押品之权,同一抵押品而担保数债权者,其卖得之价格,按各债权契约先后依次照比例清偿之"①。

抗日民主政权的土地立法,是对施政纲领的具体化。它的颁布和施行对抗日根据地和抗日民主政权的巩固和发展有着重要的历史意义。(1) 削弱了农村的封建剥削,改善了农民的生活。据苏南四个分区的不完全统计,1944 年普遍的减租减息后,"其减租稻8 976 万多斤,减息稻 184 万多斤,减息米 41 万多斤,款 15 万多斤"②。其他各战区情况大致相同。减租减息后,贫苦农民生活有了较大的改善。据苏北盐阜区调查,与战前相比,经减租减息后,"地主户数少了 1/3,占有土地少了一半多;富农户数和土地占有数均有减少;中农户数增加了 1/3,土地增加 2/5;贫农户数减少 1/5,土地增加 1/6;雇农户数减少 1/2。这表明,地主、富农削弱了,贫雇农也减少了,中农数量迅速扩大,出现了两头小、中间大的趋势,中农成为农村的主要成分"③。(2) 提高了农民进行农业生产与参加抗日的积极性。在全国抗战时期,根据地农民生产热情的提高成为农村生产力解放的重要标志。在根据地实行的减租减息政策使广大农民获得了实惠,激发了他们的生产热情。各战区农业生产

---

① 中共江苏省委党史工作委员会、江苏省档案馆编:《苏南抗日根据地》,第 226 页。

②《解放日报》1945 年 3 月 30 日,第 1 版。

③《解放日报》1945 年 5 月 22 日,第 4 版。

量得到提高,改善了农民的物质生活,为巩固抗日根据地,支持抗战提供了坚实的物质基础。(3)团结了抗日的地主。减租减息政策,由于既保证了农民的佃权,又保障了抗日地主的地权和财权,而施政纲领更保障其政权和人权,因而能广泛地团结农村抗日地主。

总之,施政纲领的制定与颁布,尤其是立法的具体化和条文化,一方面更加有利于抗日民主政权在实际工作中对施政纲领原则与精神的把握,从而增强了政府工作的规范性和可操作性,另一方面由于其广泛的利益驱动以及相当的约束功能,又保证了根据地社会自下而上的积极认同,从而大大稳定了因抗日民主而造就的革命新秩序。大量的历史事实证明,抗日民主政权施政纲领的颁布和实施,发挥了作为一个地方政权实体的宪法功能,无论是根据地政府工作还是各边区社会关系都因此而提高了民主化和法制化的稳定性。

## 第二节　江苏抗日根据地民主政权的制度建设

### 一、参议会制度

参议会制度是抗日民主政权的根本政治制度。在江苏各抗日根据地,参议员由各级民众大会直接选举出,以建立起各级代表民意的机关,再由各级参议会选出各级政府的负责人来组成各级政府。各级参议会或代表会议严格执行孙中山先生所规定的选举、罢免、创制、复决四大民权,实现民主与集中的统一,提高工作效率。[①]

---

① 唐宝富:《抗日根据地政治制度研究》,北京:人民出版社 2001 年。

　　抗日民主政权的参议会制度,源于南京国民政府关于省要设参议会的规定。1938年国民党五届四中全会通过了《国民参政会组织条例》,后又颁布了《省临时参议会组织条例》,规定省临时参议会为省级的临时"民意机关",其实只是咨询性机关。全国抗战时期,共产党为了发展抗日民族统一战线,巩固国共两党的合作与团结,保持与国民政府行政组织的统一,先后根据国民党《省临时参议会组织条例》的有关规定,在形式上和名称上采行国民政府的参议会制度;同时,创立各边区各级民意机关——参议会。但与国民党统治区不同的是,抗日民主政权的参议会制度,既是民意机关,又是权力机关。在《修正陕甘宁边区各参议会组织条例》中明确将参议会性质由"民意机关"改变为"人民代表机关"。这就是参议会的职能,由单纯反映民意,上升为既收集、反映民意,又代表人民意愿行使权力。从而使参议会在同级国家政权机构中,居于最高权力和权威的地位。陕甘宁边区对参议会制度的创新,为其他抗日根据地做出了表率,起到了积极的示范作用。

　　参议会所实行的"三三制"原则,容纳了复杂的阶级成分和社会成分,使各种不同的政治派别,跨越政治信仰的分歧和经济地位的差异,均能以平等的资格选派各自的代表进入抗日民主政权机构,和其他党派的代表人物一起去掌握和行使地方的各种权利,使抗日根据地内的各抗日民主阶级共同掌握和行使政权的要求成为现实。参议会制度如同黏合剂一样,把爱国的各阶级、阶层、各派、民族和社会团体联合在一起,形成了一个坚强的富有战斗力的政治联盟。

　　由于处在战争环境和分割状态,中共各抗日根据地在人民代表机关改称或建立参议会制度时,各边区所属各级参议会在参议会的级别以及名称上与国统区所属省各级参议会并不完全相同。

如有的地区只有县、区、乡参议会,没有村一级参议会;有的地区只
有县、村参议会,没有区、乡两级参议会;有的地区只有县、乡参议
会,没有区、村两级参议会等等。华中抗日根据地参议会一般分为
边区、县、乡三级,有的根据地在区一级也设参议会,各级参议会都
是各该地区的最高权力机构,其名称有参议会、临时参议会、人民
代表会议、公民代表会议等。有的根据地如苏南抗日根据地,在没
有正式成立参议会之前,是以临时机构参政会代行参议会职
权的。①

　　在江苏,苏南抗日根据地在 1943 年 4 月 10 日公布了《苏南行
政区各级参政会组织条例》,第一条就指出此条例"特根据抗战建
国纲领及国民政府颁布之参政会组织之基本原则与苏南行政区之
实际情况制成"。同时第二条明确了"苏南行政区各级参政会为代
表抗日人民之各级民意机关"。此条例共二十五条,分为总则、参
政员、组织、职权与义务、会议、任期、经费和附则八章内容。在"参
政员"章中提到,各级参政员的产生采取民众直选和政府聘任两种
方式;参政人员的条件为苏南行政区境内赞成抗日与民主的居民,
年龄在 18 岁以上,只要非以下情形均可以参加选聘:剥夺公权者、
有不良嗜好者、禁治产者(如精神病白痴)和受县政府刑事处分者。
"组织"章中提到,苏南行政区设立苏南行政区参政会,各县设立县
参政会,各区设立区参政会。各级参政会设立议长 1 人,副议长 1
人或 2 人,各级参政会于大会休会期间设驻会委员会,驻会委员由
全体参政员大会推选,在大会休会期间处理会日常事务及参政大
会移交案件。"职权与义务"章中分别规定了各级参政会的职权和
义务以及驻会委员会的职权。"会议"章中规定"苏南行政区参政

---

① 唐宝富:《抗日根据地政治制度研究》,第 149,150 页。

员大会每年开会 1 次；各县参政员大会每半年开会 1 次；各区参政员大会每三个月开 1 次"。"任期"章中提到"各级参政会为临时民意机关，俟民选参议会正式产生后即行结束；各级参政会成立后，应协同各同级政府及抗日民众团体筹备各级参议会"①。需要指出的是，因战争环境和分割状态，许多基层政权未及时得到改造，以至于江苏抗日根据地各战区的参议会制度绝大多数情况下都是由民主协商推选而构成，而非自下而上的由县区乡民选构成。

　　1942 年 5 月 7 日，在苏北抗日根据地的盐阜区召开的座谈会上，陈毅代表中共盐阜区党委、行政公署就目前党和政府工作中存在的缺点，提出了自己的五点建议。其中在设立盐阜区参议会的问题上，他指出"我们在盐阜区实现民主的具体办法在于设立参议会，在于着手改造各级政府的制度及其行政的作风，在于组织工农青年妇女儿童各种抗日救国团体，在于由下而上办理彻底的民选。……今天参议会仅系政府的咨询机关，只是民主的一种初步表现，尚不是完全民意的合法代表，这自然不能完全满足抗战需要。我们共产党员首先要求把参议会进一步，求得中共中央对政权组织的'三三'制之彻底实施"②。陈毅认为现行参议会的初步办法，既然不能满足现实的需要，就应立即进行下一步工作："第一，普遍实施新乡制。从乡长开始进行民选，逐渐到区，直至县以上的民选。第二，广泛组织各界民众，纠正一切对工救、农救的敌视行为。……第三，盐阜区参议会筹备处立即成立，协助行政公署工作，逐渐做到完全由民选不用聘任及团体选派办法。第四，在各级

---

① 中共江苏省委党史工作委员会、江苏省档案馆编：《苏南抗日根据地》，第 265—267 页。

② 中共江苏省委党史工作委员会、江苏省档案馆编：《苏北抗日根据地》，第 191 页。

参议会及各级政府机关实施'三三制',如果共产党员占 1/3 以上的名额,中共盐阜区党委立即训令党员退出超过的额数,以符合中共的宣言。但任何当选的人士均应积极负责行使职权,这必须是人人共同遵守的条件。第五,立即办理选民登记,从乡区开始进行,以便能由下而上建立各级代表会议,直到各级政府委员之民选。"①

这次座谈会之后不久,盐阜区临时参议会第一次大会于 1942 年 10 月 21 日开幕。到会参议员院有 123 人,其中包括国、共两党及各党派、各阶层、各群众团体、军政各界代表。会议由当地著名绅士庞友兰先生主持,他致词时希望各参议员"知无不言,言无不尽。同时希望政府方面,言而可用用之,不可用容之"。会议上,中共方面华中局代表饶漱石和新四军代军长陈毅都做了发言。饶漱石希望各界人士相信共产党无论在过去、现在和将来,都不会违反自己团结抗日、团结建国的诺言。同时共产党参议员要诚恳与党外人士合作,以人民意见为依归。陈毅说明了新四军对民主政府的态度及推行民主的真诚。目前正在厉行精兵简政,即为提高部队战斗力,减轻人民负担,蓄积民力,以准备最后战胜日本。

临参会召开的第三天,由盐阜区行政公署主任曹荻秋作了行政公署自 1941 年 9 月成立一年来的政府工作报告,主要介绍了民政、财经、经济、教育、粮食、安保这几个方面的工作。第四天与会者展开了对政府工作的质疑和批评,发言参议员有六十多人,占全体议员人数的一半。质问及批评案有七十多件,大致围绕民政、财经、教育、保安、民兵、优抗、民运及帮助军队等方面。第五天这些问题由行署主任曹荻秋代政府答复,对前一天提出的所有质问及批评,一一解释说明并分别表示接受。盐阜区第一届临时参议会

---

① 中共江苏省委党史工作委员会、江苏省档案馆编:《苏北抗日根据地》,第 192 页。

一共持续了十天,在临参会闭幕后发表的宣言中指出:"这次大会使我们盐阜区三百万人民的政治生活进入了崭新的历史时代。……我们已获得了可贵的政权。本区一切重要法律,都经过大会的修改通过。大会组织了行政公署,选出了本区最高行政机关之行政委员会,通过了本区三十一年度预算。大会已不仅是政府咨询机关,而且是人民的最高权力代表。"[1]"盐阜根据地之开辟不过两年。中国共产党及新四军,在艰苦困难中建立此根据地,即以政权公诸我盐阜区人民。此次大会所选举之驻会委员,系根据'三三制'进行,当选之共产党人超过三分之一者军自动退出,使我们对于中共领导民主之诚意有进一步之认识,而对其赤心为国之精神,益增其信仰。大会提案计一百四十六件,其重要决议之一,为坚持本区抗战,准备反攻。大会毅然通过必要之军事预算,以保证抗战军队之军需,同时决定普遍组织民众,武装全体人民,以与敌伪周旋。"[2]在宣言最后的号召中提到"为彻底实行民主,今后本区各县区乡政权,应迅速普遍进行民主,迅速建立真正有权力的县区乡级民意机关,民选县区乡长,使各阶层在政治上均有平等地位,以发挥人民抗日救国力量"[3]。

苏北抗日根据地的淮海区的第一、第二届参议会分别在1941和1942年召开,但参议会还不是由乡区县民选的,因为当时下层机构尚未进行改造,参议会人员仍未选聘。首届参议会的参议员全是士绅,第二届则包括各阶层,人数229名,人员有军队、地主绅士、工商业主、学校教师、青年、妇女、工人、农民、船户等,大致符合

---

① 马洪武主编:《新四军和华中抗日根据地史料选(1937—1940)》第五辑,上海:上海人民出版社 1988 年,第 82 页。

② 马洪武主编:《新四军和华中抗日根据地史料选(1937—1940)》第五辑,第 82 页。

③ 马洪武主编:《新四军和华中抗日根据地史料选(1937—1940)》第五辑,第 483 页。

"三三制"的原则。第二届参议会从 1942 年 5 月 16 日至 5 月 24 日一共进行了九天。大会讨论并通过了如下提案,包括:行政公署的改组及行政公署组织法;第二届参议会组织条例;中共中央根据地土地政策的决定及其附件;减租条例;减息条例;赎田条例;增加工资条例;田赋改征实物条例;1942 年公粮公草征集条例;盐税及进口物品加税及增办营业税提案;慰劳军队鞋子,一年两次提案;农民借粮问题善后原则四项等。参议会不仅有民主的形式,如少数服从多数及一切经过表决、经过选举等,同时还有民主的内容。在政府报告之后,参议会安排了一天时间的质问,参议员们较之以前开始敢于讲话,对政府各个方面进行批评,基本能做到言无不尽,充分发扬了民主精神。对于批评的答复,政府方面采取了谦退缓和及接受批评的态度,通过这样气氛良好的互动与沟通,使得根据地的各界人士对抗日民主政府的工作有了更加清晰的认识并能进一步理解与包容。

总之,参议会制度是江苏各抗日民主阶级阶层实行新民主主义政治的主要形式。它不仅包括了工人和农民阶级,而且也包括了积极参加抗日的资产阶级,同时也吸收了大多数中小地主阶级,甚至一部分大地主和大资产阶级,因此这是具有抗日民族统一战线性质的制度。抗日民主政权的参议会制度推动了抗日民族统一战线的巩固与发展,同时也丰富和发展了新民主主义政权的组织形式,为新中国成立后人民代表大会制度的创立奠定了坚实的基础。参议会制度的许多内容,如政权机构的设置、职权的划分、组织原则、选举程序、运行规则,只要稍加改进便能适应新的历史条件,成为新中国人民代表大会制度一些内容的基础。[①] 特别是参议

---

① 袁瑞良:《人民代表大会制度形成发展史》,北京:人民出版社 1989 年版,第 275 页。

会制度中行之有效的一些组织原则,如党的领导原则、民主集中制原则等,更是作为民主政治的优良传统,至今仍在人民代表大会制度的运行中发挥着积极的作用。

## 二、行政体制

中共领导的各边区抗日民主政府的行政体制,有一个逐渐发展演变的过程。一般而言,1943 年以后其层级结构主要为三级制(边区、县、乡或村)和四级制(省、行政区、县、村)。但落实到各边区,即使同为三级制或四级制,不仅相互间每一层级具体设置不同,而且每个根据地在不同时期也有所变化,原因就在于各边区历史条件和现实情况都不相同。各边区为了能够合理有效地贯彻执行中共及其抗日民主政权的政策法令,就必须因地制宜,建立起适合本地区特点的行政体制。因此,各边区都十分重视基层行政建制工作,尤其敌后各边区划分成小行政区域,废除保甲,减少机构层次,乡以两千人口为限。当时国民党实行大县大区大乡制,严重脱离群众,自上而下贯彻政令很不便利。而中共从工农民主政权时期就非常重视区村政权的建设。区村政权直接面对民众,有利于群众表达意愿和诉求,也便于其接受群众的监督,同时区村政权的建立可以推动县政权的进步。敌后各边区经改制后由原先的县、区、乡、保、甲五个层次组织变为县、区、乡(村)三级,随着根据地民主政治的发展,村级政权的建立,区、乡两级在各边区大都转化为督导或代表机关。小区划不仅利于中共及其政权的政令能自上而下的贯彻执行,还可以自下而上的使从来没有参加过政治生活的民众学习管理国家大事,从而使中共及其政权与群众关系密切起来。抗战时期,中共及其抗日民主政权之所以能够在残酷的游击战争中灵活而迅速地动员起人力物力,其中一个重要原因就是合理而有效的政府组织系统及行政体制发挥了重要的制度支撑作用。

在江苏抗日根据地,各战略区均建立了包括行政公署以下各级民主政权的组织形式,其大部分政府组织系统为:行政公署(行政委员会或联合办事处)——专员公署(或行政分区)——县政府——区——乡(镇)——村(保甲),概括而言就是三级(行政公署、县、区或乡或村)两辅(专员公署、区或乡或村或保)制。

(一)行政公署

在江苏抗日根据地各战略区的最高行政机关即行政公署这一级上,苏南区在1941年成立了第一行政督察专员公署,其宣言中提出:"江抗政治部合乎民众之公意,根据民族利益抗战利益的最高合法原则,建立民主新政权,以坚决执行抗战建国纲领,实现三民主义为目的,成立苏南三区行政专员公署,委派十一县县长。……此种组织为最合民主,最合国法,最合民意之机构。"[1]1943年5月1日公布了《苏南区行政公署暂行组织法》,其中设立了五章共二十五条规定,五章分别是总则、组织、职权、任期与会议以及附则。其中第一条提到"为加强并统一苏南区行政领导,增进行政效率,推行抗战法令,实现民主政治,巩固与建设抗日民主根据地,特设苏南区行政委员会"[2]。第三条至第七条具体规定了主要的组织设置,其中规定,参议会是行政区最高权力机关;行政委员会是执行机关,由参议会选举产生(在参议会未召集前暂由各县县长联席会议推选);行政公署是行政委员会下的政务机关,行政公署下设秘书、民政、财经、文教四处及一法院、一公安局。第十二和十三条分别

---

[1] 茅山纪念馆编:《新四军与茅山抗日根据地》下册,南京:江苏人民出版社,2005年,第950页。

[2] 茅山纪念馆编:《新四军与茅山抗日根据地》下册,第1188页。

规定了行政公署及其正副主任的主要职责："行政公署要根据行政委员会决议，对本行政区颁布命令及制定各种单行法规条例。正副主任对行政委员会负责总理计划、指导、检查、考察全区政务及行政人员之任免。"在任期与会议的设定上，"正副主任及行政委员任期两年，期满由行政区参议会改选，连选得连任；行政委员会每月举行会议一次，由正副主任召集，首席顾问、首席参议、首席咨议均需列席会议"①。

　　苏中区的行政公署以委员会行使其职权，委员 21—31 人，候补委员 5—7 人，这在江苏抗日根据地中是最多的。"行政公署设正副主任各 1 人，同时为行政委员会正副主任。"②1944 年颁布的《苏中行政公署组织法》设立了六章共三十八条规定，比苏南区的多了"经费"一章。在第二章"组织"中，特别强调"行政公署为全苏中政务机关，应受苏中参议会之监督"。在第三章"职权"中，行政公署下设的办事机构比苏南区更加具体，包括秘书处、民政处、财政处、文教处、高等法院、法制委员会、公安局。在《组织法》出台的同时，苏中行政公署还颁布了《苏中区各级公务人员任免暂行条例》，目的"为实行民主集中制，统一行政组织系统，提高行政效率，明确规定各级公务人员任免职权"，条例对公务人员的选拔、任用、调遣、免职等事项做了相关规定。

　　在苏北抗日根据地，根据 1942 年 7 月《盐阜区行政公署组织条例》的规定，盐阜区行政公署设行政委员会，其中主任副主任各设 1 人。"正副主任下辖秘书长 1 人，并分设民政、财政经济、粮食管理、文教、保安 5 处，暨税务管理局、贸易管理局，各设处局长 1 人，

---

① 唐宝富：《抗日根据地政治制度研究》，第 197 页。
② 唐宝富：《抗日根据地政治制度研究》，第 197 页。

必要时得增设副处、局长 1 人。政府主任下设专门委员会。秘书长下设秘书 1 人至 2 人，并分设调查、文书、交通、总务四科，各科长 1 人、科员 1 人至 2 人。民政处下设行政、司法、后勤三科，各设科长 1 人；行政科设科员 2 人；司法科设审判官 1 人，书记 2 人；后勤科设科员 1 人。"①

（二）行政督察专员公署

为了发扬民主政治，"加强对县政权领导，提高行政效率"，江苏抗日根据地还设立了行政督察专员公署（简称专员公署）。专员公署并非一级行政单位，而是各战略区政府派驻各行政分区领导和监督所属各县行政工作的辅佐机构。如，苏中行署直辖的专署内就设有秘书处、民政科、文教科、法院、财政处、公安局。根据 1942 年 5 月 1 日的《苏中区行政专员公署组织法》的规定，专署受行署领导。专署设委员 5—9 人，其中专员 1 人。专署的职能在于："（1）关于讨论上级政府令办之重大事件；（2）办理全分区民主选举工作；（3）制定本分区的单行法规；（4）通过全分区行政经费决策；（5）训练、教育、举荐、奖惩、任免所属行政干部；（6）筹划本分区地方公营事业及合作事业；（7）总结各项行政工作向上级报告；（8）其他应经本署政务会议讨论的决议等事项。专员的职权为：（1）专员对内为专署政务会议主席，对外为专署行政首长；（2）掌理负责执行上级命令；（3）召集专署政务会议；（4）并执行其决议；（5）领导与督促全分区行政机关切实执行政务；（6）定期向上级报告行政工作；（7）处理专署日常工作及紧急措施。"②

---

① 江苏省高级人民法院院志编辑室编：《江苏革命根据地法制文献选编》1941—1949，
　第 17，18 页。

② 江苏省政协文史资料委员会编：《江苏文史资料》第 67 辑，《江苏文史资料》编辑部
　1994 年，第 152 页

（三）县政府

县政府是县级最高行政机关。江苏抗日根据地的民主政府普遍设立了县一级的行政单位，并实行民主集中制基础上的县长负责制，具体组织形式是县政府委员会制，它以县政府委员会作为县政府的最高决策机构。如，苏中区在 1942 年 5 月规定，县政府为委员制，以县政府委员会行使职权，设委员 13—17 人（其中县长 1 人），候补委员 4 人—8 人，均由县参议会大会选举之，并呈报上级政府给予委托。① 苏中区县政府在 1942 年设立了秘书处，民政科、文教科、司法科、建设科，财政局、公安局、人民武装自卫委员会、优待抗日军人家属委员会。

在江苏抗日根据地，县政府委员会的主要职能有：（1）讨论上级政府下达的重要事宜；（2）执行县参议会的决议案；（3）全县下属区乡镇的民主选举工作；（4）所辖各区乡镇行政设施的决议；（5）在不抵触上级法令政策范围内制定适合本县特殊情况的单行法规，经县参议会通过，呈请上级政府批准施行；（6）编制全县行政经费预决算；（7）对所属地政干部的各项人事管理；（8）动员组织与训练人民自卫武装；（9）筹划本县地方公共事业及合作事宜；（10）总结各项行政工作并向上级政府及先参议会报告；（11）其他应经县政府委员会讨论议决的事项。县长的职权为：（1）对内为县政府委员会主任（主席），对外为县政府行政首长；（2）负责执行上级政府命令与县参议会的决议；（3）召集县政府委员会并执行其决议与决定；（4）领导与督促全行政机关切实执行政务；（5）定期向县政府委员会、参议会及上级报告行政工作；（6）处理县政府日常工作与紧急措施。因此，县政府委员制实质上是委员会领导下的

---

① 《苏中区各县级政府组织法》（1942 年 5 月），江苏省档案馆藏。

县长负责制。①

除上述情况以外,在特殊条件下,如苏北区在 1943 年时为了适应战时需要采取了县政军联合制,即施行县政府与军队合署办公联合体制。当时,苏北军区司令部命令建立县政府总队部联合组织。规定该组织设县长 1 人,总队长 1 人,政委 1 人,副队长或参谋长或副队长兼参谋长 1 人。政军联合机关下设参谋处、医务所、政治处、财政经济科、司法科、秘书处等内部组织,共 80 人。

(四)区政府

在江苏抗日根据地,区政府不仅包括区民意机关,而且也建立了相对完整的一套政府机关,只是名称上有所不同,有的称区政府,有的称区公所,还有的称区公署,均实行小区制。苏中区行署 1942 年时按下列原则划定:(1)管理 8 至 15 个乡镇;(2)人口在 5 万至 10 万左右;(3)纵横以下不超过 50 华里为限;(4)适应敌后游击战争的需要和自然疆界。

区政府实行委员会制,其最高决策机关为区政府委员会。1942 年 5 月《苏中区各区级政府组织法》②规定,区政府委员会设委员 11—15 人(其中区长 1 人),候补委员 2 人;区长由区公民代表大会选举之,区长为区行政委员会之主任委员。1945 年 5 月的《盐阜区区级政府组织法》③规定,区政府为委员制,以区行政委员会行使其职权;区行政委员会设委员 9—11 人(其中区长 1 人),候补委员 2 人;区长由区公民代表大会选举之,区长为区行政委员会之主任委员。由此可见,在江苏抗日根据地虽然都实行区政府委员会

---

① 《苏中区各县级政府组织法》(1942 年 5 月),江苏省档案馆藏。

② 《苏中区各区级政府组织法》(1942 年 5 月),江苏省档案馆藏。

③ 《盐阜区区级政府组织法》(1945 年 5 月),江苏省档案馆藏。

领导下的区长负责制,但其委员人数及产生程序在各区并不完全相同。此外,区政府的具体工作机构设置也不一样。如,苏中区行署1942年规定,区政府下设五股一局一部两会。即民政、文教、调解、公安、建设五股,财政局,区政部,人民武装自卫委员会和优待抗日军人家属委员会;必要时可设立其他临时委员会。盐阜区行署在1945年规定,区政府按简政原则下设民政、财经、文教、公安等4个区员及民政办事员与收发员各1人,视工作需要得增设相关人员,而且上述人员均由区行政委员兼任;同时还设文化教育、水利建设、调解等经常性委员会。

区政府的职权主要有:(1) 讨论与执行上级政府的政策法令及区参议会(或区民代表大会)的决议案;(2) 办理所属乡镇(村)民主选举;(3) 掌握所需各部门及乡镇(村)行政设施事宜;(4) 编造区乡镇(村)经费预决算事宜;(5) 管理本区公营事业及公有财产;(6) 管理所属行政人员考绩及任免训练事宜;(7) 战时动员及后方勤务事宜,包括指挥调动区地方武装、人民武装;(8) 向上级政府及区参议会(区民代表大会)报告工作。区长的职权包括:(1) 对内是区政委员会主席,对外为代表政府的行政首长;(2)执行上级法令指示及区参议会和区政府的决议案;(3) 掌握图记文件款项及一切物件;(4) 处理区政府日常工作及紧急任务;(5) 领导与督促全区行政机关执行政务;(6) 兼任区中队长;(7) 总结区行政工作向区政府委员会、区参议会、上级政府报告。[①]

在江苏抗日根据地,因为各战略区经常遭到日伪军的分割、封锁和包围,区公所成为各战略区行署及县政府领导乡村政权工作的重要枢纽和桥梁,再加上乡村政权民主改造工作的困难重重,所以诸如

---

① 《盐阜区区级政府组织法》(1945 年 5 月),江苏省档案馆藏。

盐阜区等一直到抗战胜利仍保有区政府一级行政单位的性质。可以说,区政府的坚实巩固不仅能自下而上巩固县政权及以上各级抗日民主政权的基础,而且可以自上而下的向乡村基层贯彻党及上级权力机关的政令和法律,直接推进乡村基层民主政治的发展。

（五）乡政府

江苏抗日根据地各战略区关于乡管理范围没有统一的规定,但都以人口和面积两个标准划定。如,苏中区划定人口稠密的农村,原则以 4 000—6 000 人为一乡,人口极稀散的农村地区以3 000—5 000 人为一乡;纵横以不超过 10 里为原则。盐阜区规定稠密区为 1 000—2 000 人为一乡,稀散区 1 000 人为一乡;纵横不得超过 5 里为宜。

乡政府（乡公所）以乡政委员会（或乡政务会议）是最高决策机构,由乡政府委员组成。《苏中区乡镇政府组织法》规定,"乡政府以乡政府委员会行使职权;设乡长 1 人,委员 6—8 人,候补委员 2人,但在必要时,得另设副乡长 1 人,均由乡民代表大会选举产生"①。各乡政府设置也不相同。苏中区乡政府内设民政、财经、文教、优待抗日军人家属、人民武装自卫 5 个委员会以及民兵大队部和治安员。盐阜区则设民政、自卫、财政、调解、合作社、优抗、公粮、社会救济、生产、教育等 10 个委员会,必要时还可设立临时委员会。在乡政府的职权规定方面,苏中规定了 6 项,盐阜区规定了 4 项。总的来看,乡政府职权主要有:"(1) 执行上级命令指示;(2) 讨论乡参议会决议案的具体执行办法;(3) 拟定本乡行政工作计划及编制预决策;(4) 关于乡村选举事项;(5) 乡政设施及乡公营事业事项;(6) 乡级以下行政人员任免;(7) 建立人民自卫武装,

---

① 《苏中区乡镇政府组织法》(1942 年),江苏省档案馆藏。

维护革命秩序;(8) 举办公益事业,调解民间纠纷;(9) 爱好帮助军队,优待抗属,进行抗战动员;(10) 关于本乡土地人口及其他社会情况的调查登记;(11) 向乡参议会大会定期报告工作,并负责收集人民意见,转呈上级政府。"乡长对内为乡政委员会的主席,对外为代表乡政府的行政首长,其具体职权有:"(1) 召集乡政委员会;(2) 执行乡政委员会的决议;(3) 执行并监督各委员会的工作及全乡行政事项;(4) 执行上级政府的命令及参议会决议;(5) 处理乡政府的日常工作及紧急事务。"①

(六) 村公所

在抗日根据地中,最基层的一级行政单位是行政村。行政村以下有自然村、邻、里。村公所最高村政决策机构是村政委员会(或村行政委员会),村政委员会由村政委员组成,正副村长为当然委员。村正委员由村最高权力机关村公民代表大会选举产生。村公所"综合行政立法于一体,是抗日民主政权的基层组织,是人民直接管理政权的机关"②,其具体职责是:(1) 讨论、计划、执行县区(或乡)政府命令;(2) 筹划推行村选举及推行审核人口婚姻登记;(3) 计划与审查土地陈报清丈数量等级和审核村民战时服务;(4) 计划与推行按照公平负担办法征民田赋、公粮、柴草及武装动员、组织自卫团、游击小组等实行参战自卫和警戒锄奸;(5) 村办公费、预决算及全村财政收支;(6) 计划推行本村学校、夜校、俱乐部、纪念节等一切文化教育宣传;(7) 组织领导本村春耕、冬耕、夏收、秋收、合作事业等生产建设;(8) 组织领导优待抗属,救济灾民、难

---

① 《苏中区乡镇政府组织法》(1942 年),江苏省档案馆藏。

② 《淮海区村镇政府组织法草案》(1945 年 5 月),《淮海报》1945 年 7 月 15 日,江苏省档案馆藏。

民、贫民及指导抗救会工作;(9) 调解与调查村民争议;(10) 领导、调整、实行减租减息及一切应兴应革事项。村公所实行的是村政委员会领导下的村长负责制,村长是村政的最高负责人,对内是村政委员会主席,领导村公所日常工作,对外代表村公所。

### 三、司法制度

抗日民主政权的司法制度作为地方国家政权政治制度的重要组成部分,是随着抗日民主政权的建立而制定的,抗日的需要和民主发展的特点决定了人民司法制度发展的特点。相对于国民政府及西方资本主义国家的司法独立体系,抗日民主政权的司法制度并未采用司法与立法、行政相分立的原则,各级司法机关属于同级政府的一部分,实行行政司法与审判合一制、审判检察合署制。

(一)抗日民主政权司法机关的任务与组织体系

抗日民主政权实行民主集中制,其权力统一属于抗日人民,不可分割。在中共、参议会、政府的统一领导下,抗日民主政权设立了审判机关、公安机关和检察机关,但又规定侦察、逮捕、审判权由公安和审判机关统一依法行使,审判机关兼有司法行政权,检察权与审判权合一,检察机关附设于审判机关,而三个机关都是同级政府的组成部分,对同级权力机关参议会负责,并接受中共中央、各分局及同级党委的一元化领导。这种体制是为适应抗日战争的环境而采取的。它对加强革命法制,保证中共、政府、参议会政策法令的正确而统一的贯彻执行,起到了积极作用。所以,从广义上讲,抗日民主政权的司法机关指审判机关(兼有司法行政权、检察权)和公安机关;狭义上讲,仅指审判机关。[①] 本章是从狭义上进行论述。

---

① 唐宝富:《抗日根据地政治制度研究》,第 246 页。

　　抗日根据地"司法机关的基本任务是,贯彻和执行中共的路线方针政策及各边区的施政纲领,维护政府法令,保卫抗日民主政权,保护根据地各阶层人民的合法权利和利益,打击各种犯罪分子,镇压汉奸和反动派"①。对于司法机关这一基本任务,江苏抗日根据地各战区的施政纲领中都有明文规定。如《中共苏皖区委苏南施政纲领》规定:"保障一切抗日人民(地主、资本家、农民、工人等)之人权、财权、物权及言论、出版、集会、结社、信仰、居住之自由权,除司法系统公安机关依法执行其职务外,任何机关、部队、团体、个人均无权逮捕、审讯、处理及侵犯他人之一切权益(但在敌伪'扫荡'时及特殊情况下,经政府授权者不在此例),而人民则有用无论何种方式。"②《苏中区施政纲要》提出"改进司法机构,坚决废除肉刑,重证据不重口供,实行人民陪审制度,就地审判,简捷诉讼手续,改善监狱行政,实施感化教育,对汉奸伪军伪组织人员及叛徒破坏分子等,除坚决不悔者,予以镇压外,其他一律实行宽大政策,给以自新之路"③。这些内容在各战区的施政纲领中均有体现。时任陕甘宁边区政府主席的林伯渠对根据地司法机关的任务做过最简明扼要的概括:"边区的司法制度,是民权主义的一个重要组成部分。它要保护的是一切抗日人民的人权、政权和财权,而打击的则是不可救药的汉奸和土匪。它是服务于政治,又向人民负责。"④

　　审判机关——抗战中后期,江苏抗日根据地三大战略区通过

① 李隆文:《抗战时期陕甘宁边区县级政府管理研究(1937—1945)》(中共中央党校博士论文),2010 年 4 月 1 日。

② 中共江苏省委党史工作委员会、江苏省档案馆编:《苏南抗日根据地》,第 245 页。

③ 中共江苏省委党史工作委员会、江苏省档案馆编:《苏中抗日根据地》,第 337 页。

④ 西北五省区编纂领导小组、中央档案馆:《陕甘宁边区抗日民主根据地》(文献卷·下),北京:中共党史资料出版社,1990 年,第 87 页。

颁布相关法院组织条例,建立了行政公署、县两级法院组织系统。这些条例有:《盐阜区司法工作人员大纲》(1942 年 11 月)、《盐阜区高等法院组织条例》(1942 年 11 月)、《盐阜区高等法院院长权限暂行条例》(1942 年 11 月)、《盐阜区各县司法科长权限暂行条例》(1942 年 11 月)、《苏中区法院组织条例草案》(1942 年)、《苏南区行政公署暂行组织法》(1943 年 5 月)等。江苏抗日根据地战略区法院属于终审审判机关,且名称上大都称高等法院,"为本区司法最高权力机关"。高等法院不设民刑庭长,由正副院长分别兼任,或授命推事充任。专员公署设分庭(或法院),有的事一级审判机关,有的为高院代表机关。县为第一审机关,具体机构设置不尽相同,如在苏中区是设承审员,在盐阜区则是设司法科。

检察机关——检察机关是执行法律的监督机关。为保障人权,保证法令的推行及检举违法失职人员,各战区在建立各级审判机关的同时,都设立了各级检察机关,在抗战时期基本实行"审检合署制"。1942 年 11 月 1 日的《盐阜区高等法院检察官权限暂行条例》规定:检察官除检察部分部分人员外,法院所有人员不得与其同处办公;盐阜区高等法院的收发处,接收关于检察部分文件,应径送首席检察官分配。① 这实际上是对检察机关独立行使职权的进一步具体化。此外,盐阜区该暂行条例还明确规定行政区高等法院首席检察官归行政公署正副主任指挥监督。

在江苏抗日根据地建立的民主政权中,检察长(或首席检察官)基本上由相应级别政府在政府委员中选任,或由政府遴任,检察员(或检察官)则由相关法院院长呈准有关政府委任。检察长

----

① 江苏高级人民法院院志编辑室编:《江苏革命根据地法制文献选编》(1941—1949),内部版,1988 年,第 28 页。

（或首席检察官）对于所属检察员（或检察官）及兼行检察职务的各县县长，有指挥监督权。

（二）抗日民主政权审判工作制度

抗日民主政权十分重视审判工作的规范化和制度化，先后公布了一系列条例、规则和指示，如 1942 年 11 月公布的《盐阜区司法案件审理暂行办法》，《修正淮海区审理司法案件暂行办法》，1944年 10 月 19 日公布的《苏中区处理诉讼案件暂行办法》，这些法规对根据地人民审判工作的程序进行了具体的规定，从而形成了新民主主义的人民审判工作制度。

1. 审判工作制度的基本原则包括：侦查、拘捕、审判权由公安机关和司法机关统一依法行使；法律面前一律平等；废止刑讯逼供、重证据不轻信口供。

2. 审判工作制度具体包括：（1）审级制度。抗日根据地的审级划分，一般是案情简单、涉及面较小的案件由基层法院管辖，而案情复杂、涉及面较广的案件由上级法院审理。具体到各战区，审级并不尽相同。在苏中抗日根据地实行的就是三级三审制，1944年 10 月公布施行的《苏中区处理诉讼案件暂行办法》规定："各县县政府为第一审，专署法院为第二审，苏中高等法院为第三审，分区未设法院者，以专员公署司法科为第二审。"[1]在苏南和苏北抗日根据地则实行了两级两审制，如 1942 年 11 月 1 日《盐阜区司法大纲》规定："本区审级暂采两级两审制。"[2]又如《修正淮海区审理司法案件暂行办法》规定："本区司法机关的组织，实行两级两审制，

---

[1] 江苏高级人民法院院志编辑室编：《江苏革命根据地法制文献选编》(1941—1949)，第263 页。

[2] 江苏高级人民法院院志编辑室编：《江苏革命根据地法制文献选编》(1941—1949)，第19 页。

县政府兼理司法机关为第一级审判机关,行政公署为第二级审判机关,其依民刑事诉讼法得上诉于第三审之案件,暂以第二审为终审。"①苏中区也曾在1942—1944年间实行了两级两审制。(2)人民陪审制度。这是组织人民群众参加政权管理的一种重要形式,是司法机关审判工作民主化的重要 标志。在盐阜区,人民陪审员是由地方公正士绅推派代表选出;在苏中区是由审判机关聘请公正人士参加。(3)公开审判制度。公开审判可以使群众对审判工作进行监督,也使其受到法制教育。(4)辩护制度。这是抗日民主政权为了保护当事人诉讼权利的一项民主审判制度,其实行有利于根据地人民审判机关的调查取证,保证对案件的正确处理,使被告心服口服,避免错判。(5)就地审判制度,就是根据地政权的司法人员深入案件发生地,实地调节或公开审判。(6)巡回审判制度,是根据地上级审判机关采行的一种就地审判方式,它不仅能及时审结许多缠讼案件和复杂案件,而且能帮助下级司法机关总结经验,改进工作。(7)群众公审制度,就是抗日根据地的审判机关由主审人和群众代表组成公审法庭,对典型案件公开审判。(8)复核制度,就是审判机关对拟判一定有期徒刑和死刑的案件,在宣判前须先将判决书和卷宗报请相关终审法院核准。这对于保障人权,防止错杀乱杀,真正打击罪大恶极的汉奸及其他犯罪分子,具有重大意义。(9)上诉制度,就是审判机关判决一切民刑事案件,如当事人不服可向上级审判机关依法上诉。(10)审判监督制度,就是对已经发生效力的判决和裁定,发现在认定事实上或者适用法律上确有错误的时候,依法重新审判并给予纠正的一种特殊的

---

① 江苏高级人民法院院志编辑室编:《江苏革命根据地法制文献选编(1941—1949)》,第242页。

人民审判工作制度。(11)回避制度,就是审判人员(包括人民陪审员)与他们经办的案件或案件的当事人有特殊关系,可能影响案件的公正处理,因而不得参与审理这个案件的制度。(12)合议制度,就是根据地审判员组成合议庭或者由审判员和人民陪审员合影庭审案件的制度。这种工作制度便于集思广益,发挥集体智慧,从而使案件得到正确处理。

(三)抗日民主政权的人民调解制度

中国自古就有民间调解的传统,抗日民主政权在总结工农民主政权时期创造的人民调解工作经验的基础上,为适应抗日战争的需要,在建立和加强人民司法工作的同时,大力扶植和推广各种形式的人民调解工作。江苏抗日根据地各战略区最高权力机关参议会以及政府,先后颁布了适宜于本地区的调解条例、办法和指示,又把它进一步制度化和法律化。这些法规有:1942 年 11 月 11 日盐阜区行署公布的《盐阜区各县属区乡(镇)调解委员会关于民刑诉讼调解权条例》,1944 年 10 月 9 日苏中区行署公布的《苏中区人民纠纷调解暂行办法》等。这些法规对人民调解工作的范围、原则、内容、组织形式和程序都有具体的规定,且较工农民主政权时期又有了进一步的发展,从而使人民调解制度得以正式形成,并成为人民司法制度的重要补充和辅助形式。(1)范围:一般除重大刑事案件及法律规定案件以外,一切民事纠纷及轻微刑事案件,都可以实施调解。(2)原则。首先,调解必须双方自愿,不得强迫,一方不同意,调解即不能成立;其次,调解必须遵守相关的政策法律,可以照顾进步、善良的习俗,但不能无原则的迁就恶风陋习;再次,调解不是诉讼的必经程序。(3)调节方式。主要有四种:一是民间调解,就是群众自己调解;二是群众团体调解,就是由群众团体(如青救会、农救会等)来解决群众间的纠纷。三是政府调解,又称行政调解，由基层政府(尤其乡)的代表主持解决民间纠纷。四是司法调解，这是司法机关(法院)处理案件的一种形式。司法机关受理的民事案件和轻微刑事案件，均先进行调解。司法调解有两种形式，一种是法庭调解，一种是庭外调解。前三者属于审判外的调解，第四种则是审判上的调解，其中民间调解是最主要的一种形式。这种调解制度的普遍实行，及时而有效地解决了大量纠纷，使司法机关能够集中精力去审理重大的刑事案件和复杂的民事案件，从而有利于提高办案质量。更重要的是，通过调解工作的广泛开展，加强了抗日根据地人民群众的团结，增强了群众的法制和道德观念，从而安定了根据地的社会秩序，促进了生产的发展，支持了抗日民族解放战争。

抗日民主政权下的司法制度反映了抗日根据地民众的利益，是既抗日又民主的司法制度。因为这一司法制度的基本任务，一来是保护抗日人民的人权、政权、财权，二来是打击汉奸、反革命和破坏分子，两者均为抗战。抗日根据地各级政权司法工作的开展，也为新中国人民司法制度的建立积累了许多宝贵的经验。如，法律面前人人平等；老百姓"打官司"，司法机关不得收受任何费用；诉状不拘泥于行文格式，只要诉讼原因说清楚，理由讲明白，书写清晰即可；重证据不重口供，反对刑讯逼供；对普通民事和刑事犯罪分子，采取教育为主，惩办为辅的方针；采用审判与调解适当结合的方法；重大案件由党的领导原则；除司法机关依法行使职权以外，其他任何部门无权逮捕、审问或处罚任何人等。

### 四、干部人事制度

抗日战争时期，中国共产党作为抗日民主政权的执政党十分重视干部队伍的正规化、制度化建设。"它对干部的管理、选拔、任用、等级、考核、奖惩、待遇等方面,都以法规和法令的形式做了较为详细而全面的规定。"①这一整套干部人事制度,既是实现中共领导抗日民主政权的主要途径,又是其领导抗日民主政权的必然产物。干部人事制度是抗日根据地党政关系的中枢,更是抗日民主政权机关管理中的一个重要环节。②

(一)中共的干部路线与政策

在抗战时期,中共的干部路线与政策发展成熟。为了适应民族战争的需要,中共培养了大批干部,一方面吸收知识分子入党,另一方面在党内加强马克思主义教育,开办各类干部学校和训练班,对各级干部进行培训,共培训干部 20 多万人,使得中共的干部队伍不断壮大。同时,中共所制定的"任人唯贤"和"德才兼备"的干部路线和政策,都通过立法形式转化为抗日民主政权的干部人事制度,这就从组织上保证了中共的政治路线在抗日民主政权机关中的贯彻执行。

早在 1936 年毛泽东所做的《中国共产党在抗日战争时期的任务》的报告和《为争取千百万群众进入抗日民族统一战线而斗争》的结论中就指出:"指导伟大的革命,要有伟大的党,要有许多最好的干部。……我们党的组织要向全国发展,要自觉地造就万数的干部,要有几百个最好的群众领袖。这些干部和领袖懂得马克思列宁主义,有政治远见,有工作能力,富于牺牲精神,能独立解决问题,在困难中不动摇,忠心耿耿地为民族、为阶级、为党而工作。党依靠着这些人而联系党员和群众,依靠这些人对于群众的坚强领导而达到打倒敌人之目的。这些人不要自私自利,不要个人英雄

---

① 唐宝富:《抗日根据地政治制度研究》,第 296 页。
② 唐宝富:《抗日根据地政治制度研究》,第 296 页。

主义和风头主义，不要懒惰和消极性，不要自高自大的宗派主义，他们是大公无私的民族的阶级的英雄，这就是共产党员。党的干部、党的领袖应该有的性格和作风。"①这是毛泽东代表中共作出的干部路线，它规定了干部的标准和作用。

之后，毛泽东在1938年《论新阶段》的报告中明确为中共提出了切实可行的干部路线和政策，指出中国共产党"没有多数才德兼备的领导干部，是不能完成其历史任务的"，"共产党的干部政策，应是以能否坚决地执行党的路线，服从党的纪律，和群众有密切的联系，有独立的工作能力，积极肯干，不谋私利为标准"。② 由此，中共正式确立了"才德兼备"的干部选拔任用标准和"任人唯贤"的干部路线。

随着抗日战争广度和深度的发展，中共的干部路线和政策得到进一步丰富和发展，并日趋成熟。时任中共中央组织部长的陈云对党的干部路线与政策有一个较为全面而具体的论述，其主要内容包括：第一，干部的重要性。党的干部不同于一般党员，是党的骨干。党的决议和政策都要由党的干部去实现，因此，建立一支坚强的干部队伍是推动党的事业不断发展进而取得革命胜利的重要条件。第二，干部的选拔标准。一是讲政治，二是看能力，其中以政治为主，即"德才并重，以德为主"。第三，选拔和使用干部的方法。第四，教育和培养干部。革命理论教育与实际工作教育要统一起来，理论教育的对象有两种：一是工作经验丰富的工农干部，二是文化水平较高且有政治意识的知识分子。第五，干部应加强团结。不论新干部和老干部，军队干部和地方干部，本地干部和

①《毛泽东选集》第一卷，北京：人民出版社，1991年，第277页。
②《毛泽东选集》第二卷，第527页。

外来干部,中共干部和非中共干部,"都应在维护党的利益原则基础上团结起来"①。第六,建立健全干部的管理体制。干部工作是组织部门的工作重点。组织部门要有相当数量和质量的干部人选,人选力求忠诚、公正,能力强,值得信任,"使之符合于党的发展和需要"②。第七,党的干部政策,概括 12 个字,就是了解人,气量大,用得好,爱护人。③ 陈云以上这些对中共干部路线和政策的概括,较好地体现在了党在抗战时期正确的干部路线和政策的方方面面,主要精髓在中共干部人事制度的建设过程中被采纳和贯彻。

全国抗战爆发之后,中共倡导成立的抗日民族统一战线政策普遍得到了社会各界的赞赏和支持。全国各地,甚至海外,大批进步的知识青年奔赴全国抗日救亡的重心延安和各个抗日根据地,寻求抗日救国的出路。大批知识青年的到来为中华民族的解放事业增添了力量。中共为了满足广大知识青年的抗日要求,在吸收知识分子方面做了很大努力,吸收了大批进步知识青年参加党、军队和政府的工作,涌现出了一批年轻有为的知识分子干部。总政治部在 1939 年 6 月发出了《关于大量吸收知识分子和培育新干部的训令》,指出由于工作开展,老干部人数不足,目前干部政策上的一个重要任务就是吸收革命知识分子参加军队工作,壮大军队的干部力量。同年 12 月,毛泽东在《大量吸收知识分子》一文中向中共阐明了大量吸收知识分子的重要性,这是中共正式作出的第一个论述知识分子政策的文件。中共西北中央局在 1941 年 5 月提出了《陕甘宁边区施政纲领》,其中提到要尊重知识,尊重人才,提倡

---

① 《陈云文选(一九二六——一九四九)》,北京:人民出版社,1984 年,第 151 页。
② 《陈云文选(一九二六——一九四九)》,第 152 页。
③ 《陈云文选(一九二六——一九四九)》,第 44 页。

学习科学知识和发起文艺运动,保护失学青年和流亡学生。至此,抗日根据地党、政、军各系统都形成了正确的知识分子的政策,其主要内容有:第一,政治上充分尊重和信任知识分子。毛泽东认为,知识分子在中国这样一个半殖民地半封建、文化不发达的国家中显得尤为宝贵。他们在中国革命中常常起着先锋和桥梁的作用。要把知识分子和青年学生看成是"人民事业的可贵资本","应有充分的信任"。对于未入党的知识分子,应当经过考察,合格的人都要吸收入党。第二,大量吸收、大胆使用、放手提拔知识分子。毛泽东指出:为着扫除民族压迫和封建压迫,为着建立新民主主义国家,需要大批的人民的教育家和教师,人民的科学家、工程师、技师、医生、新闻工作者、文学家、艺术家和普通文化工作者。[①]"只要他们是革命的,愿意参加抗日的,一概采取欢迎态度。"[②]每个根据地都要尽可能地开班大规模的干部学校,越大越多越好[③];人民政府应有计划地从广大人民中培育各类知识分子干部。[④]在使用上,党中央强调要充分发挥知识分子在经济、技术、文化等工作中的作用,以建设巩固的抗日民主政权。第三,对知识分子要进行教育和改造。毛泽东认为,知识分子在其未下决心与工农结合时,"往往带有主观主义和个人主义的倾向,他们的思想往往是空虚的,他们的行动往往是动摇的",这种缺点"只有在长期的群众斗争中才能克服"。知识分子与工农相结合确立为人民服务的思想,首先就要清除非无产阶级思想。

　　抗战时期,中共关于知识分子的政策在根据地各项工作中都

---

① 《毛泽东选集》第三卷,北京:人民出版社1991年第2版,第1082页。

② 《毛泽东选集》第三卷,第815页。

③ 《毛泽东选集》第二卷,第769页。

④ 《毛泽东选集》第二卷,第1082—1083页。

得到了贯彻落实,极大地激发了广大知识分子的抗日积极性,使之将全部的精力都投入到了中华民族的解放事业中,推动了民主政权的文化教育和科学技术的建设。

(二)干部任免制度

抗日民主政权的干部任免制度遵循了中国共产党"任人唯贤"的干部路线、"德才兼备"的选拔标准和"三三制"原则,并通过立法形式加以具体规定的。

中共的抗日民主政权在任用干部上,不搞清一色的共产党独占制,而是给予非共产党人士参与民主政权的合法权利。在具体任用标准上,各级干部的任用,必须符合下列条件:(1)拥护并忠实于施政纲领;(2)德才资望与其所负职务相称;(3)关心群众利益;(4)积极负责,廉洁奉公。[①]这四项条件首先强调政治,同时注重能力,体现了中共的"任人唯贤"的路线和"德才兼备"的标准。无论共产党员,还是非中共人士、党外人士都必须具备上述条件,而且缺一不可。此外,"凡符合下列情形之一者,亦不得任用为政府干部:(1)有汉奸行为者;(2)反对施政纲领或破坏抗日政府、抗日军队、抗日人民与抗日政党之行为者;(3)有破坏政府法令,危害群众利益以及贪污、腐化、营私、舞弊、处罪有案,未能改过自新者;(4)褫夺公权尚未恢复者;(5)患精神病者。现任政府干部,如有上述情形之一的,亦应停止任用,有的要加以惩戒,从而体现了中共干部队伍的纯洁性"[②]。

1944年公布的《苏中区各级公务人员任免暂行条例》规定:凡

---

① 《陕甘宁边区施政纲领》(1941年5月1日),见陕甘宁边区政府办公厅编:《抗日根据地政策条例汇集》陕甘宁之部(上),1942年刊印,第5页。

② 《陕甘宁边区各级政府干部任免暂行条例》(1943年4月),陕甘宁边区政府办公厅编:《陕甘宁边区政策条例汇集》续编,1944年刊印,第104,105页。

公务人员有下列情形之一者,政府得命令免职或留职:"(甲)同级民意机关以罢免法罢免者;(乙)受行政免职撤职处分者;(丙)自行请求辞职照准者;(丁)遇有特殊事故时,各级政府得施行紧急处置免职停职委代后再行呈请上级政府备案。"①

对于专业技术干部的任免,除符合上述一般干部条件之外,还另有专业技术资格要求,且各类各级专业技术职位要求不一。以司法干部为例,1942 年 11 月 1 日公布的《盐阜区司法人员任免奖惩待遇条例》规定,高等法院院长,首席检察官,应具有下列资格之一:(1) 忠实于抗战建国事业,曾在国内外法学专门或大学法学系毕业,并曾为法院院长或推事(即审判官)、检察官职务者;(2) 国内外大学毕业,曾担任抗战重要工作 3 年以上,并能切实执行抗日民主政府之司法政策者;(3) 从事社会事业 10 年以上,富有法律知识,并能切实执行抗日民主政府之司法政策者。② 从司法干部的任用标准来看,专业技术干部在符合政治条件的前提下,相对注重能力的要求,一是需要有实际工作经验,二是具有相应的文化程度。

在干部的任用方式上,本着因地制宜的原则,分为三种形式:(1) 选任制。在抗日民主政权中,民主的基础就是选举,即建立"无男女、信仰、财产、教育等差别的真正普遍平等的选举制"。在江苏各抗日根据地,"凡居住在此的公民,年满 18 岁,不分阶级、党派、民族、职业、性别、信仰、财产和文化水平的差别,都有选举权和被选举权"③。抗日根据地的公民通过民主选举,选举出参议员组成各级政权最高权力机关参议会。随后,由行政参议会或代表会选

---

① 中共江苏省委党史工作委员会、江苏省档案馆编:《苏中抗日根据地》,第 348 页。

② 江苏高级人民法院院志编辑室编:《江苏革命根据地法制文献选编(1941—1949)》,第 22—24 页。

③ 骆方金:《略论抗日民主政权的基本特点》,《社会科学家》2000 年 12 月 30 日。

出行政公署正副主任行政公署委员和行政区高等法院院长；由县参议会选出正副县长，县政府委员及县法院院长；乡村主要干部则由本地居民直接选出，并经上级主管政府机构批准任命并加委。经参议会选举的干部任职期间，上级政府可调动或撤换其工作，并由参议会决定补选。（2）委任制。抗日根据地党的干部、军队的干部，一般由任免机关任命加委，一部分政府部门干部也由其上级任免机关依法定权限和程序直接任免而任职。（3）聘任制。根据1941 年 11 月的《陕甘宁边区各级参议会组织条例》："各级参议会之议员，由人民直接选举，但同级政府认为必要时，得聘请勤劳国事及在社会、经济、文化各方面有名望者为参议员，其名额不得超过议员总数十分之一。"①

　　（三）干部奖惩制度

　　为提高行政干部的工作热情，鼓励进步、反对落后，增进行政效率，抗日民主政权都相继通过奖惩立法，建立了干部的奖惩制度。要获得奖励需具备以下条件：(1) 对根据地的纲领性文件和其他政策法令了解清晰、广泛宣传并切实落实到行动上；(2) 拥军爱民，团结各抗日党派阶层；(3) 重视根据地的生产和教育；(4) 能提前完成上级下达的任务或参议会的重要决议；能有效改善工作方法；能在复杂多变的环境下克艰攻难完成任务；(5) 服从上级指令，与同级齐心协力、和衷共济，对下级及群众关心，克己奉公；(6) 遵纪守约可作表率；(7) 在工作中由于各种不可避免的原因，负伤及殉职者；(8) 被上级政府或人民承认有其他功绩。而有如下行为，将予以惩戒："(1) 违犯施政纲领及政府其他政策法令，损害抗战和

━━━━━━━━━━━━━━━━━━

① 陕西省档案馆,陕西省社会科学院编:《陕甘宁边区政府文件选编》第 1 辑,西安:陕西人民教育出版社,2013 年,第 102 页。

团结的利益以及民主政府与军民的权益;(2) 怠工渎职,妨害公务;
(3) 对上级政府或同级参议会的重要决定消极怠工或拒不执行;
(4) 贪污腐化、以权谋私、包庇蒙蔽;(5) 不能团结同事和群众并引
起不应有的纠纷,或使群众利益受损影响政府威信;(6) 遗失政府
机要文件及关防印记;(7) 违反政纪总则及其他失职行为。"[1]

　　除以上用于一般行政工作人员的奖惩外,抗日民主政权还制
定了专业或行业(司法、税务、粮食、学校等)行政人员的奖惩条例
或规则。如1942年11月颁布的《盐阜区司法人员任免奖惩待遇条
例》,其中对于司法干部的奖励条件如下:"(1) 拒收贿赂,并依法制
裁进行贿赂者;(2) 在处境困难或危险时,仍能恪尽职守;(3) 努力
业务学习与政治学习,并能改进司法工作,有显著成绩。惩戒条件
则规定为:(1) 贪污枉法;(2) 渎职酿成严重事端;(3) 有破坏抗战
行为;(4) 有职务上之过失,不接受教育。"[2]

　　江苏抗日根据地各战略区在干部奖惩的具体办法上不完全相
同,总的来说,奖励办法大致分为物质奖励和精神奖励两种。物质
奖励一般就是发奖金或抚恤金;精神奖励主要包括登报表扬、题赠
匾额旗帜、通令嘉奖、记功晋级等。惩处的办法包括严肃批评、记
过、撤职查办;若情节严重,如抗拒命令、弃职潜逃、附敌或泄密者,
根据情节轻重,予以量刑处分。

　　(四) 干部教育制度

　　全国抗战时期,中共和抗日民主政权选拔和任用干部的主要
标准就是政治上坚定、能力上称职。但在抗战初期,各抗日根据地

---

[1] 李隆文:《抗战时期陕甘宁边区县级政府管理研究(1937—1945)》(中共中央党校博士
论文),2010年4月1日。
[2] 江苏高级人民法院院志编辑室编:《江苏革命根据地法制文献选编(1941—1949)》,第
24,25页。

在选用干部时却存在两种倾向:一是重工作能力而忽略政治坚定,另一种是重政治坚定但忽视工作能力。这两种倾向都不利于造就民主政权所需要的"德才兼备"的干部。因此,抗日民主政权干部管理中的一项重要任务就是加强干部教育、培养合格的抗战人才。

抗日民主政权干部的主体是工农干部,其中区、乡干部级别来自本乡本土,有着深厚的群众基础和群众观点,工作踏实,基本能完成上级交给的任务。而县一级干部中大多经过革命斗争的洗礼,革命意志坚定,有着丰富的革命经验。他们都是抗日民主政权的中坚力量,但工农出身的干部也存在着不少弱点,表现在:(1) 文化素质较低,思想意识落后;(2) 对复杂的新问题缺乏认识,工作简单粗暴;(3) 不思进取,甚至出现贪污腐化、动摇投敌的情况。这主要源于他们大多是小农出身,视野狭窄,有经验者容易骄傲自满、迷信经验以及长期的"左"倾机会主义的遗害。针对这些问题,中共中央在1941年9月明确指出,纠正和克服工农干部的弱点,必须"进行耐心的教育工作,鼓励其学习与进步",先进行文化知识的基础教育,然后才能进行更高层次的马克思主义的理论教育。

此外,知识分子干部也需要进行教育。全国抗战爆发后,大批进步青年知识分子奔赴延安和其他根据地,他们有着革命热情和爱国斗志,且有一定的文化知识基础,易于接受新生事物并富有创造性,但缺点也很突出,表现为缺乏实践知识和工作经验,容易好高骛远,轻视日常工作等。因此,对他们也要进行改造和教育,其中一个中心环节就是对他们进行马克思主义的启蒙教育。为了克服干部教育在学习与运用、理论与实际两方面脱节的问题,解决中共长期存在的主观主义与教条主义的思想弊端,1938年10月,毛泽东在中国共产党六届六中全会上,提出普遍学习马克思主义理论的倡议,就是为了使党员干部在实际工作中能够正确运用马克思主义理论解决中国革命的实际问题。自此以后，一个全党范围的，包括所有抗日民主政权干部在内的马克思主义学习运动正式展开。

在全国抗战时期，中共的干部教育制度分为两种——在职干部教育制度和干部学校教育制度。其中，在职干部教育工作是第一位的。对在职干部的教育内容主要有四项：（1）文化教育。抗日民主政权干部中大多数都是工农出身，文化知识水平相对较低，不少还是文盲。因此，对不识字或文化水平过低的干部必须以学习文化课、消灭文盲为主。在认字的基础上还需进一步提高文化层次，如高小水平要提高到初中水平，初中水平要提高到高中水平。文化教育主要侧重于"国文"，算术次之，同时政治干部要求学习中外历史和地理，军事干部要增加对理、化的学习。（2）业务教育，"不论从事军事、政治、党务、文化、教育、宣传、组织、民运、锄奸、财政、经济、金融、医药、卫生及其他任何部门的干部，都必须学会与精通自己的业务"①，这也是在职干部教育的第一要务。（3）政治教育，包括时事教育和一般政策教育两项。时事教育主要是督促干部阅读报刊（如《解放日报》《新华日报》等），领导干部对所属机关干部讲解时事问题以及定期做时事报告。（4）理论教育。根据干部文化理论水平的差异，其所接受的课程内容的深度不同，"如中高级干部在业务学习和政治学习之外还要学习理论，学习范围包括政治科学、思想科学、经济科学、历史科学等"②。对于在职干部的学习时间一般规定在平均每天两个小时左右，同时定期对干

---

① 转引自陶柏康：《党要集聚更多的优秀人才——访中共上海市委宣传部副部长郝铁川》，《党政论坛》2004 年 7 月 15 日。

② 龚育之等著：《毛泽东的读书生活》，北京：生活·读书·新知三联书店，2021 年，第 63 页。

部的学习情况进行考核。考试形式灵活多样,有日常考察、临时测验、学期考试、结业考试四种。其目的一方面是测验在职干部教育的成果,以改进以后的教育内容与方法,另一方面则与赏罚制度结合,奖励先进,鞭策后进。

　　除了上述的在职干部教育制度,另一种是干部学校教育制度。干部的学校教育是培养和提高干部政治素质、业务能力的另一种方式。这种教育按级别分为高等学校的高级干部教育、中等学校(包括各种训练班)的中级干部教育和高等小学的初级干部教育。抗日根据地高等学校是培养高级干部的学校,是干部学校教育中最重要的部分。在江苏抗日根据地有华中军政大学,抗大华中总分校,抗大第八分校等。抗日根据地的中等学校主要培养和提高中级干部(尤其是区干部),有苏北公学、盐阜党校、盐阜行政干部学校等。小学教育中的高级小学时属于干部学校教育的范畴,主要负责培养初级干部(主要是乡村干部)。

　　坚持正确的政治方向是干部学校工作的总方针。整风运动之后,学校逐步克服了原先存在的理论学习与现实问题脱节的弊端,强调马列主义理论的学习是为了用马列主义的思想方法分析中国革命的具体问题,而不是照抄照搬的教条式学习。正如毛泽东给抗大制定的教育方针中所说:"坚定正确的政治方向,艰苦朴素的工作作风,灵活机动的战略战术。"①在学制上,干部学校大多属于短期培训班性质,主要是为了适应战时的需要。修业期限从几个月到一年不等,最长不超过两年,办学从实际出发,形式灵活多样,学生可随时入学,考取后即编入文化程度相当的班级。如因工作需要离校也可随时结业参加工作。文化课、政治课与专业课的比

---

① 毛泽东:《论敌人反对是好事而不是坏事》,北京:人民出版社,1964 年,第 3 页。

例,各类干部学校各专业可以根据自身具体情况需要来安排。如抗大是三分政治、七分军事;师范学校课程按政治、文化、教育、军事开设,其比例是 3∶3∶3∶3∶1。

全国抗战时期,通过在职干部教育和干部学校教育这两种方式,使大多数干部统一了思想,提升了文化素质,清楚认识了中国共产党及抗日民主政权正确的发展方向。这一时期的干部教育制度为新中国干部教育制度的建立打下了基础,这一时期对干部的培养也为新中国的建设积蓄了人才力量。

## 第三节　中共在江苏抗日根据地的自身建设

### 一、思想建设——整风运动

整风运动的主要内容是"反对主观主义以整顿学风,反对宗派主义以整顿党风,反对党八股以整顿文风"①,其核心问题是反对教条主义,目的就是要在全党确立一条实事求是的辩证唯物主义的思想路线。整风采取了"惩前毖后、治病救人"和"团结—批评—团结"的方针,对犯错误的党员不重在追究个人责任,而是着眼于分析其犯错的环境和原因,达到"既要弄清思想,又要团结同志"的目的。

在江苏抗日根据地的苏中区,其各级党组织从 1943—1945 年响应党中央的号召开展了整风运动,"这一过程可分为三个时期:第一个时期——摸索阶段(1943 年'七一'到 1944 年 2 月)、第二个时期——大整风运动阶段(1944 年 2 月到同年 11 月)、第三个时

---

① 《党建指示之最》编写组编:《党建知识之最》1921—2021,北京:党建读物出版社,2021 年,第 170 页。

期——最后阶段（1944 年 11 月到现在）"①。

在开展整风运动的过程中，粟裕提出苏中党内思想意识上存在着四种不良倾向，包括个人享乐主义，怕苦畏难，资产阶级的剥削意识，官僚主义，并认为"这四种不良倾向不仅在党内存在着，而且是在滋长着"②。为了提高党员的党性修养和政策水平，苏中区先后创办了苏中党校以培训区以上党员干部，在各地、县委开办党训班，同时还创办了十五种党报、党刊，其中《抗敌报》《苏中报》《党风》等不仅是宣传抗日的重要舆论工具，而且成为对广大党员进行思想教育的阵地。其中，《党风》创立于 1942 年，陈丕显在第一期《党风》中发表了《建立苏中党布尔什维克化的党风》一文，指出《党风》是广义的，不仅是整顿三种歪风的党风，而且是"学风和文风也都是党的作风，都是党风"。《党风》出版的任务就是要使苏中党在政治上组织上思想上成为完全巩固的布尔什维克的党，是唯物主义，布尔什维克主义的正确的党风。③ 他认为，尽管苏中地区经过两年多的根据地斗争不断发展壮大起来，虽然已有布尔什维克化的党员干部，但是苏中的党还没有达到完全布尔什维克化的程度。党内思想意识复杂，各种各样的非无产阶级意识仍然严重的存在着，不少党员主要是干部，表现出片面的夸夸其谈、自以为是、教条主义、狭隘的经验主义、宗派主义，个人的自高自大、英雄主义，对党内闹独立性、自由主义等。这些资产阶级的意识、道德、习惯、嗜好和情绪，往往经过这样或那样的方式深入到党中来。因此，苏中党在某种程度上来说，战斗力还不够坚强，组织上还不够巩固，思

---

① 中共江苏省委党史工作委员会、江苏省档案馆编：《苏中抗日根据地》，第 386 页。

② 中国人民解放军历史资料丛书编审委员会编：《新四军文献》(4)，第 837 页。

③ 马洪武主编：《新四军和华中抗日根据地史料选》第五辑，第 329 页。

想上还没有统一。

随着整风运动的不断深入开展,苏中区各级党政机关人员在工作作风上普遍存在的一些问题逐渐暴露出来,主要有:(1)中央提倡"朴素"的工作作风,即做工作要求真务实,不要"'吹牛','捧场','夸大','粉饰','掩盖','风头主义','形式主义','装腔作势'等"①。但在实际工作中存在着向上级汇报工作时"报喜不报忧",夸大优点,掩盖缺点等问题,这会导致由于上级领导机关不能了解真实的情况,因而无法做出正确的路线政策,造成工作上的错误。(2)中央提倡"实事求是"的工作作风,即做工作必须切合实际,根据对具体情况的了解,来决定当前的具体工作,要经常检查已经开始的工作,把已经开始的工作进行到底。做工作要反对华而不实,"讲大话、订大计划而不肯或不愿脚踏实地切实工作的空谈家"②。但在实际工作中,不少人往往抛开具体环境和实际情况,仅凭个人感想或主观想象制订工作计划且包罗万象,却不管是否行得通,然后"根据'工作报告'略加整理,得出天下通用的几条经验教训就算'完成任务'了"③。这就是脱离实际的主观主义。(3)中央屡次指示建立党内民主生活的重要,就是说做工作要多给下级和群众以民主自由的权利,要虚心倾听并尊重大家的意见,善于同别人合作。而在实际工作中,不少人仍沿袭了家长作风,喜欢将自己凌驾于百姓之上,做事情与群众的意愿背道而驰。在工作中个人专断,既不让下级提意见,更不许别人批评,这就是脱离群众的官僚主义,长此以往只会失去民心民意,也就无法发挥干部与

---

① 马洪武主编:《新四军和华中抗日根据地史料选(1937—1940)》第七辑,上海:上海人民出版社,1984 年,第 208 页。

② 马洪武主编:《新四军和华中抗日根据地史料选(1937—1940)》第七辑,第 209 页。

③ 马洪武主编:《新四军和华中抗日根据地史料选(1937—1940)》第七辑,第 209 页。

群众的积极性。

　　在发现了这些问题之后，苏中区的广大党员尤其是党的各级负责干部认真学习整风文件，进行全面反省，改造思想，改善工作作风、生活作风，增强了党性，提高了马列主义理论水平；另一方面通过开展批评与自我批评，加强了党内的团结，走群众路线，密切了党与人民群众的联系。中共制订的正确的方针政策和共产党员的模范作用使苏中区党组织成为根据地建设的核心力量。

　　在苏北抗日根据地，以盐阜地委党校为例，其整风运动的开展是从整顿学风入手的，经过四十多天的学习，党校的学员们在一定程度上改变了过去某些不正确的观点，在学习态度与学习方法上有了新的转变和进步：一是改变了个人主义的学习态度。过去许多人学习是出于个人目的，"有的为升官发财、光宗耀祖、出风头、吃得开、以懂得多可以夸耀于人而学习；有的则为了不受欺侮压迫，或为了报仇而学习的"①，其学习态度与目的各不相同，但都是出于个人主义。学员通过反省，明确认识到了"一个共产主义者的学习，不应以个人利益为出发点，而必须以党的利益，革命的利益，人民大多数的利益为出发点"②。二是跳出了狭隘的学习圈子。学员们开始认识到在书本上是学习，在实际工作中也是学习，在学校中是学习，离开学校在社会中也是学习，把学习范围扩大了，真正认识了学习的实质，而不是形式的了解学习。三是改变了走马观花只求数量的学习方法。过去在学习方法上是图多、图快，好高骛远，结果看书只是一目十行、囫囵吞枣。通过学风反省，大家认识到只有熟读、精读，对文件进行深入学习，这才是正确的学习方法。

--------

① 马洪武主编：《新四军和华中抗日根据地史料选(1937—1940)》第七辑，第303,304页。
② 马洪武主编：《新四军和华中抗日根据地史料选(1937—1940)》第七辑，第304页。

四是纠正了死记硬背的教条主义的学习方法,逐渐认识到学习是对文件精神内涵的掌握和领会,它包含着对问题认识的立场、观点与方法。除上述改变以外,在认识与分析问题上,学员们也有了很大的进步。一是认识到了唯心观点的危害,开始学习运用唯物主义的思想方法分析处理问题;二是知道了认识问题与处理问题应掌握矛盾与及时解决矛盾;三是能够学着透过事物的现象去发现事物的本质;四是学会用变化的眼光看问题,五是学习从孤立片面的看问题走向从事物彼此的联系中看问题。

同时,盐阜区还在 1942 年制定了对整顿三风文件的阅读计划。整风对象以区以上干部为中心,文件阅读时间全长暂定为六个月,分为粗读和精读两个阶段。其中,粗读时间为两个月,"粗读阶段必须做到了解文件本身的意义,解决文件本身的疑难,阅读文件至少两遍至三遍,并需每人作笔记。而文化水平较低的干部不能全部阅读时,至少须将中央所规定之几个文件阅读两遍至三遍"①。精读时间则为四个月,计划中提出"精读阶段必须做到彻底领会与贯通文件的精神与实质,联系自己的实际行动作深入反省和考察别人。并按文件逐件写笔记,依文件作自我检查,写自我批评笔录。文化水平低的干部粗读精读中央所规定之几个文件,无阅读能力者由个学习分会派人作报告,其学习进度由分会根据具体情况决定之"②。

在苏南抗日根据地,1943 年陈毅与饶漱石针对苏南地区党内存在的思想分歧、人员成分复杂、组织松懈等问题,以及军队中出现的营正职干部投敌等严重现象,对苏南地区的整风运动提出了

---

① 中共江苏省委党史工作委员会、江苏省档案馆编:《苏北抗日根据地》,第 245 页。

② 中共江苏省委党史工作委员会、江苏省档案馆编:《苏北抗日根据地》,第 247 页。

中肯的建议:(一)不在苏南全党、全部队均普遍提出精细的整风任务,应分部门、分先后来作,首先在各重要部门进行。在干部方面,部队则先整营级以上及独立部队,地方则先整县级以上及独立的区级,而两者之中又以部队为整风首要工作。今年年底以前集中力量进行部队整风,完成掌握文件和反省;明春进行部队干部审查。明春开始地方整风,在春夏两季完成掌握文件和反省以及地方干部审查完毕。(二)在每期整风工作中比较注意地将旅直、区党委机关及主力团队,特别是重要部门,重要干部首先抓住,使这些部门先有巩固的把握,然后逐渐普及到其他各部门。(三)可将团、营、县各级干部编成若干整风小组,指定同级干部之一,在党委领导之下专任整风工作,最好由负责同志担任之。对连及区级以下及党员中可定期上整风政治课,并列入支部教育第一位。

总之,通过整风的不断深入开展与推进,江苏抗日根据地党员干部的思想认识上得到提升,理论水平进一步增强。中国共产党实事求是的思想路线由此开始深入人心。

## 二、组织建设——精兵简政

"精兵简政"是1941年11月由陕甘宁边区政府副主席李鼎铭提出的。在对政府的提案中,李鼎铭等人建议"政府应彻底计划经济,实行精兵简政主义,避免入不敷出,经济紊乱之现象",并指出这样做的理由:"军事政治之建立,必须以经济力量为基础。在今日人民困苦,资源薄弱之状况下,欲求不因经济枯竭而限制军政发展,亦不因军政发展而伤害经济命脉,惟有政府彻底计划经济,实行精兵简政主义,量入为出,制定预算,以求得相依相助,平衡发展之效果。"并且提出了具体的办法:"(一)政府应根据客观物质条件及主观经济需要而提出计划经济,以求全面提高生产力,及改善经

济条件,加强经济基础。(二)在现有经济基础上,政府应有量入为
出的统一经济计划。(三)在财政经济力量范围内和不妨碍抗战力
量条件下,对于军事应实行精兵主义加强战斗力,以兵皆能战,战
必能胜为原则,避免老弱残废滥竽充数等现象。对于政府应实行
简政主义,充实政府机构,以人少事精,胜任职责为原则,避免机关
庞大、冗员充塞,浪费人力、财力等现象。(四)规定供给条例,避免
不必要的供给与消耗。(五)提倡节约、廉洁作风,避免不应有的浪
费现象。"①

　　对于这一提案,毛泽东认为"这个办法很好,恰恰是改造我们
的机关主义、官僚主义、形式主义的对症药"②。1941 年 12 月毛泽
东在《关于太平洋战争爆发后敌后抗日根据地工作的指示》一文
中,把"精兵简政,节省民力"列为"目前迫切的重要的任务"为了贯
彻精兵简政的精神,毛泽东亲自制定了"精兵简政"工作的具体原
则和办法,并强调:这次的精兵简政,必须是严格、彻底和普遍的,
不能随便应付、敷衍了事。

　　由于各抗日根据地条件不一样,其"精兵简政"的侧重点也不
同。华中抗日根据地主要是以"精兵"为中心开展"简政"的。就
"简政"而言,华中各抗日根据地的工作目标基本一致,都是要求实
现政府机构精干,工作制度规范,干部配备人尽其才,才尽其用,最
终达到提高行政效率的目的,仅是各地简政工作的规模和程度不
同而已。1942 年 9 月华中局、新四军军分会公布了精兵简政工作
的计划安排和实施步骤,主要包括:"(一)精兵简政必须进行深入

①　陕甘宁边区政权建设编辑组:《陕甘宁边区的精兵简政(资料选辑)》,北京:求实出
　　版社 1982 年版,第 7,8 页。
②　李维汉:《回忆与研究》(下),北京:中央党史资料出版社,1986 年,第 502 页。

的政治教育与动员。必须使党、政、军、民一切干部和群众了解今后敌后的严重困难与斗争的复杂和曲折,而精兵简政不是简单裁兵减员拆台散伙,而是充实助理加强部队战斗力量,做到以少胜多,短小精干"①;(二)在实施精兵简政时应当分期进行。如第一期为政治教育与动员,其主要步骤是部队和地方党政自上而下进行政治教育与动员,克服一切错误偏向。第二期为调查研究与计划布置,其主要步骤为发动部队及地方党政自下而上进行调查检讨,及各自讨论执行方案。各旅、团,各地委、县委,经过一定时间切实调查检讨后,可分别召集精兵简政干部会议,提出自己的精兵简政具体方案,交上级审查批准。第三期为确定全部方案,总结与交换经验及彻底完成计划,其主要步骤为分别召集各师、各战略单位与全军全华中精兵简政会议,最后确定全部方案,训令各地全面执行。(三)在计划精兵简政中当注意下列基本方针,即在精兵方面应注意在提高部队质量与加强战斗实力的原则性,调整编制、缩减编并某些单位,充实连队,规定战斗人员与直属队人员数目及比例,严格紧缩后方机关,减少人员马匹,抽调一批有相当能力的地方干部到地方军及群众中工作;在简政方面应注意在紧缩行政机构,提高行政效率的原则性,裁减冗余机关,合并单位,达到各级短小精干适合敌后游击战争环境,严格遵照政府脱离生产干部及杂务人员不得超过居民百分之一的规定,减少大量杂务人员、马匹及伙食单位,克服行政机关庞大脱离群众现象,加强下层机构,使政权进一步依靠群众。(四)在精兵简政中干部的调整及编余人员的处理应当特别审慎注意。抽调大批有工作经验的干部到党校、抗大学习,不得降级使用,抽调大批可以造就的事务人员及杂务人员

---

① 孙光明:《延安〈解放日报〉关于精兵减政宣传的重点》,《黑龙江史志》,2009 年 5 月 23 日。

送入学校学习，对有专门技术的人才应调到其他部门工作或给以进一步学习机会；对一切编余人员及老弱战士与荣誉军人亦当有计划地安插，如经营各种生产事业，一切对编余人员采取漠视和轻视的态度都等于犯罪。（五）爱护培养和节省民力，是精兵简政的中心问题。切实计划开辟各根据地敌后边区整理财政税收，发展生产事业，厉行各种节约运动，严格注意公粮保管及分配。关于以上各种问题，晋冀鲁豫边区精兵简政计划中均有具体规定，望各地参考执行。①

在精简政策实施过程中，苏中抗日根据地区党委注意到了人们在"精简"与"三三制"政策的关系这一问题上存在着曲解，因此明确指出，精简政策并不是对"三三制"政策的否定。"'精简'与'三三制'政策，都是党的政策，无条件的要坚决执行。'三三制'是较长时期的组织形式，而'精简'则是目前阶段组织机构的紧缩与改变，这一改变与'三三制'并不矛盾，而是贯穿着'三三制'政策的精神来实行的。"②"精简"不是党员包办，排斥党外人士的一种手段。"对于党外人士的处理，应根据区党委精简决定的'留职留薪''去职留薪''留职去薪'等办法具体进行，切忌草率从事"③，引起党外人士的误解，造成统一战线的分裂。

苏中抗日根据地在经过几番精简和组织机构的调整之后，对精简工作进行了总结，认为不少党员干部对三个重要问题的认识仍模糊不清并对此进行了详尽的阐释：第一个问题：什么叫作统一领导？"党是无产阶级的先锋队和无产阶级组织的最高形式，他应

---

① 马洪武主编：《新四军和华中抗日根据地史料选(1937—1940)》第五辑，第 43—45 页。

② 马洪武主编：《新四军和华中抗日根据地史料选(1937—1940)》第七辑，第 105 页。

③ 马洪武主编：《新四军和华中抗日根据地史料选(1937—1940)》第七辑，第 105 页。

该领导一切其他组织,如军队,政府与民众团体。根据地领导的统一与一元化,应当表现在各个根据地有一个统一的领导一切的党的委员会。"换句话说,所谓统一领导,就是把根据地的党政军民及其他一切组织,统一于党委会的领导下面。因此"各级党委,不应当仅仅是领导地方工作的党委,而应当是该地区的党政军民的统一的领导机关(但不是联席会议)"。也就是说,领导一切的是党的委员会,而不是党委书记个人。对于党委会决定了的问题,党委书记只有负责领导,布置与督促,检查,总结,执行的责任和权利,而无权随意变更。总之,党委会的工作应当成为统一领导的最主要的环节。① 党委会对各种组织的领导,除有关全局的具体问题外,一般地应当是原则大计方针上的领导,而不是代替或包办。各部门本身的工作与生活,仍应由各部门自己去处理。② 第二个问题:什么是"核心"及其工作? "核心"就是"领导中心"。通常所谓核心都是指组织而言。如支部是全乡各种组织的核心,区委会是全区各种组织的核心等。但从上级党委来看,则下级党委只是一种基础,而不是核心了。所以不能把核心看成绝对的。③ 关于核心的工作主要由以下几项:1. 经常了解全盘情况,多照顾党政军民各方面比较大的问题,少考虑琐碎的事物,要研究和掌握党的各种政策,决议,决定,指示及纪律,调整各部门间的关系,使全部工作取得协调一致。2. 在不违反党委决议及党的政策原则之下,核心对于各种日常工作有权作出决定,各部门必须服从。3. 核心应该成为服从于执行党委决议的模范。④4. 核心要从政治上(不仅是从感情上)来

---

① 马洪武主编:《新四军和华中抗日根据地史料选(1937—1940)》第七辑,第 217 页。
② 马洪武主编:《新四军和华中抗日根据地史料选(1937—1940)》第七辑,第 218 页。
③ 马洪武主编:《新四军和华中抗日根据地史料选(1937—1940)》第七辑,第 219 页。
④ 马洪武主编:《新四军和华中抗日根据地史料选(1937—1940)》第七辑,第 220 页。

团结和领导所属的各个部门各个干部，随时教育帮助他们，既要放手让干部去工作，同时也要给予必要的指示。以发挥干部最大的工作效能。第三是关于各部门的独立性及党委会与各部门的关系问题。根据地的党政军民各种组织，都是密切的联系着，配合着，但又各有不同的性质和任务，因而在组织形式上、工作上、作风上，必然也会有差异。比如军队是为完成战斗任务而组织的武装，它就应该有适应战斗的编制、迅速的动作、严肃的作风。政府是一种统一战线的权力机关，要领导全体人民在政治经济各方面与敌人作斗争，它那种"三三制"的组织形式，政府工作制度与民主作风，就和军队不同。群众团体是自己谋解放的团体，是群众切身利益的直接代表者，它的组织、工作、生活必然要与大多数人民的政治文化水平习惯等相结合着，不能把军队或政府那一套做法，强迫他们应用。党是领导斗争的司令部，是各种组织的核心和领导者，他的任务比任何一种其他组织都更艰巨和复杂，因此，他就要有更加严密的组织与更多样性的工作方式与作风，亦不能和军队政府一样。……党政军民机关合并办公之后，几个组织工作与作风不同的部门放在一起，更要互相照顾，互相帮助，互相谅解；有共同的事情，大家虚心民主商讨，谁的意见好，就服从谁的意见，一切为了工作，不应存丝毫偏见和私心。同时还应该了解机关合并办公，并不是取消和吞并这些组织，更没有抹杀他们独立的工作和作风，相反地，只有保持这种独立性，才能大大地加强各部门的工作效率，也才会使领导更为有力。"一切服从战争"是统一领导的最高原则。根据地内各种组织间所产生的不协调的现象，应该根据这个原则来解决。① 对这些基本理论问题的厘清，有利于党政军民在思想认

---

① 马洪武主编：《新四军和华中抗日根据地史料选(1937—1940)》第七辑，第 221，222 页。

识上的统一与提升,使得精兵简政这一政策在抗战决胜的关键期发挥了重要的作用。

"简政"是抗日民主政权政府制度的一种改革和创新,就是要使政府工作达到精简、高效、节约和反对官僚主义的目标。简政工作在理论和实践方面取得了不小的成效:(1)精简了政府的工作内容,生产和教育成为政府的工作重心。通过简政,抗日民主政府基本做到了生产第一,特别是把农业放在首要位置。各地政府认真执行"发展经济,保障供给"的财政经济总方针,积极开展大生产运动。如,组织各种形式的劳动互助组与生产合作社,开垦荒地、改良农业技术、提高农业产量;广开生产门路,发展农村副业;建立公营工业,力求生产自给;组织运输,扩大物资交流等。(2)裁并了政府机构,精简人员编制,基本实现了精简上级,加强下级和生产单位的方针。(3)加强了各级政府的统一领导。在政治上抗日民主政府的政策、法令、命令、指示已基本统一,"政出多门"的现象减少。在组织上加强了"一元化"领导。省一级政府部门在具体业务上可与下级对应业务机构直接联系,重大任务的部署则一律通过省以下行政公署或专署及县政府负责人进行。人事任免上,基本已统一于各级政府民政机构,纠正了之前各部门各自为政、自由任免的现象。(4)提高了行政效率。随着政府机构和人员的精简,许多单位过去由几个人做的工作变成由一个人承担,使得各级政府部门的工作效率大大提高。(5)减轻了人民的负担。随着简政工作和大生产运动的开展,各抗日民主政府的财政支出显著减少,人民负担也逐年减轻。(6)基本克服了政府机关及领导干部的官僚主义作风。在简政和整风运动"双管齐下"的作用下,许多领导干部不再是居高临下、盲目指挥、随意下达命令,而是深入实地进行调查研究,加强了政府和当地民众的联系,得到了群众的认可。

　　当然,抗日民主政府在简政工作中也存在着一些问题。总的来说是既有"不足",也有"过头",还有"死灰复燃"的现象。"不足"表现为在精简干部过程中,干部家属未妥善处理,送去进修的干部仍属编制之列;"过头"是指过分集中的倾向,片面强调缩减人员、裁并机构,对"简政"的理解过于机械,单纯地为精简而精简,搞"一刀切"。编制的制定不从实际业务工作的需要出发,编制过小,以至于削弱了某些必要的正常业务活动。"死灰复燃"的现象是指精简的积极成果在保持了一段时间之后又恢复了以前的老样子。少数抗日民主政府的某些部门和单位在时过境迁后,又重回老路,如机构增设,人员编制膨胀,制度废弛,统一领导削弱,效能下降,浪费抬头等问题,更为严重的是,官僚主义作风又有卷土重来的趋势。究其原因,除了缺乏经验、暂时困难好转等因素,一个根本的原因是与抗日民主政府的经济基础,即落后的小生产方式有关。小生产的一般经验认为"人多好办事,人多热气高,人多力量大",因此,在简政政策解决了抗日根据地财政经济方面的困难之后,上述那些老问题便在一些地方又出现了。

　　抗日民主政权的简政工作,作为中国新民主主义政权发展史上的第一次大规模的自主性政府制度改革,是中国共产党领导下的新民主主义民主政治的一大创举,它不仅实现了"精简、统一、效能、节约和反官僚主义"的五项改革目标,推动了抗日民主政府的正规化建设,同时也为新中国成立后社会主义中国的行政体制改革提供了宝贵的经验和教训。

　　第一,政府制度改革必须准确定位政府工作的中心任务和首要任务。抗日民主政府建立之初,很多党员干部都充满了革命热情和斗志,积极投身于政府建设的各项工作,但由于缓急不分,百业待举,导致政府工作缺乏中心,既分散了干部工作的精力,又降低了政府的工作效率。因此,抗日民主政府从提高政府行政效率、有利于抗战的原则出发,明确了政府的工作重点和首要任务应该是发展生产和开展教育。发展生产是为了确保有饭吃有衣穿,以解决抗战中的物质问题;开展教育是为了确保党员干部思想的正确方向、提高他们的思想文化素质,以解决抗战中的精神问题。所以,抗日民主政府认真做好这两项工作,就是既支援了前线战争,又帮助了后方百姓。

第二,政府制度改革既是组织工作,也是思想工作。"简政"是一项涉及面广、规模大的组织建设工作,主要包括改革体制、整顿机构、精简人员、健全制度等方面,为此各抗日民主政府通过行政立法颁布了大量的组织措施和条例,为简政工作规定了具体目标、任务和要求,这就为简政工作奠定了组织基础。但是简政工作的关键还是要做通人的思想工作。简政在各根据地开展时,有些干部对此存在错误认识,如把简政简单地认为是"裁员";年长体弱的干部另行分配工作就认为是"革命革了多年,现在没有我的地位了,不要我了";有的干部因工作调动,待遇有所降低,就认为是降低了自己的"地位""资格",对此极为不满。更有甚者,由错误思想发展成错误的行为,如不爱惜公物,借故索需,争分生产盈余等等。对于这些思想认识上的错误倾向,各地抗日根据地的领导十分重视,先后通过各种会议传达中共中央的简政文件精神、亲自进行政治动员,这些"打通思想"行动就是为顺利实施简政政策扫清障碍。简政工作的经验表明,思想工作是组织工作的保证,否则组织工作就会失去灵魂、无法持久,也不能巩固组织上的精简成果。任何改革最终都要落实到人的身上,因此做通人的思想工作是关键,提高人们的思想认识,引导人们自觉执行改革政策而不是被动应付,改革才会取得成效。

此外,抗日民主政府简政工作的开展,一般都是有时间性的,每一次简政都是按照一定的精简计划在一定时间内完成的。短期而言,简政是一项临时性的工作,但要达成目标并保持成果却非一朝一夕的事情,这就需要把精简的精神贯彻于日常政府工作的始终,否则就会前功尽弃。同时,简政过程中还要注意妥善慎重地安置编余人员。如果安置不当,不仅会影响编余人员的学习、生活和工作,造成编余干部资源的浪费,而且还会引发社会思想混乱、人心动荡,产生社会不安定因素,进而对简政工作造成巨大的负面效应。

### 三、作风建设——群众路线

作风建设的核心就是中国共产党要始终保持同人民群众的紧密联系,坚持走群众路线,将全心全意为人民服务作为中共的根本宗旨,这也是区别于其他一切政党的根本标志。

（一）一切为了群众

1. 改善民生

1937 年 8 月,洛川会议通过了《抗日救国十大纲领》,其中第七项专门讨论了"改善人民生活的问题"。各抗日根据地始终把改善民生作为"一切为了群众"的首要任务。1941 年 3 月 27 日,刘少奇在苏北盐阜区召开各县县委书记会议,在听取各地群众工作开展情况汇报后,指示各县要在农村积极组织各级农救会,勇敢地向高利贷者和地主进行斗争。同时,为了提高群众的抗日积极性和民族觉悟,各抗日根据地积极修筑民生工程,改善民生;各抗日民主政府制定了一系列发展农业生产的措施。尤其是组织老百姓整修土地、兴修水利、扩大灌溉面积并奖励开拓荒地,同时还向农民发放低息或无息贷款,以解决耕牛、农具、种子、口粮等一系列问题。

如，1941 年在苏北抗日根据地，当地农民在新四军的领导下进行了
宋公堤的修建，这是当时苏北最伟大的水利工程。这段捍海大堤
长达 45 公里，其修建成功使得阜东地区十几万百姓免于海潮带来
的灾难，使常年被海水所淹的 50 万亩土地得以重振生产，由此也
使得东部各区几十万人民的生命财产和几百万亩土地获得了安全
和保障。

### 2. 保障民主

新四军在江苏抗日根据地的建设，不仅满足根据地民众的物
质利益，而且关注他们的政治利益。在江苏各抗日根据地，动员民
众起来抗日，首要的就是要维护民众的政治权益，第一就是要保证
人民群众能够当家作主，使他们享有自由、平等的权利。在根据地
当时多数民众文化知识普遍低的背景下，政府用"民主就是大家当
家"等朴实的语言，让人们了解民主的真正含义。这种民主政治在
江苏各根据地得到了广泛的施行，使得民众的政治生活发生了
质变。

### 3. 发展教育，普及大众文化

1940 年 1 月，毛泽东在谈到新民主主义文化时指出："这种新
民主主义的文化是大众的，因而即是民主的。它应为全民族中百
分之九十以上的工农劳苦民众服务，并逐渐成为他们的文化。"①
1944 年，毛泽东在《文化工作中的统一战线》一文中再次强调："我
们的文化是人民的文化，文化工作者必须有为人民服务的高度的
热忱，必须联系群众，而不要脱离群众。要联系群众，就要按照群
众的需要和自愿。一切为群众的工作都要从群众的需要出发，而

---

① 《毛泽东选集》第 2 卷，人民出版社，1991 年，第 708 页。

不是从任何良好的个人愿望出发。"①根据毛泽东与中共中央相关指示,新四军在江苏各抗日根据地积极创办识字班、扫盲学校、中小学校等。同时,还通过开办夜校、冬学、识字班(组)、读报组等普及文化教育。如,在1944年的苏北抗日根据地,盐阜区已建立1 186所小学,比抗战前大约增加了一倍多,中学有13所。教育经费从1940年每月3.7万元增加到16万元(法币),教师待遇逐年提高。学校的教育质量不断提升,主要表现为民主作风和劳动作风。小学生普遍组织儿童团,中学生普遍组织学救会,通过这些组织,学校的各项计划的完成就有了保证。老师们则组织教救会,通过举办教师讲习会,冬师训练班,进行集体学习,以提高教学质量。在课程与教育方法上,学校与社会相结合,秉承学以致用的原则,例如语文课上提倡写作,数学课上将珠算、心算、笔算相结合,劳作、体育和生产劳动结合在一起,自然科学、音乐、美术课程均都设立。这些教学改革都是为适应新时代的需要,为新民主主义政治培养人才。

(二) 一切依靠群众

中国共产党提出的全面抗战路线就是要最大限度的动员、组织和武装民众加入抗日战争中,使抗日战争成为全体中国人的战争。

新四军在江苏敌后建立抗日根据地的过程中,采取各种形式动员、组织和武装民众积极抗日。同时,新四军在江苏各抗日根据地制定和颁布了一系列方针政策,动员武装江苏各阶层民众积极抗日。如,苏南抗日根据地在《中共江苏省委关于外县群众工作的指示信》中就指出"我们要以一切努力与决心来克服目前干部缺乏

---

① 中共中央文献研究室编:《毛泽东文艺论集》,中央文献出版社,2002年,第111页。

的困难,切实的深入群众"①,"我们要善于利用农民所懂得的东西和适合的东西去组织他们,逐步地向他们灌输新的抗日内容。这样不但适合于环境的条件,而且可以团结更广泛的群众,引导他们走向坚决斗争的道路"②。苏北抗日根据地在《淮海区关于普遍组织自卫军及民兵,发动广泛的群众抗日游击战争的决定》中提到:"由于初步夏收工作中,减租减息增加工资的普遍实行,与组织大多数群众的实现,群众生活已有初步改善,群众已敢于起来为自己合法利益而斗争,群众已开始认识组织的力量并积极参加自己的组织,同时,群众的抗日情绪亦已大大提高。……为了保持群众既得的合法利益,真正确立群众的优势,达到根据地的真正巩固,还需要经过群众团体本身的各种巩固工作,最主要的还应该是把群众运动由目前的阶段,提高到积极参加武装抗日的阶段,发动与教育群众掌握武装。只有群众武装起来,拥护抗日军队及抗日民主政权,保卫自己既得的利益,保卫根据地,群众既得的利益,才有保障。群众组织及根据地才会最后达到真正的巩固。"③

在中共的领导与帮助下,抗日根据地民众建立起各类群众团体,从经济、政治、军事、教育等各方面支持抗战,在此过程中各地群众武装不断发展壮大,与中共主力军一起共同保卫家园。一般的说,群众团体本身的任务是保护群众切身利益,将尽可能多的民众组织团结起来,并通过宣传和教育来提高民众的政治文化水平。而在抗战时期,所有群众团体的共同任务则是动员和武装根据地群众参加抗战及动员与领导千百万群众参加政权的改造与建设。

---

① 中共江苏省委党史工作委员会、江苏省档案馆编:《苏南抗日根据地》,第41页。
② 中共江苏省委党史工作委员会、江苏省档案馆编:《苏南抗日根据地》,第43页。
③ 中共江苏省委党史工作委员会、江苏省档案馆编:《苏北抗日根据地》,第237页。

正如《在生长与壮大中的盐阜区人民武装》一文指出"坚持敌后斗争与巩固抗日根据地,不仅依靠主力担任,而且还需要依靠强大的人民武装坚持与斗争","'人民武装(不脱离生产的自卫队)应当包括人民的最大多数,其中骨干(即民兵模范自卫队,青年抗日先锋队或青年自卫队)的数量,应超过主力军与地方军全部数量'(中央军委指示)"①。

群众团体在抗战中的作用具体表现为:1. 群众团体是带领群众为切身利益而斗争的领导者和维护群众切身利益的保护者,它"发动、组织并领导广大群众为彻底实现减租减息增加工资、改善生活以及为争取和保证群众的民主权利、提高群众的政治地位等等而斗争"②;同时还要与自然作斗争,以便在提高生产的基础上进一步改善与提高群众生活。例如修筑水利,改良种子,改良化肥及农具,改善耕种方法等③;2. 组织和团结所有基本群众到群众团体中来,使一切个体的散漫的群众变为集体的有组织的群众。在江苏抗日根据地就建立了各种独立的抗敌群众团体,如农抗、工抗、青抗、妇抗、儿童团以及农会、商会、妇女会、自卫队、参议会、合作社等。其中,农会在秋收时期的任务就是武装起来,配合军队防止敌伪、土匪抢粮,使秋收工作得以顺利完成;在减租减息前,主要是协助政府实行减租减息法令;在减租减息后,主要是协助政府调解农村纠纷与发展农业生产④;还有就是鼓励与动员群众现缴公粮,让人们认识到抗日是大家的事,完粮纳赋是每个人应尽的责任。3. 群众团体要对民众进行教育,将其从过去愚昧、落后、迷信的思

---

① 洪学智:《在生长与壮大中的盐阜区人民武装》,《真理》第十期,第50页。

② 马洪武主编:《新四军和华中抗日根据地史料选(1937—1940)》第五辑,第305页。

③ 马洪武主编:《新四军和华中抗日根据地史料选(1937—1940)》第五辑,第305页。

④ 中共江苏省委党史工作委员会、江苏省档案馆编:《苏南抗日根据地》,第237页。

想束缚中解放出来,利用一切力量提高其政治觉悟和文化水平。如举办各种识字班、夜校、补习学校、讲习所、职业与专门技术的培训班、俱乐部以及各种各样的文化教育和体育活动团体①,运用群众喜闻乐见的形式对其进行教育,如编小调顺口溜、民间故事、说书、木偶表演等;4. 群众团体要动员千百万民众参加抗战与武装自卫。在抗战的决胜关键期,更多的群众加入武装自卫是顺利实现上述群众利益的必要条件。根据地一切群众团体在改善群众生活、发动群众运动的基础上,动员并组织自己的会员参加到各种各样的群众武装中去(如农民自卫队,工人自卫队,妇女自卫队,青抗先,模范队等。),并且应当派遣自己团体中最优秀的干部去参加武装的领导,和尽一切力量来促进和帮助群众武装组织的建立(如人民武装抗日委员会、军区、军分区等)。5. 群众团体要动员群众参加根据地政权的改造和建设工作。没有民众在思想政治上的觉醒、没有其积极的参与,旧政权的改造与新政权的建设就不可能取得彻底的胜利。因此,群众团体要教育民众积极参加掌握与监督政权,学会管理国家大事,通过教育使群众能够行使他们的民主权利,并推选出有威望值得信任的干部到政府机关中区,使群众学会监督政权,把一切贪污腐化或脱离群众的人从政府机关清除出去,以保证抗日根据地民主政权的公正廉洁,真正代表广大群众的利益。②

## 四、廉政建设——反贪污反浪费

在全国抗战初期毛泽东就明确指出:"共产党员无论何时何地

---

① 马洪武主编:《新四军和华中抗日根据地史料选(1937—1940)》第五辑,第307页。
② 马洪武主编:《新四军和华中抗日根据地史料选(1937—1940)》第五辑,第308页。

都不应以个人利益放在第一位,而应以个人利益服从于民族的和人民群众的利益。因此,自私自利,消极怠工,贪污腐化,风头主义等,是最可鄙的;而大公无私,积极努力,克己奉公,埋头苦干的精神,才是最可敬的。"①战斗在江苏的新四军,面对日伪顽艰苦的斗争环境,为了得到广大群众的支持,在敌后创建抗日根据地之日起就十分注重廉政建设。为此,在江苏抗日根据地,新四军与各级根据地政府根据中共中央指示,制定了一系列措施防止、纠正和惩治腐化行为。

第一,建立健全各种规章制度。江苏各抗日根据地政府通过立法程序,确定了公务人员的行为准则,在施政纲领中都有关于廉政建设的规定。苏北抗日根据地的淮海区和盐阜区分别在1941年和1942年颁布了惩治贪污的条例。其中,《盐阜区各县惩治公务人员贪污暂行条例》规定:第一条规定,其目的是"为建立廉洁政府,彻底澄清贪污";"第二条规定凡公务人员凭借职位权势,侵吞公款、收受贿赂、营私舞弊及在办理社会公益事务中有贪污行为,都将受到条例制裁;第三条规定人民或群众团体对公务人员的贪污行为有向各级政府提出检举的权利;第四条规定各机关主管人对所属职员须严格监督检查,如发觉属员有贪污行为时,要随时提出惩治或提请上级机关处理,不得徇情包容;第五条规定各机关主管人对所属职员如因监督不周致使有贪污行为者,除贪污人员应依法惩治外,其主管人应受失察处分,如系有意纵容,并得按其情节轻重分别惩治,其在同一级机关之间同级人员有知情不报者,亦应酌情受连带处分;第七条规定了公务人员如有建筑军用工事或购置办公用品从中舞弊、侵占窃取盗卖公有财物、收受贿赂、借势借端

_____

① 《毛泽东选集》第2卷,北京:人民出版社,1991年,第534页。

勒索强征强募财物；意在图利扰乱金融或违背法令收募捐款、征用土地、民众财物从中舞弊等行为者，均以贪污论罪。贪污金额超出 500元以上者处死刑，不足 500 元的，将根据贪污财物多少，分别处以有期徒刑或劳役；而对克扣军饷和盗卖军火者，一律处以死刑"①。

在苏中抗日根据地，1942 年初苏中行政公署通过立法的形式颁布了《苏中区各级行政人员公约》（草案），要求各级行政人员"打破雇佣观念与地位观念，养成守法奉公、廉洁清明的作风，不贪污，不受贿，不鱼肉人民，不假公营私，不任用私人，不阳奉阴违，不浪费、侵吞公款，不姑息或压迫下级，不欺骗或蔑视上级"。1944 年，苏中区颁布的《惩治贪污暂行条例》，条例内容与上述盐阜区惩治贪腐条例相似，其中特别提到本条例不仅适用于公务人员贪污者，也适用于非公务人员因办理社会公益事务且从中渔利者。公务员贪污情形多了"擅自提取或截留公款及以军用舟车马匹装运违禁和漏税物品者"和"侵占或窃取社会公益团体财物者"，对于贪污而及时悔悟者采取坦白从宽的政策。

第二，鼓励群众对中共党员和干部进行监督。在江苏抗日根据地，一般由参议会对辖区的行政、司法机关以及部队官兵予以监督，并由相关法律作出规定。如《苏南行政区各级参政会组织条例》中规定参政会可以监督同级政府的政策执行情况，并提出批评建议，还有权对存在的贪污腐败现象进行有效及时的检查弹劾。盐阜区行政公署在 1942 年 5 月召集全区 8 个县的著名士绅和工农代表开座谈会，听取他们对政府工作的批评意见，针对他们的反馈陈毅进行了及时的答复，他说："这次座谈会上各位士绅及各位工

① 江苏省档案馆编：《华中抗日根据地财政经济史料选编》第三卷，北京：档案出版社，1986 年，第 304 页。

农代表所说的话,特别其中对党政军工作方面的批评,我认为都是对的,我代表党政军三方面诚恳地接受。"①陈毅强调指出:"党员能执行党的政策照章办事,则革命可以顺利进行,反之,党员不能很好执行党的决定,那个党要失败的,那个革命也要失败的,因此我党决不护短,特别欢迎人家对自己党员的批评。特别要自己党员更大虚心去听取别人的批评。"②这次座谈会"如果还感觉不够的话,那就是讲好的方面太多,讲坏的方面还嫌太少。以后要求大家多讲缺点,少讲好处"。这是你们在"行使自己的正当的权利",是每个人应担负起的"神圣义务"。

为了能够让群众真正行使起监督的权力,江苏抗日根据地采取了自上而下的措施:一是党员干部身先示范,能经常检视自己工作中存在的问题和不足,进行自我批评并改正,以消除老百姓向政府提意见和揭发问题的顾虑。1941年秋,射阳中学校长杨镜吾在日伪"扫荡"时被人诬陷,新四军未经调查核实,就将其逮捕。事后真相大白,杨镜吾是奉命秘密去做争取伪军的工作的。之后在各界人士座谈会上,陈毅在几百名参会者的面前,对杨镜吾行鞠躬礼、赔礼道歉,请他谅解军队的失察行为。同时强调"欢迎人民的指责"。二是"公开揭露和惩处贪赃枉法、压制群众批评的部分领导干部"③,支持群众监督。1941年4月,曾参加过长征的老红军林守之在任盐城县楼王庄税务所所长期间,盗用大量公款贩卖布匹为己牟利,税务所的会计向上级反映了这一情况,林守之怀恨在心杀人灭口,之后还造谣是会计在贪污后毁帐卷款潜逃。陈毅得

---

① 中共江苏省委党史工作委员会、江苏省档案馆编:《苏中抗日根据地》,第184页。
② 中共江苏省委党史工作委员会、江苏省档案馆编:《苏中抗日根据地》,第199页。
③ 《弘扬铁军精神,践行群众路线,密切党同人民群众的血肉联系》,《盐阜大众报》,2014年3月6日。

知此事后,立即派人调查,很快查明了真相,林守之依法公审后被执行枪决。① 三是抓大案要案,经查实后公布于众,以正视听。抗日根据地的党、政领导都认为,贪污腐化浪费等现象是对革命的犯罪,对违法者必须加以严惩,坚决支持司法部门严格执行。如苏中三分区,"1942 年 6 月至 7 月的两个月中,就有苏中税务局第四分局主任邢爱身(贪污 4 000 元)、新四军第一师特务营长李桂成(贪污 1 000 元)等 4 人,被依法判处死刑,执行枪决"②。

　　第三,反腐与倡廉并举。在反腐方面,各级抗日根据地政府都颁布了整治贪污腐败的法律,尤其强调司法人员要带头守法,秉公办案。如 1942 年 11 月颁布的《盐阜区司法工作人员服务纪律条例》规定:"司法人员必须牺牲个人利益,效忠于民族解放事业,依法执行职务,有公正、清廉、谨慎、勤勉的修养,不得假借权势营私舞弊,以图本人或他人利益,不得利用职务上的便利,假公济私,损害他人。"《条例》还规定司法工作人员无论是否主管事项,不得为亲故关系说情或请托;"在执行职务时,遇有涉及本身或家庭之利害事件,应行回避;司法工作人员违法,则加重处罚。与此同时,党和抗日民主政府坚决支持司法部门查处贪腐分子,不论是谁,只要触犯惩治公务人员贪污的法律,一律依法严惩。""在倡廉方面,抗日根据地的各级地方政府通过召开表彰会、张贴光荣榜、发文件、作报告等形式表彰那些清正廉洁的官员。"③

---

① 曹晋杰:《新四军与华中抗日根据地廉政建设的实践与经验》,盐城镜鉴信息网,2014年 10 月 27 日。

② 曹晋杰:《新四军与华中抗日根据地廉政建设的实践与经验》,盐城镜鉴信息网,2014年 10 月 27 日。

③ 曹晋杰:《新四军与华中抗日根据地廉政建设的实践与经验》,盐城镜鉴信息网,2014年 10 月 27 日。

第四,对干部进行廉洁自律教育。制度规范和监督机制只是外部约束,要使清正廉洁真正成为每位党员干部的自觉行为,关键还是在于每个人内在的自我约束,只有深入持久地做好干部党员的廉政思想教育工作,让清正廉洁的意识深入人心,廉政建设才能达到目的。在新四军重建军部后,为进一步加强思想政治工作,中共恢复和健全了之前的政治委员制度,团以上各级都正式任命了政治委员,并经常对党员干部进行"三提倡、三反对"的反腐倡廉教育。

所谓"三提倡":一是提倡共产党员的模范带头作用,要求"共产党员应该成为英勇作战的模范,执行命令的模范,遵守纪律的模范,政治工作的模范和内部团结统一的模范","共产党员无论何时何地都不应以个人利益放在第一位,而应以个人利益服从民族的和人民的利益"。① 二是提倡"全心全意为人民服务的精神,新四军每到一地,帮助建立抗日民主政权,剿匪反霸,减租减息,兴修水利,组织换工互助,发放小额贷款,让广大贫苦百姓安居乐业"②。三是提倡艰苦奋斗的工作作风。"我们民族历来有一种艰苦奋斗的作风,我们要把它发扬起来。要把现在许多人中间流行的那种自私自利、贪生怕死、贪污腐化、萎靡不振的风气,根本改变过来。"③"为革命的胜利、我们的光明前途与新中国的创造,而节省一切可以省的物质资财。对民力、对物质资财的不爱惜,无异于对

---

① 阮长明:《试述新四军和华中抗日根据地的廉政建设》,《新四军与上海》,2013 年 10 月 1 日。

② 阮长明:《试述新四军和华中抗日根据地的廉政建设》,《新四军与上海》,2013 年 10 月 1 日。

③ 《中国共产党廉政反腐败史记》,北京:方正出版社,1997 年,第 43 页。

党对革命不负责任,无异于犯罪。"①

　　所谓"三反对":一是反对国民党作风。国民党企图从思想、政治和作风上腐蚀瓦解共产党人,全党始终坚定无产阶级立场,保持共产党人的纯洁性。二是坚决反对自由主义。全党"用马克思主义的积极精神,克服消极的自由主义"②。三是反对骄傲自满。党员不能因为取得一点成绩就自鸣得意起来,应该保持谦虚的态度,时常检视工作中的不足并及时纠正。上述廉政思想教育,对于提高党员干部的政治思想觉悟,弘扬共产党人艰苦奋斗、勇于奉献的优良作风,增强干部党员拒腐防变能力,自觉克服封建主义残余思想和资产阶级腐朽思想的影响,坚决贯彻执行党的路线方针政策,奠定了思想基础。

　　中共在抗战时期进行的廉政建设,为新中国建立后的反腐倡廉工作提供了有益的经验:第一,建立健全各项规章制度为廉政建设提供了制度保障。用制度约束党政干部的行为,堵住腐败的漏洞,营造廉洁自律的良好氛围。第二,加强思想教育是搞好廉政建设的基础。通过思想教育,使党员干部牢固树立"公仆"意识,真正践行全心全意为人民服务的宗旨,不断提高自身的党性修养。第三,党员干部发挥好表率作用是廉政建设的关键。党员干部要亲自抓廉政建设,做到自身正身边清。第四,坚决惩处严重的腐败分子,严肃党纪,以正视听,这是廉政建设的重要措施。对腐败分子进行惩处,才能保持党组织的纯洁性和健康发展,才能提高中共在广大民众中的威信并对党员起到警示作用。

_____

① 《刘少奇选集》上卷,北京:人民出版社,1981年,第224,225页。
② 阮长明:《试述新四军和华中抗日根据地的廉政建设》,《新四军与上海》,2013年10月1日。

# 第三章　新四军与江苏抗日根据地的经济建设

　　经济建设工作是党在抗战时期开展斗争的重要武器之一。江苏抗日根据地的经济工作是在抗日的烽火中逐步建立、并不断完善发展的。江苏抗日根据地内各级政府在中共中央、华中局的领导下,依据根据地的历史与现实革故鼎新,组建财经机构,颁行抗日根据地的各项财经制度和税收法规,大力开展财政建设、工商税收、金融货币、减租减息和大生产运动等工作,以发展新民主主义经济,支持战争与服务人民为宗旨。江苏抗日根据地的经济建设,反映了根据地财经战线斗争的真实过程,展现了抗日根据地军民通过财经工作赢得胜利的生动画面,不仅为抗日战争和解放战争的胜利作出了巨大贡献,为新中国成立后江苏地区的经济建设奠定了重要基础,也为研究中共财经体制的产生、变化、实施与进步提供了重要的视角。

## 第一节　江苏抗日根据地的财政建设

### 一、江苏抗日根据地的财经政策和方针

　　江苏抗日根据地的财经工作方针和政策,是依据中共中央有

关抗战期间的经济政策制定的,其基本任务是"保证抗战经费,实行合理负担,废除苛捐杂税,改善人民生活"。

　　关于敌后抗日根据地施行的财经政策,早在1937年8月,中共中央洛川会议所通过的《抗日救国十大纲领》中,在经济方面曾提出:"财政政策以有钱出钱和没收汉奸财产作抗日经费为原则。经济政策是:整顿和扩大国防生产,发展农村经济,保证战时生产品的自给。提倡国货,改良土产,禁绝日货,取缔奸商,反对投机操纵。"①

　　新四军开赴苏南地区坚持对日作战之际,作为国民革命军的新四军,切实遵循国民政府之抗战国策,不能标新立异,其经费来源主要依靠国民政府所发的军饷,但新四军全军"每月发给经费1.5万元及军部经费等为每月共1.6万元"②。后经军长叶挺积极争取,"新四军整个经费每月只批6.5万元"③,这与国民政府同类军队相比,仅是其"一半的津贴费"④。国民政府对新四军的不公正待遇,使新四军经济困难不能自存。为保证部队给养,"不能不借助敌后资财民力,以效命抗战"⑤。

　　在全国抗战爆发一周年之际,新四军第一支队司令陈毅在纪念日大会上指出:"新四军主张有力出力、有钱出钱、有粮出粮,这是合理负担。"⑥当时,新四军各支队解决部队经费与给养的主要措

---

① 中共中央文献研究室、中央档案馆编:《建党以来重要文献选编》第14册,北京:中央文献出版社,2011年,第476,477页。

② 中国人民解放军历史资料丛书编审委员会编:《新四军·文献》(1),第70页。

③ 中国人民解放军历史资料丛书编审委员会编:《新四军·文献》(1),第71页。

④ 〔美〕埃德加·斯诺:《中国的新四军》,中国人民解放军历史资料丛书编审委员会编:《新四军·参考资料》(1),北京:解放军出版社,1994年,第25页。

⑤ 《陈毅资料选》,上海师范学院政治教育系1979年内部发行,第113页。

⑥ 刘树发主编:《陈毅年谱》(上),北京:人民出版社,1995年,第226页。

施：一是靠打汉奸没收财产来弥补，或采用"打资敌"[①]方法筹款；二是向地主、富户借粮借款，甚至用命令、摊派办法；三是设立税卡收税、开征田赋；四是直接购买军粮；五是动员人民募捐。中共中央认为："抗日军队及政权之经济来源，主要的依靠税收公债及救国公粮。在新区域则依靠募捐及合理负担，应反对以打汉奸作为财政出路，反对在敌占区任意没收和罚款等之错误办法。"[②]到 1939年初，由于国民政府多次借战时经济困难，逐渐停止对新四军的军需供给，在江苏地区坚持抗战的新四军开始在反"扫荡"、反摩擦斗争中开始建立抗日民主政权，决定依照国民政府旧章征收田赋；并发动群众募捐筹款，设立财粮机构，在局部地区开展税收工作，以维持根据地军民的日常生活。

随着抗战形势的发展变化，1938 年 12 月，毛泽东在《中国革命和中国共产党》一文中指出：新民主主义革命"在经济上是把帝国主义者和汉奸反动派的大资本大企业收归国家经营，把地主阶级的土地分配给农民所有，同时保存一般的私人资本主义的企业，并不废除富农经济"[③]。在新民主主义革命时期，中日战争是反抗外来侵略的民族战争，必须联合一切可以联合的各阶层人民，建立巩固的抗日民族统一战线。这就要求敌后抗日根据地既要发展公有制经济，也要保存一部的私人资本主义的企业等灵活的财经政策。

1940 年 2 月，中共中央书记处北方局、中原局、东南局及各分局及八路军、新四军等发出《关于财经工作的指示》。《指示》强调："支持长期战争与巩固抗日根据地的一个不可分离的工作是财政

---

① "打资敌"即打击汉奸地主，卖国奸商，没收其财产。
② 中共中央书记处编：《六大以来》（上），北京：人民出版社，1980 年，第 1117 页。
③ 毛泽东：《中国革命和中国共产党》（1938 年 12 月），《毛泽东选集》第 2 卷，第 647 页。

经济工作,各地应于电到一个月内,制定自己区域内本年全部财政经济计划……必须明白,没有认真的财政经济工作,我们将遇到绝大困难。"①遵照中央指示,江苏抗日根据地在废除苛捐杂税和停止募捐后,立刻部署开展财政经济工作,征收救国公粮、工商税收,以保证军需民用。

开展财经工作必须建立比较巩固的根据地和抗日民主政权。新四军到达江苏地区后,遵照1938年5月4日毛泽东致项英电及14日中共中央书记处《关于新四军行动方针的指示》等,陈毅、粟裕等在苏南地区发动群众,一面坚持抗战,一面着手建立抗日根据地。经过新四军将士与当地群众的艰苦努力,到1940年底,苏南、苏北及津浦路东地区相继建成比较巩固的抗日根据地。随着苏南、苏北、淮南、淮北等抗日根据地的建立,尤其是江苏抗日根据地内各级政权的逐渐建立,江苏抗日根据地的财政工作也开始有序展开。

随着抗日民主政权的建立,财经问题遂成为新四军与江苏抗日根据地必须解决的重要问题。为此,遵照中共中央关于"自己种地,自己动手","发展经济,保障供给"以及"必须实行激进的有利于广大抗日民众的经济改革"②等指示,中共中央中原局以及陈毅、刘少奇、粟裕、黄克诚等领导人通过发动根据地广大抗日军民克服困难,创造性地制定了一系列财政经济工作的方针政策。

在苏南,新四军面临着日本侵略者在沦陷区的疯狂经济掠夺。在日伪军事"扫荡"和经济侵略双重压迫之下,苏南地区经济日益

---

① 中共中央文献研究室、中央档案馆编:《建党以来重要文献选编》第17册,北京:中央文献出版社,2011年,第116页。
② 江苏省财政厅、江苏省档案馆编:《华中抗日根据地财政经济史料选编(江苏部分)》第1卷,北京:档案出版社,1984年,第2页。

凋敝,人民生活面临严重困难,无力从经济上支援新四军。为坚持
敌后游击战争,苏南地区的新四军从残酷的斗争实践中深切认识
到做好财经工作的重要性和紧迫性。4月,中共苏皖区委发布《为
坚持江南敌后抗战之政治纲领》,明确宣布在敌后"实行民生主义,
发展抗战经济,改善民生,破坏敌伪一切经济"①的财经政策。5
月,中共江苏省委京沪线东路特别委员会制定了《关于坚持东路抗
战十大工作纲领》,其中财经方面规定:"做好统一累进税,实行合
理负担,禁止粮食出口,抵制仇货,评定物价,严防奸商操纵,没收
汉奸财产,充实抗战经费,与救济贫民。""减租减息,发展农村产销
合作社事业。"②这为苏南抗日根据地财政建设指明了方向,为财经
工作的开展奠定了初步基础。

在津浦路东地区,根据当地社会经济发展状况、日伪的掠夺式
与破坏性的经济政策,在1941年,江苏抗日根据地针锋相对地在
财经方面制定了一些政策,"就是一方面破坏敌人以战养战计划,
与敌人的经济侵略及封锁政策作斗争;另一方面要保证抗战资粮
〔源〕之供给与抗战中国民经济之发展,以求得路东抗日民主根
据地在经济上能自给自足,以支持长期抗战"③。

为把华中抗日根据地建设成为一块巩固的根据地,1940年11
月1日,中共中央书记处向中原局、华中新四军八路军负责同志及
东南局等发出《关于建立与巩固华中根据地的指示》。关于"财政

---

① 《中共中央东南局》编辑组编:《中共中央东南局》(下),北京:中共党史出版社,2006
　　年,第842页。
② 中共江苏省委党史工作委员会、江苏省档案馆编:《苏南抗日根据地》,北京:中共党史
　　资料出版社,1987年,第118,119页。
③ 《淮南抗日根据地》编审委员会编:《淮南抗日根据地》,北京:中共党史资料出版社,
　　1987年,第62页。

经济",《指示》强调:"应注意一开始便作长期打算,节省人力物力,注意培养积蓄,认真的爱护根据地,反对临时性的抓一把的办法,要有比较固定的经常的政策。"①

根据中共中央上述指示精神,中共中央中原局明确指出:"在敌后根据地内财政经济工作的建立与加强及财政经济政策的正确执行,对于长期坚持敌后抗战、巩固根据地、巩固敌后抗日统一战线、发扬人民抗日积极性及在财政经济上打击敌人等,均具有绝对的意义。"②12月2日,中原局发出《关于根据地内财政经济工作的指示》。《指示》明确指出"各地党与军队及政府负责同志必须亲自切实的研究财政经济问题,检查财政经济工作……以保证在财政经济工作中完全正确的执行政策";"在各根据地内须建立强有力的财政机关";充分利用华中敌后根据地的"资源物力来增强抗战力量";在财政经济政策上避免"左的错误"。为此,要中原局要求在财政经济政策进行了一系列改革,其主要内容包括:

（一）除赤贫者外,实行各阶层人民一律担负捐税义务的原则。（二）在根据地尚未巩固或准备不充分的情形之下,不宜进行复杂的累进税制,只宜实行一律征粮征税百分之几或极简单的累进税制,只有在根据地巩固并准备充分时,才能实行合理的累进税制。（三）各地需准备至明年夏收以前的粮食,并准备在明年以田赋与救国公粮合并征收,一律以粮食实物交纳田赋,同时准备统制与管理粮食。（四）成立贸易局,准

---

① 中国人民解放军历史资料丛书编审委员会:《新四军·文献》(1),第190页。
② 安徽省财政厅、安徽省档案馆编:《安徽革命根据地财经史料选》1,合肥:安徽人民出版社,1983年,第167页。

备统制出进口贸易。(五)停止向富人征收特税、特捐及借款(如借款必须有息的归还),停止以打汉奸为财政收入的政策。(六)切使〔实〕节省与限制使用民力,订出征用民力的法律。(七)各种税则及征收粮食的办法、征用民力的法律等,均须召集各阶层的民众代表讨论,吸收人民意见,并向人民作详细的解释,如有参政会须提交参政会通过。①

为进一步指导华中抗日根据地加强根据地政权建设,制定正确合理的财政经济政策,12月13日,中共中央书记处再次发出指示:"经济政策是尽量发展工业农业生产与商业流通,力避破坏生产与商业,号召上海资本家到苏北办实业。"②中共中央、中原局关于华中根据地财经工作的指示,对于新四军在江苏抗日根据地制定正确的财政经济工作政策和方针,团结人民抗日,在财经战线打击敌人具有重要的意义。

皖南事变后,新四军军部在盐城重建,苏北盐城成为新四军的领导和指挥中心。军部下设财经部,负责新四军财经政策、税制、税源、税率的制定,以及财经人员调动,钱由财经部直接管理。为进一步加强华中抗日根据地财政工作建设,1941年5月8日,刘少奇在华中局会议上作了关于财政问题的发言。其中,关于财政政策,刘少奇同意根据中央有关财经工作的指示去做,但同时也指出应结合华中当地的实际形势灵活制定财经政策,"如税收从量亦从价问题,可混合采用";关于财政计划问题,他认为"要作一年财政计划,决定一年的预算。有着一年的计划,才可做到统一调度,把

---

① 中国人民解放军历史资料丛书编审委员会:《新四军·文献》(1),第198,199页。
② 中国人民解放军历史资料丛书编审委员会编:《新四军·文献》(1),第202页。

各根据地的会计统一,统统经过金库。各地区按月报告"①。

随着江苏抗日根据地各级民主政权的建立与巩固,遵照中共中央及中原局(后为华中局)、新四军军部等关于财政经济的方针政策,江苏抗日根据地各级政府结合本地区实际,制定了符合本地的财政经济方针和政策。

皖南事变后,活跃在苏南的新四军第六师,广泛发动群众、组织群众,逐步建立各级抗日政权,苏南抗日根据地得到初步巩固。1941 年 3 月,苏南行政公署设立江南财经处,负责包括苏南在内财经工作,处长为李建模。为了加强与日伪的经济战,苏南根据地各级抗日民主政府都相继设立经济管理部门,设置专门的财经委员会,并在其下面设立税务、田赋、总务、会计等科室,各县政府设立经济科,并以政府名义陆续颁布多种经济法规。总起来看,这时苏南抗日根据地财经政策的主要内容包括:一是合理征收公粮与田赋。该政策仍是根据"实行合理负担,提倡有钱出钱,有粮出粮,奖励输财救国"政策制定的。二是制定合理的税收制度。

抗战进入 1942 年后,日汪在苏南地区率先发动"清乡"活动,妄图消灭苏南地区以新四军为主的抗战力量。为粉碎日伪罪恶的"清乡"活动,进一步巩固建设苏南抗日根据地,1942 年 3 月和 1943年 3 月,苏南区特委先后公布了《苏南行政区处理土地问题暂行条例》和《苏南施政纲领》,对"二五减租、分半减息,特种土地保管、使用、租额等"作了明确规定;声明"坚决执行中共中央的土地政策,保障地主的土地所有权,债主的债权,佃农的佃权,实行减租减息,保证交租交息";"发展工业生产及商品流通,奖励私人企业……对

---

① 中共盐城市委党史工作办公室、盐城市新四军和华中抗日根据地研究会编:《刘少奇在盐城》,北京:军事科学出版社,2009 年,第 207,208 页。

内实行自由贸易，反对垄断，对敌实行统制贸易，管理出入口货物，严防敌伪吸取我物资与破坏我金融，加强对敌伪经济斗争"。① 这两个重要文件的施行，表明苏南抗日根据地财经建设发展到一个新的水平。从此，苏南抗日根据地普遍设立财经机构，公粮征收、工商税收、田赋征收及金融货币都在各行政区取得了重大成就。

在苏北，到 1940 年底，随着黄克诚率领的八路军一部与陈毅率领的苏北新四军会师，共同开辟和建立了苏北抗日民主根据地。苏北抗日根据地以盐河与灌河为界划分为盐阜、淮海两个区。苏北抗日根据地建立初期，遵照中共中央与华中局制定的"保证抗战经费，实行合理负担，废除苛捐杂税，改善人民生活"②的基本任务。苏北区各级党委与新四军第三师紧密合作，在根据地内相继建立盐阜区行政公署和淮海区行政公署，公署下设财政经济委员会负责当地财经工作。在新四军军部领导下，第三师在加强对日伪军作战与消灭土匪的同时，财经委员会积极贯彻中共中央及华中局关于财政经济工作的方针政策，从上到下建立了财经机构，确定基本任务与具体工作，制定的财经工作总方针是："（1）保证财政收支平衡，供给军政之必需；（2）在自力更生的经济基础上，增加生产、改善民生；（3）反敌伪之经济封锁、实行货物统别，发行盐阜券、巩固根据地金融。"③

自皖南事变后，淮南抗日根据地开始进入新的发展时期。随着根据地抗日民主政权的建立与巩固，财经工作逐渐走上正轨。

① 中共江苏省委党史工作委员会、江苏省档案馆编：《苏南抗日根据地》，第 245 页。

② 江苏省财政厅、江苏省档案馆编：《华中抗日根据地财政经济史料选编（江苏部分）》第
　1 卷，第 42 页。

③ 中共江苏省委党史资料征集委员会苏北领导小组编：《苏北抗日斗争历史资料》（4），
　内部版。

1941年2月,津浦路东根据地政府公布了《抗战时期施政纲领》。其中,对财政经济政策做了详细规定。如"改善租佃关系,保障佃权;实行三七分租,取消一切附租及义务劳役等"。"发展手工业,奖励私人投资";"保护商人自由营业,严禁奸商垄断投机";"实行统一累进税,废除苛捐杂税";"实行救国储粮,充实抗日军粮,并防荒歉";"调剂金融,防止法币、现金、硬币外流,严禁敌钞票流入"等。[1] 12月25日,根据形势发展需要,路东区党委政府对津浦路东根据地(淮南抗日根据地津浦线以东部分)的财政经济工作又制定了新的政策,如"征收契税时组织一个合于'三三制'的征收委员会","建立进出口货物检查网","今后应加重注意于经济建设与建立健全的会计制度"等。[2] 从1942年起至抗战胜利结束,淮南抗日根据地以上述财经方针政策为基础,根据战时形势的发展变化和根据地建设的客观需要,适时调整或制定新的财经政策,如"领导群众大力发展工农业生产,发展贸易,开展互助合作运动"等,大大促进了根据地财经建设。

新四军重建军部后,苏皖边区所辖范围包括泗宿县、泗南县、泗五灵凤县、盱凤嘉县、泗县、淮泗县、淮宝县、邳睢铜灵四县联防办事处、洪泽湖管理局和半城区。随着新四军第四师在此地开展的军事斗争不断取得胜利,1941年8月,中共中央华中局决定成立淮北苏皖边区行政公署,刘瑞龙为主任,淮北抗日民主根据地正式形成。行政公署下设财政处,负责根据地财经工作。

随着淮北抗日民主根据地各级政权的建立并日趋巩固,其财经工作也随之展开。遵照中共中央、华中局及军部关于财经工作

---

[1]《淮南抗日根据地》编审委员会编:《淮南抗日根据地》,第112,113页。

[2]《淮南抗日根据地》编审委员会编:《淮南抗日根据地》,第157,158页。

的指示,结合根据地实际情况,边区行政公署制定的财经方针为:
"保证抗日部队的给养,保证抗日人民的生活,同时要与敌人的经
济 掠夺作斗争,粉碎敌人以战养战的政策。"①在此方针下,所施行
的财经政策主要包括:(1)"施行统筹统支","统一财政收支确立了
预决算制度";(2)"厉行节约,肃清贪污"②;(3)"划分了省县款",
"确定各种经费的批报权限",建立金库;(4)"成立审计委员会",
"实行新的会计制度"。③ 同时,边区行政公署还大力发展货币金融
业务,建立淮北银号,扩大抗币,打击法币,排斥伪币;积极开展减
租减息,大力发展生产建设,促进商业贸易等。

淮北(苏皖边区)抗日根据地实行的财经政策方针,是边区行
政公署的财经工作者在党的领导下,制定的符合人民群众利益的
财经政策,因而得到了广大人民群众的衷心拥护,这为坚持抗战,
夺取抗战胜利奠定了坚实基础。

## 二、江苏抗日根据地的财政机构和人员

在华中地区,自南京保卫战国民政府失利之后,"江南地区的
行政机关,在首都西迁之际,极形混乱,各地政权未能坚持原地,自
行分解"④,他们或者跟随军队西撤,大部分则是无形解散,政府人
员则多埋名隐姓,隐居他乡;"即来战地推行行政工作者,亦多数未

---

① 江苏省财政厅、江苏省档案馆编:《华中抗日根据地财政经济史料选编(江苏部分)》第
　1卷,第303页。
② 安徽省财政厅、安徽省档案馆编:《安徽革命根据地财经史料选》(二),第47—49,
　58—59页。
③ 安徽省财政厅、安徽省档案馆编:《安徽革命根据地财经史料选》(二),第58,59页。
④ 陈毅:《江南游击区域工作经验片谈》1939年4月,《八路军军政杂志》1939年第1卷
　第7期。

能忠于职守,其坚决领导民众总动员起来,坚持抗战者,为数更少"[1]。当新四军先遣队到达苏南时,可以说,"江南没有一个地方政府",而维持会之类的伪政权在日军卵翼下到处横行。先遣队到达江南后的主要工作之一就是摧毁伪政权,"尽力帮助恢复地方政权,尊重政府职权。绝没有以地方政府为办差的机关的不正确观念"[2]。

新四军开赴江南抗战初期,所到之处并没有建立抗日民主政权,遂造成财政经济的诸多困难。"政权不在我手,建立游击根据地十分困难,经费、给养问题不易解决,就地筹粮成为顽固分子攻击我之口实。"[3]随着抗战形势的发展,中共中央决定成立中原局来领导华中地区的抗日活动。1938年11月,中原局成立,刘少奇任书记。新成立的中原局对华中地区政权建设问题尤为重视,中原局书记刘少奇强调:"不建立抗日政权,单靠军事行动是很难立足的。"[4]但是,由于华中敌后抗战形势复杂而严峻,抗日民主政权建设无法及时向前推进。

到1940年初,根据华中敌伪顽行动的基本特点,尤其是华中新四军快速发展的有利形势,中共中央强调:"要建立这样大的武装力量,没有政权是不行的。因此,必须以坚决与逐步的计划,极力争取山东、豫北、豫东、皖北、苏北的大部分政权归入我们与进步人士的手中。"[5]1940年1月,刘少奇在中原局会议上明确了根据

① 中共江苏省委党史工作委员会、江苏省档案馆编:《苏南抗日根据地》,第131页。
② 中共江苏省委党史工作委员会、江苏省档案馆编:《苏南抗日根据地》,第64页。
③ 中国人民解放军陆军第21集团军编:《新四军第四师大事记》1938年1月至1945年11月,1989年,内部资料,第55,56页。
④ 中国人民解放军历史资料丛书编审委员会编:《新四军·文献》(1),第552页。
⑤ 中国人民解放军历史资料丛书编审委员会编:《新四军·文献》(1),第143页。

地建立的方针和任务,尤其强调"建立抗日根据地、建立抗日民主政权、发展革命武装的极端重要性和迫切性"①。根据中共中央及中原局的指示,新四军在华中各地掀起了建立抗日民主政权的高潮。在江苏抗日根据地内,各级抗日民主政权相继建立,其财政机构也开始设置;伴随战争形势的发展变化,财政机构和人员也经历了很大变动。

皖南事变前,为开展对敌经济斗争和保障战争供给,在党和中共中央中原局、新四军军部领导下,江苏抗日根据地的财经机构从无到有,逐步开始建立。1940年2月后,"军部及一、三、四支队共同成立经济委员会,进行收税"。1940年春。在津浦路东、豫皖苏边区等地在接收国民党政权机构基础上,对其财政机构也开始接管,建立了党领导下的财经机构。

新四军军部在盐城重建后,为统筹华中地区财经工作,军部下设财政经济部,部长朱毅、副部长李人俊,后又增加一个副部长骆耕漠。财经部下设:计政科,总务科,粮食科,秘书室。最初,财经部的主要任务是征收货物税和征募公粮,以征收货物税为主。征粮主要采取募售的方式。

1941年7月,军部财经处撤销,在各区行政公署设财经处或财政处。1942年,为加强对各根据地财经工作的领导,中共华中局成立财政经济委员会,由华中局委员曾山任主任委员,"吸收各边区负责财经工作的同志为委员,共同负责华中抗日根据地的财经工作"。2月,华中局对各边区财政机构设置及相互关系作出决定:"一、各区在军政党委委员会下组织财政经济委员会负责掌握政策及决定分配各项经费暨其他重要事件之责任,并指导该区财经处

---

① 中央文献研究室编:《刘少奇年谱》上卷,第271页。

工作;二、各区行政公署设财经处负责领导全区财经工作之责。"①

(一) 苏南抗日根据地的财政机构和人员

1938 年 6 月,陈毅率新四军第一、第二支队到达苏南与粟裕所部会合后,开始创建以茅山为中心的苏南抗日根据地。为发展和巩固茅山根据地,陈毅从新四军第一支队中抽调得力干部,发动当地人民群众,进行减租减息,募捐抗战经费及征税工作,在部队设立税收处,有的游击队设立税收小组。7 月 7 日,新四军第一支队司令员陈毅在宝堰召开镇江、句容、金坛、丹阳四县各界人士代表会议,成立四县抗敌总会。此后,镇丹武扬、澄武锡等具有半政权性质的抗敌总会相继成立,在县总会下设财政科和税卡收税。

为加强苏南地区财政工作,1940 年 1 月,苏南财经委员会成立,彭炎、樊绪经分任正副主任。不久,在党内成立经委会,陈洪为书记,樊绪经、苏民等任委员,开始在所属各区县,"沿河设卡,征收货物过境税,集镇征收营业税和敌伪据点的蚕茧税等"②。

皖南事变后,金(坛)溧(阳)宜(兴)武丹等五县联合政府和锡宜武办事处成立,政府工作中,财政工作成为政权的重要内容,因此五县联合政府中设立财政科。为进一步加强根据地政权建设,4月,江南行政委员会成立,设置财经处。同时,整个江南地区设立 6个行政督察专员公署,在各专署内设立财经局。1941 年夏季,日汪在东路苏常太地区发动"清乡",路东地区财经人员坚持几个月斗争后,陆续转移到茅山地区。与此同时,江南财经处处长李建模到达苏南,调整了茅山和溧武路南五、六分区财经局,充实江南财经处人员,

---

① 江苏省财政厅、江苏省档案馆编:《华中抗日根据地财政经济史料选编(江苏部分)》第 1 卷,第 49,50 页。

② 上海新四军历史研究会苏南研究组编:《江南抗日斗争一页》,上海新四军研究会苏南组,1985 年,第 166 页。

先后建立会计、赋税、粮食、金融、贸易等科室,并举办财政干部培训班,培养基层财政人员,对苏南地区财经工作加强了领导。

进入 1942 年后,日伪在苏南地区连续发动几次大规模"清乡""扫荡"后,鉴于环境日益恶化,江南财经处负责征收田赋公粮、整顿建立税收所等工作。1943 年 3 月,面对日汪对茅山根据地的大"扫荡",为领导苏南人民坚持反"扫荡"、反"清乡"斗争,苏南区行署成立,行政公署成立后,恢复财经处设置。根据 5 月 1 日公布的《苏南行政公署暂行组织法》,其中关于财政处职权为:"一、财政预决算之编制及审核;二、赋税征收;三、公粮之计划、收集、保管、运输、支付;四、经费签发、现金保管及全区收支会计事项;五、公债募集及还本付息;六、公学款产当时之管理经营;七、地方财政之监督指导;八、调剂金融,管理贸易及查禁敌伪币事项;九、水利、合作、生产建设及民食管理调剂;十、其他有关财经事项。"财政处设处长 1 人,会计科科长 1 人,会计 2 人,票证审计 2 人,票照室主任 1 人,事务员 3—5 人,审计室总干事 1 人,干事 4 人,金库主任 1 人,出纳会计 3 人,督导员 3 人,贸易局长 1 人,物资管理课长 1 人,会计课长 1 人,会计 1 人,交通科长 1 人,共 27—29 人。约占机关总编制的一半。[①]

苏南行政公署所辖各县一般都设置财政(经)局,主要负责"编造全县行政经费预决算及有关财经收支事项","办理全县土地田亩调查登记及契据征验","调节全县粮食、严禁偷运资敌","控制物资、管理出口贸易"及"发放农业贷款"等。[②]

---

① 江苏省财政志编辑办公室编:《江苏财政史料丛书:江苏抗日根据地和解放区财政史料》第 2 辑第 3 分册,北京:方志出版社,1998 年,第 272 页。

② 江苏省财政志编辑办公室编:《江苏财政史料丛书:江苏抗日根据地和解放区财政史料》第 2 辑第 3 分册,第 275 页。

　　然而,在 1943 年夏,日伪对苏南地区连续"清乡"使得根据地地面临严峻形势。根据中共中央、华中局及新四军军部等指示,苏南行政公署实施精兵简政。6 月 1 日,江南财经处改为苏南财经处与新四军第十六旅供给部合署办公。1943 年冬,溧阳溧水横山地区成立苏南第三行政专员公署,下设财政局,局长沈兰之。

　　1944 年底,为准备抗战的全面反攻和发展苏浙,苏南地区新四军第一师师长粟裕率主力南下,与苏南原有部队组成会师,苏南军区改为苏浙军区。为此,地方政权也进行调整。财政机构也改为苏南财经处第 1 分处和第 2 分处。财经工作主要内容除征收公粮和田赋外,开始加强货管工作。苏南行政公署下设货管局,第 1 分处和第 2 分处也分别设立货管分局直接受财经处货管局领导。

　　1945 年 9 月,抗战胜利后,根据中国共产党与国民党谈判达成的"双十协定",苏南是退让地区之一。为此,财经机构和工作人员也开始按照计划北撤。

　　(二) 苏北和苏中抗日根据地的财政机构和人员

　　1940 年 8 月 28 日,黄克诚率八路军第五纵队一部与坚持敌后游击战争的淮河大队在淮阴新渡口会师。至 9 月,在中原局领导下,共同开辟了淮海抗日民主根据地。10 月 10 日,南下支援新四军的八路军第五纵队占领阜宁、盐城后,继续南进,与陈毅率领的新四军一部在白驹狮子口胜利会师。随着淮海、盐阜区抗日民主政权的建立,苏北抗日根据地开始形成。11 月,苏北临时行政委员会设立财经处,负责统筹新建立的新四军苏北指挥部所属三个纵队的给养。

　　在盐阜区行政公署在成立前,各县财政上基本是各自为政,没有统一的严格制度。1941 年 9 月,行政公署成立,即设财经处;淮海区行政公署成立较晚,1942 年 3 月成立后,也设置财经处,负责本区域财经工作政策、税收制度的制定等工作。

在 1942 年冬至 1943 年春,苏北抗日根据地面临日伪疯狂"扫荡""清乡",形势十分困难,遵照中共中央指示进行精兵简政。根据苏北军区司令部命令建立县政府和县总队部联合组织,并颁布各县联合组织编制表,其中规定县联合组织设财政经济科,设科长兼税务、粮食局长 1 人,副局长或副科长 1 人,会计 3 人,出纳 1 人,管票 1 人。1943 年,为了实行财经机构上的一元化,把"一切粮货机关都并为一个财经局,税务系统这个独立组织就根本取消"①。在 1943 年底到 1944 年初,随着反"清乡"、反"扫荡"斗争不断胜利,各县恢复建立财经局,实行财、粮、税一元化体制。②

1945 年 7 月,盐阜、淮海两个行政公署撤销,改为两个专员公署,成立新的苏北临时行政委员会,其中第二厅负责管理苏北抗日根据地的财经工作。

新四军在苏中地区建立根据地之初,成立了苏北区行政委员会,设置财经处,负责苏北和苏中财经事务。1942 年 5 月,随着苏中抗日根据地的发展与巩固,苏中行政公署成立,设置财政处。根据 1944 年 7 月苏中各级政权机关编制表的规定,"苏中行政公署财政处有编制人员为 37—42 人,占苏中行署干部编制 74 人至 87 人的一半"。其职权为 14 项:"一、举办生产建设,繁荣农村经济;二、研究改良农作物家畜、家禽以增进农业生产;三、兴办水利、兴修堤坝、疏导河沟、提防水灾;四、编制全苏中行政经费预决算;五、兴办农村手工业、小规模手工业;六、办理收支、会计、保管粮赋及其他

---

① 中共盐城市委党史工作办公室编:《万卷归海·财经战线卷》,南京:江苏人民出版社,2015 年,第 59 页。

② 江苏省财政志编辑办公室编:《江苏财政史料丛书·江苏抗日根据地和解放区财政史料》第 2 辑第 3 分册,第 276 页。

捐税征收事宜;七、办理土地田亩调查登记及契据征验事宜;八、保管公产学产逆产及分配应用;九、调整企业,查禁伪币;十、调节粮食,严禁偷运资敌;十一、控制物资,管理进出口贸易;十二、筹设公营事业,组织与领导合作事业;十三、发放农贷,提高农业生产量;十四、关于其他财政事宜。"①

苏北和苏中抗日根据地各级政府,把财政工作放在重要地位,重视加强财政机构的设置和人员的培养,努力做好财政工作,为改善根据地人民生活,增加财政收入,与日伪积极开展经济战,打破日伪经济封锁做出了重要贡献。

(三)津浦路东抗日根据地的财政机构和人员

1939 年 5 月,新四军第四支队一部东进皖东,越过津浦路进行抗战。是年冬,中共中央中原局书记刘少奇率机关进入皖东,由于路东没有国民党军队,于是抗日民主政权开始建立,"并尽量发挥政权的力量,动员人力、物力、财力供给新四军"②。1939 年年底开始,国民党顽固派发动第一次反共高潮,断绝了供给新四军各部的给养。为坚持抗战,1940 年 4 月 18 日,津浦路东各县联防委员会办事处成立,津浦路东抗日民主政权正式建立。7 月,津浦路东各县联防办事处开始建立财政机关,成立财经委员会,李人俊为负责人。为加强县级以下党委对财经工作的领导,7 月 24 日,淮南区党委决定"在各县委增设一个财经委员会,成为县委掌握财经政策检查督促各财经部门工作之机构,以货检处长贸易分局主任财粮科长金库主任等党员干部,及县委组织部干事共五人组成";同时,在

---

① 江苏省财政志编辑办公室编:《江苏财政史料丛书:江苏抗日根据地和解放区财政史料》第 2 辑第 3 分册,第 272,273 页。
②《淮南抗日根据地》编审委员会编:《淮南抗日根据地》,第 98 页。

"县委组织部专设组织干事一人,专门担任财经工作部门内党的工作"。①

1942年1月,淮南苏皖边区行政公署成立,设财政处。1943年2月,新的苏皖边区行政公署成立,设立财经处,下面设津浦路东和路西两个专员公署。但是,在1942年至1943年间,由于日本帝国主义频繁对淮南抗日根据地"扫荡",加上1943年春季淮南抗日根据地遭遇严重干旱,使得根据地财政困难。根据中共中央及华中局指示,淮南抗日根据地也实行"精兵简政",财政机构和人员进行较大规模精简,节约财政支出,减轻根据地人民负担。抗战进入1944年后,新四军第二师逐步展开反攻作战,尤其是逐渐控制力镇江到南京之间长江北岸的江防,使得淮南津浦路东抗日根据地得到发展与巩固,经济发展速度增快,财力不断得到增长,根据地财政机构和人员也有所增加。

淮南津浦路东抗日根据地财政机构人员来源主要有四个方面:一是"红军时代做过供给工作的干部,如吴先元、胡弼亮";二是安徽省财政厅长章乃器培养的干部,如李人俊、范醒之、陈穆、吕有佩等;三是抗战初期参加新四军的爱国青年;四是淮南抗日根据地政府自己培养的财经干部和工作人员。②

(四)淮北(苏皖边区)抗日根据地的财政机构和人员

1940年3月,新四军与地方武装力量在淮北苏皖边区开始建立根据地,并逐步建立起抗日民主政权,开展游击战争打击日伪。但是,以李品仙为代表的国民党顽固派执行反共方针,破坏国共合

---

① 江苏省财政厅、江苏省档案馆编:《华中抗日根据地财政经济史料选编(江苏部分)》第2卷,北京:档案出版社,1986年,第93页。

② 龚意农主编:《淮南抗日根据地财经史》,合肥:安徽人民出版社,1991年,第103页。

作的抗日大局,派马馨亭进入皖东北,企图取代与新四军第六支队合作关系比较好的盛子瑾担任第六区行政督察专员。虽然马馨亭被新四军第六支队驱除,但是盛子瑾也南逃。于是,新四军第六支队决定建立自己的抗日民主政权。苏皖边区抗日民主政权建立后,"以县一级为中心,分别整建财政科与税务局"①,"但财政经济组织的建设还比较弱,除淮宝地区外,都是继续在安徽第六区的固有组织基础上建立与发展起来的";而且,各级财政组织也不健全,"多数的县只有财政科长"。②

皖南事变后,随着新四军第四师在苏皖边区(淮北抗日根据地)大力加强抗日民主政权建设,财政组织得到了较大发展,初步建立了财政机关,"而且依照工作性质分工建立了各个独立系统和专门的领导机关"。到 1941 年 8 月,据统计,淮北抗日根据地财经机关共有财经机关 114 个,其中直属区 12 个,县局 11 个,分处局35 个,分所 38 个,小组 18 个,合计 114 个。③9 月,淮北苏皖边区行政公署成立,设财政处。

为加强地方财政建设,根据地政府决定自上而下地建立各级财政机构,与充实财政人员,整理地方财政,以巩固与发展抗日根据地。从 1942 年起,苏皖边区政府在各方面逐步健全了财政机构,各地委一般都设有财政局,县委则设立财务局,包括税检科、财政科、粮食科、会计科;各区设立财务分局,负责本地财政工作。

淮北苏皖边区政府为了让根据地人民都来重视财经人员,使

---

① 豫皖苏鲁边区党史办公室、安徽省档案馆编:《淮北抗日根据地史料选辑》第 2 辑第 1 册,第 5 页。

② 安徽省财政厅、安徽省档案馆编:《安徽革命根据地财经史料选》(二),合肥:安徽人民出版社,1983 年,第 43 页。

③ 安徽省财政厅、安徽省档案馆编:《安徽革命根据地财经史料选》(二),第 44 页。

财经工作人员安心工作,提出了财经人员"政治化""群众化""专门化"的口号,即"(1)财经人员政治化,要将工作意义提高到政治高度,视为终身事业继续奋斗。加强政治学习,提高政治质量。(2)财经人员群众化,要克服脱离群众的现象,不只向群众要东西,而是要了解并帮助群众。一切政策、法令、决定,都要从群众要求出发,而不应是主观主义的以感想代之。(3)财经人员专门化,要积累经验、发挥专长,将经验系统化,专门化,造就大批财经人员"①。

### 三、江苏抗日根据地的财政管理与监督机制

在江苏抗日根据地开辟之初,国民政府所给费用难以维持新四军各部正常开支,经费给养一般都是由军事机关自筹自支,自己管理。随着江苏各地抗日民主政权的建立,根据地内军政人员和建设的费用,改由根据地政府负责筹集供给。1942年2月,华中局公布《华中抗日根据地财政经济政策草案》。其中关于"财政收支系统的划分",要求"各财政单位均以统收统支为原则""各财政单位均以自给自足为原则"。同时,要求建立包括预决算制度、会计制度、审计制度、金库制度等在内的财政制度。② 据此,为加强本地区财经建设,做到财政收支有序,以保证财政经济工作正常运作,不断巩固和扩大根据地军民以坚持抗战,江苏抗日根据地内各级政府结合本地情况,先后建立起有效的财政管理制度与监督机制建设。

---

① 刘瑞龙:《刘瑞龙淮北文集》下,北京:中共党史出版社,2005年,第593页。
② 江苏省财政厅、江苏省档案馆编:《华中抗日根据地财政经济史料选编(江苏部分)》第
　　1卷,第42,48,49页。

（一）江苏抗日根据地的财政管理制度

江苏抗日根据地的财政管理制度是随着财政经济工作积极开展逐步建立并完善起来的。根据地建立初期，建立了比较简单的收支制度。随着抗日民主政权的巩固，根据地财政机构日趋健全并不断得到发展，财政管理制度随着完善。尤其是 1942 年 2 月，《华中抗日根据地财政经济政策草案》的制定与施行，江苏抗日根据地的预决算制度、审计制度、会计制度及金库制度等财政管理制度相继建立并得到重要发展，大大增强了根据地财经建设，使抗日民主政权不断得到巩固，为抗战胜利奠定了坚实的物质基础。

1. 预决算制度

1940 年 5 月，苏皖边区反"扫荡"后，在建立政权的过程中开始确立财政政策，并初步建立了财政机关和财政制度。5 月 1 日，豫皖苏边区联防委员会公布《1940 年五六月份工作计划大纲》，关于财政制度规定中，明确指出"确立预决算制度"；并要求在"最短期内（半个月）应颁布各机关预决算规程，两个月内要做到各机关经费收支，均须按照预决算规程办理"①。

1941 年 9 月 13 日，淮北苏皖边区行政公署成立。行政公署成立后，对财政工作进行认真整顿并有效展开，初步健全了各种财政制度。例如，实行"统筹统支，建立了正规的收支制度"，主要是正式划分了省款和县款，"将货检税、盐税、特税全部及田赋、契税各百分之五十，划归省款……另将牙税、屠宰税、烟酒税全部及田赋契税各百分之五十，作为县款，不能互相挪用"。② 省款和县款的划

---

① 豫皖苏鲁边区党史办公室、安徽省档案馆编：《淮北抗日根据地史料选辑》第 2 辑第 1册，1985 年，第 5 页。

② 江苏省财政厅、江苏省档案馆编：《华中抗日根据地财政经济史料选编（江苏部分）》第 1 卷，第 304 页。

分,不仅保证主力部队的给养,而且促进了给县区乡政府对财政的重视,对增加地方税收也起到了积极作用。11 月,为更好实行统筹统支制度,苏皖边区政府决定召开第一次财经会议,明确提出要建立"统一的预决算制度",并且确定了预决算的编造方法和各种经费的预算标准。

1940 年春夏之际,津浦路东抗日根据地初步建立起抗日民主政权。为保证部队和政府机关的经费,同时也要保证根据地内国民经济的发展,开始把财政收入划分为"省款"和"县款"两类。"省款"主要是货检税,"县款"主要是地方税款。"省款收入用作抗战部队及联防办事处各机关的开支;县款收入用作县区乡政府及地方部队的开支"①,初步确立了统收统支制度。同时,路东联防办事处也制定了预决算制度。

在盐阜区行政公署成立前,苏北抗日根据地盐阜区财政收支没有建立严格的预决算制度,各县的财经工作由各县负责,其工作的主要内容是征税征赋,且没有建立严格的预决算之地。1941 年9 月,盐阜区行政公署成立后,在财经方面加大改造力度,迅速建立各种制度,财政工作积极开展。首先就是在"统支统收的原则下确立金库制度与预决算制度"。

为加强华中抗日根据地财政工作建设,1942 年 2 月,华中局颁布的《华中抗日根据地财政经济政策草案》。依据上述《草案》,3月,淮北苏皖边区颁布《宿东办事处整顿财政经济制度决议案》,其中对"预决算制度"作了详细规定:

甲、预算制度。

一、各区乡每月上月二十五日前制定本月预算,呈报各上

---

① 安徽省财政厅、安徽省档案馆编:《安徽革命根据地财经史料选》(一),第 188 页。

属机关核准。

二、区署开支来源是靠各区收入为基本，次则由办事处补助之。

三、乡公所开支主要靠保甲经费，必要时区署可补助之。

四、各区乡预算根据各该区乡所处地位、环境及工作的要求，由各区乡自己规定制造。

五、各部队、宿东及盱北两大队预算按部队实有人数及实际消费状况制定每月预算，呈报支队部核准后转办事处，由办事处拨付之。

乙、决算制度

一、各区乡收支实数在每月的下月五日前呈报该上属机关核销。

二、各部队按收支实数制造决算，呈送办事处核销（日期同地方政府）。

三、各机关部队在预算外开支三百元以上数目须经区署批准方能开支。

四、预算及决算仅限经常费购置子弹，及其他预算以外之临时开支不管多少，均须经各该上属机关批准方许开支。①

苏北盐阜区行政公署于10月也颁行《盐阜区各机关部队收支预决算暂行办法》，详细规定盐阜区各机关部队经费应按照规定编造预算。

1942年春，为保证抗战经费充足，苏中泰州地区各级财政机关要求各级财政机关开始编制预决算，以保证抗战经费之供给。当

---

① 豫皖苏鲁边区党史办公室、安徽省档案馆编：《淮北抗日根据地史料选辑》第5辑，1985年版，第22，23页。

时，预算编制的主要依据包括："一是上级规定的全年（有时半年）
上缴财政任务（包括粮食）；二是县、区行政干部编制人数和地方武
装编制人数依据供给标准计算；三是依据战争发展形势，预计根据
地扩大，部队发展，所增加的人员费用。要求收入要打足，支出要
打实，量入为出，不打赤字。收入任务完不成，就要缩减县级预算
支出。"①此后，随着苏南抗日根据地的日趋巩固，行政公署和下辖
的各区县乡政府都开始实行统收统支和自给自足的财政体制，建
立起比较严格的预决算制度。

　　10 月，苏中行政公署颁布《预算编造方法》，规定以"各战略区
为财政单位"，正式实施预决算制度。一是规定了省款和县款分别
编制预算，并规定来源。"编造县级预算，省（即战略区）县款分开，
进出口货物税、盐税、货物产销税、营业税全部属省款，契税、牙税、
屠宰税、营业牌照税、罚没收入各划 50％为县款，收入解缴金库后，
金库分别记账，省、县款互相不能挪用。"②二是规定了会计科目和
编报时间。三是规定支出预算包括经常费、临时费及追加费三种。

　　1943 年夏，日伪对苏中展开残酷"清乡"活动，对苏中根据地经
济进行极度破坏；同时，根据地内也出现了"严重的贪污浪费"，致
使财政调度处于失调状态。为克服根据地的财政危机，7 月 7 日，
苏中四专署发出《关于加强财经工作克服财政危机的决定》，要求
各级政府应严格执行以下制度：一是"预决算制度依照本分区支出
预决算编造与送审程序，自 7 月份严格执行"；二是"收支解缴制度
依照本分区收支暂行程序之规定，各级政府所有征收款项，应克服

---

① 江苏省财政志编辑办公室编：《江苏财政史料丛书：江苏抗日根据地和解放区财政史
料》第 2 辑第 3 分册，第 250，251 页。
② 江苏省财政志编辑办公室编：《江苏财政史料丛书：江苏抗日根据地和解放区财政史
料》第 2 辑第 3 分册，第 239 页。

一切困难遵期向上级解缴所有支出款项"。①

由于苏南地区地处日伪统治中心区域,对敌斗争异常尖锐,直到抗战胜利结束,仍未能建立比较完整统一的预决算制度,尽在个别专区或几个县编制过预决算。1943年3月18日,中共苏皖区委通过的《苏南施政纲领》中有规定"健全财政机构,严格实行统筹统支、独立预决算及会计制度","以利经济之发展与财政之充裕"②。此后,苏南根据地各县区的党政军经费开始编造预决算书,"经首长审核后上报执行"③。

为适应日伪"清乡"残酷环境,纠正根据地建设中不合理的经济制度,加强苏南根据地财经建设,1944年3月15日,苏南区行政公署秘密发布《苏南行政第二分区专员公署训令》。其中对于"新经济制度"作了补充,特别规定了款项的支付制度。要求:"1. 各区公所绝对没有支付权,所有收入(不论粮、赋款,公产款、慰劳款、罚款等)必须完全缴解县政府财经科,该区所需经费应造预算向县政府领取。2. 各县政府应将各项收入(粮赋款,税款、公产款、罚款等)必须完全缴解专署财经局,该县所需经费应造预算送呈专署转行政公署批准后领取支票(公产款应按照公产条例处理,不得随便动用)。3. 各县政府各税务处各财经局如无行政公署财经处之支票,或旅长政委之支款命令无论任何部门任何人员,绝对不准付款,否则以破坏制度论。4. 各部队各级政府,在紧急情况下,非就地借款实无法维持生活者,亦应由连队首长及区长以上干部证

① 江苏省财政厅、江苏省档案馆编:《华中抗日根据地财政经济史料选编(江苏部分)》第2卷,第212,213页。
② 中共江苏省委党史工作委员会、江苏省档案馆编:《苏南抗日根据地》,第246页。
③ 江苏省财政志编辑办公室编:《江苏财政史料丛书:江苏抗日根据地和解放区财政史料》第2辑第3分册,第250页。

明,立具借条,方准暂借几天伙食及零用钱。"①

2. 会计制度

会计工作是抗日根据地财经工作的一项重要内容。江苏抗日根据地各级抗日民主政权建立后一般都设有会计机构,配备会计人员,而且随着根据地财政经济的发展,会计工作也不断得到加强。苏中抗日根据地会计制度建立较早且比较完备。早在 1940年 10 月,苏中泰县县政府在财政科内开始设有会计、出纳、辅助会计 3 人,负责全县财政收支账目的记载、结算,钱粮物的收付与保管,以及负责县政府工作人员的办公费用和实物的分发。1940 年底,东台县政府财政科建立,开始推行财务管理。1941 年初,在财政科开始设会计室,包括会计室主任、出纳共 2 人,负责东台县会计工作。

1942 年 2 月,华中局财经委员会公布了《华中抗日根据地财政经济政策草案》。其中对"会计制度"作出详细规定:" 1. 各区应建立统一的简明的科学的会计制度。2. 一切收支都要作有系统的登记,必须是来去分明毫厘不差. 反对含混一团的马虎现象。3. 征收机关除了有一定的账簿外,还应实行经常的一定的报表制度。4. 各区的总会计必须做到能适时的反映其财政状况与随时可以查对与公开。"②

遵照华中局有关"会计制度"的政策,3 月,淮北苏皖边区政府颁布《宿东办事处整顿财政经济制度决议案》中关于"会计制度"规定:"1. 各机关部队要用办事处规定的统一账簿及收款证据。2. 各

---

① 江苏省财政厅、江苏省档案馆编:《华中抗日根据地财政经济史料选编(江苏部分)》第
　　3 卷,北京:档案出版社,1986 年,第 380,381 页。

② 江苏省财政厅、江苏省档案馆编:《华中抗日根据地财政经济史料选编(江苏部分)》第
　　1 卷,第 48 页。

种开支尽量取得商单,否则必有经手人签名盖章的收据。3. 办事处用款拨款可随时到区提取,但必须有办事处主任或财政科介绍信和支付凭证,否则概不准发付。4. 各区收入除开支及办事处提拨外,所余款项须存办事处。5. 各区收入各种款项统交财政负责人登帐保管,其下属机关或个人经手用款,向财政负责人领取,开支后实报实销。6. 部队除办事处按预算拨付外,其他分散活动的小部队及个人,不得随意向各区乡及税收机关借支款项。"①

### 3. 金库制度

新四军与江苏抗日根据地建立民主政权之际,金库制度也随之建立。抗日根据地的金库主要作用是负责保管公款和出纳工作。在苏中地区,早在 1940 年 10 月,泰县民主政府即在财政科内建立泰县金库,设主任、会计各一名。1941 年,金库改设于江淮银行办事处,实行库、行合一。金库主要收纳税务系统上报的税款,"粮赋系统按级上解的粮赋代金、粮食变价款和财政系统汇总的其他收入。机关、部队收入的款项,缴入指定的金库"。金库制度由此建立,并逐步完善,为根据地财经事业的发展壮大提供有力的保障。

1942 年 2 月,华中局财经委员会颁发的《华中抗日根据地财政经济政策草案》中对"金库制度"做出明确规定:" 1. 各区应成立总金库,各县成立分金库。2. 各区的一切收入归金库,一切支出通过金库。3. 金库负保管现金的责任,不举〔拿〕支付命令,其自身无权付出款项。4. 金库负责监督各机关缴款事宜,如其查出其机关或部队有款项收入而未缴解的,可直接前往提取,并可随时检查其现金

---

① 豫皖苏鲁边区党史办公室、安徽省档案馆编:《淮北抗日根据地史料选辑》第 5 辑,1985 年版,第 23 页。

额及现金。5. 各机关各部队非经批准或委托,除其本身经费外,不得保留现金。6. 坚决反对收入或缴获不报告埋伏现金的不良倾向。"①

根据华中局关于建立"金库制度"的指示,淮北苏皖边区政府决定建立"金库制度";并规定金库作为根据地政府现金出纳的保管机关,党政军的一切收入都必须上交。金库现金支出时,要严格按照财经处核定的预算,发给领款机关支付书,金库则根据支付书发给领款机关的经费,否则,则以违法论处。随着根据地发展和形势的变化,1942 年 11 月 16 日,淮北苏皖边区决定增设财经机构,建立金库,作为现金出纳保管机关。行署设立总金库,各县设立分库,总库及分库保管省款;分库兼办县库,县款缴县库。在审计方面,成立审计委员会,作为根据地预决算的审核机构。

在苏北盐阜区,1942 年 10 月公布的《盐阜区各机关部队收支及预算决算暂行办法》中也规定在行政公署内设置盐阜区总金库,"汇集保管各分金库之款项;各县分金库附设于各县县政府,保管各该县经征赋税收入"②。

在抗战后期,江苏抗日根据地的金库制度,随着财政体制的变化也有调整,但"一切收入归库,一起支出从库"的原则没有改变。但是,在苏南抗日根据地,由于日伪残酷"清乡"和不断"扫荡",被敌人分割包围,其财政收入来源主要是自筹自支,金库制度自然难以实行。

---

① 江苏省财政厅、江苏省档案馆编:《华中抗日根据地财政经济史料选编(江苏部分)》第 1 卷,第 49 页。

② 江苏省财政志编辑办公室编:《江苏财政史料丛书:江苏抗日根据地和解放区财政史料》第 2 辑第 3 分册,第 260 页。

（二）江苏抗日根据地的财政监督机制

江苏抗日根据地在开展财政工作的同时,也建立起了比较严格的财政监督机制。在抗日民主政权建立初期,即 1940 年 12 月 2 日,中共中央中原局在《关于财经工作指示》中强调指出:"各地党与军队及政府负责同志,必须亲自切实研究财政经济问题,检查财政经济工作……以保证在财政经济工作中完全正确地执行政策。""要加强对于财政经济供给人员的政治教育",在财政经济工作人员中"订出一个共同守则"等。① 皖南事变后,随着新四军与江苏抗日根据地内财政经济工作的不断巩固与发展,财政监督机制也不断加强,在各根据地开始建立起审计制度、制订财经人员共同守则、各区和县财政部门配备专职督察人员或巡视员等监督机制,为江苏抗日根据地财政经济工作的健康发展提供了重要保障。

1. 财政收支审计制度

江苏抗日根据地积极完善财政管理监督制度,为使预决算制度得到切实执行,认为必须建立审核机构,审核党政军经费,监督一切财政收支是否合法合理。1942 年 2 月,华中局财经委员会颁行的《华中抗日根据地财政经济政策草案》中对根据地的"审计制度"也作了明确要求。主要包括:"1. 区、分区、县均应由各地区最高军政党委员会决定,组织各地的审计委员会建立严整审核军政党各方面预决制度。2. 预算最后的批准权属于区审计委员会。3. 各审委会对其同级军政党机关以及以下机关不合实际的预算均有批驳之权,但被驳之部分仍可申诉再审。4. 未经审委会批准的预算,任何金库或财政机关不得付款。5. 审委会可随时派员至各军

① 中共盐城市委史工作办公室、盐城市新四军和华中抗日根据地研究会编:《刘少奇在盐城》,第 195 页。

政党机关查账及查点现金。6. 审委会如发现贪污浪费事实得通知其上级机关按照情节之轻重分别予以处分。7. 各机关管理经济人员调动工作时应由审委会派员会同其上级机关监督其交代。8. 审委会的工作人员必须调选对革命忠实的有能力的同志担任。"①

5月，淮北苏皖边区审计委员会成立，行政公署也设立审计处，开始建立审计制度。由于审计工作的开展，苏皖边区政府在"1942年上半年，共节省经费开支5万元之多"；同时，审计制度的建立，教育了根据地内广大干部，使他们"养成了廉洁的高尚品德"。②

在苏中抗日根据地，1942年制订了《苏中区各级审计委员会暂行组织及审计法规（草案）》，规定苏中"各大区（即战略区）设有审计委员会，由各级党委实行总的领导，具体工作由各级财经处（局）负责领导，并设有审计室"。"审计工作的主要任务是监督财政支出、审定预决算。"在苏中抗日根据地，一般实行三级审计，即"县为初审，分区为复审，大区为决审"，"审计部门的审核依据，经常费按供给标准审定，临时费按实际情况报预算审批"。③ 在苏中区泰县，1942年于财政科设审计员1人，负责本县的审计工作。由于县级财政预决算及会计报表都要审计，工作量大大增加，为此，在1943年，泰县财政科增加到2名审计员，其中1名负责收入审计，1名负责支出审计。

在淮北苏皖边区，1942年5月，边区行署建立审计制度。行政

① 江苏省财政厅、江苏省档案馆编：《华中抗日根据地财政经济史料选编（江苏部分）》第1卷，第49页。
② 朱超男、杨辉远、陆文培：《淮北抗日根据地财经史稿》，合肥：安徽人民出版社，1985年，第64页。
③ 江苏省财政志编辑办公室编：《江苏财政史料丛书：江苏抗日根据地和解放区财政史料》第2辑第3分册，第263页。

公署一度建立审计处,后在精兵简政时又改为财政处下辖的审计科。审计工作的开展,增强了财政经济人员节省经费的观念,在淮北苏皖边区 1942 年 1—6 月,"节省经费开支法币 5 万元,也大大减少了贪污浪费的现象"①。

2. 制订财经人员共同守则

加强对财政经济工作人员进行政治思想教育,制订财经人员共同守则,是江苏抗日根据地财政监督体制的一项重要内容。1940 年 12 月 2 日,中原局指出:要不断提高财经工作人员对本身工作的认识,把财经工作的重要性提到政治任务的高度,"要以严肃及负责的态度来对待这项工作"。因此,"要加强对于财政经济供给人员的政治教育",在财经部门人员中"订出一个共同守则"。②

1941 年 11 月,淮北苏皖边区财政处第一次财经会议决议案中原则通过了"订立财务人员守则以便遵照案"。由行政公署财政处订定守则十条。包括:"1. 遵守并严格执行各种财经制度,在经济上决不私自违反规定手续,私相通融。2. 不贪污,不腐化,工作认真,经济手续清楚,养成正确的财政经济观点,提高财政人员品格。3. 随时随地注意财政上之贪污及其他不良现象,立时予以纠正、说服,必要时应立即呈报上级,不得有帮同隐瞒行为。4. 不得有吸食毒品、鸦片、嫖赌等不良嗜好。5. 不得接受商人任何礼物。6. 不得将公物赠给私人。7. 除各级负责同志因工作或统战的必要外,任何人均不得接受商人招待。8. 不准私自经营商业。9. 不准私自挪用公款,或私自将公款借给别人。10. 各税收人员非奉上级命令不准

---

① 江苏省财政志编辑办公室编:《江苏财政史料丛书江苏抗日根据地和解放区财政史料》第 2 辑第 3 分册,第 264 页。

② 中共盐城市委史工作办公室、盐城市新四军和华中抗日根据地研究会编:《刘少奇在盐城》,第 195 页。

动支经收税款。"①上述十条原则被广泛传播,在1943年,苏中抗日
根据地泰县抗日民主政府颁行的《泰县财经人员守则》与淮北苏皖
边区相同。

3. 配备专职督察员或巡视员

在江苏抗日根据地,为加强财政监督,各行政公署或县区级政
府还配备专职巡视员或督查人员,深入基层财政税收机关巡回检
查。1940年12月,中共中央中原局在"关于财经工作的指示"中指
出:为了把财政经济工作人员锻炼成为"政治上发展、思想上正确、
技术上高明、工作上负责的人员",要求"在各地财政经济供给部门
应成立政治处,在下层机关中派遣政治指导员,并建立政治的学习
组织"。② 据此,江苏抗日根据地内各级财政机关先后配置了督导
员、督察员或称巡视员,加强对财政工作的检查。

1942年5月1日,苏中行署公布苏中各分区行政专员公署组
织法,其中规定财政处设置督导员3人。8月,东台县与泰东县的
财政科、粮赋局、税务局合并,合并后在财经局内设置督察员2人,
负责监督财政经济工作。

## 第二节 江苏抗日根据地的减租减息与大生产运动

减租减息是抗战时期中国共产党解决农民土地问题的一项基
本政策。卢沟桥事变爆发后不久,即8月25日,中国共产党在洛川
会议通过的《抗日救国十大纲领》中提出:为建立全国各党派各界

---

① 豫皖苏鲁边区党史办公室、安徽省档案馆编:《淮北抗日根据地史料选辑》第5辑,
    1985年版,第21页。

② 中共盐城市委史工作办公室、盐城市新四军和华中抗日根据地研究会编:《刘少奇在
    盐城》,第195页。

各军的抗日民族统一战线,为改良人民生活,要实施"减租减息"的政策。新四军开赴江苏坚持对日作战,建立抗日民主政权过程中,与江苏各地党组织都积极执行减租减息和征收公粮的政策,使其成为动员和组织根据地民众坚持抗战的重要环节。同时,根据中共中央指示,江苏抗日根据地还大力掀起大生产运动,保障抗战物资供给,使得根据地军民度过严重的困难时期。

## 一、江苏抗日根据地的减租减息运动

全国抗战时期,中国共产党在各抗日根据地实行抗日民族统一战线的土地政策,包括"减租减息"和"交租交息"两个方面。针对各地情况差异较大,中共中央对于各地执行"减租减息"的政策要求要灵活执行,特别强调"关于解决土地问题的具体办法不能统一施行整齐划一的制度"①。

1938年10月,陈毅率部到达苏南坚持抗战仅半年时间,鉴于当地农工业生产所受损失巨大,人民生计无法维持,决定首先在金坛县实施减租减息办法九条。其中规定"田租地租利稻概照原订租额,减低二成半交纳";"如收成特别荒歉者,得由主佃双方会同乡保长及农民抗敌协会,按照当地情形斟酌再减之"。同时,对灾区人民、十分贫困的人民都有减轻的规定。② 1939年,在镇江、句容、丹阳、金坛四县抗敌总会和新四军战地服务团帮助下,句容县农救会与其他群众组织紧密配合深入宣传减租减息政策,经过宣传教育,分别按"二五""二八"或"二七"比例开始减租减息。茅山

---

① 中共中央文献研究室、中央档案馆编:《建党以来重要文献选编1921—1949》第19册,第23页。

② 中共江苏省委党史工作委员、江苏省档案馆编:《苏南抗日根据地》,第37页。

抗日根据地建立后，茅山地委在详细调查农村经济情况后，以溧水县为试点制定减租减息的法令和政策。1940 年秋收时，江抗民抗在当地开始实行"还租收租"的方法，其主要原则为：一是"田租的租额要减低"；二是"农民还租，依照合理负担的原则，要按照累进率缴纳"；三是"地主所得田租，要按某一地区所收租金全体平均，计算每亩扯得租金若干，使地主所得能够平均"等。①

1940 年夏，津浦路东抗日根据地建立后，为粉碎日伪对根据地的经济掠夺，减轻民众负担，提高农民生产力，决定在租息方面施行厉行减租减息的政策。一开始颁布了"三七分租""退还押款""分半给息"等制度。

为指导华中抗日根据地减租减息，1940 年 12 月 20 日，中共中央给中原局下发党内指示："应实行部分的减租减息，以争取基本群众，但不要减得太多，不要因减息而使农民借不到债……避免华北方面曾经发生的过左的错误。"②12 月 25 日，中共中央针对减租减息政策又给中原局发出指示："尽一切可能改善工农劳苦群众的生活，但不能有过火的要求与过火的行动。要使华中抗日根据地成为民族统一战线的模范区。"③显然，中共中央努力使华中抗日根据地减租减息运动的平稳进行创造条件。

皖南事变后，新四军在盐城重建军部。为在华中建立巩固的抗日根据地，中共中央、中原局（后为华中局）不断就减租减息政策作出指导。1941 年 5 月，中共中央华中局发布了《关于组织根据地

---

① 江苏省财政厅、江苏省档案馆编：《华中抗日根据地财政经济史料选编（江苏部分）》第1卷，第 452 页。

② 转引自王建国：《华中抗日根据地减租减息运动探析》，《中共党史研究》2010 年第 6 期。

③ 江苏省财政厅、江苏省档案馆编：《华中抗日根据地财政经济史料选编（江苏部分）》第1卷，第 37 页。

人民大多数的决定》。其中要求"在夏收、秋收中要切实的普遍的进行减租减息";同时,为使减租减息得到各阶层普遍认可,还要求"一切减租减息、加工减时的法令,提交参议会作充分讨论"。①1942年1月28日,中共中央《关于抗日根据地土地政策的决定的附件》中强调"一切尚未实行减租的地区,其租额以减低原租额25%(二五减租)为原则……在游击区及敌占点附近,可比二五减租还少一点,只减二成、一成五,或一成"②。2月15日,华中局书记刘少奇在中共中央华中局第一次扩大会议上则再次强调要"切实普遍的实行减租减息,改善雇工的待遇,为真正改善人民生活,解除人民疾苦而奋斗"③。

为了巩固抗日民族统一战线,不断发展和壮大华中抗日根据地,5月17日,中共中央华中局发出《关于减租问题的指示》,要求各地加强对减租问题的宣传,"说明减租不但改善农民生活,而且可提高农民生产积极性,也是对地主资本家及全国人民都有好处的";同时规定"目前只宜一般实行二五减租的口号,以免对统一战线不利"。④1943年5月,中共中央华中局在夏季工作有关指示中再次就减租减息作出要求,即"在那些尚未进行减租减息(或进行不彻底)的地区应继续进行和贯彻减租减息运动,在那些新开辟地区应抓住减租减息的口号开展群众运动"⑤。遵照中共中央及中共

---

① 中共江苏省委党史工作办公室、江苏省档案馆编:《中共中央华中局》,中共党史出版社2003年版,第66页。

② 江苏省财政厅、江苏省档案馆编:《华中抗日根据地财政经济史料选编(江苏部分)》第1卷,第24页。

③ 中共江苏省委党史工作办公室、江苏省档案馆编:《中共中央华中局》,第106页。

④ 中共江苏省委党史工作办公室、江苏省档案馆编:《中共中央华中局》,第175,176页。

⑤ 江苏省财政厅、江苏省档案馆编:《华中抗日根据地财政经济史料选编(江苏部分)》第2卷,第14页。

华中局上述指示,包括江苏抗日根据地在内的整个华中根据地都
积极开展减租减息运动,以动员根据地民众结成巩固的抗日民族
统一战线,使根据地不断发展壮大。

1941 年 2 月,津浦路东办事处颁布的施政纲领中规定:为改善
租佃关系,保障佃权,决定"实行三七分租,取消一切附租及义务劳
动等;禁止高利贷,普遍成立农民贷金所"①。在减租减息斗争经验
的基础上,1942 年 4 月,淮南津浦路东抗日根据地召开的第二届参
议会决定"银租改粮租,愿改三七分租者听之,愿包粮租的仍执行
二五减租";"原主二佃一公粮改主三佃七,即从总收获量中除公粮
再分租"。② 此后,淮南津浦路东抗日根据度减租减息政策基本固
定下来,差不多全部实行三七分租。

淮北苏皖边区抗日民主政权建立后,根据当地实际实行了灵
活的减租减息方式。其中减租方面:包括"对半减二五,四六减二
成,三七减一五,一斗减一升,二斗减三升,四斗减一斗,租金减租
合粮算,满收满缴,半收半缴,不收不缴,佃户必须交租";减息方面
为"借钱还钱,借粮还粮,低价还原,筹借加一五,价高加一半,年利
一分半,月利一分五"。③ 皖南事变后,淮北苏皖边区党委政府坚决
贯彻执行中共中央有关减租减息的政策,并结合本地区土地占有
实际情况制定了符合本地的减租减息政策。1941 年 12 月 25 日,
《淮北苏皖边区修正改善人民生活办法》是根据中共中央和华中局
关于减租减息精神制定的。关于减租,规定"对半改三五、六五分,
四六分改三七分,三七改二五、七五分,原租过轻者,不得再减,并

① 中共江苏省委党史工作委员会、江苏省档案馆编:《淮南抗日根据地》,第 113 页。
② 安徽省财政厅、安徽省档案馆编:《安徽革命根据地财经史料选》(一),第 204 页。
③ 豫皖苏鲁边区党史办公室、安徽省档案馆编:《淮北抗日根据地史料选辑》第 1 辑第 1
　分册,1985 年,第 152 页。

规定满收满缴,半收半缴"①。1942 年开始,淮北苏皖边区减租减息运动全面展开,为指导各地认真落实中共中央关于减租减息的政策,淮北苏皖边区相继制定相关政策和颁布一系列法令进行指导。如 1942 年 6 月 20 日制定的《淮北苏皖边区减租条例》,同时颁布的《边区当地押地赎地办法》《淮北苏皖边区救灾借贷办法》等。

　　在苏北盐阜地区,各级党政机关遵照中共中央及中共华中局等规定的减租减息政策,结合本地实际,大力开展了减租减息斗争。概括起来说,盐阜地区的减租减息运动的实施大体分为三个阶段:1940 年冬至 1941 年为第一阶段,即准备开始阶段。在此时期,即盐阜地区根据地建立初期,多数群众持观望态度,并没有被发动起来,减租减息主要在做宣传方面的工作。第二阶段是从 1941 年冬至 1943 年底,这一阶段为减租减息的高潮阶段。黄桥、曹甸战役以后,由于韩德勤顽固派的主力被消灭;日寇在 1943 年春大"扫荡"也宣告失败,这就使得盐阜抗日根据地不仅坚持下来了,而且得以更加巩固。在此形势下,贫雇农坚信共产党、新四军、民主政府一定能取得最后的胜利。于是,减租减息运动出现了高潮。第三阶段从 1944 年和 1945 年,即深入复查阶段。这时,以韩德勤为代表的国民党顽固派的军事力量已彻底垮台。从太平洋战争爆发以后,日寇在中国地区的兵力已不足,再也没有力量组织大的"扫荡",敌后战场已开始局部反攻。随着抗日战争的节节胜利,盐阜根据地的群众也被充分发动起来,盐阜区党委要求各地对减租减息运动进行复查,把减租减息运动深入进行下去。

　　抗日战争时期,由于盐阜区忠实执行党的土地政策,并且结合

---

① 豫皖苏鲁边区党史办公室、安徽省档案馆编:《淮北抗日根据地史料选辑》第 2 辑第 1 分册,1985 年,第 82 页。

本地区制定了较为合理的减租减息政策，这就使得盐阜地区农村经济有了新的发展，表现最为显著的就是地主封建势力已经开始逐渐削弱，土地逐渐分散，农村中的土地占有关系已不同于从前，"贫农、中贫、富农土地逐渐增加。国民党时期贫农占有土地18.4％，中农占17.8％，地主占45.8％，到民主政府时期分别占有22％、28％和28％"①。

盐阜地区减租减息运动的主要经验就是不断克服党内干部队伍中右的和"左"的错误倾向，从而使运动得到健康的发展。实际上，抗战时期盐阜地区的减租减息运动，使广大佃户和雇工在经济上得到了实际利益，"仅据1943年一年的资料统计，全区佃户减租多得粮2 230万斤，退租683万斤，每个佃户平均多得粮390多斤。许多减租减息的积极分子，当上了民主政府的干部；全区抗日武装发展到41 000人，20万人参加了民兵，4 000多人参加了中国共产党，在政治上得到了翻身，大大巩固了工农联盟，提高了抗日积极性，提高了发展生产的积极性，为争取抗战胜利增强了物质基础"②。

苏北淮海区也按照中共中央及中共华中局关于减租减息的系列指示精神，结合本地区土地占有状况，动员广大根据地群众展开减租减息运动。1942年5月22日，淮海区颁布《重订减租条例》。为改善根据地农民生活，增强农村经济，提高农民抗战与生产积极性，"保证业佃之正产关系，保证业主之土地收益"，决定废除1941年实行的减租办法，"实行二五减租"；并对"分种地与伙种地""租田""地租之收缴""永佃权""租地之收回、卖绝、典出"以及游击区

---

① 中共江苏省委党史资料征集委员会苏北领导小组编：《苏北抗日斗争历史资料》(6)，内部出版。

② 王若渊主编：《黄克诚与苏北抗日根据地》，北京：中共党史出版社，2002年，第649页。

地租等进行明确规定。① 同日,淮海区《修正减息条例》《重订典赎土地条例》《重订改善雇工待遇条例》等也公布实行。在当年夏收工作时,为做好减租增资工作,淮海区沭阳县决定"以保为单位,派专门干部负责,进行租佃关系及雇工的调查"②,为减租减息运动的开展提供了重要保障。随着抗战形势的发展变化,1944 年 6 月,淮海区行政公署决定"新征粮条例为照顾地主减租后之实际情形起见,地主土地以四折计算,佃户土地以六折计算",因此,"现尚维持原有业主六佃四之分租额者,一概改为主五佃五,然后二五减租"。③

在苏中地区,早在黄桥战役后就在该地普遍进行了一次秋收减租减息运动,其主要方式是"群众组织方式与工作方式是在官办与军办的方式下进行"④。皖南事变后,随着苏中抗日民主政权的建立与巩固,在中共中央及中共华中局指挥下,苏中地区减租减息运动的蓬勃开展,取得了重要成绩。1941 年夏收时,在学习盐城等地工作经验基础上,苏中区普遍实行了"二五减租","农民普遍认识了我党及政府对减租主张,广大农民为减租而努力,计有四十万农民取得了减租利益,不仅是减租,同时是减息"。⑤ 1942 年 5 月

---

① 江苏省财政厅、江苏省档案馆编:《华中抗日根据地财政经济史料选编(江苏部分)》第 1 卷,第 378—380 页。

② 江苏省财政厅、江苏省档案馆编:《华中抗日根据地财政经济史料选编(江苏部分)》第 1 卷,第 476 页。

③ 江苏省财政厅、江苏省档案馆编:《华中抗日根据地财政经济史料选编(江苏部分)》第 3 卷,第 153 页。

④ 江苏省财政厅、江苏省档案馆编:《华中抗日根据地财政经济史料选编(江苏部分)》第 1 卷,第 126 页。

⑤ 江苏省财政厅、江苏省档案馆编:《华中抗日根据地财政经济史料选编(江苏部分)》第 1 卷,第 172 页。

10 日,苏中区依据国民党二大"二五减租办法"及中国共产党《关于抗日根据地土地政策的决定》,制定并公布实行《土地租佃条例》,以调整业佃关系,增加农业生产。抗战进入 1944 年后,苏中区宣布"彻底实行减租减息,保证交租交息,合理调整主佃关系与债务关系"[①]。为此,苏中区相继颁布《土地租佃条例》(1944)、《垦荒条例》(1944)、《赎田条例》等,以保证减租减息运动的全面开展。

在苏南地区,皖南事变后,苏南区党委政府根据中共中央及中共华中局有关土地政策和减租减息的相关指示,结合本地实际情形,积极开展减租减息运动。1942 年 3 月 5 日,苏南行政区公布《处理土地问题暂行条例》。其中对地租的征收作出比较详细规定,决定在根据地内实现"二五减租",即"出租人之土地,不论租佃半耕一律照原租额减少 25%,减租后承佃人有交租之义务"[②]。8 月,苏南区党委指出:在减租减息运动中,要认识到苏南有三种不同地区,根据不同地区采取有区别的减租减息办法。"一般应以二五减租为原则",但是"在边区、敌占点线附近可比二五减租少一点"。[③] 苏南地区由于地处日伪统治的中心区域,在 1942 年后,遭遇日伪残酷"清乡""扫荡",根据地规模急剧减少,减租减息运动也开始走向低潮。

总起来看,江苏抗日根据地的减租减息运动取得了巨大成绩,一方面使下层民众所收的剥削得以减轻,一定程度促进了农业发展,改善了农民的生活;另一方面改变了抗日根据地农村中的土地关系和阶级关系,使广大人民群众开始积极参与基层政权建设,使

---

① 中共江苏省委党史工作委员会、江苏省档案馆编:《苏中抗日根据地》,北京:中共党史资料出版社,1989 年,第 337—338 页。

② 中共江苏省委党史工作委员会、江苏省档案馆编:《苏南抗日根据地》,第 224 页。

③ 中共江苏省委党史工作委员会、江苏省档案馆编:《苏南抗日根据地》,238 页。

江苏抗日根据地社会关系发生了根本性变革。

## 二、江苏抗日根据地的大生产运动

大生产运动,是抗战后期中国共产党为加强经济建设,解决根据地经济困难,保障根据地军民正常物质生活,保证抗日军政开支,坚持长期抗战,促进社会生产力的一种战略举措。

1939 年 5 月,新四军第一支队战地服务团在金坛建昌圩笠帽顶村组织佃农开支合作生产,江苏抗日根据地的集体生产运动由此开始。1940 年 3 月,苏皖边区政府在生产建设方面,一方面部队开始建立修械厂、造子弹和手榴弹工厂、被服厂,还以合作社名义进行商业活动,生产运动初步展开。

皖南事变后,江苏抗日根据地不断受到日伪的"扫荡""清乡",再加上国民党顽固派不断掀起摩擦活动,使得根据地出现了严重困难。尤其是 1942 年后,根据地经济十分严峻,为此,江苏抗日根据地政府为了发展农业生产,繁荣农村经济,遵照中共中央"发展经济,保障自给"的政策,制定了许多切实可行的政策,为此后大生产运动的开展提供了制度保障。

在苏北抗日根据地,由于盐阜区地处沿海,荒地和废田较多,土地利用率很低,为了解决经济困难,以利于长期抗战,1941 年 12 月,盐阜区行政公署颁布了《奖励垦荒条例》,"号召农民垦荒种地,增加生产";"提倡发展纺织工业,提出'家家纺纱、户户织布'的口号";"政府一方面奖励商工、地主、富农经营的纺织业,另一方面组织合作社、生产小组、奖励私人办纺织厂、扶助贫苦工农群众组织";各县还成立合作社、生产小组,自己解决根据地内的衣料问题。①

---

① 中共江苏省委党史资料征集委员会苏北领导小组:《苏北抗日斗争历史资料》(3),第页。

在苏南,1941年1月,扬中县抗日民主政府利用冬闲时节积极组织当地民众开展生产运动。县长王龙广泛发动三沧、普济乡一带农民,在冬季组织近万名民众积极兴修水利,改善了普济乡农地的灌溉系统,既促进了农业发展,也提高了抗日民主政府威信。1942年,茅山抗日根据地积极展开大生产运动,其中"句容第4区的老人山用了1 000多个工筑起了一座大坝,可灌溉旱田100多亩、水田120多亩,还在白杨村用500多个工修建了一个坝"①。

在淮北苏皖边区,为动员群众开垦荒地,发展农业生产,1942年3—4月间,淮北根据地行署相继颁布《淮北苏皖边区垦殖暂行条例》(1942年3月13日)、《淮北苏皖边区行政公署垦殖实施办法》(1942年4月18日),奖励民众开垦荒地,掀起生产热潮。在3月13日,淮北苏皖边区行政公署还发出《关于加紧春耕运动努力生产》的指示信。"指示信"指出:"广大的农村,农业为经济的命脉,农业经济的发展,不仅保证军食民食,切〔且〕为我一切建设工作的物质基础。"因此,"要抓紧时机,动员各方力量,掀起春耕生产的热潮"②。此后,淮北抗日根据地通过广泛动员和深入的组织工作,第一次掀起了大生产运动的高潮。如泗阳县向行署汇报一个月的工作成绩,包括:"全县植棉240顷,全县植树超过60 000株,垦荒11 000多市亩等。"③

在1943年前,由于江苏抗日根据地频繁遭受日伪"扫荡""清乡",因此,大规模的生产运动开展较少。进入1943年后,日伪对苏中、苏北、淮南津浦路东、淮北苏皖边区等抗日根据地"扫荡""清

---

① 茅山纪念馆编:《新四军与苏南抗日根据地》(上册),南京:江苏人民出版社,2005年,第247页。

② 安徽省财政厅、安徽省档案馆编:《安徽革命根据地财经史料选》(二),第78—80页。

③ 朱超男、杨辉远、陆文培:《淮北抗日根据地财经史稿》,第86页。

乡"有所减弱,中共中央根据形势变化,多次致电华中局和新四军军部,要求结合本地实际,积极开展大生产运动。

　　1943 年 1 月,新四军军部转移黄花塘后,华中敌后抗战局面日趋困难,华中局要求各地遵照中共中央提出的敌后根据地认真开展"战斗、生产、教育"三大任务的指示,积极开展大生产运动,发展经济,改善根据地人民生活。为此,华中局就开展大生产运动作出一系列指示。2 月 23 日,中共中央华中局发出《关于春季工作的指示》,要求把"加紧生产运动"与"加紧战斗准备""加紧教育学习"作为春季工作的基本方针;对于"加紧生产",华中局指出:在参考陕北及华北各地生产经验的基础上,"各地军政机关应迅速作深入动员,与定出各部各种生产计划……凡是军队机关所需的一切东西都设法自己动手"①。面对敌后经济困难日益增加,3 月,华中局专门发出《关于生产运动的指示》,要求把"厉行生产节约运动"作为华中全体军民的"政治任务";"指示"提出解决财政经济困难的基本方法,并要求各地党政军民根据本地具体情况,"在不妨碍战斗原则下,毫无例外的严格执行"有关生产运动的各项任务。② 9 月30 日,华中局再次发出《关于开展生产运动的指示》,要求各区党委地委县委要"以发展生产为中心"做好群众运动与改善民生工作;并提出如何在 1944 年春季做好大生产运动的十项指示。③

　　1943 年 10 月 1 日,中共中央发出《关于减租、生产、拥政爱民及宣传十大政策的指示》,要求各根据地"党委、政府和军队,必须于今年秋冬准备好明年在全根据地内实行自己动手、克服困难的

---

① 中共江苏省委党史工作办公室、江苏省档案馆编:《中共中央华中局》,第 198 页。
② 中共江苏省委党史工作办公室、江苏省档案馆编:《中共中央华中局》,第 204,205 页。
③ 中共江苏省委党史工作办公室、江苏省档案馆编:《中共中央华中局》,第 219,220 页。

大规模生产运动"①。1944年3月13日,中共中央书记处就"关于组织生产问题"致电华中局和新四军军部,指出:"春耕已到,你们应动员广大人民,走上生产战场,各级地方领导干部,均亲自下乡、去组织指导农村生产,解决农民生产中的困难,发动群众高度的生产热潮。部队、机关、学校的生产,亦应加以切实的动员和组织,在不妨害战斗与工作条件下,要使每个人都去参加一些适合各人情况的生产劳动,为切实改善本部队本单位的生活而奋斗。"②4月1日,华中局又发出《关于开展部队与机关生产运动的指示》,就华中各地不同情况,提出开展生产运动的六种"补充意见","供各地、各师参考"。③遵照中共中央和华中局上述指示,江苏抗日根据地掀起大生产运动,以增强根据地经济实力,改善部队生活和武器装备,为抗日反攻奠定了坚实基础。

在苏北抗日根据地,1944年1月20日,新四军第三师兼苏北军区发出《关于开展生产运动的训令》。《训令》指出:"发展生产"是第三师当前中心工作之一,"是克服困难,减轻人民负担,继续坚持抗日根据地的物质基础";"号召全体主力及地方部队,在不妨碍战斗的条件下,积极开展生产运动";并列出生产方法数种共各连队、机关单位选择开展。④经过努力,到1944年夏,苏北地区新四军第三师驻盐阜主力"自给半套衬衣,十月以后油盐及干部菜金自给,地方一万一千人夏衣只领二百匹布";淮海部队二万五千人"全部衬衣自给和节约全年菜金、油盐",经过大生产运动,"减少了约

———————

① 中国人民解放军历史资料丛书编审委员会编:《新四军·文献》(4),第879页。
② 中国人民解放军历史资料丛书编审委员会编:《新四军·文献》(4),第894页。
③ 中国人民解放军历史资料丛书编审委员会编:《新四军·文献》(4),第895页。
④ 中国人民解放军历史资料丛书编审委员会编:《新四军·文献》(4),第883页。

十万万元的开支,占中支出近三分之一,平衡财政收支"。① 为提高
群众生产热情,开展大规模的群众生产运动,3 月 1 日,淮海区行政
公署公布《奖励群众生产办法》,对奖励的"标准"和"奖励办法"作
了详细规定。② 此后不久,淮海区军分区和农救会相继发出《关于
春耕工作的训令》与《为开展春耕运动告农民书》,大力动员军队和
农民群众动手生产,改善自己的生活,增强根据地经济实力。

　　在苏中地区,1943 年 5 月 11 日,苏中区党委发出《关于夏季工
作的决定》。《决定》要求面临日伪的"清乡",夏季工作的方针应该
是"反对敌伪'清乡''扫荡'""武装保卫夏收""武装保粮""开展生
产运动"等口号下改善人民生活,发动群众运动。尤其是"开展生
产运动以培养民力,做到根据地自供自给是全党目前的重要工作,
亦是根据地群众工作的新方向"③,号召根据地广大民众起来参加
生产运动。7 月,苏中区党委根据中共中央和毛泽东关于"战斗、生
产、教育"为敌后根据地三大任务的要求,发出《关于开展根据地生
产建设运动的指示》,确定苏中抗日根据地生产方针为"以发展自
给自足的农业为主,以发展手工业及农业相适应的副业为辅"④。
为积极开展大生产运动,进入 1944 年后,苏中各"县、区、乡三级都
设立有中上层人士参加的生产建设委员会,县设生产建设科,区设
生产建设股,从组织上保证生产建设的领导"⑤。经过努力,到

---

① 中国人民解放军历史资料丛书编审委员会编:《新四军·文献》(4),第 916 页。
② 江苏省财政厅、江苏省档案馆编:《华中抗日根据地财政经济史料选编(江苏部分)》,
　　第 3 卷,第 75,76 页。
③ 江苏省财政厅、江苏省档案馆编:《华中抗日根据地财政经济史料选编(江苏部分)》,
　　第 2 卷,第 36 页。
④ 中共江苏省委党史资料征集委员会编:《苏中抗日斗争》,南京:江苏人民出版社,1987
　　年,第 191 页。
⑤ 叶飞:《叶飞回忆录》,北京:解放军出版社,1988 年,第 307,308 页。

1944 年春耕时,"兴化县 350 多户农民自愿入股,办起了廉贻合作社"①。同时,为了当时适应战争的需要,又不妨碍开展生产运动,5月 4 日,第一师兼苏中军区政治部发出《关于帮助群众夏收夏种与自己动手生产的动员大纲》,指出"所有党、政、军人员,不论干部、战士,都应一周的时间帮助群众收割和插秧……在互助的基础上更紧密军民团结"②。在苏中党政军群努力下,苏中根据地大生产运动取得了显著成效,在开垦荒地方面,"台北县开垦荒地 11 949亩;东台县开荒 25 000 多亩,增产粮食 15 000 担",其他地区还大力开展兴修水利建设,如"一分区宝应县竹林乡动员 1 200 多人,沿泾河修筑 4 里多长的堤岸"③。

在苏南抗日根据地,1943 年,苏皖区党委依据中共中央和华中局指示,根据苏南敌后实际情况,向各级党委政府发出开展大生产运动的指示。不久,苏南各行政区掀起了一场以组织互助组和发展农业生产为主的大生产运动,大大促进了社会生产,发展了根据地的农业、工业和商业等。3 月 18 日,中共苏皖区委通过《苏南施政纲领》,把"发展农业生产,改变生产技术,实行春耕秋收之群众动员"和"发展工业生产及商品流通"等作为重要纲领开始实施,掀起大生产运动的序幕。④ 但此后不久,苏南抗日根据地又遭遇日伪残酷的"清乡",大生产运动被迫暂时停止。进入 1944 年后,苏南反"清乡"斗争取得初步胜利。3 月 8 日,苏皖区党委将华中局指示精神向各级党委发出,并提出"组织全根据地广大人民,男女老幼毫不例外,一致积极参加生产。同时,党政军本身应该想尽一切办

---

① 中共江苏省委党史资料征集委员会编:《苏中抗日斗争》,第 193 页。

② 中国人民解放军历史资料丛书编审委员会编:《新四军·文献》(4),第 897 页。

③ 中共江苏省委党史资料征集委员会编:《苏中抗日斗争》,第 192 页。

④ 中共江苏省委党史工作委员会、江苏省档案馆编:《苏南抗日根据地》,第 245 页。

法,进行必要生产,求得部分解决困难,减轻人民负担,以利斗争"[1]。4月28日,苏皖区党委再次发出指示,决定把大生产运动作为"5—6月份的中心工作,各级机关和领导人要热烈响应党的号召,积极领导群众开垦荒地、植树造林、兴修水利"等[2]。苏南各地机关、部队和群众积极响应,尤其是"各级党政机关派出干部深入到生产第一线,广泛宣传,典型示范,按照自愿互利、等价交换的原则,领导农民建立了农业、副业、手工业等互助合作组织"。到1944年5月底,据统计,建立的互助组织有"换工队,在南二区、三区、四区有10个,115人参加;生产合作队,北二区、四区有8个,90多人;耕牛合作队四区有一个,12人参加;养鱼合作队,四区有1个,8人参加。综合全县建立的生产互助组、换工队有603个,开荒470亩"[3]。

在淮北抗日根据地,遵照中共中央、毛泽东以及中共华中局有关开展大生产运动的指示,从1943年初开始在全区掀起了军民大生产运动。为加强领导,苏皖边区党委成立了生产委员会,负责领导与安排生产。在1943年大生产运动中,"泗南、泗五灵凤、盱凤嘉三县,共开荒三万多亩,粮食和菜类达到了半自给或基本自给"。尤其是水利建设方面,苏皖边区"8个基本县按以工代赈的原则,用两个月的时间,共挖大小河沟106条,筑堤6条,共长253 194.3丈,挖土1 250 163.4方,每方工资5—12斤粮;共盱粮食13 666 736.5斤,政府贷款1 530 000元(法币),私人出粮2 031 139斤,共需人工1 672 198个,共需时间909天。据当时估

---

① 茅山新四军纪念馆编:《新四军与苏南抗日根据地》(下册),第1290页。

② 中国共产党镇江市委员会党史资料征集研究委员会办公室编:《镇江革命史料选》第4辑,第87页。

③ 句容县史志办公室编:《句容革命斗争史》,上海:上海社会科学院出版社,1995年,第112页。

计,可能增加收获量361 702石,受益地亩25 437.74顷"①。水利工程的修建,扩大了耕地面积,提高了广大民众的生产积极性,扩大了共产党新四军在人民群众的影响。此外,扑蝗工作、发展副业生产、开展纺织运动生产救灾等也是根据地大生产运动的重要内容。

面对敌后抗日根据地日益严峻的经济形势,1943年6月,刘少奇致电陈毅等指出:华中抗日根据地在1944年"应以组织与发展根据地生产为中心工作,以便打下将来坚持根据地的基础"②。10月,毛泽东也强调指出"县区党政工作人员在财政经济问题上,应以90%的精力帮助农民增加生产,然后以10%的精力从农民取得税收";"一切机关学校部队,必须于战争条件下厉行种菜、养猪、打柴、烧炭、发展手工业和部分粮食"③。根据刘少奇、毛泽东及中共中央、华中局相关指示,11月30日,淮北苏皖边区行政公署发出《关于开展生产建设的决定》。其中,详细规定了1944年"边区生产建设的基本方针",以及关于提高农业生产、兴修水利工作、发展纺织事业、开垦荒地、生产组织工作以及机关、部队、学校生产活动等决定。④ 12月10日,为解决边区亟待解决的棉布问题,淮北区党委发出《关于开展纺织运动的决定》,要求大力发展根据地内广大群众学会纺纱织布,发展家庭纺织工业,自给自足。为此,淮北苏皖边区行署还发布了《纺织事业奖励办法》十条,"鼓励群众做纺纱、织布、种棉英雄"⑤。

---

① 朱超男、杨辉远、陆文培:《淮北抗日根据地财经史稿》,第92页。

② 《刘少奇选集》上卷,第288页。

③ 《毛泽东选集》第3卷,第911页。

④ 安徽省财政厅、安徽省档案馆编:《安徽革命根据地财经史料选》(二),第159—167页。

⑤ 安徽省财政厅、安徽省档案馆编:《安徽革命根据地财经史料选》(二),第173页。

　　1944 年春节过后，为动员根据地群众积极开展大生产运动，2月 27 日，淮北区党委发出关于开展全边区春耕生产运动的指示，要求坚决遵照党中央指示，"不论公、私、党、政、军、民、男、女、老、幼一律实行伟大的生产运动"，"一切工作围绕生产进行，春耕生产运动是目前一切生产工作的中心，必须懂得大规模的发展生产，增加粮食与日用品，准备与灾荒作斗争，将是继续坚持抗日根据地的物质基础，否则便遇到不可克服的困难"。①　淮北苏皖边区根据地军民认真贯彻执行中共中央、华中局以及行署制定的有关大生产运动的指示，使得苏皖边区经济建设有惊人的发展。比如泗县的大生产运动使农业取得惊人发展，到 1945 年抗战胜利前夕，"粮食油料除自给外，还有很大剩余用以酿酒、榨油，通过商业机构有计划地向敌区输出，换回大量军用品及棉布"②。总之，经过大生产运动，淮北苏皖边区耕地面积扩大，生产工具得到改良，畜牧业、纺织业、部队兵工厂等在支援战争和服务根据地人民方面起到了重要作用，到处呈现出"农安其耕，工善其事，商乐于道途"的繁荣景象，为抗日战争胜利奠定了坚实基础。

　　在淮南津浦路东抗日根据地，1942 年冬至 1943 年春，根据地发生严重灾荒，日伪加大对根据地的封锁，致使根据地出现严峻困难。根据中共中央及华中局关于开展大生产运动的指示，结合淮南地区的实际情况，为减轻根据地人民负担，继续巩固和发展根据地，1943 年 4 月 20 日，新四军第二师师长兼淮南军区司令员罗炳辉作了《开展部队机关的生产运动》。罗炳辉认为"开展生产运动已经成为我全党全军和全根据地人民当前的紧迫任务"；"生产是

---

① 安徽省财政厅、安徽省档案馆编：《安徽革命根据地财经史料选》（二），第 183 页。
② 转引自朱超男、杨辉远、陆文培：《淮北抗日根据地财经史稿》，第 177 页。

解决部队物质困难的唯一良方"。他号召战斗在淮南地区的第二师"要不做落后者,就要马上努力,积极生产"①。当日,淮南津浦路东省委书记刘顺元在《开展群众中的生产运动》中指出"群众生产运动是我们战时财政经济政策的基础",在日伪封锁、物价飞涨加上"三光政策"的威胁,"如果再不在群众中间开展一个持久的有效的生产运动,不仅是群众生活很难得到进一步的改善,而且很可能造成绝大的财政困难"。而且,群众生产运动还具有重大的政治意义。他要求结合根据地自身条件,大力发动广大群众,开展群众性大生产运动。②

在淮南抗日根据地党委政府及淮南军区推动下,各级领导干部自觉带头,层层发动,从 1943 年春夏之际开始,在淮南津浦路东抗日根据地掀起了大生产运动。比如津浦路东安乐乡为积极开展大生产运动,制定了详细计划:安乐乡"支部决定由行政农抗召集干部、士绅联席会议,成立生产委员会,讨论生产计划、劳动互助、兴修水利等事。会后就召开全乡会员生产动员大会。各村开村民会议,组织生产小组,订计划,竞赛,造热潮"③。经过近一年的大生产运动,淮南津浦路东抗日根据地群众生活明显改善。在来(安)六(合)县竹镇区石婆乡周村,经过半年多的大生产运动,"粮食总收获量比去年增加45％以上","耕地面积增加了7％";而且积极改造了社会上一些闲杂人员,使他们也加入大生产运动中来,社会环境治理也得到一定改善。④

在淮南津浦路东抗日根据地开展大生产运动中,群众性纺织

---

① 安徽省财政厅、安徽省档案馆编:《安徽革命根据地财经史料选》(一),第 219—222 页。
② 安徽省财政厅、安徽省档案馆编:《安徽革命根据地财经史料选》(一),第 223,224 页。
③ 安徽省财政厅、安徽省档案馆编:《安徽革命根据地财经史料选》(一),第 323,324 页。
④ 安徽省财政厅、安徽省档案馆编:《安徽革命根据地财经史料选》(一),第 275 页。

运动、群众互助组织都积极开展起来。1944年,马坝区民众纺织厂在农抗配合下召集全区本工研究改良纺车方法,积极组织民众组成合作社开展纺纱比赛。在"古城并山乡周岗村,全村有纺车84架,晚上有人纺到半夜,该区新民乡花园村的65户中,有68架纺车"①。群众性互助组织在津浦路东抗日根据地得到飞速发展,到1944年7月,"已经组织起约6 000个到8 000个互助小组"②,互助组织的发展,使群众认识到集体劳动的好处,为此后劳动互助与大生产运动打下坚实基础。淮南津浦路东抗日根据地的大生产运动大大改善了当地民众的生活,减轻了负担,融洽了根据地民众与中国共产党的关系。例如在路东根据地"来(安)六(合)地区张储乡王家村,5年前家家欠债,现在已没有一家欠债了。……总计去年全村收获已比5年前的收获量增高一倍,因而该村两户乞丐,6户帮工,已上升为贫农。15户佃农上升为佃中农,7户佃贫农上升为富农"③。

　　总之,在1943年至1945年抗战胜利期间,江苏抗日根据地遵照中共中央和华中局相关指示,不仅动员部队、机关、学校积极展开大生产运动,一边发动各部队与地方党政干部一起深入广大农村,组织广大群众开展大生产运动。江苏抗日根据地的大生产运动,不仅保障了新四军部队的供给和根据地党委政府和广大人民的需要,而且壮大了抗日根据地的经济;同时,也使中国共产党及其领导根据地军队、党委、政府在广大人民群众中树立了共产党新四军的良好形象,为中国共产党最终赢得广大人民群众的支持,建立新中国奠定了深厚的民众基础。

---

① 《解放日报》1944年2月1日。
② 安徽省财政厅、安徽省档案馆编:《安徽革命根据地财经史料选》(一),第378页。
③ 《淮南、来安、六合人民生活普遍改善》,《解放日报》1944年3月18日,第3版。

## 第三节　江苏抗日根据地的工商税收

江苏抗日根据地的工商税收,是中国革命根据地税收的一个重要组成部分,它与其他抗日根据地的工商税收一起改造了旧有的税收制度,不仅创建和发展了新民主主义的新税收,而且为新中国建立社会主义的工商税收制度奠定了坚实基础。在艰苦的抗日战争中,江苏抗日根据地工商税收经历了从无到有、从不完善到比较完善的发展历程。根据中共中央有关指示,尤其是新四军军需供应极端严峻的形势,迫使新四军从 1940 年开始在江苏各战略地区相继开展税收工作。1941 年,皖南事变后,国民党完全停止新四军的军饷供应,以江苏、安徽为核心的华中抗日根据地转向自力更生,开始建立比较完善的工商税收制度。1942 年后,中共中央以及华中党政军委员会对根据地税收作出统一规定,各战略区相继颁布了进出口货物税、产销税、营业税、牙税、盐税、屠宰税、印花税、牲畜税等征收办法,开征各种税。江苏抗日根据地的工商税收,保证了抗日根据地战争经费的供给,促进了根据地经济发展,为夺取抗战胜利作出了重要贡献。

### 一、江苏抗日根据地的工商业

江苏抗日根据地主要包括今天的江苏省和安徽省东部,该地区气候温和、土地肥沃,物产丰富,商品经济比较发达。全国抗战爆发以前,江苏南部与安徽东部大地区工商业繁荣一时。在 1936 年,全国新设立工厂 193 家,其中在江苏地区共有 19 家,占全国的近 10%。[①] 在

---

① 孙健:《中国经济通史》中卷,北京:中国人民大学出版社,2000 年,第 1072 页。

商业方面,华中作为当时全国最富庶的地区,商业十分发达。1936
年国民政府岁入中,"上海、江苏、浙江三地的关税收入占全国关税
收入的56%,盐税收入占全国盐税收入的50%,货物税收入则占全
国货物税收入的80%"①。即使在相对落后的苏北地区,早在1935
年,位于苏北地区射阳的"和兴镇手工业、商业户已超过200家,合
德(公司)工商运协进会,协助阜宁县税收,指导鱼商船近海捕鱼和
装运货物等,促进了本地工商业的发展"②。在阜宁益林镇,全国抗
战爆发时,有油坊4家,油栈9家,棉布、绸缎、嫁妆店有17家,南货
店20家,茶食店8家,酱园、槽坊5家,京广百货、颜料店15家,染
坊2家,中药店8家,此外还有数量不等的烟庄、酒栈、茶叶店、瓷
器、窑货、锅席店、银楼、香烛、鞭炮及其他工商户。③ 在盐城,到
1937年前,盐城城镇驻地有粮行50余户。此后不久,随着粮食市
场在盐城的兴起,到1937年底,盐城县共有粮行170余家,尤其是
在大冈镇、伍佑镇、龙冈镇、秦南镇等地,各有10—20家,各镇的粮
行与县城粮行购销联系密切,在苏北地区初步形成了一个以城镇
为中心的粮食网络市场。④

全国抗战爆发后,尤其是南京保卫战、徐州会战结束后,江苏
大部分地区沦陷,各地工商业遭到日本侵略者的摧残与掠夺。"苏
州、无锡、镇江各地,丝厂均由日商经营,罗致男女工人,照常开

---

① 黄美真主编:《日伪对华中沦陷区经济的掠夺与统制》,北京:社会科学文献出版社,
　　2004年,第8页。

② 江苏省盐城市政协文史资料研究委员会编:《盐城文史资料选辑》第13辑,1994年,第
　　68页。

③ 江苏省盐城市政协文史资料研究委员会编:《盐城文史资料选辑》第13辑,1994年,
　　第71—108页。

④ 陈垠远:《盐城镇历史上的粮油市场》,江苏省盐城市政协文史资料研究委员会编:《盐
　　城文史资料选辑》第13辑,1994年,第126,127页。

工。""关于日用手工业之小工厂,被日方强行接收者更多,如毛巾、肥皂、洋烛、火柴及烟草等项。""苏州一地,小工厂被日方劫持及新开设者,不下三十余家,专事竞制日用物品,随地倾销。"①日军所到之处,到处洗劫各种设备物资。当日军攻占无锡申新第三纺织厂后,"用硫磺火药和柴油焚烧该厂","厂存5万多担棉花,3 413件棉纱,64 223匹棉布,3万多只布袋,4千吨煤,全被烧光。烧坏或毁坏纱锭4万多锭,布机833台"。② 在苏中泰州地区,到1940年,"资本独厚的大中纱厂、泰纶染织厂亦无法经营下去,先后闭歇"③。

　　皖南事变前,新四军东进开赴江苏各地打击日伪,由于所面临的环境十分恶劣,虽初步在个别地区建立了根据地,但是无力开展工商业工作,所以新四军和沦陷区民众生活也日渐窘迫。面对这种严峻形势,1940年12月3日,中共中央发出《关于各抗日根据地劳动政策的初步指示》,指出为支持长期抗战,争取抗战胜利,所制定的劳动政策"必须以发展抗日根据地之工商业,增加抗战生产,适合战时需要为原则"④。12月25日,中共中央对党内发出指示:"应该积极发展工业农业和商品的流通,应该吸引愿来的外地资本家到我抗日根据地开办实业。应当奖励民营企业,而把政府经营的国营企业只当着整个企业的一部分。"⑤

　　皖南事变后,中共中央华中局要求各战略区要正确执行统一

① 延安时事问题研究会编:《日本帝国主义在中国沦陷区》,上海:上海人民出版社,1962年,第99,100页。

② 李占才、张凝:《著名实业家荣氏兄弟》,郑州:河南人民出版社,1993年,第130页。

③ 泰县财政经济史编审组:《泰县财政经济史》,北京:中国财政经济出版社,1990年,第225页。

④ 江苏省财政厅、江苏省档案馆编:《华中抗日根据地财政经济史料选编(江苏部分)》第1卷,第7页。

⑤《论政策》(1940年12月25日),《毛泽东选集》第2卷,第768页。

战线的政策,"访问各大小公司经理、实业家与地主,要关心他们的事业"①,以促进根据地经济事业的发展。遵照中共中央与华中局相关指示,江苏抗日根据地各战略区党委政府为保障各阶层财产安全,鼓励其大力发展工商业,制定了不少保护工商业的措施。1941 年 12 月 25 日,淮北苏皖边区率先颁布《保障人权财权产权及保护工商业条例》,对于境内的"私人经营工商业,无论独资或合股,一律准其营业贸易自由",境内"工商业应保护",并要求"工商业主小商贩之合法经营,任何人不得非法干涉"。②

　　江苏地处日伪包围之中,加上国民党顽固派强征赋税公粮,使得根据地要发展大工业极为困难。江苏抗日根据地各战略区从实际出发,主要是建立发展一些小型的公营工商业、合作工商业,也积极鼓励私人工商业发展,以解决军需民用,改善根据地人民的生活,更好地坚持抗日战争。

　　江苏抗日根据地大部分地区是产棉区,纺织业因而成为根据地着重发展的一种公营工业。尤其是在 1942 年 2 月《关于发展华中各根据地生产事业的决定(草案)》中指出:"纺织业为今日工业生产之突击中心,在敌后环境下应以发展农村手工纺织,组织手工纺织生产合作社为主要方式。"③1942 年江苏抗日根据地不断遭受日伪的"扫荡""清乡",工商业发展比较缓慢。进入 1943 年后,随着根据地环境相对安定,纺织业得到了较大发展。3 月,泰县姜南区兴办小型布厂,有 6 张木机,工人 13 名,以 30 包纱为资本,每天能织布120 码,可盈利 25 码。生产的布主要是供应根据地的机关和游击队

---

① 江苏省财政厅、江苏省档案馆编《华中抗日根据地财政经济史料选编》第 1 卷,第 40 页。
② 安徽省财政厅、安徽省档案馆编:《安徽革命根据地财经史料选》(二),第 70,71 页。
③ 江苏省财政厅、江苏省档案馆编《华中抗日根据地财政经济史料选编》第 1 卷,第 54 页。

做衣服,这是在苏中区开办较早的一家公营工厂。① 同时,苏中第三行政区教育局决定把怀德中学职业班与泰县第二中学合并组建纺织班,积极兴办校办纺织工厂,不仅为根据地培养纺织人才,也生产毛巾、面布匹、土毛毯等军民必需品。到 1944 年,江苏抗日根据地纺织业获得普遍发展。在淮北苏皖边区"9 个县纺车发展到 36 880 架,织布机发展到 2 686 架。盐阜区织布机达 2 000 多架。苏中东台县纺车有 9 000 多架,淮南路东纺纱车也达 5 500 架以上"②。

个体手工业也受到江苏抗日根据地各战略区高度重视,通过对其采用扶植、奖励与引导的方针,以使其不断发展壮大,推动根据地的经济建设。苏中处于日伪严密封锁包围之中,发展工业所需的原料工具技术等都受到极大限制,而且"没有一块敌人不能到来的地区作为"抗日根据地军民建设工厂的地带,因此,谭震林指出:苏中的"工业生产应该是以发展家庭企业和手工业为基本的(军事工业除外)",根据地政府颁布的促进生产发展的条例应"是鼓励私人企业的创立和手工业的发展",尤其是应创办一些可以办到的必需品的小型工厂,"如洋蜡烛、油墨、蜡纸、肥皂、火柴、纸、布厂、鞋厂、袜厂、皮革厂……"。③ 1942 年,苏北盐阜区为鼓励本地民众积极开办纺织业,特颁布《纺织奖励办法》,规定"凡在盐阜区内由商人投资开设之纺织厂及织布厂不论用手工制造或用畜力机器发动",一律奖励;并详细制定了奖励办法。④ 1943 年 7 月 7 日,

---

① 泰县财政经济史编审组:《泰县财政经济史》,第 227 页。

② 中国新四军和华中抗日根据地研究会编:《华中抗日根据地史》,北京:当代中国出版社,2003 年,第 536 页。

③ 江苏省财政厅、江苏省档案馆编:《华中抗日根据地财政经济史料选编(江苏部分)》第 1 卷,北京:档案出版社,1986 年,第 351,352 页。

④ 江苏省财政厅、江苏省档案馆编:《华中抗日根据地财政经济史料选编(江苏部分)》第 1 卷,第 445 页。

公布的《苏中经济建设方案》关于工业建设,建议"(1)维持并适当发展已建立之各种公营及私营工业(如毛巾纺织制纸制袜等)。(2)发展有关农事之工业(如铁匠木匠等)。(3)发展食品工业(如碾米、制面、造粉酱做干腌等)以便利和改良军食民食。(4)适当发展日用品及棉织工业(如纺织、肥皂、牙刷、鞋袜、成衣等)以期达到日用必需品之自给自足。(5)发展军需及与军需有关之工业以充实抗战军事力量"①。

江苏抗日根据地的个体手工业仍以纺织业为主,包括纺纱、绩麻、织布等,在根据地农村中几乎遍及每个家庭。一般是利用自己所种植的棉花,冬闲时纺纱,夏季闲时绩麻。为积极发展根据地纺织业,在根据地政府支持下,民众积极改进纺织工具,使个体纺织业在江苏根据地获得较大发展。在当地农抗会、妇抗会支持下,盱眙的马坝、古城和旧铺三区召集全去能工巧匠研究纺车改进,"试制80根头纺车取得成功"。到1944年2月,"古城并山乡周岗村,全村有新式纺车84架;新民乡花园村65户中有68架纺车,该区1943年有纺车650架,到1944年增至千余架"②。在苏北盐阜地区,个体榨油业发展迅速。到1942年初,仅建阳县湖甲二村"先后有正大、恒裕、永大、同裕、顶和、桂方、阳春、裕昌、裕财、茂生、学尧、学秀等12爿油坊生产,每天耗豆万余斤"③。在苏中抗日根据地,榨油业也非常发达,这与1943年后根据地政府大力支持密切相关。从1943年起,苏中根据地政府每年都要拨出专项贷款,帮

---

① 江苏省财政厅、江苏省档案馆编:《华中抗日根据地财政经济史料选编(江苏部分)》第2卷,第87页。
② 龚意农主编:《淮南抗日根据地财经史》,合肥:安徽人民出版社,1991年,第184,185页。
③ 盐城市政协文史资料研究委员会编:《盐城文史资料选辑》第11辑,内部版,1992年,第205页。

助发展榨油生产,并从税收上给予优惠。此外,江苏根据地内土质肥皂业、煮酒业、土纸业、竹器业、土制卷烟业、木器业等个体手工业也都在各级政府鼓励与引导下,获得较大发展,为满足根据地军需民用,支持根据地经济发展作出重要成绩。

江苏抗日根据地主要地处广大乡村,商品经济发展比较薄弱,根据地人民购买力弱,再加上日伪顽"扫荡"和"清乡",工业必需品的供给非常困难。但是,为坚持抗战,保障根据地的军需民用,江苏抗日根据地各战略区根据本区实际情况,制定了"对内自由,对外管制"的商业贸易政策,积极建立公营商业,发展合作商业,保护私人商业,使江苏抗日根据地商业发展取得了一定成就。

公营商业具有引导根据地商业经济发展方向、调节市场物价、保护根据地人民利益的重要作用。同时,为把自己所处日伪顽包围的劣势转变为开展商业活动优势,江苏根据地积极创办公营商业公司,主动把收购到的农副产品运往日伪战略区和国民党统治区域,换回军需物资、医药品等。1942年,淮南抗日根据地第二师供给部创办"永丰祥商号",负责购销根据地农副产品与敌占区军需物资进行交换;同时,也为根据地购买或换购日常生活用品,服务根据地人民。在苏中,1944年春,苏中第三行政专员公署开办裕民公司,帮助政府购销粮食,受政府委托帮助采购药品医疗器械、电器和纸张等军需物资。12月1日,泰县县政府创办的惠民公司正式营业。主要经营西药、布匹、粮食、纸张、油饼及日用杂货,其经营方针为发展生产,壮大经济;调剂物资,稳定物价;排斥伪币和打击法币,实行抗币为本位,维护根据地人民利益。

在苏北地区,为解决根据地财政经济困难,保护人民利益,新四军第三师后勤部在黄克诚、张爱萍等领导人支持下,在益林建立了许多公营商业。行署允许自由贸易并保护合法经营。1942年,三师后勤部支持在益林附近村庄创办卷烟厂,发挥市场主导作用。1943 年,为扩大生产,盐阜区财委会拨款 30 万元,创办华中交易所,经营大豆、生猪、油料等,所得物资在上海交换四部手摇卷烟机,一台电机和盘纸等生产设备原料,使得卷烟厂生产规模迅速扩大。到 1945 年抗战胜利前夕,卷烟厂"香烟日产量增至 3 000 条,最高时达 5 000 条"①。此外,在新四军三师和盐阜区党委政府支持下,仅在益林一带还创建了民生肥皂厂、军用皮革厂、被服厂、惠民纺织厂、勤生纺织厂、丰民公司、利民公司、和济公司、大明公司、淮海公司、东益商店等数十家公营商业公司。到 1945 年抗战胜利前夕,在苏北盐阜区益林镇,工商业发展得到蓬勃发展。据统计,"工业户数有 88 户,从业人员 462 人,营业额 1 631 300 元;手工业177 户,从业人员 271 人,营业额 1 813 705 元;油坊 7 户,从业人员191 人,营业额 1 952 010 元;腌醋行 40 户,从业人员 160 人,营业额 5 184 300 元;猪行 214 户,从业人员 589 人,营业额 14 888 800元;南货行 44 户,从业人员 176 人,营业额 3 308 400 元,纯商业293 户,从业人员 746 人,营业额 17 735 975 元;饮食业 112 户,从业人员 259 人,营业额 961 128 元;服务业 193 户,从业人员 430人,营业额 1 967 476 元。合计户数 1 168 户,从业人员 3 280 人,营业额 49 342 794 元"②。

　　与此同时,江苏抗日根据地的合作商业以及个体私营商业也获得一定发展。合作商业是根据地人民在合作社建立的基础上,集体投资组建,能够解决根据地内个体群众因经济拮据无力扩大

---

① 盐城市政协文史资料研究委员会编:《盐城文史资料选辑》第 11 辑,第 195 页。

② 盐城市政协文史资料委员会编:《盐城文史资料选辑》第 12 辑,内部版,1993 年,第13 页。

企业经营的不利因素,团结根据地广大民众发展集体经济,壮大抗日力量的一种经济组织形式。江苏抗日根据地合作商业的创办主要发生在大生产运动期间。1943年,江苏抗日根据地积极开展大生产运动后,各地努力发展合作商业,以壮大根据地经济。早在1942年,苏中区泰县建立的"雅周裕民消费合作社"因资金不足,只能经营食盐、火油、火柴等少数生活用品,合作社基本没有利润。泰县政府对此非常重视,发动群众,扩展股金,"向合作社发放无息贷款(法币)3万元",在根据地政府支持下,发展成为苏中地区规模比较大合作社之一。

江苏抗日根据地的私营商业由于具有灵活的特点,这对于根据地人民粉碎日伪顽的商品封锁,开展商品流通,服务与根据地经济有重要的意义,因而,在根据地党委政府支持下也获得了较大发展。在淮南路东抗日根据地,铜城、六合为私营商业的活动中心。其中个体粮行比战前增加了31家,从业人数增加了57人。"秋收大熟集上市粮食达斛量2 000石,主杂粮一起合32万斤;背集每天上市粮食千石,和16万斤。午季小麦逢、背集平均每天上市量千石以上(20万斤上下)。全年粮食上市总量达2 000万斤。"①在苏北盐阜地区益林镇,到抗战后期,随着国内形势的发展变化,个体私营商业"发生了数与质的变化,主要表现在棉布、五洋、南货、西药、油坊几个行业","私营的合资股份制的商店如雨后春笋般的发展起来"。②

---

① 转引自龚意农主编:《淮南抗日根据地财经史》,第202页。
② 盐城市政协文史资料委员会编:《盐城文史资料选辑》第12辑,内部版,1993年,第14页。

## 二、江苏抗日根据地工商税收的建立与发展

新四军在皖南整编后不久,即奉国民政府军事委员会之命开赴华中敌后与日伪作战。其中,陈毅、粟裕率领第一、第二支队到达苏南。第四支队东进至皖东与江苏交界处积极打击日伪。新四军到达江苏后,虽然国民党所发军饷极为低下,但"至于收捐收税乃政府职权,本军决不能紊乱行政系统与干预税收"①。直到1940年初,根据中共中央关于华中根据地负担原则的指示,华中各战略区首先废除国民党的苛捐杂税,同时停止募捐筹款,相继开展税收工作。皖南事变后,国民党完全断绝对新四军的军饷供给,新四军军费来源完全依靠自给,为此,江苏抗日根据地在建立根据地政权的同时,初步建立起工商税收制度,征收进出口货物税、屠宰税、牙税、盐税、烟酒税等。这不仅保障了根据地军民的生活,而且粉碎了敌人的经济封锁,沉痛打击了日寇"以战养战"的阴谋,促进了根据地经济的发展,为解放区与建国后税收工作提供了宝贵经验。但是,由于江苏抗日根据地处于日伪顽包围之中,不断受到日伪"扫荡"和"清乡",以及国民党顽固派的"摩擦"活动,到抗战胜利结束时,江苏抗日根据地的工商税收仍没有做到统一。

(一)皖南事变前江苏抗日根据地工商税收的建立与发展

新四军在江苏各地坚持抗战,为了减轻当地人民的税收负担,调动人民抗日积极性,支持新四军和根据地政府抗战,建立更加巩固的根据地,新四军在所到之处首先废除了各种名目繁多苛捐杂税,减轻民众负担。皖南事变前,淮南路东抗日根据地"一共取消

---

① 华中抗日根据地和解放区工商税收史编写组:《华中抗日根据地和解放区工商税收史料选编》上册,合肥:安徽人民出版社,1986年版,第6页。

了十三种苛捐杂税","所征收的,只有田赋、契税、货物检查税、屠宰税、牙贴税等五种,而货物检查税牙贴税已减轻了一半,契税也减轻了 1/5"①。在盐阜地区,新四军到达后,则"将过去不合理的税捐,取消了二十多种"②。

新四军东进江苏对日抗战,在建立茅山抗日根据地初期,开始建立带有政权性质的镇江、句容、金坛、丹阳四县抗敌委员会和当涂、江宁、溧水三县抗敌自卫会时,在县总会下一般都设财政科和税卡收税。在淮北苏皖边区,1940 年 5 月后大力整理财政、制定财政政策时开始"确定盐税、检查税、契税、田赋、牙贴、屠宰、烟酒税为正税,其他各税一律豁免"③。7 月,新四军到达苏中黄桥地区后,即设立税务机关,开始征收工商税收。8 月,黄克诚率八路军一部南下到苏北盐阜地区时,为解决财政问题,"抽出百多个政工人员建立税收机构进行收税工作。1940 年 11 月,新四军在掘港建立江苏省第四区税务总处,开始征收过境的货物税。本年底,为了最后消灭韩德勤盘踞在曹甸的残部,"八路军调回政工人员,由抗大五分校抽出四中队接办税收工作"④。

到 1940 年春,新四军在安徽、江苏等战略区相继建立了抗日民主政权。为了巩固华中地区新生的抗日民主政权,加强税收建设,11 月 1 日,中共中央在《关于建立与巩固华中根据地的指示》中指出:"关于财政经济应注意开始作长期打算……实行统筹统支,

① 安徽省财政厅、安徽省档案馆编:《安徽革命根据地财经史料选》(一),第 183 页。
② 华中抗日根据地和解放区工商税收史编写组编:《安徽革命根据地工商税收史料选》(上册),合肥:安徽人民出版社,1984 年,第 12 页。
③ 安徽省财政厅、安徽省档案馆编:《安徽革命根据地财经史料选》(二),第 60 页。
④ 安徽革命根据地工商税收史编写组编:《安徽革命根据地工商税收史料选》(下册),合肥:安徽人民出版社,1984 年,第 333 页。

实行统一的累进税制。……对商人政策要正确,根据地内,商业有自由,对敌占区的商业,应有一定限度的统制。"①12月2日,中共中央中原局发出《关于华中根据地的财政经济工作建设对各地区的指示》,关于征税问题强调:其中规定"除赤贫者外,实行各阶层人民一律负担捐税义务的原则";同时,要求改变过去征税工作上的一些错误做法。如"过分加重富人与地主的负担;对贫民完全不征税、征粮;无准备无计划地实行累进捐税,并给富人累加过重了;在征收工作上的强迫命令、无秩序、杂乱等欠缺解释与宣传工作"。为改变这些错误,中原局要求"在根据地尚未巩固或准备不充足的情况下,不宜进行复杂的累进税制,只宜实行一律征粮,或极简单的累进税制";"停止向富人征收特捐特税及借款,停止以打汉奸为财政收入的政策";"各种税则及征收粮食的办法……均需召集各阶层的人民群众代表讨论,吸收人民意见"。②

　　12月20日,苏(州)常(熟)太(仓)经济委员会率先公布《暂行税则》。其中发布的《征收货物税暂行条例》比较详细地规定了对输入品(分为普通品项、消耗用品、特种用品项和必需品)、输出品(分为农产品项、制造品项、动物项)、通过品(指长江及京沪线水陆运输货品,假道通过本税区运送至外地者)按照不同的税率进行征税。同时还规定了"免税品类"以及偷逃税的惩罚措施。《征收营业税暂行条例》则比较详细规定了"各种经商贸易"所征税的税率。③

---

① 中共中央文献研究室、中央档案馆编:《建党以来重要文献选编》第17册,北京:中央文献出版社,2011年,第629页。

② 华中抗日根据地和解放区工商税收史编写组:《华中抗日根据地和解放区工商税收史料选编》上册,第10,11页。

③ 华中抗日根据地和解放区工商税收史编写组:《华中抗日根据地和解放区工商税收史料选编》上册,第13—18页。

### （二）皖南事变后江苏抗日根据地工商税收的发展

皖南事变后,随着江苏抗日根据地各战略区抗日民主政权大力加强财政经济建设,工商税收也得到重大发展。为避免因查禁小麦资敌造成根据地农村经济停滞,米业运转不灵的局面,1941 年 3 月 15 日,苏南二区财政经济委员会发出训令,决定对"准予出运"小麦,"但每石征出运税五元"[①]。11 月 16 日,淮北苏皖边区政府按照中共中央有关根据地征税的政策,"开征正税,豁免杂税及不合理税收"。其中,"确定盐税 、检查费、田赋、契税、牙贴、屠宰、烟酒为正税。其他各税一律豁免"[②]。

为指导华中各地通盘筹划制定比较统一的财政经济政策,壮大根据地经济,促进华中根据地的巩固与发展,1942 年 1 月,中共中央华中局决定成立财政经济委员会,统一领导华中根据地财政经济工作。关于华中根据地税收机构的设置,《华中抗日根据地财政经济改革草案》规定为"行署财经处——(专署)税管局——县税局(各县税局设置,可不依照行政区之划分)"[③];并 2 月,华中财政经济委员会颁布《华中抗日根据地财政经济政策草案》,规定了"税务征收的原则""免税入口与禁止出口的原则",以及制定了奢侈品、消费品、日用品、农产品、必需品及特种品的税率标准。此外,对于"漏税的处理""契税"的征收对象和税率标准等也都明确作了规定。[④]

---

① 华中抗日根据地和解放区工商税收史编写组:《华中抗日根据地和解放区工商税收史料选编》上册,第 29 页。

② 华中抗日根据地和解放区工商税收史编写组:《华中抗日根据地和解放区工商税收史料选编》上册,第 49,50 页。

③ 财政部税务总局编:《中国革命根据地工商税收史长编——华中革命根据地部分》,北京:中共财政经济出版社,1989 年,第 24 页。

④ 华中抗日根据地和解放区工商税收史编写组:《华中抗日根据地和解放区工商税收史料选编》上册,第 71—75 页。

在江苏抗日根据地各战略区,按照中共中央,尤其是华中局 2 月颁布的《华中抗日根据地财政经济政策草案》相关规定,本着量入为出的原则,结合本地实际,制定了本地区的税率标准、征收办法等。

苏南抗日根据地于 1941 年 4 月成立的江南行政委员会,下设财经处,在交通要道、重要城镇设立税务机关征收过境商品税与工商营业税。到 1942 后,苏南根据地税收的重点转到"整顿和建立税务所上"。此后,不断完善税制,加强税收。1944 年 7 月 1 日,苏南行政公署财政经济处颁布《货物税征收暂行条例》,其中规定在苏南根据地"履行合理负担,实施境内一物一税,并奖励必要物资进口施行征税",并详细规定了各类商品的税率。[1] 抗战胜利前夕,苏南行政公署为增加税收,决定:"加强税网,减少偷漏";"向敌据点商人征收";"加强干部的教育领导,改造税收人员,减少舞弊"等措施。[2]

在苏中抗日根据地,经济一向发达,尤其是沿江各地,工商业非常繁荣,皖南事变后的"一年来税收总数计有 1 587 万元,统一了四分区特殊的独立的经济系统,坚持了三分区,开辟了二分区的税源"[3]。1941 年 2—3 月间,江苏省第四区税务总处在苏中四分区增设 6 个税务总处。尽管在 1941 年夏季后,苏中地区在日伪"扫荡"下,交通要道被日伪占据,根据地经济条件十分艰苦,但苏中的

---

[1] 华中抗日根据地和解放区工商税收史编写组:《华中抗日根据地和解放区工商税收史料选编》上册,第 210 页。

[2] 华中抗日根据地和解放区工商税收史编写组:《华中抗日根据地和解放区工商税收史料选编》上册,第 274,275 页。

[3] 江苏省财政厅、江苏省档案馆合编:《华中抗日根据地财政经济史料选编(江苏部分)》(江苏部分)第 1 卷,第 157 页。

税率仍是比较低的。为此,苏中根据地的"财政来源已转入了产销税方面"。1943 年 4 月,日伪对苏中抗日根据地发动"清乡"斗争后,给根据地的税收造成极大困难,税收大大减少。为此,苏中抗日根据地各战略区大力开辟新的税源,加强税收管理。苏中如西县颁布《征收油酒产销税暂行统制办法》(1943 年 9 月)、《苏中区战时进出口税暂行管理办法》(1943 年 12 月 5 日)等。1944 年,苏中区党委对产销税作出调整,由"从量征收"改为"从价征收"。为维护根据地人民利益,1944 年苏中行署公布新的《产销税税率表》,明确指出:"(1) 估价及税额,一律以抗币为标准;(2) 估价系以目前市价估计,以后估价可以随时变更,但税率不变;(3) 除从量征收的以外,在估价栏内未注明估价者,由各财经分处随时规定另行通知。"同时,把货物详细分类,确定不同税率。① 采用新税率后,1944 年,"苏中区税款收入抗币 1 126 186 209 元,占苏皖边区税款总数的 53.5%"②。

在苏北,盐阜区初建时开征的税收共六种,即进出口货物税、产销税、营业税、所得税、屠宰税、牙帖税。1942 年 11 月,盐阜区盐城县税务局成立。遵照中共中央及华中局关于根据地税收政策精神,盐阜区主管税收的政府机构——盐阜工商管理局——制定了一系列税收征收办法、章程或守则,如 1943 年 7 月重订《盐阜区行政公署征收各种税税率表》,8 月 22 日公布《盐阜区行政公署通令——部分修改进出口税率》,10 月后,又颁布《盐阜区行政公署——重订契税章程》等。盐阜工商管理局也相继颁布了《进出口

① 华中抗日根据地和解放区工商税收史编写组:《华中抗日根据地和解放区工商税收史料选编》上册,第 247 页。
② 财政部税务总局编:《中国革命根据地工商税收史长编——华中革命根据地部分》,第 29 页。

货物税征收章程》《屠宰税征收章程》《沿海鱼税征收章程》《牙帖章程》等,以增加税收,并加强税收的规范化。经过努力,到1944年下半年,"苏北区税款收入抗币253 641 515元,占苏皖边区税款总数的12.4%。其中进出口税收入207 302 143元,占其税款收入的80%以上"①。

在淮北抗日根据地,由于"地方税的征收与整理工作做得异常不够",导致"边区财政收入的主要来源是货检税",边区税收造成较大损失。为解决边区财政经济困难,1941年年底开始,淮北苏皖边区政府加强税收征收管理,一方面,决定"开征正税","确定盐税、检查费、田赋、契税、牙贴、屠宰、烟酒为正税",其他杂税一律豁免。② 另一方面,"省县款正式划分。将货检税、盐税、特税全部及田赋契税各50%划归省款;另将牙税、屠宰税、烟酒税及田赋、契税各50%,作为县款。不能相互挪用"③。1943年10月,苏皖边区第二次财政会议召开,在通过的《财政会议决议》中强调要继续"整顿税收与加强缉私"工作,大力"开辟与争取边区税源"。为解决财政困难,1944年8月,淮北苏皖边区政府在开展进出口货物税等各项税款征收工作的基础上,"在不变更税率的前提下修正税额","做到了在物价猛涨的情况下不因调整税额而增加人民的负担",而且"所增税额平均为调整前的三倍左右"。④ 与此同时,淮北行政公署决定"取消了土烟税;契税从10%减至1%,禁止外来洋烟进口,保护

---

① 转引自财政部税务总局编:《中国革命根据地工商税收史长编——华中革命根据地部分》,第30页。
② 安徽省财政厅、安徽省档案馆编:《安徽省革命根据地财经史料选》(二),第60,61页。
③《刘瑞龙文集》上卷,北京:中共党史出版社,2005年,第130页。
④ 朱超南、杨辉远、陆文培:《淮北抗日根据地财经史稿》,第132页。

自己卷烟手工业的发展,这就直接与间接地减轻了人民的负担"①。

### 三、江苏抗日根据地的主要工商税种

(一)江苏抗日根据地的进出口货物税

进出口货物税(也称"货检税")是江苏抗日根据地征收比较早的一个税种。在苏南抗日根据地,早在1938年夏,茅山根据地建立初期,为增加财源,坚持抗战,镇江、句容、金坛、丹阳四县抗敌总会与江宁、溧水、当涂三县抗敌自卫会都设立征税机关,征收货物流通税。1939年3月,新四军挺进纵队北上攻占扬中后,也设立税务机关征收货物流通税。1940年春开始在部分地区征收,是根据地政府一种主要的财政收入。在路东地区,1939年5月,新四军第六团与常熟人民抗日自卫队会师后,建立常熟财经委员会,对过往货船开征货物流通税,并按照不同商品分五类制定征收税率。12月20日,苏常太经济委员会率先颁布《征收货物税暂行条例》,详细规定了进出口物品的税率。

在苏中地区,新四军在黄桥建立抗日民主根据地后,即在控制地区征收货物流通税,"8—9两个月即征收32万元法币";11月,接管国民党江苏省政府在如皋的税务机关后,"开征过境货物税"。② 在苏北盐阜区,1940年9月,新四军沿用国民党旧章,开征进出口货物税。淮海区在1940年9月后也开始征收过境商品税,但由于根据地建立初期,税收十分有限。

1940年年底前,在津浦路东抗日根据地为打击日军"以战养

①《刘瑞龙文集》下卷,北京:中共党史出版社,2005年,第566页。

② 江苏省财政志编辑办公室编:《江苏省财政史料丛书:江苏抗日根据地和解放区财政史料》第2辑第3分册,北京:方志出版社,1999年,第104页。

战"政策,与日伪展开经济封锁作斗争,对进出口根据地货物分别正税的办法。对于进口的奢侈品、纸烟税税率增加,对于亟需的货物免征税。当时根据地进出口货物税特点:一是"同一个战略区内税不重征","其作用等同于海关,而不是厘金关卡";二是关税自主,具有保护根据地工商业的作用,"货检处则主权在我,要征则征,要免就免,要加就加,要减就减"①。苏皖边区在 1940 年 3 月,随着抗日民主政权的建立,在接管了国民党旧的税务机关后,对于过境商品,继续征收货物检查税。

皖南事变后,进出口货物税成为江苏根据地征收正税的一个主要税种。在苏南,由于历来工商业发达,货物运输与交易频繁,因此苏南根据地会随时根据形势的发展灵活调整进出口货物税。1941 年 3 月 15 日,苏南第二行政区财政经济委员会根据"本辖区内尚有巨额存麦,若再禁止出境,不但米业感受周转不灵,且农村经济亦将停滞",决定"每石小麦征收出口税 5 元"。1944 年 7 月 1日,为保护根据地内物资交换,对敌展开经济斗争,改善人民生活,苏南行政公署颁布《货物税征收暂行条例》,对于进出口货物税率按照"必需品""日用品""军用品"和"烟酒糖等"制定不同税率进行征税。②

1942 年 2 月华中局颁布了《华中抗日根据地财政经济政策草案》,对进出口货物税政策从"征收原则""免税入口与禁止出口的原则""税率标准"等方面都作了详细规定,成为苏中抗日根据地进出口货物税征收的依据。1943 年 12 月 5 日,苏中行政公署颁布

---

① 安徽省财政厅、安徽省档案馆编:《安徽省革命根据地财经史料选》(一),第 182 页。
② 江苏省财政志编辑办公室编:《江苏省财政史料丛书:江苏抗日根据地和解放区财政史料》第 2 辑第 3 分册,第 101—104 页。

《苏中区展示进出口税暂行管理办法》,具体规定了"奖励保护进口"的货物,"限制与禁止进口"的货物以及进出口货物报税的相关问题。[①]

　　苏北盐阜区也于 1943 年初由工商管理局颁布《进出口货物税征收章程》,以加强对敌经济斗争,实施进出口货物管理,征收进出口货物税。7 月,盐阜区行政公署公布重订进出口货物税税率,进口类最低 2％,最高 25％;出口类从 5％—15％不等。8 月 22 日,盐阜区行政公署又通令修改进出口税税率,进口税除白羊布为 2％外,其余都未 25％;出口类猪鬃、猪毛、狗皮和芝麻为 20％。[②] 苏北淮海区从 1941 年 6 月进出口货物税征收走上正轨,"7 至 11 月进出口货物税收入 20.5 万元(法币),占同期税收总数的 35.3％"[③]。到 1944 年底,淮海区进出口货物税税率与盐阜区基本大体保持一致,淮海区政府基本控制了进出口货物税源。

　　淮南津浦路东抗日根据地进出口货物税在根据地税收中占据主导地位。皖南事变后,根据地政府根据进出口货物的用途,对进口货物"课税 2％至 25％不等","出口货物税 3％—15％"。经过努力,1941 年 1—9 月,"货检税收入 342.3 万元法币,占同期税收总额的 74.9％"。在淮北苏皖边区,1941 年 8 月,淮北苏皖边区行政公署成立后,对于进口必需的货物基本实行免税政策,"少数品种最高征收 3％;进口一般日用品,如食糖等征税 5％—8％;进口非必

① 华中抗日根据地和解放区工商税收史编写组:《华中抗日根据地和解放区工商税收史料选编》上册,第 175,176 页。

② 江苏省财政志编辑办公室编:《江苏省财政史料丛书:江苏抗日根据地和解放区财政史料》第 2 辑第 3 分册,第 107,108 页。

③ 江苏省财政志编辑办公室编:《江苏省财政史料丛书:江苏抗日根据地和解放区财政史料》第 2 辑第 3 分册,第 108 页。

需品,如香烟、化妆品等征税 12—15％。另外,凡禁止或限制进出口的货物,则征税 20％—30％"①。此后,淮北苏皖边区不断根据形势调整进出口货物税税率,增加政府税收收入。到 1944 年"淮北区进出口货物税收入 599 万元(抗币),占税收总额的 55％"②。作为江苏抗日根据地主要税源之一,进出口货物税在苏皖边区的淮南、淮北和苏北三地,"1944 年货物税收入达 78,620 万元,占税款收入的 32.8％"③,这为根据地的巩固与抗日民主政权的建设,以及积累物资与敌人展开经济战做出了重要贡献。

（二）江苏抗日根据地的产销税和营业税

货物产销税,是对在根据地内生产和销售产量比较大的物品征收的一种税。营业税则是江苏抗日根据地内一种较为复杂的税种,既包括向固定工商业者征收的普通营业税,也包括向行商营业税,或过境所得税,还有具有营业税性质的抗日捐和爱国捐等。在江苏抗日根据地内,各战略区随着形势的发展变化,营业税征收的范围也发生了重大变化。

在苏南抗日根据地,由于该地经济较为发达,1940 年 12 月 20 日,苏南行政区苏常太经济委员会公布《征收营业税暂行条例》,开始征收"酒类制造税"和"卷烟税项",对于"屠宰税""营业税"以及"特许营业执照税"也都开始征收;并且比较详细地规定了纳入营业税的商号、营业税征收的时间及税额。但是,没有规定起征点,

---

① 江苏省财政志编辑办公室编:《江苏省财政史料丛书:江苏抗日根据地和解放区财政史料》第 2 辑第 3 分册,第 109 页。

② 江苏省财政志编辑办公室编:《江苏省财政史料丛书:江苏抗日根据地和解放区财政史料》第 2 辑第 3 分册,第 110 页。

③ 财政部税务总局编:《中国革命根据地工商税收史长编——华中革命根据地部分》,第 81 页。

而是以营业额为准。① 淮北苏皖边区在根据地建立政权后，也开始对本地的烟酒、烟丝生产商征收税。

皖南事变后，江苏抗日根据地受到日伪与国民党顽固派的经济封锁，军民生活受到严重影响。为改善根据地经济状况，1942年2月，华中局财政经济委员会颁布《华中抗日根据地财政经济政策草案》，决定"将各根据地物产中（如盐、棉、酒、油、茧等）生产比较大量，在生产过程中有一次比较集中的货品改办产销税，以转移税源重心，而产销税的负担者应该是物品的承销人，其税率一般的应不超过其货价的10％"。同时，《草案》对营业税的征收标准和原则也作了规定。关于"征收标准"规定为两种："（1）营业周转较易，利润较高，资本较小者，依照每年或每季营业额估税；（2）资本较大而获利较低（如工厂、银号、银楼），依照其资本额估税。""征收原则"为"普通营业税是一种行为税，是比较间接税，如果在根据地内没有较大的城市与商业，所收无多者，可以放弃；如有较大的城市与商业，仍可征收"②。

根据华中局关于征收货物产销税和营业税的相关原则，江苏抗日根据地制定相关具体征收办法。1943年7月前，苏北盐阜区开始实行按照营业额8‰固定税率开征营业税，此后按照营业额实行累进税制。"全季营业额3万元以下者免征。3万元至10万元以下者征5‰，10万元至20万元以下者征8‰，20万元至40万元以下者征12‰，40万元至60万元以下者征15‰，60万元至80万

① 华中抗日根据地和解放区工商税收史编写组：《华中抗日根据地和解放区工商税收史料选编》上册，第16，17页。
② 江苏省财政厅、江苏省档案馆合编：《华中抗日根据地财政经济史料选编（江苏部分）》第1卷，第45页。

元以下者征 20‰,超过 80 万元者征 25‰。"①1944 年,盐阜区在鱼汛期间也开始征收沿海鱼税,以增加政府税收。淮南根据地在1943 年也开始征收营业税。

在苏中抗日根据地,对于本地产的油、酒、烟以及土布、迷信品、黄花鱼等开征产销税。1943 年 9 月,如西县公布《油酒产销税暂行统制办法》,规定经营油、酒的坊商和贩卖烧酒的行商,都要领取营业执照才能营业,领取执照时缴纳抗币 10 元;并规定了征收油和酒的产销税率。1944 年,苏中抗日根据地重订产销税率,对花纱布匹绸缎呢绒以及牲畜、海产等征收不同的产销税。

到 1944 年,产销税在江苏根据地税收中所占地位日趋重要。据统计,苏中、苏北、淮南、淮北四个抗日根据地"产销税收入共有抗币 887 531 790 元,占全部工商税收入2 091 492 421 元的 42%,占财政中收入 4 745 659 627 元的 18.5%"②。至年底,"据淮北、淮南、苏中、苏北 4 个根据地统计资料,营业税收入抗币 3 925.8 万元,占工商税收总额 1.96%"③。

(三)江苏抗日根据地的牙税和盐税

牙税是指代客买卖、行栈及收取佣金的牙行或经纪人向税收机关缴纳的一种税,也是江苏抗日根据地经常性税收之一。新四军在江苏根据地建立政权时,一面废除国民政府旧的苛捐杂税,另一方面在根据地沿用国民党规章制度继续征收牙税。

---

① 华中抗日根据地和解放区工商税收史编写组:《华中抗日根据地和解放区工商税收史料选编》上册,第 160,161 页。

② 财政部税务总局编:《中国革命根据地工商税收史长编——华中革命根据地部分》,第101 页。

③ 江苏省财政志编辑办公室编:《江苏省财政史料丛书:江苏抗日根据地和解放区财政史料》第 2 辑第 3 分册,,第 133 页。

苏南抗日根据地在 1940 年 12 月开始征收牙税。在苏常太经济委员会颁布的《征收营业税暂行条例》中规定"猪行、牛贩、鱼行、柴行、粪行、地货行、豆行、桑叶行、碾米厂、戽水船"等行商都要申领营业执照，缴纳牙税；并"订定税额等级"。①

鉴于华中各地对牙税的称呼不同，计税标准和税率不一致，存在诸多不合理之处，1942 年 2 月，华中局颁布《华中抗日根据财政经济政策草案》，其中对牙税征收作出改革："（1）征收对象——由行主负担，不准转嫁客商。（2）征收标准与税率——每月行佣收入不满 150 元者免征，超过者依照其行佣总收入额征收 1% 至 2%，每月或每季征收一次。"②同时，对牙行封建性的剥削予以限制。

遵照华中局关于牙税征收的原则，江苏抗日根据地各战略区结合本地实际不断对牙税征收政策作出调整。1943 年 7 月前，根据盐阜区工商管理局《牙贴章程》规定，牙行分为两类征税。"第一类牙行按佣金额 15% 按月征收牙税。第二类牙行由工商局预估各该月该季营业额大小，确定等级，按等级规定之税额，于每季第一个月上旬填给牙贴征收之。"③7 月后，苏北盐阜区规定牙税税率分两类实现。第一类包括盐行、油饼行、棉花行、帮猪行、五洋行、鱼行六种牙行按照不同等级进行征税，最低为 670 元，最高为 5 400元。除了第一类所列六种牙行外的其他牙行税额分四级，即第一

---

① 华中抗日根据地和解放区工商税收史编写组：《华中抗日根据地和解放区工商税收史料选编》上册，第 16 页。

② 江苏省财政厅、江苏省档案馆合编：《华中抗日根据地财政经济史料选编（江苏部分）》第 1 卷，第 46 页。

③ 华中抗日根据地和解放区工商税收史编写组：《华中抗日根据地和解放区工商税收史料选编》上册，第 184 页。

级 150 元,第二级 300 元,第三级 450 元,第四级 600 元。① 淮南抗日根据地牙税税率为佣金额的 5％。②

　　江苏抗日根据地中的苏北、苏中战略区濒临黄海,尤其是苏北沿海一带盛产食盐。苏北两淮盐场尤为出名。盐税一向是政府的一项重要财政收入。1940 年 11 月,新四军一部接管了东台城的"两淮盐务管理机关",组建了抗日民主政府领导下的"两淮盐务管理局",沿用国民政府旧章开始征收盐税。"各抗日根据地盐税税率、税额不同。1941 年苏中区每担小籽盐法币 5—6 元,1942 年增加到江淮币 4—5 元;1943 年盐阜区征收食盐出口税每担盐阜币 15元,1944 年淮海区征收大籽盐进口税每担淮海币 200 元。"③

　　盐税在江苏根据地各战略区税收收入中占据重要地位。据不完整的资料统计:苏北"淮海区 1941 年 7—11 月盐税收入 33.2 万元,占同期财政收入的 41％;盐阜区 1941 年 11—12 两个月盐税收入,占同期财政收入的 29％"。在淮南抗日根据地路东地区,"1941年 1—9 月,盐税收入 22.6 万元,占同期财政收入的 3.29％"。在苏中抗日根据地,"1944 年盐税收入 15 285.8 万元,占财政收入的12.8％"。根据 1944 年的统计资料,在淮北、淮南、苏北和苏中四个根据地,"盐税收入共计 22 252.8 万元,占全年税收总额的10.62％;占财政总收入(包括粮赋代金收入)的 4.59％"④。

---

① 《盐阜区行政公署征收各种税税率表》(7 月重订),《盐阜大众报》,1943 年 7 月 23 日第 4 版。
② 江苏省财政志编辑办公室编:《江苏省财政史料丛书:江苏抗日根据地和解放区财政史料》第 2 辑第 3 分册,第 138 页。
③ 江苏省财政志编辑办公室编:《江苏省财政史料丛书:江苏抗日根据地和解放区财政史料》第 2 辑第 3 分册,第 143 页。
④ 江苏省财政志编辑办公室编:《江苏省财政史料丛书:江苏抗日根据地和解放区财政史料》第 2 辑第 3 分册,第 144 页。

（四）江苏抗日根据地的屠宰税和契税

屠宰税也是江苏抗日根据地财政收入的重要来源。皖南事变前，在苏南东路抗日根据地率先开征屠宰税。1940年12月20日，苏常太经济委员会颁行的《征收营业税暂行条例》中规定："（1）凡宰杀牛、猪、羊设私售卖，得论日按期实宰数课税，牛每只征五元，猪每只征一元二角，羊每只征六角。（2）屠宰税得按月征收之。"① 在津浦路东抗日根据地的高邮、宝应等地也开征屠宰税，其税额为"牛（限丧失畜力者）每头4元，猪每头1.2元，羊每头0.4元"②。

皖南事变后，为解决经济困难，江苏抗日根据地普遍征收屠宰税。1941年7月，苏北淮海区也开始征收屠宰税，"至11月共收入1.1万元，占同期税收总额1.3％"③。1942年2月颁布的《华中抗日根据地财政经济政策草案》规定屠宰税为"屠宰营业税"，"向屠商征收"；"老百姓自宰自食不能征税"。税率标准为："（1）牛马——各区向来多禁宰，如有特殊情形，可自行规定，一般地应比猪羊为高。（2）猪羊——照其价值征1％—3％，可由各区按照实际情形，具体规定从量征收（即每头若干）。"④

苏北抗日根据地盐阜区根据本地情况，1943年7月，把屠宰税税额进行调整。规定牛每头120元（盐阜币），猪每头40元（盐阜币），羊每头15元。12月，盐阜区工商管理局颁布《屠宰税征收章

---

① 华中抗日根据地和解放区工商税收史编写组：《华中抗日根据地和解放区工商税收史料选编》上册，第17页。

② 江苏省财政志编辑办公室编：《江苏省财政史料丛书：江苏抗日根据地和解放区财政史料》第2辑第3分册，第140页。

③ 江苏省财政志编辑办公室编：《江苏省财政史料丛书：江苏抗日根据地和解放区财政史料》第2辑第3分册，第140页。

④ 江苏省财政厅、江苏省档案馆合编：《华中抗日根据地财政经济史料选编（江苏部分）》第1卷，第45页。

程》,规定"按所屠宰之牲畜市价 5％征收之"。但是,"婚丧、祭祀、年节食用所宰杀之牲畜而无交易行为,经查明属实者,免税"①。总起来看,屠宰税在江苏根据地财政收入中占有一定的比重。据统计,到 1944 年度,苏皖边区"仅淮南、淮北、苏中、苏北四区的屠宰税收达 37,862,321.52 元,占收入的 0.8％"②。

契税是江苏抗日根据地财政收入的又一重要来源。淮北苏皖边区则确定契税为正税税种之一。1944 年淮北苏皖边区行政公署颁布《买契章程摘要》,规定契税税率为:"买卖价一元,收洋一角;典契价一元,收洋五分。"③1940 年,津浦路东地区沿用国民党旧制开始征收契税,但税率比国民党减轻了 20％。1942 年 7 月,淮南津浦路东根据地契税征收标准为"买契照契价征收 10％,典契照价征收 5％"④。苏北盐阜区对买卖、典当都征收契税,而且对寺庙等不动产及公学产租种权所转移契约,也征收契税。根据 1944 年 7 月 10 日,苏北《盐阜区新颁征收契税暂行章则》的规定:寺院庵宫不动产与共学产租种权转移需要按"其价 4％征收契税。赠与、易换、归并三种变相卖契约,按照报验日平均估价征收 4％。典出契约,按其契价 2％征收契税"。公学产租种权"按该公学产比照民产之平

---

① 华中抗日根据地和解放区工商税收史编写组:《华中抗日根据地和解放区工商税收史料选编》上册,第 181,182 页。

② 华中抗日根据地和解放区工商税收史编写组:《华中抗日根据地和解放区工商税收史料选编》上册,第 251 页。

③ 华中抗日根据地和解放区工商税收史编写组:《华中抗日根据地和解放区工商税收史料选编》上册,第 214 页。

④ 华中抗日根据地和解放区工商税收史编写组:《华中抗日根据地和解放区工商税收史料选编》上册,第 87 页。

均估价 1％征收契税"①。

契税的征收一般贯彻合理负担的原则。税收的"大部分由地主、富农负担。这些人为了使土地取得法律保障,也乐于交税换契"②。根据契税征收结果来看,江苏根据地内契税在某些战略区税收中占有重要比重。如淮南根据地"屠宰税年可收入 10 万元,契税约 30 万元,牙贴税 5 万元,烧酒税 4 万元",契税占比达到 60％。③

## 第四节 江苏抗日根据地的金融货币

### 一、江苏抗日根据地金融机构的创建与发展

新四军开赴江苏抗战初期,市面上流行的货币被国民党发行的钞票与日伪发行的军用票所包围。尽管日伪强迫民众使用军用品,但在当时国民党发行的法币仍在市场流通中占主要地位。到 1940 年底,在江苏地区坚持抗战的新四军,虽然初步建立了以茅山地区为中心苏南抗日根据地,但是新四军忠实执行抗日民族统一战线政策;再加上根据地建立伊始,物资匮乏,无力建立自办银行,发行货币,因此,根据地商品交换仍以国民党发行的法币为主。

1940 年底,随着抗战形势的变化,新四军在江苏地区开始相继建立起津浦路东根据地、淮北苏皖边区根据地、苏中抗日根据地与苏北抗日根据地。为进一步建立与巩固华中根据地,1940 年 11

---

① 华中抗日根据地和解放区工商税收史编写组:《华中抗日根据地和解放区工商税收史料选编》上册,第 215,216 页。

②《安徽财政研究资料》1981 年第 11 期。

③ 安徽省财政厅,安徽省档案馆编:《安徽省革命根据地财经史料选》(一),第 243 页。

月1日,中共中央在《关于建立与巩固华中根据地的指示》中要求"设立银行",以壮大根据地的财政经济。皖南事变后,国民党军事委员会宣布取消新四军番号,完全停止对新四军的经济供应。为适应新的形势,发展经济坚持抗战,遵照中共中央关于敌后根据地金融政策的相关指示,新四军与中共中央华中局决定改变货币政策,创建自己的金融机构,发行货币。江苏抗日根据地各战略区积极创建金融机构,发行货币,制定灵活积极的金融政策与日伪、国民党当局展开货币斗争,大大加强了根据地的巩固与发展。

（一）江淮银行

1940年10月,陈毅率新四军一部与黄克诚所率八路军南下部队在白驹会师,共同开创了苏北抗日根据地。为不断巩固与壮大根据地,11月1日,中共中央书记处向中原局和华中新四军、八路军主要同志发出重要指示,其中在财政经济工作上指出应"设立银行"。根据中央指示精神,11月初,刘少奇在听取管文蔚汇报苏北临时参政会筹备情况时强调:"我们建立了自己的政权,就可以自己发展生产,制造武器,自己发行钞票,自己税收,不靠任何人。"①

皖南事变后,中共中央决定在盐城重建新四军军部。1941年1月,重建军部领导人指示财经部领导人朱毅和李人俊筹备建立银行。经过周密准备,4月1日,江淮银行在盐城宣布成立,这是华中抗日根据地第一所金融机构。朱毅任行长,李人俊、骆耕漠任副行长。银行内设营业、会计与秘书三科,全行人员约50人。12日,江淮银行正式对外营业。6月15日,江淮银行在泰东县栟茶镇设立分行,李人俊兼任分行行长（未到任）,四分区财经委员会主任范醒之主持工作。此后,在泰东县李堡设立江淮银行办事处。7月12

---

① 陈虹:《管文蔚传》,北京:中共党史出版社,2002年,第344页。

日,面对即将到来的日伪大"扫荡",江淮银行撤离盐城。9月,中共华中局和新四军军部根据当时形势需要,各师分区打击日伪,军部决定撤销江淮银行机构,仅保留"江淮银行"名称,把银行工作人员就近分散到第一师、第三师,为此后组建盐阜银行提供了有力支撑。1942年,苏中军区建立的苏中地方银行名称仍为"江淮银行"。江淮银行行长朱毅兼任,先后设立江淮银行苏中第二支行、第三支行、第四支行和第五支行。1945年9月,并入华中银行。

(二)盐阜银行

皖南事变后,在苏北盐阜区抗日根据地,为了解决抗日军民的生产生活问题,反对敌人的经济封锁,反对利用伪币、法币到根据地掠夺物资,保护人民的利益,巩固根据地经济建设,盐阜区行政公署成立了财经工作委员会;并根据中共中央制定的《关于发展华中抗日根据地生产事业的决定》以及《关于法币问题的指示——各根据地可采取的对策》等文件中对货币政策的规定,报请上级决定建立自己的银行,发行自己的货币。

1942年春,中共中央华中局第一次扩大会议期间专门讨论了成立盐阜银行、发行货币的问题,盐阜区行署委派财经处处长骆耕漠到会报告情况,参与决策。会后,盐阜区行署主任宋乃德与骆耕漠亲自筹划。4月10日,公布《盐阜银行章程》。该《章程》明确规定:盐阜区政府银行,隶属于盐阜区行政公署财政经济处,"资本暂定为50万元,由财经处于库存款项下拨给之"[1];盐阜银行成立后的中心任务:"一为举办小本贷款,救济工农,发展生产;一为依照政府规定,发行一元、五角、二角、一角等流通券,并定于本月十五

---

[1] 中国人民银行盐城市中心支行、江苏省盐城市钱币学会编:《盐阜银行史》,南京:江苏人民出版社,2000年,第77页。

日开始发行一元流通券,便利买卖,繁荣商业。"①

4 月 16 日,盐阜银行正式对外营业。按照盐阜银行章程的规定,在盐阜区所属各县建立办事处,在比较大的镇设立代理处。但是,由于日伪不断的"扫荡"与"清乡",这就使得盐阜银行"以岔头庄为中心,益林镇为基地,沿着大沙河一带,四处搬迁,大部分时间忙于游击转移,未能按照章程规定设立基层机构"②。因此,在盐阜地区也仅在阜东县的东坎与益林设立办事处;在阜宁县的羊寨、陈集设立收兑处,其他各县均没有设立。

1942 年秋,日伪对苏北抗日根据地淮海区进行大规模"扫荡"。淮海地方银行在撤退时,部分钞票散失,淮海行署宣布停用淮海地方银行币。1944 年 3 月,苏北区党委决定不再恢复淮海地方银行,将盐阜银行划归苏北财经委员会领导,成为苏北军区的金融机构,盐阜银行币的流通范围扩大到了淮海区。到 1945 年 7 月,中国抗战进入大反攻时期,华中解放区逐渐连成一片。对此,华中局指示,华中根据地的银行都集中到淮阴和淮安,盐阜银行全部人员奉命集中于淮安。1945 年 9 月 1 日,盐阜银行改名为华中银行苏北地方银行。至此,盐阜银行完成了抗战所赋予她的各项金融任务,结束了自己的历史使命。

(三)淮海地方银行

1940 年 9 月,黄克诚率领八路军第五纵队挺进淮海地区,并逐步建立起 8 个县的抗日民主政权。10 月,淮海区专员公署成立,专员有第五纵队教导 1 旅政治部主任吴法宪兼任。专员公署成立后,金融建设成为根据地政权建设的重要内容之一。经过多方努

---

① 《本区金融的福音,盐阜银行正式成立》,《盐阜报》,1942 年 4 月 11 日第 4 版。
② 中国人民银行盐城市中心支行、江苏省盐城市钱币学会编:《盐阜银行史》,第 14 页。

力,1941年6月,"区专署拨资金100万元(含金库公债票、粮食、棉
纱)作为抗币发行基金,并通过各种关系从敌占区购买圆盘印刷
机、石印机和其他印刷物资,开始印制淮海区流通券"①。

　　1941年12月,太平洋战争爆发后,法币失去外汇价值,急剧贬
值,日伪用大量法币在根据地掠夺物资。"党史在淮海区流通的法
币已近2 000万元,敌伪倾吐法币后将增至3 000多万元,淮海区
的金融与经济必将遭受严重的冲击。"②为应对严峻形势,1942年1
月,淮海区抗日民主政府开始在淮海区投放伍角流通券,到2月,
"已出了100万元,计划最近发行40万元"③。6月,淮海区二届参
议会决议成立暨淮海区地方银行发行兑换券与敌伪作金融斗争,
以顾准、卢钝根为地方银行筹备处正副主任,积极进行筹备工作。
"除接收前淮海流通券外,并多方购办器材,建立发行兑换券之印
钞厂,且鸠工修理行屋正式成立淮海地方银行。"④

　　8月9日,淮海地方银行召开第一次理事会,其成员超过半数
是当地乡绅和商界人士。顾准汇报地方银行筹备情况,会议讨论
了发行淮海币的准备工作,任命顾准为淮海地方银行理事长。银
行下设会计科、出纳科、总务科、发行科、营业部和信贷科,全行共
约40人。

　　8月10日,淮海地方银行在沭阳张圩正式开业,发行淮海地方
银行券壹圆券,规定与法币比价为1∶5,由江淮印钞厂生产。开业

---

① 江苏钱币学会编:《华中革命根据地货币史》(第一分册),北京:中国金融出版社,2005
　年,第56,57页。

②《顾准、卢钝根谈成立淮海地方银行意义及计划》,《淮海报》,1942年6月19日第2版。

③ 中共江苏省委党史工作委员、江苏省档案馆编:《苏北抗日根据地》,北京:中共党史资
　料出版社,1989年,第176页。

④《淮海地方银行筹备成立》,《淮海报》,1942年6月19日第2版。

当天,"即兑出淮海地方银行币 2 000 余元(合法币 10 000 余元)"①。随着业务扩展,淮海地方银行在比较重要的城镇,如塘沟、高沟、麻朵、老张集、大兴集等地都设立代理处,发行和兑换淮海地方银行券以及发放和收回贷款等。

1942 年秋,淮海地方银行工作人员在撤退时,部分钞票散失。为防止日伪利用淮海币掠夺根据地物资,淮海行署宣布停用淮海地方银行币;同时,决定淮海地方银行停业。

(四)淮南银行

1941 年 1 月,汪伪政权在日本帝国主义支持下设立"中央储备银行"发行"中储券",与日本军用票、日本银行券等一起大肆掠夺江苏根据地战略物资,给根据地人民造成巨大灾难。在皖南事变后,国民党宣布新四军为"叛军",停止军饷及物资供给,新四军面临经济形势十分严峻。为改变这一形势,随着抗日民主政权的建立,华中局根据党中央指示,要求各根据地"建立自己的银行,发行自己的钞票,同敌人作经济斗争"应成为财政建设的重要内容。1941 年 1 月 14 日,淮南津浦路东各县联防办事处主任邓子恢指出:敌人"破坏我法币,推行敌伪币,企图扰乱我金融","要维持金融稳定,基本的办法是在于自己设立银行,像华北一样由自己银行发行钞票流通市面"。②

在淮南抗日根据地,根据中共中央相关指示和华中局扩大会议精神,经过充分准备,1942 年 2 月,在盱眙县葛家巷正式成立淮南银行,发行货币。淮南银行设立初期,与淮南行署总金库合署办公,归行署财经处领导,首任行长为龚意农。淮南银行成立初期,

---

① 《淮海地方银行开幕志盛》,《淮海报》,1942 年 8 月 13 日第 2 版。

② 安徽省财政厅、安徽省档案馆编:《安徽省革命根据地财经史料选》(一),第 174,186 页。

未设立分支机构,内部只设有金库。1943 年,日伪掀起对淮南根据地大"扫荡"后,淮南银行迁往盱眙县时家集。1944 年间,淮南以后业务扩大,银行内部设立会计、营业、出纳三科,在天长县铜城镇设办事处。1945 年初,又在陆续设立来六办事处、大仪办事处。8月,抗战胜利后,根据地命令改为华中银行第三分行,周济之、董筱川任正副行长。

（五）淮北地方银号

1941 年 8 月,淮北苏皖边区政府成立。为建立巩固的根据地与日伪展开经济斗争,根据中共中央、中共华中局等相关指示,苏皖边区党委和政府筹划"成立银行,发行辅币,调剂农村金融"①。11 月,苏皖边区召开财政工作会议,在通过的《苏皖边区第一次财经会议决议案》中提出"设立边区银行"。规定"由淮北行署开设银行。定名为淮北苏皖边区地方银号;资金暂定 50 万元(法币),官商各半,每股 10 元;官股 25 万元由淮北行署省款项下拨付,商股由各县募集;银行发行壹圆、伍角、贰角、伍分、壹角 4 种货币;银行董事长、经理由股东代表会选举;银行组织条例及营业办法另行制定公布"②。

1941 年底,淮北苏皖边区政府"因急需发行根据地货币以利开展对敌斗争,先由行署财经处长李人俊向江淮银行借来一批印好的 1 元券,经《皖东北日报》印刷厂加印'淮北地方银号'行名,再加盖'改作拾元'戳记,投放市场"③。为便于开展统战,维持国共抗战大局,1942 年 6 月 28 日,淮北苏皖边区银行在行署所在地泗东

---

① 安徽省财政厅、安徽省档案馆编:《安徽省革命根据地财经史料选》(二),第 63 页。

② 《政府工作》第四期,1941 年 11 月 16 日。

③ 安徽省钱币学会编:《华中革命根据地货币史》,北京:中国金融出版社,2000 年,第124 页。

县半城集成立,名为"淮北地方银号"。由邓子恢、彭雪枫、刘子久、刘瑞龙、刘玉柱、雷明等9人组成董事会,刘瑞龙被推举为董事长。淮北地方银号在根据地下辖16个县中的8个县设有分号或办事处。抗战胜利前夕,即1945年8月,淮北地方银号改为华中银行第七分行。

## 二、江苏抗日根据地货币的发行与流通

### (一)江淮银行货币的发行与流通

1942年8月,江淮印钞厂正式开工印制江淮币。当时印制江淮币有壹元券、伍角券、贰角券三种。10月24日,苏中区党委作出《关于敌汪排斥法币及我根据地发行抗币的决定》,要求遵照华中局指示,"在根据地内禁止使用伪中储券。发行抗币,逐渐使抗币成为根据地内唯一的通货"[1]。

为抵制汪伪政权排斥法币,打破日伪"以战养战"之阴谋,保护抗日根据地内广大军民利益,11月1日,苏中行政公署发出《关于发行江淮银行钞票的布告》,决定"发行江淮银行钞票,票额分伍角、壹元、伍元、拾元四种。江淮票一元作法币五元计算。自发行日起,江淮票不仅为根据地通用货币,而且为根据地本位货币"[2]。此次江淮银行所发行江淮币仅在苏中地区流通,总额500万元。此后,依据当时形势发展变化,一方面,江淮币的不断新增发行钞券和本票,到1945年9月底前,江淮银行共发行钞券15种,"支行和办事处发行流通券和代价券10种,本票7种"[3]。另一方面,江

---

① 江苏省钱币学会编:《华中革命根据地货币史》第1分册,北京:中国金融出版社,2005年,第40页。

② 江苏省钱币学会编:《华中革命根据地货币史》第1分册,第190页。

③ 江苏省钱币学会编:《华中革命根据地货币史》第1分册,第44页。

淮币的发行数量不断扩大,据华中财经委员会统计,截至 1946 年 12 月 21 日,"江淮币发行总数为 174 808 357 元"[1]。

江淮币发行投放渠道十分广泛,主要包括"(1)发放各类贷款、救济款、救灾款及以工代赈款;(2)收购农副特产品;(3)收购外汇(伪中储券、法币、审票)和收购黄金、白银的投放;(4)党政军、民运人员的经费开支;(5)采购军需民用物资"[2]。

江淮币流通区域主要是苏中抗日根据地境内广大地区,包括境内一些重要城镇,如江都、高邮、泰州、靖江、海门、启东、海安、如皋、东台等地。此外,在江南的苏中第五、第六分区等地也流通江淮币。

(二)盐阜银行货币的发行与流通

1941 年 4 月 16 日,盐阜银行开始发行钞票。第一次发行包括一元、五角、二角和一角四种,"完粮纳税,一律通用,并可随时向该行及其指定之代理处等价兑换法币"[3]。总起来看,在盐阜银行存在期间,共印币钞 9 种面额、26 个版面(包括"淮海地方银行"币改印"盐阜银行"币,耕牛图伍角一种)。从 1942 年 4 月到 1945 年 8 月,共发行 31 个票面的盐阜币,发行总额为 67,003,806.72 元。"货币发行的形制上,印制盐阜币的纸质,有灰白土纸、牛皮纸、道林纸、桑树根皮土造纸等。版式有竖式 7 种,横式 24 种。钞版材料有木刻板 19 种,钢质版 12 种。"[4]

盐阜银行的发行政策,是"有限量的发行"。具体来说,主要遵循四个原则:第一,"有充足的准备金和物资保证";第二,"不走财

---

[1] 江苏省钱币学会编:《华中革命根据地货币史》第 1 分册,第 42 页。

[2] 江苏省钱币学会编:《华中革命根据地货币史》第 1 分册,第 40 页。

[3]《盐阜银行开始营业一元钞票今日发行》,《盐阜报》,1942 年 4 月 16 日第 3 版。

[4] 中国人民银行盐城市中心支行、江苏省盐城市钱币学会编:《盐阜银行史》,第 32,33 页

政发行的道路";第三,"坚持独立自主的原则";第四,"严格控制发行数量"。[①] 其发放的各类贷款主要有农业贷款与工商业贷款,其中农业贷款占主要部分,这是由于盐阜地区超过 90％的人口分布在农村,加上自然灾害比较严重,农业生产较为落后,人民生活比较困苦。盐阜区抗日根据地建立后,各级党委政府率领广大人民兴修水利,组织农业互助,盐阜银行及时发放各项农业贷款,对农业生产发展、农民生活改善都起到了保障和促进作用。

除了发放农业贷款与工商业贷款外,盐阜银行其他业务包括:一是存款,主要对象是盐阜区行署及各县抗日民主政府筹办的贸易公司等公营企业,新四军三师供给部的一些公司、各种形式的合作社的股金和经营资金等也都存入盐阜银行。二是汇兑,主要是与其临近的淮海地方银行展开的汇兑业务,也包括盐阜区商人到上海购买商品和出售农副产品,以及根据地政府派人到上海购买的日用工业品、药材、纸张和换购枪支弹药等等。三是代理金库。四是收回宋公堤公债。五是参加贸易管理和经营工商业,如监督进出口物资管理,参与贸易管理,响应党的号召,开展大生产运动、经营工商业等。六是融通资金。

盐阜币在发行初期,流通仅限于盐阜区根据地,日伪控制区及边缘区都不接受。随着根据地逐渐巩固并不断发展,盐阜币币值日趋稳定,并逐步被根据地政府作为纳税的凭证,于是,在 1942 年6 月后,部分日伪区与边缘区的民众开始接受盐阜币,流通范围不断扩大。在流通范围扩大的同时,加上为保护根据地人民群众不因法币贬值遭受重大损失,盐阜币流通量也不断扩大。据统计,1942 年 6 月前,盐阜币"增加投入 970 万元。1943 年,由于法币进

---

① 中国人民银行盐城市中心支行、江苏省盐城市钱币学会编:《盐阜银行史》,第 31 页。

一步贬值,盐阜币增加投入 2 500 万元。1944 年发行的 599.61 万元,全部投放市场"①。

在盐阜银行成立后,在保证抗日军政人员的供给,保护人民的财富,促进根据地经济的发展以及支持华中银行的创建过程中都起到了积极作用,为抗日战争的胜利作出重要贡献。

（三）淮海地方银行货币的发行与流通

1941 年 6 月,淮海区专员公署决定在筹建中淮海区金融机构时,开始印制淮海区流通券,并逐步扩大发行量。1942 年 8 月,淮海地方银行正式成立后,要求"从 11 日、12 日起淮海区全部使用淮海币"②。

淮海地方银行在其存在的 3 个月时间内,发行的货币主要包括伍角券、贰角券两种,共发行淮海区 526 万元。尽管淮海地方银行存在时间比较短,但其流通区域逐步扩大到宿迁、泗阳、沭阳、涟水、淮阴、宿北、潼阳等整个淮海区的乡镇村庄。

淮海币与法币的比价开始为 1∶5,随着形势发展改为1∶9。同时,由于淮海币信用高,1 元可买大米 4 斤,5 元可兑换银圆 1 元,因此在群众中威信非常高。淮海币的发行极为顺利,"一个月发行额占印制额的 70%,存总行及各代理处基金占发行额 25%左右"③。

为加强根据地经济建设,在淮海币流通的仅 3 个月时间内,淮海地方银行主要的投放渠道主要包括农业贷款 500 000 元,纺织贷款 337 950 元,油坊贷款 167 000 元,手工业贷款 270 000 元。此

---

① 中国人民银行盐城市中心支行、江苏省盐城市钱币学会编:《盐阜银行史》,第 33 页。

②《淮海地方银行开幕志盛》,《淮海报》,1942 年 8 月 13 日第 2 版。

③ 江苏钱币学会编:《华中革命根据地货币史》第 1 分册,第 61 页。

外,还有商业贷款、购买豆饼及其他贷款。[①] 在农业贷款中尤以种子贷款为主,如 1942 年 8 月下旬,淮海地方银行在秋耕贷款中,共发放淮海币 30 万元,其中种子贷款占 80%。[②]

在淮海地方银行停止营业后,1943 年 3 月,淮海区行政公署决定通过税收和销售物资回收淮海币。1944 年 3 月,为加强对淮海区、盐阜区财经工作的领导,决定不再恢复淮海地方银行,以盐阜银行为苏北军区的金融机构,盐阜币开始在淮海区流通。

(四)淮南银行货币的发行与流通

在 1942 年 2 月至 1945 年 8 月间,淮南银行货币的发行分为三个时期。第一时期,是淮南银行成立后至 1943 年上半年,这期间发行的主要是伍角、壹圆、伍圆、拾圆券。第二期是在 1943 年下半年,主要发行壹圆、伍圆、拾圆券。第三期 1944 年开始到 1945 年 8 月,主要发行壹角、伍角、伍圆、拾圆、壹佰元券。据统计,在抗战期间,淮南银行共"发行淮南币 38 827 457.27 元,收回 26 985 893.27 元"[③]。

淮南银行货币发行是根据中共中央关于"发展生产,保障供给"的方针进行的。1943 年 9 月,中共中央华中局要求"各地政府应拨出大批款项,作为农业生产贷款之用,并鼓励各地合作社向农民举行各种贷款"[④]。根据华中局指示精神,淮南币发行额中生产贷款约战 20%—25%,主要包括农业贷款、救灾贷款、移民贷款、抵押贷款、种子贷款、耕牛贷款、水利贷款等。如 1942 年旱灾出现

---

① 江苏钱币学会编:《华中革命根据地货币史》第 1 分册,第 61,62 页。

② 江苏钱币学会编:《华中革命根据地货币史》第 1 分册,第 60 页。

③ 安徽省钱币学会编:《华中革命根据地货币史》,第 77 页。

④ 中共江苏省委党史工作办公室、江苏省档案馆编:《中共中央华中局》,北京:中共党史出版社,2003 年,第 220 页。

后,淮南银行通过贷款,"使约 10 万灾民战胜灾荒";1943 年灾荒发生后,淮南银行"即贷放小麦抵押贷款 40 万元"等。[1]

除农业贷款外,工商贷款也是淮南银行的重要业务。为发展根据地工商业,淮南银行先后给予根据地的被服厂、印刷厂、一些商行等信贷支持。同时,对于私人手工作坊,特别是纺织业予以贷款支持,帮助根据地群众达到生产自救的目的。

淮南币的发行与流通范围也主要是局限于淮南抗日根据地,这是由于华中新四军处于日伪顽分割包围中,钞票的流通受到极大限制。在淮南抗日根据地中心区,淮南币在市场流通中占主导地位,而在边缘区或接敌区,淮南币发行量少,流通受到阻碍。总起来看,淮南币的流通可分为三个阶段。1942 年至 1943 年夏,及淮南银行成立初期,淮南币还不能满足根据地市场需求,这是国民党的法币与其并存;1943 年下半年至 1944 年,淮南币发行量越来越大,淮南币基本上占据根据地市场,仅有少量法币或日伪货币存在于根据地。1945 年初到 8 月,淮南根据地中心区和边缘区内被淮南币完全占领,游击区与敌占区内也有一定量的淮南币。

（五）淮北地方银号货币的发行与流通

淮北地方银号在 1941 年至 1944 年上半年前发行的淮北币称为"边币",1944 年下半年至 1945 年 8 月发行的淮北币称为"抗币"。淮北币的发行工作开始时由"淮北总金库"办理;淮北地方银号成立后归"银号"办理。1942 年 10 月前,淮北边币的发行额为伍角、一元、伍圆、拾圆;1943 年发行的面额为壹圆、伍圆、拾圆、贰拾圆;1944 年发行的面额为壹角、壹圆、贰元、伍圆、拾圆、贰拾圆;1945 年发行的面额包括壹圆、贰元、伍圆三种。从 1942 年 6 月起,到 1945

---

[1] 龚意农主编:《淮南抗日根据地财经史》,合肥:安徽人民出版社,1991 年版,第 113 页。

年 8 月,淮北地方银号累计"发行总额为 43 810 973.78 元"①。

　　淮北地方银号发行"边币"的方针,不是为了财政开支。1942年 10 月,淮北地方银号董事长刘瑞龙指出:淮北地方银号"边币的发行方针,不是依靠发行作为开支手段,而主要的是用在发展生产、调剂金融上面"。到 10 月,成立仅 4 个月的淮北地方银号,"已放款项计有:农业贷款占 50%,商业贷款占 20%,工业贷款占20%,另外还有合作社放款及其他贷款,共计 111.5 万元,合法币334.5 万元"②。总起来看,在淮北地方银号存在期间,占放款总额最多的是农业贷款,约占 50%;工商业贷款居第二位,约占放款总额的 40%,合作社贷款及其他贷款约占放款总额的 10%。③

　　淮北币的流通范围主要在皖东北,即苏皖边区交界地区,包括江苏的洪泽、泗洪、盱眙、泗阳、宝应、淮安、淮阴、宿迁、邳县、睢宁等地,安徽的泗县、五河、灵璧、凤阳等广大地区。到抗战后期,随着苏北、苏中、淮南和淮北抗日根据地连城一体,淮北币的流通范围有所扩大,向津浦路西的萧县、宿县、阜阳、砀山等地。

### 三、江苏抗日根据地的货币斗争

　　江苏抗日根据地内的新四军、根据地党委和政府、人民群众在与日伪顽展开军事、政治斗争的同时,在经济方面也积极展开斗争,尤以货币斗争最为激烈。江苏抗日根据地所处位置特殊,其周边有日占区、汪伪统治区、国民党军占领区,这一特殊的地域性决定了江苏抗日根据地的货币斗争策略、手段需要灵活多变,方能取

---

① 安徽省钱币学会编:《华中革命根据地货币史》,第 135 页。

② 刘瑞龙:《刘瑞龙淮北文集》上卷,北京:中共党史出版社,2005 年,第 139 页。

③ 安徽省钱币学会编:《华中革命根据地货币史》,第 132,133 页。

得货币斗争的成功。

1941年年底前,江苏抗日根据地的金融机构正在筹划成立或刚刚成立,货币发行量少,虽然有地区开始提出要与日伪展开货币斗争,以争取根据地经济好转,但与日伪之间的货币斗争并没有展开。进入1942年后,随着江苏根据地内江淮银行、盐阜银行、淮南银行、淮北地方银号等金融机构成立并不断扩大货币发行量,与伪币、法币之间的货币斗争逐渐展开。随着抗战形势的发展,到1943年后,江苏抗日根据地的货币斗争日趋激烈;而且,由于伪币和法币具有截然不同的性质,因此,江苏抗日根据地对伪币与法币的斗争策略和方法具有很大的不同。

（一）与法币的斗争

江苏抗日根据地对法币的斗争有一个随着战局的变化而不断变化的过程。新四军开赴江苏积极开展抗日斗争,并相继建立了苏南、苏中以及淮南津浦路东抗日根据地、淮北苏皖边区抗日根据地。但是,根据地党委和政府认真执行国共合作统一战线,在经济建设中并没有发行货币,而是支持国民政府发行的货币——法币,甚至在皖南事变对此也没产生重大影响。可以说,在1941年12月前,根据地对法币采取积极支持的态度。这是因为"一是法币具有抵制和打击伪币的重大作用。二是法币当时为中国人民一般财富的代表,与广大人民有莫大的利害关系"[1],作为以人民解放为己任的抗日根据地政府要坚决维护广大人民利益。

战局在1941年12月发生重大变化,即该月上海被日军占领。上海中外各大银行的法币被日军没收,法币在华中敌后已经无法立足,而且汪伪政权也宣布废除法币,用大量伪币代替法币,并唆

---

[1] 中国人民银行盐城市中心支行、江苏省盐城市钱币学会编:《盐阜银行史》,第57页。

使商行,操纵市场,这给江苏抗日根据地经济建设造成十分严峻的局面。在此形式下,"货币问题在 1942 年春占据着重要议程"。经过认真筹划,江苏根据地党委和政府为维护根据地人民群众利益最大化起见,遵照中共中央、华中局等指示,积极筹建银行,发行货币,代替部分法币,"但对法币基本上还是采取'听其自然'的态度",即采取一方面全力支持法币,一方面又不能作全力的支持,即采取"有限度的支持"政策。①

在苏北抗日根据地,1942 年 4 月,盐阜银行成立后,对法币的限用政策开始成熟。尤其是在 6 月汪伪政权宣布发行伪币(中储券),废除和禁用法币,并将伪币在上海、江苏、浙江、安徽等地的伪化区使用,这"更严重地打击了法币在长江下游以至整个华中的生存"。为此,苏北抗日根据地盐阜银行决定对法币采取"限用政策",即一是确定抗币(盐阜银行发行的货币)1 元作为法币 5 元使用,使抗币发行量增加 5 倍;二是"停用中农票,对其他法币采用明确的限用政策"。② 此后,随着抗战形势的发展,对法币的限用越来越严格。1943 年 9 月,盐阜区行政公署公布"关于'法币分等使用办法'的布告",决定对"不缺口,不毛边,不剪边,不污渍,不洗刷之中、中、交新票一律十足通用。不破不补,号码齐全,斑纹清晰之中、中、交之法币,照票八折使用"。③ 11 月 18 日,盐阜区行政公署颁布《通令》,决定盐阜银行发行的壹佰元及贰佰元抗币"折合法币

---

① 江苏省财政厅、江苏省档案馆编:《华中抗日根据地财政经济史料选编(江苏部分)》第 2 卷,第 339 页。

② 江苏省财政厅、江苏省档案馆编:《华中抗日根据地财政经济史料选编(江苏部分)》第 2 卷,第 340 页。

③ 中国人民银行盐城市中心支行、江苏省盐城市钱币学会编:《盐阜银行史》,第 87 页。

伍佰元和壹仟元"①。

　　到 1944 年后,随着抗战局势日益明朗,国民政府发行的法币却日益恶性膨胀,盐阜区行署对法币的使用限制更加严格,并决定逐步停用法币。1944 年 3 月 5 日,盐阜区行政公署通令各县政府"凡税收机关收税与市场货物交易,均应改以抗币计算单位,对于法币逐渐停用";6 月,盐阜区行政公署再次发出布告,决定在盐阜区只准流通六种法币,"其他各种法币,一律不允许在本地区流通"。② 12 月 21 日,小钢板法币也开始不在"十足使用",而是"一律八折计算"。到 1945 年元月,鉴于法币已经失去人民群众的信赖,为保护人民群众利益,盐阜区行政公署公共各界"查禁小钢板钞票",法币在盐阜区完全禁止使用。8 月 20 日,华中财经委员会指示"在原老解放区内的法币应受管理,不得在市面上直接流通"③。

　　在淮南津浦路东抗日根据地,对法币的政策也经历了一个由维护法币——限制法币——禁用法币的变化过程。1941 年 12 月前,对于法币采取全力支持的态度。为抵制 1941 年 3 月汪伪政权大肆发行伪"中储券",禁止和限制使用法币的法令,淮南根据地自觉地拒用伪币,使用法币。12 月,太平洋战争爆发后,上海被日军占领,法币失去兑换美元、英镑的职能,日伪为掠夺物资,压迫法币流向根据地,造成根据地经济十分困难。同时,国民党为弥补财政赤字,大量发行法币,法币贬值严重,"至 1942 年法币的发行量已达 249.45 亿元,是战前发行量的 22.5 倍,1 元法币只相当于战前

---

① 中国人民银行盐城市中心支行、江苏省盐城市钱币学会编:《盐阜银行史》,第 85 页。
② 中国人民银行盐城市中心支行、江苏省盐城市钱币学会编:《盐阜银行史》,第 92,93 页。
③ 中国人民银行盐城市中心支行、江苏省盐城市钱币学会编:《盐阜银行史》,第 59 页。

的 3 分钱"①。因此,在 1942 年 2 月,淮南银行成立后,发行的淮南币与法币的比价为 1∶3,既可以维护国共合作抗战的大局,又可以弥补淮南币发行初期筹码不足、流通范围过于狭小的不足。到 1944 年,随着法币贬值越来越厉害,而淮南币已经确立了在根据地的本位货币的地位。鉴于此,5 月,中共中央华中局要求:"苏中一、二分区和苏北、淮南、淮北等比较安定、巩固的根据地,于一年之后一律做到停用法币。"②1945 年后,在淮南津浦路东抗日根据地,随着淮南币作为本位币地位已经确立,法币在根据地中心区逐渐停止流通;此后,在边缘区也逐渐停止使用法币,或者把收来的法币抛向敌占区,使法币成为根据地对日伪货币斗争的工具。

在淮北苏皖边区根据地,对于法币先后实行过保护——限制——排斥的斗争策略。在 1942 年以前,淮北苏皖边区内虽有抗日民族政府发行的"辅币流通券"或"地方银号券",也深受群众的欢迎,但是发行时间短、发行量少等原因,此时边区的本位币仍是法币,根据地政府对其实行保护措施。1942 年 6 月,淮北地方银号成立,淮北苏皖边区政府建立起比较完备的财经制度,为淮北币的发行提供了物资保证。到 12 月底,淮北币"发行总计合法币约在 3.5 亿元左右";再加上法币不断贬值,因此,淮北苏皖边区对法币开始采取限制和排斥策略。主要措施包括:一是"提高淮北币对法币的比价",从 1∶2 提高到 1∶3,1944 年下半年有提高到 1∶50。二是"紧缩法币流通数量,逐步脱离法币"。③ 到 1945 年春,随着抗战反攻开始,法币在淮北苏皖边区根据地已基本停止使用。

---

① 安徽省钱币学会编:《华中革命根据地货币史》,第 87 页。
② 安徽省钱币学会编:《华中革命根据地货币史》,第 87 页。
③ 安徽省钱币学会编:《华中革命根据地货币史》,第 138 页。

（二）与伪币的斗争

徐州会战结束后，日伪占据江苏主要城市和重要交通线沿线的广大地区。为了实施"以战养战"的对华经济侵略政策，日伪在占领区大量发行伪币、使用日本军用票，抢购农村物资。汪伪政权成立后，积极成立华中伪中央储备银行，大量发行"中储票"等伪币，以掠夺战略物资。江苏抗日根据地，与日占区、国统区交错一起，货币斗争异常激烈。为维护广大人民的利益，江苏抗日根据地各级党委和政府对伪币都采取坚决抵制、禁止使用的对策。

苏中地区由于靠近日伪统治区，是遭受伪币侵害最为严重的地区。在苏中泰县地区，随着日伪占领区和伪化区不断扩大，伪币很快占据当地各城镇，甚至乡村，"到 1942 年，伪币已成为全县主要流通的货币。市场交易买卖、债权债务，无一不以伪币计算"①。禁用伪币，是苏中根据地一贯的政策。1942 年 11 月 1 日，苏中行政公署曾指出："为抵制敌汪排斥法币，实施经济掠夺以战养战之阴谋毒计，以保护根据地广大人民之利益，坚决执行经济抗战之决策……复于根据地设立银行。"1943 年 1 月，泰县抗日民主政府再次发出紧急通知，要求扩大宣传，深入动员广大群众对于伪币"从现在一律禁止使用"，尤其"首先要严格禁止机关、部队、干部、党员使用伪币，并由县政府颁布查禁伪币的布告"。② 到 1945 年夏，苏中区对禁用伪币采取综合治理的方法，即（1）"建立工商管理机构，严格管理进出口物资。"（2）"扩大供应贸易公司的营业范围，大力发展合作社。"（3）政府命令公布查禁伪币的办法颁布执行。③ 通

---

① 泰县财政经济史编审组：《泰县财政经济史（1940—1949）》，第 192 页。

② 泰县财政经济史编审组：《泰县财政经济史（1940—1949）》，第 192 页。

③ 泰县财政经济史编审组：《泰县财政经济史（1940—1949）》，第 195 页。

过上述方法,到抗战胜利前夕,苏中去排除伪币取得显著胜利,伪币基本被肃清。

在苏北抗日根据地,盐阜银行对于伪币灵活地采取禁用和抵制的政策。一般而言,在抗日根据地中心区,"伪币是一律严格没收的。对于黑市,只要可能,也加取缔"。但实际上,由于各种复杂情况有时难以做到。1942 年 10 月,在与日伪邻近的盐东、射阳等地,伪币日渐增多,为照顾人民的困难和"吸收一些伪币作为队伍支付手段","对于小额的暂不没收"。此外,还灵活采取"以伪制伪的对策,即预先吸收相当数量的伪币在手,当伪币上涨或商人需要伪币较多时,我们即将伪币抛售出去,使伪币不能'行时';当伪币跌价时,我即牺牲一点公款,将手头的伪币一齐挤出去,使伪币威信更快低落"[1]。

在淮南津浦路东抗日根据地,对于伪币采取的也是坚决抵制政策。一方面对于流通到根据地的伪币一经发现则予以没收,坚决取缔;另一方面,在根据地、边缘区和游击区进行深入宣传、教育和发动广大群众自觉抵制伪币。此外,对于伪币采取"以伪制伪的对策","即先掌握一部分伪币在手中,当伪币升值时,大量抛出;当伪币跌落时,就排斥伪币,使伪币信用更加低落,从而提高抗币的信誉"[2]。1945 年春,淮南银行曾组织工作队到仪征县大仪镇一带收兑伪币,把伪币"抛向敌区换回一些物资"[3]。

在淮北苏皖边区,对于伪币斗争一开始就采取坚决打击的策略。在根据地内,除"公营商贸部门因进出口贸易需要",允许持有

---

① 江苏省财政厅、江苏省档案馆编:《华中抗日根据地财政经济史料选编(江苏部分)》第 2 卷,第 345,346 页。

② 龚意农主编:《淮南抗日根据地财经史》,第 125 页。

③ 安徽省钱币学会编:《华中革命根据地货币史》,第 90 页。

一定数量的伪币外,对于根据地中心区出现的"中储券"、军用票等日伪币坚决没收。同时,在游击区和边缘区,一方面大力宣传伪币的巨大危害,号召群众自觉抵制外,还采取用"淮北币收兑日伪币,集中封包后抛向敌区换回物资"的策略。

在江苏抗日根据地,从 1942 年开始的这场货币斗争,经过 1943 年至 1944 年的斗争,到 1945 年春,伪币已基本肃清,法币在根据地也一落千丈,抗币成为江苏抗日根据地各战略区的本位货币。

# 第四章 新四军与江苏抗日根据地的新闻、教育与文化

全国抗战进入 1938 后,随着新四军在江苏各地创建的抗日根据地的不断发展、壮大,这一地区的文化教育事业也蓬勃兴起,并日益发展和繁荣起来。新四军在江苏抗日根据地文化教育事业的发展繁荣与根据地的建设发展紧密相联。一方面,根据地的建设发展,为当地教育、新闻出版、文学、艺术等诸项事业的繁荣创造了良好的环境和条件;另一方面,根据地文化教育事业的日益发展,直接而又集中地反映着这一地区军事斗争、社会生活的不断变化,并促进根据地建设的持续进步与不断巩固。

## 第一节 卓有成效的新闻出版宣传工作

全面抗日战争爆发前后,江苏地区的形势错综复杂,大部分地区由国民党政府所统治管辖,重要的交通线以及城市也为日伪势力所盘踞控制。在新四军进驻这一地区之初,群众基础相薄弱缺乏,不少民众对于新四军持之以怀疑或者观望的态度,对于中国共产党抗日战争的前景缺乏清楚正确的认知。这种情势对于新四军在这一地区发展壮大和坚持抗战并取得胜利,十分不利。在如此

背景下,若欲实现全民抗战局面的最终形成并取得胜利,必须促使这一地区社会各阶层,尤其是基层民众和广大百姓在思想认识方面能够认可接纳新四军,在言论行动方面能够坚定支持新四军。正因为这样,广泛的宣传发动就变得异常重要,大力推进根据地的新闻出版和宣传工作并取得实效,也就成为当务之急。

## 一、报刊类型、内容、受众的多元化选择

在江苏地区,新四军因时因地、灵活应变,经过不懈努力,创办了多种报纸杂志,实现了艰难条件下报刊创办与发展的品种多样化,促进了江苏地区新四军抗日革命根据地新闻出版宣传报刊的多元化发展。从报纸杂志所创办的主体来看,有的报刊或由新四军军部直接创办,或由新四军军部所属各师各旅创办;有的报纸杂志由新四军军部创办而后转交地方党组织接续承办,或由新四军军部与地方党组织共同创办、联合承办。从刊物的发行形式来看,有各类报纸、杂志,也有通俗易懂、喜闻乐见的画报。从报纸杂志所刊载的内容来看,既有综合性报纸期刊,也有专业性报纸期刊;既有政治理论类报刊,也有文学文艺类报刊,丰富多样,满足了不同阅读对象的阅读需要。

从其报纸杂志创办的宗旨与理念来看,报刊注重宣传报道的引领作用,与此同时也注意科学文化知识的普及。新四军在江苏抗日根据地所创办报刊,宗旨在于积极宣传中国共产党抗日主张、政策,揭露日军侵华暴行和国民党军队消极抗日、破坏团结的事实,鼓舞根据地广大军民积极投身到伟大的革命斗争浪潮中去;与此同时,各大报纸期刊也密切关注抗日根据地官兵与群众百姓的文化水平,根据实际情况积极向他们普及各类通俗易懂的科学文化知识,对于提高广大官兵、人民群众的文化水平和革命素质起到

了重要的作用。从报纸杂志所刊登稿件的文体、版面设计、文风文笔等情况来看,也都丰富多样,既有重要事件的社论、评论和通讯报道,也有一般消息的刊登转载;既讲究排版形式的规整、统一,也根据刊期情况灵活开辟专栏或增设副刊;既力求简短精练、实事求是的优良文风,也争取通俗化、大众化的文字表达。

(一)报刊类型多元并重

新四军自创建以来,在开展艰苦军事斗争的同时,十分重视和坚持宣传工作,根据研究统计,先后创办的报纸多达五六十种,其中"期刊有 30 多种,画报有近 20 种"①。

在皖南事变发生之前,新四军即已创办多种报纸杂志,例如新四军政治部即创办有《抗敌报》《抗敌》杂志、《抗敌画报》等报刊,其中《抗敌报》于 1938 年创刊,于 1941 年 1 月停刊,前后总共出版发行 221 期;除此之外,新四军江北指挥部创办了《抗敌报(江北版)》;新四军第一支队创办了《战士报》、第二支队创办了《火线报》、第六支队(游击支队)创办了《拂晓报》等各类报刊。

在皖南事变发生之后,1941 年 1 月 20 日,为了重建新四军军部,中共中央军委向全党全军发布了重建命令。三日之后,即 23 日,新四军的主要领导也向全党全军联合发出了就职通电,除了新四军的代军长陈毅、政委刘少奇,还有副军长张云逸,以及参谋长赖传珠与政治部主任邓子恢。直到 28 日,新四军军部在江苏盐城得以重建。随后,在这一地区恢复或新创多种报刊,广为宣传我党及新四军的抗战主张与战略方针,以期巩固群众基础和根据地建设。这一时期恢复或新创的报刊,除了《抗敌报》《拂晓报》等报刊,主要还包括:新四军政治部创办的《敌国汇报》(旬刊)、司令部创办

---

① 魏宏运:《中国现代史》,北京:高等教育出版社,2002 年,第 414 页。

的《军事建设》、新四军第三师创办的《先锋》等期刊，以及新四军改编后的七个师及其所属各旅出版发行的报纸，即第一师第二旅创办的《斗争报》、第二师第四旅创办的《抗战报》、第三师第七旅创办的《前线报》、第四师第十一旅创办的《前锋报》、第五师创办的《挺进报》、第六师第十八旅创办的《前哨报》、第七师创办的《武装报》等。

除此之外，新四军在到达江苏盐城地区之后，还恢复或创办了其他多种相对更有影响力的报纸杂志，诸如《江淮日报》《新华报》《盐阜报》《盐阜大众报》《新知识》《新文化》等。《江淮日报》于1940年12月2日创办，是中共中央华中局的机关报。中共中央华中局原为中原局，1938年11月，为了加强华中抗日根据地建设，协调根据地军队以及军管会工作而设立。同年12月15日，华中局还创办了《江淮》杂志。1941年7月10日，华中局宣传部还创办有《真理》杂志。1942年7月，《新华报》由"华中局在苏北阜宁创办"[1]。1941年2月，新四军在盐城重建军部次月，中共盐阜区委也宣告成立。《盐阜报》即是由盐阜区委于次年1月1日所创办的区委机关报；《盐阜大众报》创办于1943年4月25日，同为盐阜区委的机关报，"当时地委决定《盐阜报》《盐阜大众报》均为地委机关报，只是后者更适合区以下干部和工农兵大众阅读"[2]。

《新文化》是在陈毅同志的直接领导下创办的杂志，由苏北盐阜地区文化杂志编辑委员会主办。《新文化》杂志所刊所载，内容丰富，形式多样，效果堪嘉。《新文化》杂志对党的文化教育政策、

① 许厚今：《新四军及华中抗日根据地报刊述论》，《安徽史学》，2006年第6期，第91—95页。
② 王益勤：《刘少奇给盐阜大众报题词及保存经过》，《新闻战线》，1988年第12期，第16,17页。

文艺方针的宣传贯彻占据了很大比重,涉及多个方面的内容,主要包括延安地区重要文章的转载转发,有关苏联卫国战争作品的介绍,以及战地通讯、诗歌、各类题材的美术作品等等,而尤以能够反映江苏地区政治、经济、思想、社会、教育、文艺等等方面相关活动、事件的文章为多。《新文化》杂志主张文艺服务于工农兵,先后发表了诸多这方面甚有积极影响的文章,比如陈云的《党的文艺工作者两个倾向问题》、凯丰的《党的文艺工作者下乡问题》等。除此之外,《新文化》杂志还曾经发表有阿英的《盐阜民族英雄传》以及钱毅的《阜东的海洋神话与传说》等文章,借以表彰民族英雄、激励爱国主义思想,起到了很好的宣传作用。

　　《新知识》是1942年5月毛主席同志《在延安文艺座谈会上的讲话》发表以后,"在新四军军长陈毅的亲切关怀下创刊的"[1],实际上在陈毅同志在主持创办《新文化》杂志之后,支持将原先停刊的《大众生活》予以改版而成的。1942年11月13日,黄源、阿英以及扬帆等人在盐城阜宁的停翅港召开了杂志编辑委员会,大家一致决定,将《大众知识》改名《新知识》。随后因为日军进行春季大"扫荡",致使新四军军部被迫迁往淮南,而《新知识》刊行也因此被一再拖延。直至次年6月23日,阿英、王阑西以及车载等人又在盐城阜东县(今盐城滨海县)海边头庄一起商讨,重新召开编辑委员会,决定继续刊行《新知识》,由阿英同志担任主编,钱毅同志为助理编辑。重新刊行的《新知识》杂志,开本为32开,铅印,每期6万余字,每期印刷1 700册,与当时其他杂志比较,是一份相对大型的综合性期刊,主要以地方干部和青年知识分子为服务对象。由于处于敌后,在排印、发行等方面均存在较大的工作难度与种种不便,致

---

① 钱小惠、钱厚祥:《阿英同志与〈新知识〉》,《新文学史料》,1 982第2期,第91—93页。

使杂志刊期和出版时间经常变化,不如如期发行,前后总共出版仅有 6 期。虽然如此,《新知识》杂志的积极作用仍然值得肯定,"一是宣传党的文艺政策,如发表陈云的《党的文艺工作者两个倾向问题》、周扬的《艺术教育的改造问题》等;二是反映苏北根据地的政治、经济、教育、文艺等方面的活动;三是翻译、介绍一些苏联卫国战争的文艺作品;四是刊载美术作品和论文,普及美学知识等"①。在抗日战争时期,《新知识》杂志的出版发行,对于新四军战略方针政策的宣传及其自身发展,对于江苏抗日战争根据地的建设与巩固,都发挥了极为重要的积极影响力。

(二)刊载内容丰富多彩

作为中国共产党中央委员会华中局的机关报纸,《江淮日报》报社的社长由时任中共中央华中局书记、新四军政委的刘少奇同志兼任,王阑西任副社长兼总编辑。《江淮日报》是江苏盐阜地区所创办的第一大党报,也是中国共产党继在延安创办《解放日报》和在重庆创办《新华日报》之后,所创办的第三大报纸。《江淮日报》1940 年 12 月 2 日创刊,其读者对象主要是新四军根据地的广大干部和百姓群众,其最初排版为四开两版,后来版面又改为对开印行。《江淮日报》最初发行量仅有 4 000 份,随着影响的扩大和需求的增加,发行量又增加到 15 000 份,发行范围相当广泛,不仅在华中根据地、盐阜地区大量发行,而且也争取在日伪占领区秘密发行,反响强烈。

作为新四军、华中局在江苏盐阜地区较有影响力的报纸,《江淮日报》办刊宗旨明确,革命旗帜鲜明,不仅具有鲜明的党性,而且

① 黄兴港:《新四军重建军部后的报刊出版工作》,《盐城师范学院学报(人文社会科学版)》,2012 年第 5 期,第 33—36 页。

也具有广泛的群众性与指导性。1941 年 6 月 1 日,《江淮日报》即发表了社论,题名为《本报的改版与今后努力的方向》,在该社论文章中,报社旗帜鲜明地指出了《江淮日报》的办报主旨和办报原则,即《江淮日报》是人民的报纸,指引人民以正确的前进方向。《江淮日报》坚持广泛传播中共中央有关抗日战争的革命主张与革命政策,积极宣传新四军有关军事斗争与政治斗争的革命主张,对于日伪、国民党的反共宣传,也给予了充分的揭露与批驳。在皖南事变发生之后,《江淮日报》也成为最早地揭露了国民党制造事变的真相,同时,对于中共中央有关皖南事变所采取的政策和主张,也及时地、积极地进行了广泛宣传。

《江淮日报》所经常报道的内容,除了包括有关盐阜根据地党的建设、政权建设以及群众工作等方面的情况,也经常刊发涉及各类问题的社论。《江淮日报》所刊发的诸多社论,基本上都是由刘少奇亲自执笔撰写或审核改定的。1941 年 6 月,刘少奇在盐城县参议会上作了题为《我们在敌后干些什么?》的主题报告,会后即在《江淮日报》予以及时刊发和进一步宣传。该报告是我党我军抗日战争史上的重要资料文献,从其内容来看,对于当时日伪以及反共亲日分子所散布的诋毁、侮蔑中国共产党、新四军的谣言,进行了条分缕析的回应与驳斥,对于新四军到达盐阜地区之后有关建设新盐城与新苏北的问题进行了细致阐述。时至 1941 年 7 月,由于日伪军对盐阜地区实施大“扫荡”,中共中央华中局和新四军军部及时转移到阜宁农村,《江淮日报》办报条件日形艰难,于同年 7 月 22 日被迫停刊。

在《江淮日报》被迫停刊后不久,1942 年 7 月,《华中新华报》在盐城阜宁地区的农村创刊,由新四军军长陈毅兼任报社社长。继《江淮日报》之后,《华中新华报》成为中共中央华中局的机关报,与此同时,该报也作为新四军军部的机关报而广为刊行。

《华中新华报》是在《无线电讯报》的基础上发展而来的。1942年1月,新四军在苏北盐阜地区初创革命根据地,同时也创办了报纸——《无线电讯报》,主要是转载新华社的各种报道和消息。在《江淮日报》被迫停刊后,陈毅认为,原中共中央华中局机关报不复存在,而《无线电讯报》则没有社论一类的文章,缺乏具有指导性的报道,于是对《无线电讯报》进行改版,改版后具有中共中央华中局机关报性质的报纸。从这一意义上来说,《华中新华报》可以说是原中共中央华中局党报——《江淮日报》的延续和发展,但在版面、刊期方面稍有变化。《华中新华报》版面主要为 4 开 4 版,间或因为宣传需要而增加至 6 或 8 个版面,有时也会多达 10个版面,报纸刊期为三日刊,有时也会因形势变化或印刷条件影响而改为五日刊。《华中新华报》发行范围更为广泛,除了华中局机关、新四军机关外,部队战士、地方干部、百姓群众也都可以阅读。

《华中新华报》的办报宗旨立意高远,以宣传抗战、争取团结、发展民主为基本原则,以谋求民主进步与民族解放为奋斗目标,对于中共中央的大政方针、革命政策进行细致宣传,在指导华中抗日根据地、新四军诸项事业的建设与发展方面,产生了历史性的积极影响。除了中共中央的大政方针、革命政策的相关宣传外,《华中新华报》主要围绕着华中地区、盐阜地区各地的政治、经济、军事、文化等等建设问题,刊发的大量的相关通讯报道和时事评论,不仅及时地宣传了根据地内广大军民在抗战军事训练与军事斗争等方面的发展与变化,而且也充分反映了根据地内各阶层人民在生产生活与文化教育等方面的进步与成就。

"《新华报》是陈毅同志所发起、领导的一个报刊,作为华中局的党报,对全党、全军,对华中地区的抗战,起了一定的作用。"①作为中共华中局的党委机关报,《华中新华报》一方面积极宣传中国共产党的正确革命主张,比较注重对于新四军革命战士战斗士气的不断激励,另一方面也刊登了大量由陈毅所亲自起草、撰写的文章,对于华中地区工作的顺利开展,有着重要的全面指导意义。在当时正处于抗日斗争最为艰巨的岁月,《华中新华报》的创办,有力地推动了华中地区、盐阜地区抗战卓有成效的发展,积极作用彪炳史册。然而十分遗憾的是,《华中新华报》在后来的发展过程中命运多舛,创办不久即遭停办,与时任中共华中局代理书记、新四军代政委饶漱石的错误决定有着直接而主要的关系。

《盐阜报》于1942年元旦创办刊行,是中共盐阜区委的机关报。《盐阜报》的第一任社长由时任盐阜区党委宣传部副部长的王阑西兼任,主编是赵平生(化名黄则民),副主编是秦加林。与《江淮日报》相比较而言,《盐阜报》在办报方针、宗旨以及办报风格方面与之有着诸多相似。《盐阜报》同样坚持以积极宣传抗战、争取民主为办刊的主要任务,不仅广泛宣传中共中央有关抗战的革命主张与政策,以及新四军有关军事、政治的革命发展形势,而且也积极、充分地揭露、驳斥了日伪、国民党有关反共的宣传。《盐阜报》所面对的主要读者对象,主要也是新四军根据地的广大干部和人民群众,所刊载通讯报道基本上以半文言半白话的语言为主。

在办刊过程中,《盐阜报》的发行周期数次变化。在创办之初,《盐阜报》的刊期是五日刊,时至次年1月15日,改为两日刊,到了

---

① 陈修良:《〈华中新华报〉创办始末》,《上海市新四军暨华中抗日根据地历史研究会首届年会纪念特刊》,上海:上海市新四军暨华中抗日根据地历史研究会,1984年,第74—79页。

5月4日,又改三日刊,这与当时新四军根据地革命形势的发展变化有关。在1943年的上半年,日军对于新四军盐阜地区进行了疯狂的"扫荡",为此《盐阜报》调整发行周刊,聚焦新的宣传任务,加强了有关反"扫荡"、反伪化、保收粮的广泛传播。到了1943年的下半年,随着革命形势的不断发展,从当年7月12日开始,《盐阜报》所刊登的内容开始出现新的变化,主要以大量有关大力宣传延安地区、各解放区广大军民坚决反对内战、要求团结抗日的评论和报道为主。这一时期,《盐阜报》不仅陆续发表了《新四军致毛主席和党中央电》一类的重要文章,而且对于新四军盐阜地区各县、各区、各界人民有关坚决反对内战、呼吁团结抗日的集会活动、通电公文、会谈内容等等也给予了积极报道,在揭露和批判国民党右派肆意挑起内战的阴谋、遏制和阻止国民党右派的反共高潮等方面,《盐阜报》发挥了其积极的宣传作用。在抗日战争胜利结束之后,《盐阜报》将名称改为《盐阜日报》继续刊行,直到1947年初停止印发。

《盐阜大众报》也是新四军根据地时期中国共产党所创办的影响深远的地方党报之一,与《盐阜报》一样,都是当时中国共产党盐阜地委的机关报。1943年4月25日,《盐阜大众报》创刊于盐阜地区农村。在办刊宗旨、办刊方向以及读者对象上,《盐阜大众报》与《盐阜报》并无二致,主要是盐阜地区广大干部和人民群众为服务对象,以积极宣传中国共产党的抗战主张、路线与革命方针、政策,广泛传播新四军、八路军的抗战捷报和军事发展情况,与此同时,即时报道并积极总结盐阜地区民主运动的发展情况及其有效经验,对于日军侵华的穷凶极恶与滔天罪行也给予了充分揭露。在办刊形式与语言风格方面,《盐阜大众报》与其他报纸相比,有着明显的不同或者说鲜明的特色。一方面,《盐阜大众报》与《盐阜报》

一半文言一半白话不同,坚持了"从大众中来,到大众中去"的办刊特色,提出了"编辑思想大众化、宣传内容大众化、出版形式大众化"的办刊要求。另一方面,与《盐阜报》大量新闻评论与时事报道不同,《盐阜大众报》主要通过民歌、说唱、短小故事等丰富多样而又通俗活泼的形式来进行革命宣传,提倡白话文,基本不使用文言文。不仅如此,《盐阜大众报》每一期 8 开 4 版,每一版 1 000 余字,还坚持以生僻字词总量不超过 600 字为限,基本上一半是文字一半是图画。

　　《盐阜大众报》是当时根据地最为著名的通俗报纸之一,有着极为鲜明的办报特色,不仅基本上解决了广大干部、百姓群众在阅读时所面临的难以读懂的实际困难问题,提升了革命宣传的实际效果,而且也成为中国新闻史上一段具有重要意义的报刊史。《盐阜大众报》能够取得如此成效,一方面与其第一任主编赵平生(化名黄则民)有关刊行通俗报纸的建议并得到当时盐阜地委的批准有关,另一方面也与当时中国共产党办刊经验的日益丰富有关。在 1942 年的春天,《盐阜大众报》编辑部成员在组织学习毛泽东《在延安文艺座谈会上的讲话》时,举行了有关"怎样改进本报"的座谈会,对于如何根据实际形势创办卓有成效的报纸进行了积极的思考。时至 1947 年春天,国民党军队进攻盐阜地区,《盐阜大众报》被迫一度停刊,直至同年年底,即 12 月 7 日方才得以复刊,并且从原来的 8 开 4 版,改刊为 4 开 4 版。①

　　总的来说,新四军在江苏抗日根据地所创办的各种类型报刊,

---

① 1950 年 5 月 4 日,《盐阜大众报》因为财政经济困难原因而第二次停刊,直到 1954 年 10 月 1 日得以再度复刊。"文革"期间,《盐阜大众报》第三次停刊,直至 1980 年 1 月 1 日复刊。

得到了根据地广大士兵与人民群众的支持和喜爱,这与其办报办刊的宗旨、内容、语言、形式等方面有着密切的关联。新四军在江苏抗日根据地所创办的各种类型报刊,主要以基层群众为阅读对象,以服务基层群众为其办报办刊方向,因而在办报办刊的内容、语言以及形式等诸多方面,都能够有效地贴近基层、贴近生活,办报办刊的风格严肃认真而不失活泼,内容重大而形式通俗,容易为老百姓所接受,有益于宣传目标的实现,直接推动了新四军与江苏抗日根据地的新闻出版宣传事业的发展。

（三）受众群体不拘一格

在全国抗战期间以及抗战胜利的初期,在中共中央华中局领导刘少奇、陈毅、黄克诚等人的积极关心与帮助下,新四军在江苏抗日根据地还创办了多种以儿童为阅读对象和受众群体的报纸。"苏北根据地先后创办了《儿童生活》《儿童画报》《华中少年》《华中少年画报》《每月新歌》等报纸杂志,作为宣传媒介,刊载了通俗生动的抗战故事、各地儿童活动通讯、模范儿童团及团员、科学世界、自创歌曲等丰富内容。"①其中,《儿童生活》与《华中少年》即是在全国抗战期间以及抗战胜利的初期,由中共中央华中局与新四军军部所关心帮助而先后创办的少年儿童报刊,主要面向江苏抗日战争根据地以及华中解放区发行。

少年儿童报刊的创刊,与当时新四军与江苏抗日根据地儿童革命团体的蓬勃发展有极大的关系。新安旅行团是中国共产党在苏北地区所组织并领导的著名的儿童革命团体之一,于1935年,由时任江苏省淮安县新安小学校长汪达之具体负责创建,一直发

---

① 蔡洁:《新安旅行团与抗战时期的国共关系》,《党的文献》,2018年第3期,第80—94页。

展存在到 1952 年。为了革命团体的不断壮大与发展,新安旅行团十分尊崇践行陶行知所提倡的"生活教育"理念,在积极参与革命的同时,注重教育与宣传,遂考虑在苏北盐阜区阜宁县境内创办了以儿童为阅读对象和受众群体的报纸——《儿童生活》。1941 年初冬时节,在中共中央华中局领导刘少奇、陈毅、黄克诚等人的积极关心与帮助下,该报正式出刊发行。陈毅还专门为《儿童生活》报纸题词,具体内容为"抗战事业应该让儿童参加,新四军愿意做儿童们的良友"[1],大力鼓励和支持报纸的出版。《儿童生活》报由范政任主编,新安旅行团的一些同志包括张渔、王德威等人参加了具体的编校工作。该报从 1941 年创办直到 1945 年抗战胜利后停刊,先后总共出版 30 余期。在出版发行之初,《儿童生活》的版面设计为 8 开本,铅印,10 日旬刊,从第 22 期开始,该报改版为杂志期刊,版面设计为 32 开本,半月刊。在抗日战争胜利结束之初,1946 年 6 月 10 日,中共中央华中局书记邓子恢、宣传部长李一氓批准并帮助创办了更能适应新的革命形势需要的报纸——《华中少年》,借由该报加强有关新的革命形势的宣传,以期发动并组织华中局地区少年儿童积极参与当地的和平建设、积极参与反对内战与保卫和平的革命斗争。《华中少年》版面设计为 24 开本,铅印,月刊。与《儿童生活》相比较而言,该报的编校人员队伍更为有力,刊行内容质量有所提高,印刷技术也更为先进,也因此同样成为当时华中解放区颇具影响力与活力的刊物之一。《儿童生活》前后总共出版仅有 4 期,时至 1946 年 9 月,由于国民党军队向华中解放区发起猛烈进攻而难以为继,被迫停刊。

---

[1] 蔡洁:《新安旅行团与抗战时期的国共关系》,《党的文献》,2018 年第 3 期,第 80—94 页。

《儿童生活》《华中少年》等报纸杂志刊载了大量宣传爱国主义、传播民族民主思想的优秀评论,产生了积极的社会影响与历史影响,《中国人民的大救星》《日本侵略中国史》《撕毁蒋介石的假面具》等一系列文章,对于教育新四军与江苏抗日根据地广大少年儿童在分清敌我、珍惜和平等方面意义重大。《儿童生活》《华中少年》等报纸刊物也大量刊载了题为《儿童们组织起来自己解放自己》《团结力量大,什么都不怕——老尖庄小学生翻身记》等类别的专题报道,对于新四军与江苏抗日根据地广大少年儿童在站岗放哨、送信带路、拥军优属、文艺宣传等方面的工作与活动给予了密切关注,在鼓励和肯定新四军与江苏抗日根据地广大少年儿童在参加革命斗争与社会建设的贡献方面,在启发和指导他们参加各类力所能及的革命活动与革命斗争、彰显少年儿童力量方面,在引导和促进广大少年儿童提高思想觉悟、认识自身价值、树立良好形象方面,都起到了较为显著的积极作用。

与此同时,《儿童生活》《华中少年》等报纸杂志的创办与编辑出版,也促进了新四军与江苏抗日根据少年儿童文艺的发展,锻炼了这些报纸杂志的编辑、记者的办刊能力。《儿童生活》《华中少年》等面向江苏抗日战争根据地以及华中解放区广大儿童的报纸杂志,除了进行革命宣传,也特别注重对于文艺创作尤其是少年儿童文艺创作的培育、少年儿童写作的指导,极大地促进了江苏抗日战争根据地以及华中解放区少年少年儿童文艺的发展和少年儿童文学的繁荣。

## 二、苏南、苏中、苏北地区全面发展

在全国抗战时期,由于刘少奇、陈毅等人的重视与支持,新四军在江苏抗日根据地的党政军机构先后创办了诸类报刊,总共多

达 60 种。其间,不仅苏北盐阜等广大地区创办了大量报纸杂志,
而且苏中地区抗日根据地、苏南地区抗日根据地也创办了大量报
刊,新闻出版事业获得了蓬勃发展。1938 年 5 月,新四军开始着力
向苏南挺进,为了满足革命宣传的需要,新四军一边积极创建抗日
根据地,一边着手创办刊行多种报纸、杂志。尤其是在 1939 年 1
月,国民党于重庆召开了五届五中全会之后,其政策的重心由原来
对外逐渐转向了对内,由积极抗日转向了大力反共,实施其"溶共、
防共、限共、反共"的方针。针对于此,中共中央也进一步提出了新
的口号,即"坚持抗战、反对投降,坚持团结,反对分裂,坚持进步,
反对倒退"。新四军各抗日革命根据地为了及时、准确地宣传我党
方针政策与革命主张,鼓舞、激励人民革命斗志,新四军苏南苏中
苏北抗日根据地也纷纷创办革命报刊。新四军与江苏抗日根据地
所创办的报纸杂志遍布苏北、苏中、苏南地区,使得江苏抗日革命
根据地的新闻出版事业得以全面而平衡的发展,为宣传爱国主义
思想、报道抗战英雄事迹,也为促进抗战胜利、争取和平具有积极
的历史意义。

(一)《大众报》

《大众报》创刊于 1940 年 2 月 8 日,起初以常熟"民抗"总部的
名义对外出版发行,后来改由中共苏南东路特委主办。在其创办
之初,《大众报》版面设计为 2 版 8 开本,油印,双日刊。《大众报》刊
行之初,每期印数较少,仅为 100—200 份,而后,随着刻写技术的
不断进步和油印水平的不断提高,报刊的印行条件也在不断地得
以改善,报刊印刷数量也在不断提升,"每期印数增至 700 份"[1],促
进了相关新四军苏南根据地思想的传播和发展。时至同年 5 月,

---

[1] 方毓宁:《苏南抗日根据地的红色报刊》,《档案建设》,2011 年第 12 期,第 32—35 页。

中共苏南东路特委进一步关心关注这一地区报刊事业的发展，支持并成立了"江南社"，主要负责《大众报》以及《江南》杂志等报刊的统一编校与出版发行工作。同年 7 月 7 日，苏南抗日革命根据地举行纪念"七七抗战三周年"的活动，与此同时加强了新闻出版与报刊发行，《大众报》在编校排版形式方面得以不断优化，印刷质量得以进一步提升，版面设计改为 4 版 4 开本，铅印。同时，改版后的《大众报》发行地区主要集中在苏常太、澄锡虞地区，有时也可以传播到上海地区以及其他敌占区，发行量一度达到 13 000 余份。

苏南地区的《大众报》所刊载内容更为丰富，不仅能够及时地对苏南路东地区的革命新闻进行报道，也极为关注国际、国内方面的重要新闻。改版后的《大众报》还刊载有大量的社论，谭震林、何克希、任天石等中共领导人也时常为该报撰文。除了新闻通讯报道、时事评论，改版后的《大众报》还开辟了副刊，栏目类型多种多样，内容也丰富多彩，主要包括"战地""大众园地"以及"江南文艺"等。

在当时，《大众报》是新四军与江苏抗日根据地宣传战线领域影响力较大的报纸之一，为积极而又及时地宣传爱国主义思想、抗日战争政策方针、揭露日军各种暴行等等做出了重要贡献。日军、伪军对于《大众报》的大力发展心存忌惮，遂存心大搞破坏，一方面派人到各大市镇大量收购已经公开出版发行的《大众报》，试图对于根据地广大群众进行消息封锁，另一方面则直接派出军队，试图对《大众报》的编校印刷活动进行查封。为了应对日军对根据地的"扫荡"与对报刊事业的破坏，迫不得已，《大众报》的工作人员被迫将报纸编辑、排版、校对、印刷等所需用的各类工具、机器设备全部转移到船上，然后以董浜镇纵横交叉的河道作为新的编校、印刷场所。借助河道纵横交叉的优势，在船上办公，办公场所可以灵活移动,便于隐蔽,对于报纸的编校与发行来说,具有较强的保障性。作为《大众报》的主办机构,江南社起初只有 3 条木船用于办公,后来条件稍有改善,木船增至 11 条。对于这些在水上用于报纸编校出版的"印刷船",根据地广大军民亲切地称之为"敌后水上印刷厂"。虽然如此,《大众报》编校工具、印刷机器等设备还是遭到了日军的两次破坏,特别是到了 1941 年 7 月 21 日,日军、伪军对于新四军苏南抗日根据地进行大规模"清乡"与"扫荡",至此,先后总共出版了 215 期的《大众报》也被迫停刊。

(二)《前进报》

《前进报》创刊于 1940 年 5 月,由中共澄锡武中心县委宣传部主办,中共澄武锡工委澄西民运工作队负责具体编校。时至同年 9 月,根据抗日形势发展变化,中共丹北中心县委与中共澄锡武中心县委合并为一,成立了沪宁路北特委,《前进报》于是又交由中共京沪路北特委主办。

时至同年年底 11 月份,按照中共京沪路北特委的决定,《前进报》与《群众导报》两报合并办刊,但仍然以《前进报》为刊名。新的《前进报》成为中共京沪路北特委的机关报,先后由王浩、陈广生等人具体负责,1941 年 5 月特委又决定由时任宣传部长江坚直接领导报社的工作。这一时期,《前进报》的读者对象主要是特委所辖地区、各工委的各级党政领导干部,即扬中、山南、山北、澄西、武进 5 县地区以及长江工委、铁道工委、镇扬地区工委等等。新的《前进报》刊期为 5 日,版面设计为 8 开 2 版,石印刊行。时至 1941 年春夏之交,日伪军对苏常太地区大力进行"清乡""扫荡"活动,根据地报刊印行条件急剧恶化,在此情势之下,江南社负责人吴宝康带领该社部分工作人员战略撤退,到达了澄西地区,同时改任《前进报》的社长,负责并参加该报的具体编辑校对工作。同年 10 月,对敌斗争形势日渐紧张,办刊条件日趋艰难,有鉴于此,报社不得不多次进行战略转移,《前进报》也因此一度停刊,旋即复刊,发展极为不易。

在随后的发展过程中,根据革命的需要,在中共京沪路北特委主办之后,该报又先后分别交由中共丹北中心县委,以及中共苏中第五地委主办。

时至 1943 年春,日伪军对丹阳地区再次发动大规模的"清乡"活动。复刊不久的《前进报》也因此被迫再次暂停刊行。同年 12 月,根据上级指示,《前进报》转交中共丹北中心县委负责主办,再次着手复刊事宜。直至 1944 年 8 月 18 日,《前进报》得以正式复刊,由陈广生任报社总编辑,刊期也由原来的 5 日改为 3 日。再次复刊以来,中共苏中区委更加重视和关心《前进报》的发展,使得该报的办刊条件与印刷水平都有一定程度的提升。一是中共苏中区委特意支援了中共丹北中心县委与《前进报》一架收发报电台,由吴广析与谢河两位工作人员于 1944 年 1 月送达。自此开始,《前进报》有了第一台收报机。二是在 1944 年 2 月,《前进电讯》用石印印刷并发行,为 3 日刊。1944 年 5 月,《前进画报》(套红版)也公开出版发行,进一步配合并促进了《前进报》的发展。

1944 年 11 月 1 日,根据上级党委的决定,撤销中共丹北中心县委,成立了中共苏中第五地委。在此过程中,《前进报》于是也改由中共苏中第五地委负责主办。相较于以往,《前进报》的版面设计与栏目设置趋于稳定,第一版主要是刊登本地要闻,第二版主要为各类电讯以及通讯报道,具体的栏目主要有"时评""社论""谈谈时事"以及"紧要消息""部队通讯"等。

时至 1945 年 9 月 1 日,在长江以南地区,《前进报》的出版周期略有调整。为配合革命的胜利进展,江南地区印行的《前进报》改

为铅印 2 日刊，后来一度改作日刊。时任苏中第五专员公署专员
韦永义与中共苏中第五地委书记金柯分别为《前进报》题写了报
头、撰写了贺词。这一时期，《前进报》每期发行基本保证在 3 000
份左右，多的时候可达到 5 000 份，对于工作人员的需求数量也在
不断增加，由最初 10 余人最后发展到 40 余人。同年 10 月 10 日，
经过 43 天的谈判，中国共产党代表团与国民党政府代表在重庆签
署了《政府与中共代表会谈纪要》（即"双十协定"）。根据"双十协
定"的要求，在江南地区发展的新四军奉命向北撤离，《前进报》的
相关记者、编校人员也同一时间奉命北撤。在这种情势的发展下，
《前进报》于刊印"双十协定"全文以及《告江南父老兄弟书》之后选
择了停刊，并与苏中第二分区的《人民报》进行了合并重组。

（三）《太湖报》

《太湖报》创刊于1941 年 2 月，由中共太滆特委主办，谈平东任
总编。时至同年 7 月，苏浙皖区党委罗忠毅会见谈平东，在对《太
湖报》的形式与内容予以肯定的同时，也指出报刊的问题所在，即
《太湖报》这一报刊的名称在革命力量与革命精神的呈现方面显示
出一定的不足。在对此良好建议充分认识的基础上，谈平东与报
社同仁尊重罗忠毅的意见，将《太湖报》的名称改为《抗战报》。

在创办初期，《抗战报》为石印刊行，8 开 2 版，五日刊，发行量
仅为 500 余份。不久之后，随着印刷条件的略微改善，新增一台石
印机器，《抗战报》也随之改为 4 开 4 版，三日刊。改版之后的《抗战
报》包括要闻版、国际版、国内版、副刊 4 个版，发行量也随之逐步
提升到 2 000 余份，多时有 3 000 余份。《抗战报》由专职人员负责
发行，初期人员主要有庄兆林、陆星大等人，改版之后，因为发行量
加大，又增加吴小平等人为专职人员。《抗战报》的发行主要是通
过各地交通站进行传递，发行范围并不局限于太滆地区，在茅山地

区、长漏地区、常州地区也有一定量的发行,诸如在常州,即由常州
交通员王法等人负责在这一地区每期发行 100 份。甚至在一些敌
占区,也有报纸发行传播,诸如在周桥镇这一敌方占领地区,地下
党员杜夫等人即努力把《抗战报》每一期都传播给敌方官员阅读,
一定程度上实现了对他们进行革命宣传和革命教育的作用。

《抗战报》刊登有新闻报道、重要社论,不仅太漏及附近地区的
军政干部以此作为革命学习与革命宣传的重要材料,而且太漏及
附近地区的广大人民也通过《抗战报》及时了解了中国共产党抗日
救国的革命目标,正确认识了中国共产党相关一系列问题的方针、
政策,成为这一时期太漏及附近地区最有影响的报刊。时至 1944
年夏天,随着苏南地区抗日战争形势的顺利发展,苏南区党委决定
停办一批报纸,以便进一步集中力量办好《苏南报》。至此,《抗战
报》由《太湖报》改名并刊行三年多时间,也胜利地完成了其光荣的
历史使命,遂遵照上级党委指示,适时予以停止刊印,不再发行。

（四）《苏南报》

《苏南报》原名《火线报》,由中共苏皖区委于 1944 年 10 月 10
日创办发行,后又转交中共苏南区委主办。《苏南报》的社长与总
编辑,由中共苏南区委秘书长、宣传部长欧阳惠林兼任,副社长、副
总编辑分别由储非白、谷力虹二人担任。《苏南报》报社集采编、刊
印、发行于一体,所设置科室部门主要有编辑室、通讯科、电务科以
及发行部。

该报为铅印刊行,4 开 4 版,三日刊。《苏南报》所刊载内容,以
江苏新四军革命战绩、苏南抗日革命根据地建设成就与经验等报
道为主,与此同时,报刊对于其他有关战争、生产的报告、条例也进
行了及时而又广泛的宣传,诸如这一地区各级党政军领导有关战
争与生产的会议报告、各级党政军机关所发布的与战争和生产密

切相关的命令与决定、条例与布告等。除此之外,还大量转载了延安新华社电讯、《解放日报》等报刊的重要社论。

《苏南报》的栏目设置丰富多样,具有鲜明浓厚的地方特色,文笔也通俗易懂,很大程度上满足了抗日根据地广大党员干部、知识分子、人民群众的阅读、学习与革命宣传的需要,被苏南抗日根据地的广大人民群众誉为团结抗战的一面旗帜。时至 1945 年 8 月,为适应革命发展的需要,《苏南报》又改名为《苏浙日报》,同年 11 月复又并入山东《大众日报》,报社与印刷厂也随之转移至山东临沂。

在全国抗战期间,《苏南报》共出版 82 期,其创办与发行,不仅及时而又真实地反映了苏南地区广大人民群众鲜明的抗日民主要求,而且更在实践层面进一步激发了苏南地区抗日根据地广大军民的抗日热情,在动员并指导苏南地区抗日根据地广大军民团结一致、奋力夺取抗日战争伟大胜利方面,起到了积极影响。

(五)《群众导报》

《群众导报》创刊于 1939 年春,由新四军挺进纵队负责主办。新四军挺进纵队是由丹阳游击纵队改建而来的。1938 年 2 月,革命家管文蔚联合镇江丹阳地区抗战自卫武装,组织成立了丹阳抗日自卫总团,主要活跃在武进、镇江、丹阳、扬中一带,与此同时,陈毅率领新四军第一支队也东进至镇江茅山地区。同年 6 月,在丹阳访仙镇地区,新四军第一支队老二团一营与抗日自卫总团接上关系。为了进一步加强对抗日武装的有效领导和统一指挥,促进革命顺利发展,同年 7 月,新四军第一支队对抗日自卫总团进行改编,授予该组织"丹阳游击纵队"的番号,管文蔚担任纵队司令员。同年 9 月,上级又将丹阳游击纵队改名为"新四军挺进纵队"。

次年春天,新四军挺进纵队即负责创办了《群众导报》,办公地点设置在扬中县二圩港（治今江苏省扬中市油坊镇）。同年 5 月，陈毅在视察扬中之际，为《群众导报》题写了报头。《群众导报》石印刊行，8 开 2 版，三日刊。这一时期，报社的编校人员主要有李培根、赵良斌、陈广生、冷瑞麟等人。

《群众导报》印刷清晰，内容丰富，附有插图，可读性强。一方面，该报积极宣传中国共产党的革命理论，包括中国共产党的抗日主张和统一战线的战略策略，以及依靠群众的革命路线等等，另一方面，该报对于日军"三光"政策的滔天罪恶给予了深刻披露，对于全局以及区域内战争状况的发展也进行了及时报道，不仅在如何依靠群众、如何扩建军队方面产生了有效的指导意义，而且也极大地提高了当地广大人民群众的抗日觉悟，鼓舞了他们的抗日热情。

时至 1940 年 1 月，日军大肆进攻扬中，对于当地的革命活动与生产生活的发展带来了极大的不利，《群众导报》也不得已被迫休刊。《群众导报》前后共出版发行 100 余期，到了同年年底的 11 月份，根据革命发展需要和上级指示，该报与中共京沪路北特委机关报《前进报》进行了重组合并。

（六）《江南》杂志

《江南》杂志最初由江南特委于 1939 年 5 月创刊并主办于无锡，期间一度被迫停刊，于次年 4 月由东路特委负责复刊和主办。"江南特委"是中共江南特别委员会的简称，于 1938 年 10 月由中共京沪线（按：京，指南京）工委改建而成，下辖苏州县委、无锡县委和常熟县委。时至 1940 年 4 月，为了适应抗日形势的不断发展，中共江苏省委决定对江南特委进行改建，成立"中共京沪线东路特别委员会"（简称"东路特委"）。

1939 年 5 月 16 日，为了进一步加强党的宣传工作，江南特委组织部长张英组织、创办了《江南》杂志。《江南》杂志是以无锡各界抗日联合会的名义创办的,最初选址位于无锡梅村德仁里巷。在初创之际,《江南》杂志油印刊行,36 开本,半月刊。但《江南》杂志办刊后不久,时至同年 11 月,即因革命斗争环境的日趋艰难而不得不选择停刊。直到次年 4 月,《江南》杂志才得以在常熟东乡董浜予以复刊。也因这时江南特委改称东路特委,遂由东路特委负责《江南》杂志的刊行。与此同时,东路特委还决定将《江南》杂志社与《大众报》报社进行重组合并,建立了"江南社",统一管理和编辑出版这一报一刊。"江南社"成立之际,建立了领导管理机构,设立了社长、副社长和编辑部主任职位,分别由冯二郎、傅学群、吴宝康三人担任。

　　1940 年 7 月 7 日,《江南》杂志改为铅印刊行。时至同年 10 月,又改 36 开本为 16 开本。时至 1941 年 2 月,抗日形势进一步发展,江南社根据形势变化,遂转移至澄锡虞地区进行办公,《江南》杂志于是也改在澄锡虞地区继续刊行,覆盖范围遍及京沪线东路地区的各县各镇各村,最高发行量一度高达 4 000 余份。时至同年 7 月,日伪军对京沪线东路地区进行了大规模"清乡"活动,《江南》杂志在前后总计出版发行了 3 卷 36 期之后,被迫停刊。

　　《江南》杂志内容丰富多彩,极大了满足了京沪线东路地区开展抗战工作的广大军政干部的阅读和宣传、学习的需要,一时产生了积极而又巨大的正面影响。《江南》杂志刊载内容十分丰富,既有地区领导的重要讲话,也有基层干部群众的工作报告中,还有各文艺作品。如东路特委谭震林、何克希、任天石等中共中央及京沪线东路地区领导人的重要讲话,以及东路特委广大干部基于工作实践而撰写的工作总结或工作报告,即经常刊载于《江南》杂志。除此之外,《江南》杂志还积极报道国内外时事,及时刊发有关京沪线东路地区抗战形势的社论,与此同时,《江南》杂志还辟有文艺专栏,既大量刊载报告文学、杂文、随笔,也广泛录用小说、诗歌以及戏剧评论、音美作品等等。就《江南》杂志的办刊形式来说,也是不拘一格、灵活多样。在常规定期出版之外,《江南》杂志也紧密结合京沪线东路地区的抗战发展形势与中心工作需要,适时地多次出版发行了专辑或特辑。在这一时期,《江南》杂志的专辑或特辑的内容也是极为丰富的,诸如"新四军成立三周年纪念""江抗东路司令部成立三周年纪念""七七抗战三周年纪念"等。

　　除了上述报刊,新四军与江苏抗日根据地还创办有其他多种报刊。诸如中共苏皖区党委主办刊行的机关报——《江南党刊》,新四军在江苏抗日根据地一分区创办刊印的机关报——《前哨报》等;又如,中共太滆工委所创办出版的《突击报》,中共太滆中心县委所主办发行的《前驱报》,中共京沪路西南特委所主办出版的《抗战报》等;再如,先后分别由中共丹阳中心县委、中共丹南县委以及中共茅山地委所接续主办的《民众报》,先后分别由中共江南区委以及中共苏皖区委所主办的《青年团结》杂志等。综合而言,新四军在江苏抗日根据地创办出版各类报刊,显示出主办者、出版者对于新闻出版宣传教育作用的极大重视,既注重报刊的多元结构,也注重报刊整体发展的系统化、体系化,有综合报刊,也有专业刊物,有理论刊物,也有文艺报刊,极大地促进了报刊事业的有益探索和不断完善,也极大地促进了新四军与江苏抗日根据地的建设和发展。

## 三、党和军队领导人高度重视新闻出版宣传

　　在全国抗战时期,新四军与江苏抗日根据地的报刊事业顺利发展、成绩斐然,这与中共中央政治局以及新四军军队各级领导的高度重视与大力支持是分不开的,正是党和军队领导人对于报刊

出版与革命宣传的高度重视,形成了新四军报刊事业顺利发展的重要保证。1938 年 9 月,创办于淮北抗日民主根据地的油印报纸——《拂晓报》,曾得到毛泽东的题词——"坚持游击战争",使得《拂晓报》在创办与发行过程中得到了中共中央的密切关注与大力支持。时至 1940 年 9 月,中共中央还曾做出指示,要求并鼓励大力开展文化建设,积极组织文化运动,指出"要把运输文化的粮食看得比运输被服弹药还重要"①。新四军于 1941 年在苏北盐城重建军部之后,在整个江苏地区大力开展卓有成效的抗日救亡革命活动,发展报刊出版宣传事业,同样也得到了中共中央政治局领导和新四军各级领导的高度重视与积极鼓励,在办公人员、办公设备、经费开支等方面给予了大力支持。

（一）特别关心新闻出版宣传工作人员

时至 1941 年 6 月,新四军政委刘少奇即明确地指出,"我们共产党员搞革命,一靠武装斗争,二靠宣传","我们新四军现在还没有广播事业,除口头宣传外,文字宣传就是我们主要的宣传方式",对于报刊事业的重要意义给予了特别强调和特别关注。除了非常重视报刊编辑出版与宣传发行工作,时任新四军军长陈毅对于从事报刊工作的各类人员也给予了特别关心。在《新华报》创办之初,面对诸位筹备人员,陈毅即强调指出:"创办《新华报》有重大意义……我们情愿减少一个旅的经费,也要办这张报纸。"②陈毅还认为,"报人很重要",报人能"笔扫千军",需要给予特别关心。在当时,只有旅级干部才有资格配发大衣,而他在发现《新华报》工作人

① 中共中央书记处:《六大以来》,北京:人民出版社 1981 年,第 891 页。
② 严峰:《笔扫千军——回顾刘少奇、陈毅同志对华中解放区党报的重视和关怀》,《江苏报业史志》,1991 年第 1 期,第 20 页。

员在寒夜时分工作期间装着单薄之后，即给予特别要求和安排，从事报刊发行的每一个工作人员都应配发一件大衣，显表明在新四军与江苏抗日根据地，党和军队领导人对于报刊出版发行工作的高度重视和大力支持。

（二）积极参加报刊出版发行工作

在新四军与江苏抗日根据地，报刊事业顺利发展，影响深远，一定程度上与党和军队领导人积极参加报刊出版发行工作是分不开的。比如，时任新四军政委刘少奇、军长陈毅除了负责繁重的党建工作和军事工作外，还分别兼任《江淮日报》与《新华报》的社长，负责具体的稿件审校编辑工作，还曾积极为报刊撰写文稿。时在1940年6月下旬，刘少奇即应三师宣传科年轻编报员们的约稿请求，完成了《建设一个好的党做一个好党员》这一重要文稿的撰写，并于同年7月1日分别在《前锋报》与《抗敌报》上发表。

在江苏盐城得以重建军部之后，新四军在办报办刊方面，继续传承发扬"全党办报、群众办报"的优良传统，党和军队领导人能够重视新闻出版发行工作，坚持依靠党组织与广大官兵共同努力办报办报刊，作为个体也能够积极投身具体的报刊出版发行事业，极大地保证了报刊的编辑出版质量，也充分地发挥了所办报刊的宣传功能与教育作用。在某种程度上，新四军与江苏抗日根据地所办报刊是一项崭新文化事业的发展与繁荣。前述《盐阜大众报》作为中共盐阜地委的喉舌，始终坚持大众化、通俗化的办刊特色，所刊发新闻信息、通讯报道、时评社论等等内容，得到这一地区广大党政军干部和人民群众的喜爱和认可，促进了新闻报刊事业的顺利发展，也实现了这一报刊的宣传教育效力，而其中的重要成功经验，除了有上述适当的自身办刊特色，该报也同样绝对坚持党对报社的绝对领导，坚持以"全党办报、全党用报"为建设方针，同时，地区的党和军队领导人也能够积极地参加具体的报刊出版发行实践,进一步促成了报刊的顺利发展。

(三)高度注重报刊事业发展的舆论导向

新四军在江苏抗日根据地所创办报刊,数量众多,在中国共产党和新四军各级干部的领导和支持下,坚持正确的舆论导向,新闻出版事业不断发展壮大,不仅为中国共产党和军队新闻报刊、宣传教育的发展提供了丰富的理论认识与实践经验,为中国新闻出版事业的发展历史留下了光辉一页,而且更为重要的是,在积极宣传中国共产党抗日主张和作战方针政策等方面,发挥了具有实质性的历史作用,为领导和组织、宣传和鼓励广大军民积极参加抗日战争并取得卓越成就作出了不可磨灭的历史贡献。

具体而言,新四军与江苏抗日根据地所创办报刊在坚持正确舆论导向方面,主要表现在以下几个方面:一是大力宣传中国共产党关于抗日战争的政治主张、抗日民族统一战线的方针政策以及相对详细的军事策略;二是积极讴歌和宣传新四军与江苏抗日根据地乃至全国各地军民在抗日战争中的英雄事迹与革命精神;三是对于皖南事变的历史真相进行了深刻揭露,对于国民党右派破坏国共团结的阴谋诡计给予了有力抨击。另外,新四军在江苏抗日根据地所创办报刊也积极在国际上大力宣传,尽可能地赢得和争取了海外侨胞、外国友人对于抗日战争的同情、支持与国际援助。除此之外,新四军在江苏抗日根据地创办各类报刊时,也比较注重对于日军、伪军进行反战和爱国宣传教育,成为抗日战争时期舆论宣传方面的一支重要生力军,为抗日战争走向胜利做出了积极贡献。

## 第二节　教育事业在艰难困苦中蓬勃发展

在江苏抗日革命根据地，日本侵略者对其所占领地区的民众强制推行奴化教育，试图借此巩固其既得利益，但遭到了当地军民的坚决抵制和英雄反抗。在中国共产党的领导下，新四军与江苏抗日革命根据地广大军民开展了多种多样的抗日教育活动，对日本侵略者的奴化教育进行了针锋相对、不屈不挠的伟大斗争。中国共产党领导江苏抗日根据地广大军民实行文化教育的统一战线政策，在这一地区大力开展积极进步的不同类型的教育活动，在艰难困苦之中，逐步创办和发展了新四军与江苏抗日革命根据地的教育事业，为争取民众、团结民众，并为最终夺取抗日战争的胜利发挥了重要的历史作用。

### 一、学校教育举步维艰

在普通学校教育方面，新四军在江苏抗日根据地努力恢复或兴办一大批中小学校，与此同时，对一些旧式私塾也进行了大力改造。这一时期，新四军在江苏抗日根据地注重对中小学教育教学的领导和管理，着力于教育制度的建设、教师队伍的建设和教学质量的提升，成效较为显著。

新四军在江苏抗日根据地致力于中小学的恢复、改造与创办，大力进行中小学校舍的建设，一大批中学和小学因此犹如雨后春笋迅速兴起。时至 1939 年 9 月，在苏南地区镇江丹南西贺村，当地抗日民主政府支持创办了"西贺初级中学"。这是当时江苏抗日根据地中小学教育发展较有成就的一所学校①。为保证教学质量，新四军在江苏抗日根据地的战地服务团经常性地派人至该校进行教学授课，陈毅作为新四军领导人也曾到校作过报告。在江苏茅山地区，自 1941 至 1942 两年左右的时间里，前后也恢复兴办了一大批中小学校，总计 196 所，在校中小学生一度多达 7 543 名。时至 1945 年春，在丹北地区，前后共恢复和兴办小学总计 229 所，培养教育学生人数多 12 000 余人。

在普通中小学学校教育内容、教学教材、课程建设方面，新四军与江苏抗日革命根据地也尤为注重教育教学方法的建设和教材的编纂和内容的选择，极大地促进了这一时期中小学教育事业的发展。新四军在江苏抗日根据地坚持以"抗日民主立场，学用一致精神"为教育教学原则，积极进行教育教学改革，彻底废除了体罚等旧式的教育教学方法。与此同时，新四军在江苏抗日根据地还进一步改革优化了教学内容，根据当时当地有关抗战发展、生产生活的需要，坚持把相应的知识技能列为教学重点，坚决废止了汪伪统治时期所编纂教材，编印并采用了新四军与江苏抗日根据地各地区统一的抗战教材，积极开展爱国主义教育。

例如，在 1940 年前后，苏南抗日根据地小学学制基本为 6 年，开设的课程除了国语与算术，主要还教授修身、历史、地理、自然以及常识、音乐、体育、美术等课程。但在这一时期，江苏抗日根据地各类学校所使用的教材仍然被迫以汪伪政权一度所确定的为准，"1940 年各校被迫一律使用由汪伪政府'审定'的教科书。1941 年，地区完小被迫教授日语，部分中学被迫停教英语改授日语，压

① 丹南县，1939 年苏南抗日根据地所设，由江苏省丹阳县南部析置，旋即撤销，仍并归丹阳县所辖。

缩了数、理、化课时并一度恢复读经"①。为此,新四军苏南抗日根据地广大军民、教育界有志之士极力积极斗争,并不屈服于汪伪政权的高压政策,而是及时编印各种抗战教材,积极开展对广大中小学生的革命教育和爱国主义教育。诸如李亚夫主编的《识字课本》,其第一课的内容是"火!火!火!日本兵放的火";第二课的内容则是"血!血!血!日本鬼子杀人的血";第三课的内容是"救!救!救!救中国一起奋斗"②。类似的教材与课文,在文字表述方面简短有力、通俗易懂且朗朗上口,易于学习;在教学内容方面则强烈揭露控诉了日本侵略者的侵华暴行,充满着对于日本侵略者的同仇敌忾,深入浅出地宣传了新四军与江苏抗日根据地的斗争,使得学生在学习期间不仅达到识字要求,而且也在学习中接受了爱国主义教育。

为了加强对中小学校的管理,优化教师队伍,保证和提升教育教学质量,这一时期,在中国共产党的领导下,新四军在江苏抗日根据地相继成立了相关组织机构。在苏南抗日根据地,丹南县政府即成立了文教科,所辖基层地区也成立了以教育为主的"文抗会",根据中小学师资情况,及时派驻中共党员以为教学骨干,积极推进师资培训,加强了对于中小学校的领导管理、教师队伍的建设。1938年初秋,新四军苏南抗日根据地即在丹南宝堰开办了青年政治训练班,既对军政干部进行宣传教育,也对县内中小学青年教师开展教学,陈毅作为新四军领导人也曾亲自到班讲课,很好地发挥了教育阵地的作用,满足了江苏抗日根据地广大军民认识民

---

① 马红霞、孙燕:《镇江人民抗日文化教育活动评述》,《江苏大学学报(社会科学版)》,2006年第3期,第55—59页。

② 镇江市地方志办公室:《镇江抗日史话》,南京:江苏古籍出版社,1995年,第223页。

族文化、学习科学知识的需要,为提高江苏抗日根据地广大军民的民族意识、民族觉悟,夺取抗日战争的最后胜利做出了积极贡献。在中国共产党的领导下,以及教育工作者、社会各界有识之士的努力经营和大力支持下,其他类型的教育教学组织机构,诸如民众教育馆、大港教育实验区等等也得以勉强维持,同样对于抗日战争的胜利发展产生了积极影响。

## 二、廉政教育长抓不懈

对于廉政教育,新四军与江苏抗日根据地给予了高度重视,依托教导团、党校、抗大等机构或组织,借以会议、整训等契机,通过报刊发行、文艺会演等不拘一格、多种多样的形式,大力开展丰富多彩的廉政宣传教育活动。与此同时,为了能够保证廉政教育实效的顺利实现,新四军在江苏抗日根据地还建立了严格的廉政教育考核制度,进一步为新四军与江苏抗日根据地的廉政教育建设及其发展提供了重要保障。

(一)抗大、党校与廉政教育的多元机构

自军队建立以来,新四军即始终注重干部专业化教育和廉政教育,为了保证教育效果,创造和利用各种条件,积极建立了多元化的专业教育机构,尤其是在新的军部成立之后,特别加强了党校、抗大的建设,并依托党校、抗大以及教导团,进一步加强了新四军的"理想信念、艰苦奋斗、廉洁自律教育"①。

1940 年,在苏北抗校以及江北干校原有建设基础上,进行合编改造,组建了抗日军事政治大学第五分校,简称抗大第五分校。抗

---

① 肖力:《新四军廉政教育实践及其经验》,《廉政文化研究》,2013 年第 1 期,第 84—
　90 页。

大第五分校设在苏北盐城,由新四军军部直接领导。从1941年1月至1942年初,抗大第五分校在一年左右的时间内,成功地举办了两期,前后总共有3 000余人接受培训。1942年12月,以抗大第五分校为建校基础,新四军在江苏又成立了"抗日军事政治大学华中总分校",总分校校长由陈毅兼任。在苏北,新四军第三师创建了抗大第五分校,第二师、第一师、第五师则分别组建了抗大第八分校、第九分校与第十分校,与第四师的抗大第四分校一起,共计5个抗大分校。抗日军事政治大学总分校与各师抗大分校的教育教学职责不同,其中,抗大总分校负责培训高级干部,主要是团营级别及以上级别的干部,而各师抗大分校主要负责培训连排级别的干部。在抗大总分校与各师抗大分校,学员学习的内容主要有马列主义基本理论、时事与党的政策、党建工作与群众工作等等,既学习军事,也学习政治和文化,建立了相对完整的军政干部教育体系。在新四军新的军部成立之后,半数以上的旅团级别干部,基本上经过了抗大的廉政教育培训。新四军与江苏抗日根据地抗大总分校、各师抗大分校的建设与发展,为新四军与江苏抗日根据地广大党员干部党性教育的加强和提升,起到了积极作用,有效地提高了各级干部的军政素质。

1941年4月下旬华中局成立之后,根据刘少奇等人的提议,新四军于次月在盐城开办了华中局党校,以登瀛桥附近的仓库为校舍。作为培训党员干部的基地,华中局党校主要培训对象为新四军与江苏抗日根据地军队、地方团级以上和县级以上的干部,同时也对广大党员适时进行教育。华中局党校教授的课程主要有三门,即党史、哲学与政治经济学,教育教学主要内容除了马列主义基本理论、抗日民族统一战线理论等课程,还包括形势与党的政策、党建工作与群众工作等。在具体教学及其相关活动的部署与开展过程中,华中局党校坚持坚定正确的政治方向与艰苦朴素的工作作风,教育方针也根据战略战术需要,采取灵活机动的方式。华中局党校在其创办和发展过程中,通过对党校广大学员大力开展共产主义教育、为人类解放奋斗终身的理想信念教育、艰苦奋斗作风教育和廉洁自律教育,进一步提高新四军与江苏抗日根据地广大军队、地方党员干部的政治思想素质。

在此之前,1938 年 1 月,在军部移至南昌之后,新四军即决定创办教导队,培训军政基层干部,对基层干部开展党性教育和廉政教育。次月,新四军教导队正式创办。此后,随着新四军教导队的不断发展,经由中央军委的批准,教导队进一步扩建为教导总队。"新四军教导总队是一所'抗大'式的新型干部学校,专门训练军队和地方党的干部","教导队的校训是'团结、紧张、严肃、活泼'八个字。教导队教学方针、教学计划、课程设置和延安'抗大'一样。课程有六门:周子昆讲'抗日游击战争',王淑明讲'社会发展史',薛暮桥讲'政治经济学',张语寰讲'统一战线',柏山讲'民运工作',还有哲学课,讲艾思奇的'大众哲学'"。① 在新四军军部于苏北盐城重建后,教导队继续开办,并根据各部队的实际情况,允许各部队采取灵活多样的形式进行培训。各教导队的学员,主要是新四军与江苏抗日根据地的基层军政干部,其中旅团教导队或训练班一般以培训班排干部为主,除此之外,其他学员还有来自新四军与江苏抗日根据地以及浙江、上海、安徽等地的广大有志青年学生以及少数华侨进步青年。

(二)报刊、文艺与廉政教育的多样形式

为了深入开展廉政宣传与廉政教育,新四军自建立以来,即同

---

① 吕炯:《我在新四军教导总队的学习生活》,《炎黄春秋》,2005 年第 7 期,第 61,62 页。

时积极创办各类报纸、刊物，广泛开展多种文艺活动，大力建设思想政治教育的工作阵地。

　　在1941年1月"皖南事变"发生之前，新四军即创办有多种报刊。报纸主要有《抗敌报》《战士报》《拂晓报》《火线报》等，期刊主要有《抗敌》《抗敌画报》等。"皖南事变"发生之后，新四军军部在苏北盐城得以重建，对于《抗敌报》等报纸予以恢复刊行，在此基础上，又进一步创办了《敌国汇报》《军事建设》等报刊，同时也支持新四军新改编各师各旅创办报纸，借以促进和加强廉政宣传与廉政教育。诸如新四军与江苏抗日根据地盐城东台县委机关报《滨海报》即在廉政宣传与廉政教育方面起到了积极作用。《滨海报》所刊载报道中，有一篇题名为《董乡长斥妻受贿，将贿款千元交公》的新闻，"这篇新闻讲述了当时南团乡董乡长之妻暗中收取一富户法币一千元的贿赂，帮其免于处罚的事情。董乡长得知后，痛斥其妻一顿，将该笔款项送交区署，并严加法办该富户。同时，农民代表在发现可疑分子时立即予以讯问。该犯自知难逃法网，便以法币六百元贿赂，以求放行。农民代表不图小利，将可疑分子交区游击连处置"①。

　　除了积极创办各类报纸、刊物，在江苏抗日革命根据地，新四军还积极开展多种多样的文艺活动，借此进一步促进了廉政宣传和廉政教育的发展。在新四军建立初期，战地服务团即得以成立与发展，大力宣传进步文化。新四军于苏北盐城重建军部之后，刘少奇和陈毅也非常重视文艺工作，并借由文艺工作，来开展党性教育与廉政宣传，为军政建设和发展发挥其重要的服务功能，促进抗

---

① 问泽祥、刘钟越：《新四军廉政文化采风行之大丰篇》，《盐城晚报》，2012年8月8日第A05版。

日走向胜利的发展。这一时期,新四军在江苏抗日根据地先后成立的文艺机构、文艺团体为数众多,诸如苏北文化协会、鲁迅艺术学院华中分院、鲁艺实验剧团、抗大文工团、新四军第八旅文工队等。各文艺机构、文艺团体为了更大程度地发挥其党性教育与廉政宣传的力量,运用了多种多样的艺术形式,除了军民喜闻乐见的话剧、淮剧、演唱表演,也有木刻、墙头诗等其他不同形式的艺术活动,既有效实现了其宣传、教育的作用,也促进了富有教育意义文艺作品的创作及其发展。

(三)会议、整训与廉政教育的多重场域

新四军自建立以来,一直重视政治工作尤其是干部教育工作。在各级、各类会议上,以及整训、整风运动中,新四军军部领导以及各级将领往往也以此为契机,进一步强调廉政教育的要义,明确提出加强党性修养的要求。

以会议为契机或是通过举行政治工作会议,开展党性教育和廉政宣传,可以说是新四军成立以来的优良作风。在新四军军部迁至苏北盐城之前,1939年12月,新四军政治部召开宣传工作会议,即明确了加强党对军队领导的要求,“进一步发挥连队党支部领导作用,巩固部队,加强纪律,提高战斗情绪,提高军事、政治文化水平,保证战斗任务完成”,“深入进行政治教育,以阶级教育为基础,特别重视民族教育等事项”①,及时了总结有关广大军政干部教育、战士教育的经验与教训,对于调查研究新四军相关教育现状以及宣传工作成效,并进一步改进相关教育的内容及其方法,都具有直接的良性推动作用。

———————————

① 中国新四军和华中抗日根据地研究会:《新四军的组建与发展》,北京:军事科学出版社,2001年,第144,145页。

中共中央华中局成立后,刘少奇多次在会议上一再明确了进一步巩固华中工作的四个方面,即学习马克思主义理论、实行统一领导、加强军队建设和开展群众工作。为此,刘少奇多次强调指出,"人力财力物力加上马克思主义就等于胜利"[①]。时在1940年7月1日,在淮南半塔集,新四军江北指挥部政治部组织举行了纪念中国共产党成立19周年的大会。在大会之上,刘少奇作了《做一个好党员,建设一个好的党》的著名报告。在这一报告中,刘少奇强调指出,"我们每个同志都应该做一个好党员,而不应该做一个不好的党员,做一个有毛病、有错误、思想意识不正确的党员,尤其不应该做一个半途的党员","在我们中间,那些埋头苦干的党员,那些艰苦工作,不怕困难,不怕危险的党员,那些一心一意为了党与人类解放而坚决奋斗的党员,那些吃苦在前,享受在后的党员,是我们的好党员"[②]。时至1941年7月1日,在苏北盐城大众剧场,新四军又举行了纪念中国共产党成立20周年的大会。在大会之上,刘少奇又作了重要报告,报告就中国共产党产生的历史根源、发展历史以及当前与今后的革命任务进行了全面阐述。在历次纪念中国共产党成立的周年纪念大会上,刘少奇所作讲话,对于广大干部群众产生了积极的影响,具有良好的党性教育、廉政教育作用。根据《盐城革命史料》所载有关人员的回忆录表述,"少奇同志是倡导党内理论学习,重视党的建设的典范。大'扫荡'以前,亲自在泰山庙向中级以上干部从理论与实践的结合上讲授党的建设和根据地建设。使我们这些年轻干部都能以共产党员的标准严格

---

① 刘崇文:《刘少奇传记年谱》,北京:中央文献出版社,2008年,第385页。

② 刘少奇:《刘少奇论党的建设》,北京:中央文献出版社,1991年,第210页。

要求自己,进一步明确了努力的方向"①。

在江苏抗日根据地举办的其他重要会议中,加强党性教育、严肃纪律约束、强调廉政教育,也基本是不可或缺的主题与内容。1941 年 5 月 15 日至 19 日,在苏北盐城,刘少奇主持召开了中共中央华中局高级干部会议,与会人员就一些重大问题取得共同认识与一致意见,诸如加强党性学习与教育、共产党员必须进一步加强党性锻炼和提高党的纪律性、坚决服从中共中央和华中局的领导等。次月 6 日至 7 日,同在苏北盐城,新四军又组织召开了中共中央革命军事委员会华中分会(简称"军分会")的扩大会议,进一步提出了不断增强党对军队的政治领导,不断提高军队干部的党性,不断提升军队的正规化强度等等重要认识和要求。1942 年 1 月 20 日至 3 月 5 日,在盐城阜宁单家港小学,华中局组织召开了第一次扩大会议,进一步强调了加强党的建设的要求。在新四军与江苏抗日革命根据地历次重要会议中,领导人尤其注重有关精神的正确传达与认真贯彻,从而极大地促进了全军广大指战员对于当时革命形势的准确认识,提高了新四军与江苏抗日根据地广大军民对于党中央方针、政策予以认真贯彻执行的自觉性,进而在此基础上,推动了各师各旅政治工作制度的健全和党性教育、廉政教育的发展,加强了政治纪律和军事纪律的建设,也促进了连队建设的不断发展与战斗力的不断提升。

除了以会议为契机或是通过举行政治工作会议、开展日常学习活动来推动党性教育、廉政宣传,自 1942 年 4 月下旬开始,根据中共中央的统一部署,新四军还在全军开展了声势浩大、影响广泛

① 中共盐城市郊区委党史办公室编印:《盐城革命史料》,盐城:中共盐城市郊区委党史办公室,1986 年,第 109 页。

的整风运动。在江苏抗日根据地时期，整风运动基本包括两个层面：一个层面的整风运动，主要是以团级以上干部为教育重点，以毛泽东《改造我们的学习》《整顿党的作风》《反对党八股》以及刘少奇《论共产党员的修养》《共产党员标准的八项条件》等著述为主要学习内容，在努力提高马列主义理论水平的基础上，自觉地通过开展批评与自我批评来进行马克思列宁主义思想教育，以期端正思想路线，改进优良作风，不断增强党内外的团结。另一个层面的整风运动，主要是以营级以下干部和广大新四军指战员为教育主体，以当前政治形势、军事形势为主要教育内容，在教育过程中加强理论与实践相结合的作风建设，向各种不良倾向积极开展斗争，进一步加强新四军与江苏抗日根据地广大营级以下干部以及指战员的遵纪守法观念，借以不断提高其阶级觉悟、革命意识以及革命斗志。

新四军在江苏抗日根据地的整风整运动积极开展起来，着力于思想政治教育、廉政教育，形成了诸多具体而有效的措施。诸如当时新四军军部电报有关内容即有所呈现，"对部队整训问题，我们提出以下要求：（一）提高政治教育，尤其阶级教育、优良传统教育。开展反贪污腐化堕落、个人主义、本位主义、游击主义等倾向的斗争。对教育不改的分子，坚决撤换、概使受训……提高各级干部模范作用，增强干部的党性。师旅级应特别把握干部教育，有计划去进行干部教育，成为整训时重要工作的一环"①。在整风整训运动过程中，各级军政单位也坚持理论与实践相结合，不仅深入开展严格的批评与自我批评活动，注重切实从思想的源头来解决贪污腐败等诸多问题，而且也特别注重实际工作的开展，针对贪污、

---

① 计高成：《陈毅在盐城》，北京：解放军出版社，2001年，第108页。

浪费、腐败、堕落等现象与问题,积极从核查财政入手,开展有针对性的讨论和斗争。根据新四军老战士周仁甫的回忆记载,"凡盐阜区的主力军、地方军,不论何人,如有违反十大公约与三大纪律、八项注意的,一律交送军队执法机关处罚","不打仗的时候,会上政治课,把战士集中起来,讲革命人生观,讲军民关系,讲三大纪律八项注意"。① 新四军与江苏抗日根据地在开展整风整训运动过程中,也尤其注意教育、学习时机的选择并形成有效的应对举措,"在敌后坚持游击战争与长期的分散行动的环境中,善于利用一切时机,集中部队整训,改造部队新的成分及纠正游击习气与战斗的锻炼相结合,是严密部队组织纪律,达到巩固提高战斗力的方法。所以敌后游击兵团应善于利用敌'扫荡'与反'扫荡'之间隙时机,利用天时、地利集中部队轮流整训,实为长期坚持斗争必要的一着"②。江苏抗日根据地在整风整训运动中开展反对贪污浪费与腐败堕落问题的讨论与实践,成效是显著的,不仅及时地教育和挽救了一批犯有错误的军政干部,而且也是对广大军民生动实际的廉政宣传与教育。总的来说,江苏抗日根据地整风整训运动的深入开展,不仅给根据地军政各级单位在政治建设、思想建设方面带来了深刻的影响,而且在组织建设和作风建设等方面也产生了积极作用,"政治上,增强了党性,提高了执行正确路线的自觉性;思想上,增强了免疫力,提高了马克思主义水平;作风上,扫除了歪风邪气,提高了部队的战斗力;组织上,全面考查了干部,纯洁和巩固了干部队伍"③,一定程度上,切实通过思想政治教育、廉政教育推动

---

① 陈婷、刘雯:《新四军廉政文化采风行之响水篇》,《盐城晚报》,2012 年 8 月 10 日第 A05 版。

② 一师:《新四军军部在盐城》,南京:江苏人民出版社,1988 年,第 204 页。

③ 钟期光:《新四军军部在黄花塘》,南京:江苏人民出版社,1993 年,第 622—625 页。

和实现战斗力量、革命力量的壮大与增强。

积极组织开展日常学习和讨论,是江苏抗日根据地开展政治工作和廉政教育的又一有效形式。根据原新四军第一旅政治部文工团大队长、纵队指导员束颖的回忆所述,"当时条件艰苦,但大家并没有放松思想教育","那时候晚上也开卧谈会。睡前 5 分钟,大家会躺在秸秆或稻草的地铺上,进行表扬和自我批评,或者谈心","卧谈会也叫睡前 5 分钟生活会,主要是批评和自我批评,大家都很单纯,说话也不会拐弯抹角,团长、队长有什么错都敢讲,领导也没架子,有不对的地方就自我检讨","第二天还会贴墙报,表扬好人好事,批评不好的现象","生活再苦,也不能拿群众一针一线。那时候,老百姓看到服务团吃饭没菜,就送来一碟豆饼酱,大家推却不过,就付了钱才肯吃"。① 通过采取自学、座谈、讨论等多种多样的方式,新四军与江苏抗日革命根据地利用日常时间组织开展政治学习、廉政教育,进一步加强了广大军政干部、党员的理论素质和思想认识。针对党员,各级党组织还积极开展党员学习活动,以及争创模范连党支部活动,进一步强化政治学习、廉政教育的效果,不仅发挥了党支部的领导和堡垒作用,而且也发挥了共产党员的模范先锋与带头示范作用。新四军在创建之初即坚持以"保持发扬优良传统"为建军要求,当时的四个支队所属八个团,也分别以其中的一个字为别号,名曰"保团""持团""优团""良团"等,在军部迁至苏北盐城之后,仍然坚持如此,对于广大军政干部和指战员坚持优良传统、永葆革命本色,起到了重要的警醒作用。在新四军与江苏抗日革命根据地,军政纪律严明,思想觉悟不断提高,人民

① 陈婷、顾善济:《新四军廉政文化采风行之南京篇》,《盐城晚报》,2012 年 8 月 19 日第 A05 版。

群众积极支持,革命热情不断高涨,以此为坚实的基础,新四军与江苏抗日根据地也因此得以不断巩固与发展起来。①

### 三、民众教育丰富多彩

1938 年春,陈毅、粟裕率领新四军第一支队进入苏南敌后,积极开展抗日斗争,至夏初,成功开辟了以茅山为中心的抗日根据地,建立了抗日民主政权,即位于当时镇江、句容、丹阳、金坛四县的人民抗敌自卫委员会。这一时期,抗日民主政权领导当地广大人民群众积极开展开展"三冬"工作,即"冬学""冬防"和"冬耕"。其中,"冬学"是颇具地方特色的民众教育活动,其主要目的在于努力扫除文盲,不断提高广大民众的政治觉悟和文化水平。皖南事变后,在苏北盐城重建新四军军部,在陈毅任新四军代理军长、刘少奇任政治委员期间,进一步组织民众,继续开展丰富多彩的民众教育活动,并未因为条件的艰苦而有所废止与停辍。在当时茅山抗日根据地及周边广大农村地区,诸如饵池、戴亭、芦塘、西荆、成村等等,均有各种不同形式的民众教育活动,从教学时间上来看,有白班,也有夜班,有整日班,也有半日班;从教学层次来看,有民校,也有识字班、识字组,此外还有流动施教团等,不一而足。民众教育活动的教育对象,主要是组织的人民群众,包括民主自卫队员、农救会员、工救会员、青救会员以及妇救会员等,在此基础上,再进一步发展和动员更多人民群众投入学习,接受民众教育。

新四军与江苏抗日根据地开展丰富多彩的民众教育,有着优良的历史传统和教育基础。早在 1928 年,镇江民众教育馆就得以创建,并成为当时江苏省内最早成立的县级民众教育馆机构之一。

---

① 钟期光:《新四军军部在黄花塘》,南京:江苏人民出版社,1993 年,第 622—625 页。

在九一八事变发生后,各县级民众教育馆都在馆内组织了日军侵华暴行展览,包括中日甲午战争、日本侵占琉球群岛、战争赔款统计等等图片或表格,并组织演讲人员分赴乡镇农村宣讲控诉日本侵华行为,根据地方史志记载,"演讲员根据《抗日御侮挽救危亡宣传大纲》,宣讲日本侵华史、日本侵略满蒙罪行、万宝山案、中村事件等。在城内及丹徒、谏壁等乡讲演 7 次,听众达数千人次"①。

新四军与江苏抗日根据地开展民众教育,也逐渐探索出了与革命形势和当地文化相适应的教育规律与特色。一方面,在镇江茅山等地区开展"冬学",十分注重教学课程与革命斗争、生产生活实际的紧密联系,既注重政治教育宣传与文化知识的教授讲解,也注重生产技术的传播教育。这从当时各地自编"冬学"课本、"扫盲"课本中和教学课程的设置上,可以比较直观地看到这一历史事实,不仅有时事报告、政治教育,有算数、应用文,也有音乐、体育、游戏等等。另一方面,为了加强教育管理,提升教育质量和效果,新四军与江苏抗日根据地各地民众教育馆还创造条件,实施幻灯讲演宣传。各地民众教育馆制作了诸多幻灯片,内容多样,诸如日军侵占中国领土、杀害中国同胞、焚烧中国人民屋舍等等,同时放映范围也很广泛,遍及境内各级机关、工厂、学校和广大村庄,使得广大民众受到了直观的教育,收到良好的教育宣传效果。后来,随着革命条件的发展变化,有的民众教育馆还组建了电影教育委员会,建立了电影院,通过电影播放来开展民众教育和革命宣传,效果得以进一步提升。除此之外,新四军与江苏抗日根据地各民众教育馆还组织编印了《卧薪尝胆》《还我河山》等文艺丛书,印刷了

---

① 镇江市教育局编志办公室:《镇江市教育志 1912—1990》,南京:江苏科学技术出版社,1994 年,第 398—401 页。

大量"告难民书""告乡区妇女"一类的革命传单。

　　新四军在江苏抗日根据地大力开展基层民众教育,教学形式多种多样,教学内容也丰富多彩,广大人民群众不仅从中学到了知识文化,而且也因此提高了政治觉悟和革命意识,极大地促进了新四军与江苏抗日根据地民众教育的积极进步和根据地整体教育事业的向好发展,进而对巩固根据地产生了积极作用,有力地推动了新四军与江苏抗日根据地抗日斗争的进一步发展。

## 第三节　文学艺术的繁荣及其社会影响

　　1940 年 11 月,在江苏南通海安地区,陈毅组织召开了文化座谈会。陈毅时任新四军苏北指挥部指挥,借由文化座谈会的召开,开启了新四军与江苏抗日根据地新文化运动的序幕。在这次文化座谈会上,陈毅发表了题为《关于文化运动的意见》的重要讲话,旗帜鲜明地提出了一个响亮的口号,即"为开展苏北抗日民主根据地文化运动而斗争"①。在此之后,随着中共中央中原局以及新四军军部各级机关陆续进驻盐城,新的相关政策与举措也逐次出台,进一步加强了对于新四军与江苏抗日根据地文化建设发展事业的管理。在这一时期,新四军与江苏抗日根据地文学艺术事业的建设条件可以说是极其有限的,在发展过程中,遇到过巨大挫折,但就其整体而言,新四军在江苏抗日根据地的文化建设与文学艺术事业也实现了诸多方面的成就,在艰难困苦之中持续不断地向前发展。

――――――――――――

① 陈毅:《关于文化运动的意见:在海安文化座谈会上的发言》,《江淮》,1941 年第 5 期。

## 一、抗日根据地文学与艺术的兴起

### （一）加强共产党对文艺工作的领导

1941 年 7 月,日伪对苏北抗日根据地实施第一次大"扫荡",在此艰苦的生存环境与残酷的斗争形势之下,苏北抗日根据地的文化事业遭受了有史以来第一次重创,损失惨重,《江淮日报》与《江淮文化》《江淮》与《实践》等多种报纸杂志,迫不得已而辍印停刊,文化运动的发展也因此面临着严峻的考验。为了适应这种艰难环境,开创新的文艺工作局面,共产党也积极寻求有效的应对,进一步加强了对于苏北抗日根据地文艺工作的领导,与此同时也注重对文艺工作的引导,在极为不利的情况下,取得了较为显著的成就。

一是主动解散鲁艺华中分院及其所属剧团,适时适度化整为零,提高整体生存概率与发展机会。根据新四军军部的决定,1941 年 8 月,鲁艺华中分院及其所属剧团宣布解散,以美术系、音乐系大部分师生为主,组建了新四军鲁迅艺术工作团,归由军部直接领导;以文学系、戏剧系大部分师生为主,组建了三师鲁迅艺术工作团,归由新四军第三师管理。其中,"新四军鲁迅艺术工作团"以"何士德任团长","三师鲁迅艺术工作团"以"孟波为团长"。① 除此之外,未被编入新四军鲁迅艺术工作团和三师鲁迅艺术工作团的部分学员,前述被迫辍印停刊的报刊工作人员,以及被日伪占领地区的文化机关工作人员以及中小学教师,或者跟随中共中央华中局和新四军军部向农村转移,或者被输送到基层部队,或者转战上

① 徐成:《试论苏北新四军文艺活动的发展》,《盐城工学院学报》(社会科学版),2011 年第 2 期,第 8—11 页。

海等地从事地下工作。

二是团结一切新旧文艺工作者,积极为广大农民服务。在斗争形势日益艰难的情况下,为了推动和促进江苏抗日根据地文艺工作的有效开展,苏北地区部分地方党政干部采取措施,进一步加强了对当地文艺工作的领导与引导。时在 1942 年新年之际,淮海区党委书记金明即以《以新的工作迎接新的胜利和斗争》为题,在《淮海日报》上发表了评论性文章。在文章中,金明明确了新一年里的主要工作与任务之一,即是加强文化教育工作,为此,他提议与要求,"文化协会深入民间,采取分散活动的方式,团结一切新旧文艺工作者"①,对于推动江苏抗日根据地文艺工作的发展起到了积极作用。在同一天,作为盐阜区党委机关报,《盐阜报》也在同一天发表了发刊词,喜迎新年。在发刊词中,《盐阜报》编者特别提出,在江苏抗日根据地,鉴于其建设"为时甚暂""尚属经纬万端",所以积极呼吁和鼓励所谓"地方先进的积极分子"②踊跃参加、支持抗日根据地的文化建设与社会教育。到了同年 9 月,《盐阜报》还发表了一篇文章,题名《怎样组织青救会》。该文指出,大力开展文艺运动是团结广大农村青年的有效举措,必须尽快把组织广大农村青年的文艺活动提到青年工作的议事日程上来。在中共中央华中局与新四军军部支持下,在此文章的呼吁之下,江苏抗日根据地广大农村地区纷纷建立青年俱乐部、组织青年剧团、组建青年歌咏队,在此基础上,积极开展教唱歌、开晚会等活动,进一步推动了根据地文艺运动的发展。无独有偶,在 1942 年 5 月 4 日,淮海行署主任李一氓为《淮海日报》撰写了社论,题名《"五四"论根据地文化》,

---

① 金明:《以新的工作迎接新的胜利和斗争》,《淮海日报》,1942 年 1 月 1 日第 1 版。

②《盐阜报》编辑部:《发刊词》,《盐阜报》,1942 年 1 月 1 日第 1 版。

也提出了加强对于根据地农村地区文艺工作的领导与引导的要求。在这一社论中,李一氓特别强调指出,"新文化要为广大农民服务,要努力提高广大农民的文化水平"①,推动了江苏抗日根据地诸多方面的文艺力量、教育力量涌向农村、面向农民,对于推动根据地文艺运动的发展,同样功不可没。

（二）发挥知名文化人与文艺工作者的先锋作用

在刘少奇、陈毅等领导人的积极动员与大力号召之下,新四军战地服务团、抗敌剧团等组织的文艺工作者积极参加各类文艺活动,一大批知名文化人对于苏北抗日根据地的文艺事业也给予了大力支持,诸如何干德、刘保罗、孟波、丘东平、许幸之以及许晴等等。一批又一批知名的文化人与文艺工作者,不遗余力地支持苏北抗日根据地的文艺事业,成为根据地文艺事业的先锋战士,为进一步促进根据地文艺事业的进步作出了积极重要贡献。

这一时期,在众多文艺工作者的共同努力下,苏北抗日根据地文艺活动有声有色,丰富多彩。一方面,他们亲自参加文艺表演,深入根据地盐城县亭湖中学以及大丰盐垦公司等地,通过表演《新四军军歌》《黄河大合唱》等诸多宣传抗日的歌曲,以及其他多种多样的文艺形式,向当地广大农民、渔民、教师、学生以及资本家进行抗日统一战线政策与爱国抗日主张的宣传党,启发其抗日觉悟,激发其抗日热情。另一方面,他们还把根据地的中小学生、基层宣传队与剧团组织起来,利用节假日时间参与根据地文艺宣传活动,通过戏剧或者歌曲、小型话剧等不同的形式开展文艺表演,其中沭宿海中学的学生、阜宁县的地方部队文艺宣传队、阜宁县益林镇的基层剧团、涟水县李圩乡的农村剧团等,都曾在参与抗日文艺活动过

① 李一氓:《"五四"论根据地文化》,《淮海日报》,1942 年 5 月 4 日第 2 版。

程中起到过重要力量。苏北抗日根据地丰富多彩文艺活动的开展,对于根据地抗日文艺的发展具有一定的启蒙意义,在吸引根据地广大军民主动自学参加到抗日文艺活动中来,以及推动苏北抗日根据地的开辟与发展,也都起到了积极的作用。

同一时期,诸多知名文化人则积极创作了大量能够反映当时现实的文艺作品,组建了一些影响较大的诗歌文学社团,卓有成效地进行抗日宣传。在1942年10月,江苏抗日根据地盐阜区组织召开了第一届参议会,会议上,陈毅、阿英等领导人与文化名人一致认为,应该注意从文化方面加强和巩固与本土士绅、中间阶层的团结。在此认识与思想引导下,苏北抗日根据地率先成立了诗歌文学社团,后来发展壮大成为"湖海艺文社"。相关社团在成立之后,创作了为数甚多的反映当时抗日根据地战争、生产、生活等方面的文艺作品,并且也得到了《新知识》杂志的热情鼓励,特别为该社团成员开辟了一个文艺专栏,即"湖海诗文选"。刊载于《新知识》文艺专栏的诸多社团成员的诗歌文学作品,相对都十分优秀,影响巨大。其中较为著名并具有一定代表性的作品,主要有阿英纪实文学《苏北伟大水利工程建设——宋公堤》以及其话剧剧本《宋公堤》。该纪实文学及剧本以盐城阜宁县抗日民主政府县长宋乃德为创作原型,记咏其修筑长堤以解决为害当地人们多年的水患问题的故事。除此之外,还有陈毅《大柳巷春游六绝》、李一氓《陌上花》、沈其震《满江红》等大量的优秀诗歌作品。

(三)重视文艺人才的培养和输送

在皖南事变发生之后,斗争局面日益复杂,对于江苏抗日根据地的建设也提出了新的要求。在这种情势之下,根据刘少奇、陈毅等重要领导人的决定,进一步加强了新闻出版事业,积极鼓励文学艺术创作,江苏抗日根据地的文化文艺工作得以积极向前推进,与其他各项事业工作相互响应,对于加快并巩固江苏抗日根据地的建设,成效显著。

就新闻出版事业来说,这一时期,数量可观的新旧报刊陆续出版,除了 1940 年 12 月 2 日创办于江苏盐城的,后来成为中共中央华中局机关报的《江淮日报》等报刊之外,还有其他多种报刊陆续创办,主要包括:由新四军政治部负责主办的《江淮文化》、新四军三师政治部负责主办的《先锋报》、八旅政治部负责主办的《战斗报》,以及苏北文协负责主办的《实践》、记者协会负责主办的《苏北记者》等。报刊发表的文章也富有针对性和时效性,成为新闻出版事业有所加强的重要表现。比如在《江淮日报》,毛泽东的《新民主主义论》被连续连载,回答了"中国向何处去"的问题,极大地鼓励了江苏抗日根据地军民的斗争信心,毛泽东《关于文化运动的意见》《文化运动与组织动员》《开展苏北识字运动》《集中群力,创造苏北新文化》等社论或专题性文章,也在不同刊期刊载,对于如何卓有成效地开展根据地文化运动,具有极为重要的指导作用。

就文学艺术创作而言,《江淮日报》辟有多个副刊,为文学艺术创作积极创造和提供了广阔园地,主要有"抗敌文艺""抗剧"等。除此之外,小说、诗歌、话剧、歌剧等文学文艺作品精彩纷呈,对于江苏抗日根据地文化运动和文化事业的繁荣与发展,影响更大。比如许幸之长诗《春雷》、丘东平长篇小说《茅山下》、殷扬现实文学《皖南突围记》、吴强话剧《皖南一家》、李增援话剧《红鼻子参军》、刘保罗话剧《一个打十个》、许晴歌剧《雾的重庆》及其独幕剧《胜利》、林淋歌剧《运河边上》,以及李增援作词、章枚作曲的歌曲《勇敢队》,向征作词、何士德作曲的歌曲《我们是同一家人》等,各种作品主要以抗日斗争为题材,形式多样,不仅显现出文化文艺工作者的历史使命感与民族责任感,丰富并提升了江苏抗日根据地广大军民的文化生活,体现着江苏抗日根据地文学艺术创作的繁荣发展,而且更为重要的是,极大地鼓舞了江苏抗日根据地广大军民抗日斗争的坚强信心。

除了加强新闻出版事业,积极鼓励文学艺术创作,在江苏抗日根据地,更多的文化机构与单位纷纷组建起来,多种内容的文化活动、文艺展览也有效开展起来,进一步显现出江苏抗日根据地文学艺术创作的繁荣和发展。

这一时期组建起来并较有影响力的文化机构为数可观,比如1941年年初成立的鲁艺华中分院。该院开设的院系及专业,主要有文学、戏剧、音乐以及美术,与此同时也建有少年文艺班和附属的实验剧团,既有理论教学,也有实践环节,既面向成年人,也面向少年儿童,为江苏抗日根据地培养和输送了大量的文艺人才。又比如1941年4月成立的苏北文化协会。苏北文化协会的办公地点设在盐城,是当时苏北文化界最高级别的民间组织。苏北文化协会成立之际,陈毅以《为广泛地开展苏北新文化事业而斗争》为题向大会致词,刘少奇以《苏北文协的任务》为题向大会提交了报告,从而为苏北抗日根据地文化的发展进一步明确了任务,指明了发展方向。此后,江苏抗日根据地各地纷纷积极组建各级各类的文化协会,促进了抗日根据地广大文艺工作者的大团结、大联合,进而也推动了江苏抗日根据地文化运动的发展。

这一时期,江苏抗日根据地各地也纷纷推出不同内容的文艺展览,更进一步推动根据地文化运动走向繁荣。1941年5月,盐城地区各文化机构与单位先后举办多种内容的文艺展览,除了报纸、图书,还有木刻、美术展览,以及自然科学、健康卫生展览等。多种内容的文艺展览活动,带动了江苏抗日根据地其他地区文艺展览活动的发展,创造了根据地文化发展的新气象。受此文化活动的影响,一些文艺团体、中小学校也时常组织举行规模较大的文艺会演或者演讲比赛、歌唱比赛、墙报竞赛等,活跃了文化生活,形成了内容丰富的文化现象,既推动了基层城镇与乡村文化运动的发展,也为江苏抗日根据地培养并储备了后备力量。

（四）重视根据地文艺发展的大众化

在中共中央华中局与新四军军部转移到农村之后,广大文化文艺工作者也纷纷深入基层部队与广大农村,从而走上了与工农兵相结合的大众化发展道路。广大文化文艺工作者开始了大众化的积极实践,与此同时,也开始了大众化问题的理论讨论,进一步推动了江苏抗日根据地文艺界对于大众化问题的认识与大众化实践的发展。

首先,中共中央华中局与新四军军部领导干部高度重视根据地文艺发展的大众化。1942 年 5 月,中国共产党在延安召开了"文艺工作座谈会",毛泽东作了《在延安文艺座谈会上的讲话》的著名报告。这一报告的原文内容在当时因为各方面原因而没有及时公开发表,但在江苏抗日根据地,围绕相关"讲话"精神的学习,形成了若干重要文章,并通过《盐阜报》等报刊得以传播,为文艺运动的发展指明了方向,中共中央华中局与新四军军部领导干部和江苏抗日根据地广文艺工作者从中得到积极的启示,开始认真思考如何推进文艺大众化的问题。在江苏抗日根据地在新文化运动发动之初,刘少奇、陈毅等领导人就积极促成了根据地文化界对于大众化问题的热烈讨论,大力倡导大众化的实践,为此还在《江淮日报》专门设置了"文艺座谈"专栏,推动了根据地广大文艺工作者与工农兵大众的相互结合。

其次,鲁艺华中分院师生及其实验剧团、新安旅行团等根据地广大文艺工作者积极走向农村,进一步推动了江苏抗日根据地文艺发展的大众化。广大文艺工作者走向农村,宣传抗日,十分注重从农村、农民中搜集和整理文艺题材,创作出了大量为广大农民所喜爱的文艺作品。其中以向阳、辛劳和林山等人为主要代表的诗人大力即提倡"墙头诗",成为当时在根据地应用最为广泛的文艺形式之一。"墙头诗"不仅内容通俗易懂,篇幅短小精悍,容易为广大工农兵群众所学习和接受,而且"墙头诗"也便于书写,几乎所有农村房屋空白墙壁都可以利用,因此,"墙头诗"在江苏抗日根据地尤其是苏北根据地得到了程度较高的普及,推动了根据地文艺工作的大众化。

与此同时,广大文艺工作者还在根据地积极组建了文化委员会加强文艺大众化的工作,大力组织文艺俱乐部、地方专业文艺团体,在提升根据地农村农民文化素质和活跃根据地农民群众文艺运动方面,以及推动根据地文艺大众化发展方面,同样起到了重要作用。在成立的地方专业文艺团体中,淮海区淮海文工团、盐阜区党委文工团等较有代表性。淮海区淮海文工团于1942年8月20日率先成立,"此后,淮阴、沭阳、泗沭等9个县也相继成立了文工团和艺人救国会,淮海地区专业与业余文艺队伍发展到近1 000人"[1]。盐阜区则成立了盐阜区党委文工团,在《新打花鼓》《新大补缸》等原有的民间文艺曲目的基础上,进一步把传统的民间文艺形式与抗日战争的内容统一起来,积极利用与改造了大量地方戏曲节目,为文艺发展深入根据地广大农村和基层部队,奠定了良好基础。

---

[1] 上海市文化局党史办公室、江苏省文化厅史志办公室、安徽省文化厅史志办公室、浙江省文化厅史料征集办公室:《华中抗日根据地文化工作大事记(1937.7—1945.8)》,上海:上海市文化局党史办公室,1996年,第186页。

又次,根据地广大中小学师生积极参与文艺活动,对于普及学校文艺与儿童文艺,对于推进根据地农村文艺运动的发展和文艺大众化的实践,也同样发挥了重要作用。在苏北根据地,苏北文化协会发布了《告苏北教育界人士书》,要求根据地广教师教员把暑假时间充分利用起来,不仅应适时举办识字班或民众学校,帮助广大农民自卫队以及各种基层组织人员进行识字普及和文化教育活动,而且也应积极组建大众文艺俱乐部,大力开展有益的文艺娱乐活动,诸如抗日歌曲、民间小调、戏曲表演等。这一时期,为了进一步保障根据地农村文化教育事业和文艺大众化活动的发展,盐阜行署也颁布了一系列的政策与法令,其中1942年颁布的《农村俱乐部组织法及大纲》的宗旨即是:"为实施群众教育,扫除文盲,提高群众文化政治水平与普及正当文娱生活。"①除此之外,据刘少奇、陈毅等领导的指示,江苏抗日根据地行文艺团体在积极进行舞蹈、歌咏、歌剧等抗日文艺宣传活动的同时,也积极在广大农村、各基层单位组建儿童团,举办儿童团干部文艺训练班,大力开展儿童歌曲,以及少儿舞蹈和少儿戏剧的教育教学活动,推进了儿童文艺活动的顺利开展,也是当时根据地文艺大众化实践的重要内容。

再者,根据地基层部队文艺运动的发展,也为江苏抗日根据地文艺大众化的实践增添了重要内容。为了丰富根据地基层部队的日常生活,鼓舞广大士兵的士气,展现广大士兵的精神风貌,江苏抗日根据地指战员也尤其注重文艺活动的组织与开展,"1942年元旦,新四军三师八旅二十四团举行首次全团文艺会演,一、二、三营

---

① 刘则先:《苏北抗日根据地文化散记》,南京:江苏人民出版社,1993年,第293页。

分别演出了歌舞剧、京剧和山东梆子"①,颇具地方特色的文艺曲目,不仅获得广大士兵的喜欢与欢迎,而且与地方文艺活动的发展比较而言,也起到一种相得益彰、相互促进的作用。

## 二、抗日根据地文学与艺术的繁荣

1942年底,日伪军对江苏抗日根据地实施了第二次"扫荡",诸多文艺团体不得已被迫解散,部分文艺协会、报纸期刊也不得已被迫停止活动或停止刊行,地方以及部队的广大也不得已被迫纷散开来。然而,在短短两三年左右时间内,江苏抗日根据地文艺发展业已打下坚实的发展基础,根据地广大文艺工作者也犹如蒲公英般散布了文艺种子,因此,时至1943年春,第二次反"扫荡"胜利结束以后,更多的文艺团体纷纷成立,江苏抗日根据地文艺发展获得新的生机,更加繁荣起来。

(一)"湖海艺文社"与文化统一战线的发展

湖海艺文社是苏北抗日根据地地区各界知名人士为主要成员的文艺组织。在当时,如何在文艺界发展统一战线,团结江苏抗日根据地地区各界知名人士积极抗日,诸如社会名流、开明绅士、地主等等,是中共中央华中局和新四军所面临的重要问题。在这种形势下,陈毅等领导人积极行动,组织成立了"湖海艺文社"。湖海艺文社宣称,"凡海内外爱国人士具有抗敌观念,愿缔翰墨缘者,莫不竭诚欢迎","发起人为陈毅、彭康、庞友兰、杨芷江、唐碧澄、杨幼樵、扬帆、阿英、李一氓、范长江、王阑西、薛暮桥等22人,其中有新四军军部、华中局及苏北地方政府负责人,有享有声誉的著名文化

---

① 曹建林:《苏北根据地抗战文艺研究(1940—1945)》,苏州:苏州大学学位论文,2012年,第35页。

人,亦有苏北著名士绅"。① 此后,由李一氓负责,又在淮海区组织成立了湖海艺文社的"淮海分社"。

在湖海艺文社的发展过程中,阜宁文化村的成立与发展、多种报刊的复刊、创办,发挥了重要作用。为了促进文艺建设与发展,由陈毅与阿英等人共同组织,在苏北根据地阜宁县建立了供广大文艺工作者聚集与交流的重要场所——"文化村"。"阜宁文化村及其活动却在宣传抗日救亡、唤醒民众、扩大统一战线等方面取得了重要成果"②,成为江苏抗日根据地文艺发展繁荣的重要渊薮。在阜宁文化村成立之后不久,由陈毅负责又组建了文化杂志编辑委员会,创办了《新文化》杂志,与此同时,又将业已停刊的《大众生活》进行复刊,改版为《新知识》,从而为"湖海艺文社"的发展壮大和江苏抗日根据地文艺的繁荣提供了重要保障。

《新文化》在创刊之后,一方面经常转载来自延安地区各种报刊的重要文章,另一方面,也大量发表了反映江苏抗日根据地政治、经济、社会、教育、文艺等各个方面发展的文论。关于文艺方面的文章,起初主要是以宣传中国共产党的文艺政策为主,比如陈云《党的文艺工作者两个倾向问题》、凯丰《党的文艺工作者下乡问题》等,对于文艺工作如何更好地服务于工农兵问题进行了系统的讨论。此外,《新文化》还大量发表了多种题材与形式的其他作品,比如阿英《盐阜民族英雄传》、钱毅《阜东的海洋神话与传说》,以及大量战地通讯、诗歌以及美术作品。在"湖海艺文社"成立之后,《新知识》更是开设了"湖海诗文选"专栏,《盐阜报》的"弦歌脞录"

---

① 曹建林:《苏北根据地抗战文艺研究(1940—1945)》,苏州:苏州大学学位论文,2012年,第53页。

② 李紫怡:《抗战时期新四军在苏北的文化建设——以阜宁文化村为例》,《盐城师范学院学报》(人文社会科学版),2017年第4期,第38—41页。

专栏一起,大量刊载江苏抗日根据地各界人士有关抗日宣传的诗词作品。

　　关于阜宁文化村,值得关注的是,加强江苏抗日根据地军队的文化工作,也是其重要任务之一。作为"湖海艺文社"的发起人之一和重要成员之一,"在戏剧方面颇有心得的阿英就曾经受邀去往军部的鲁迅艺术工作团、新安旅行团和三师的鲁迅艺术工作团等,给他们讲授'中国戏剧运动史'的课程,阿英还认真分析了他们自己创作的剧本,并提出具体修改意见"①,丰富了湖海艺文社的活动内容,也为湖海艺文社的发展提供了更多的素材,具有相互推动的作用。

　　1943 年 10 月,毛泽东 1942 年 5 月所作《在延安文艺座谈会上的讲话》在延安的《解放日报》上公开发表。江苏抗日根据地的报刊及时进行转载,广大文艺工作者积极组织学习,在此过程中,为"湖海艺文社"的发展进一步明确了方向,也为江苏抗日根据地文艺的繁荣提供了政策导向。一方面,在中共中央华中局和新四军有关领导的组织安排下,由阿英等人筹备并召开了根据地"苏北文艺工作座谈会",由《盐阜报》等机构负责并编印了《党的文艺政策》等政策性图书,汇辑了《在延安文艺座谈会上的讲话》以及相关社论文章,对于江苏抗日根据地发展文化教育统一战线、开展新文化运动、推动文艺大众化事业,给出了方向性指示;另一方面,在苏北根据地,盐阜区、淮海区的党政军领导也做出了具体实践方面的要求,诸如"广大文艺工作者团结起来,努力建设大众的、为工农兵服务的新民主主义文化""继续推行新文化的普及运动,开展农村的

---

① 李紫怡:《抗战时期新四军在苏北的文化建设——以阜宁文化村为例》,《盐城师范学院学报》(人文社会科学版),2017 年第 4 期,第 38—41 页。

文艺运动"，"把文艺交还给大众"①，等等。

（二）"新安旅行团"与儿童文艺的日渐繁荣

如前所述，在江苏抗日根据地广大文化文艺工作者积极进行文艺大众化实践之初，根据地广大中小学师生即积极参与文艺活动，对于普及学校文艺与儿童文艺来说，发挥了重要作用。在第二次反"扫荡"胜利之后，根据地学校文艺与儿童文艺获得进一步发展，尤其"新安旅行团"的建设与发展，更是推动了根据地儿童文艺的日渐繁荣，成为江苏抗日根据地文化活跃的重要组成。

学校文艺主要是根据地中小学师生通过成立识字班、歌咏队或是青年剧团等不同组织，在农村和基层开展各项教育与文艺活动，面向的主要是中学生和小学生，对于提高根据地农村与基层中小学师生的文化水平，丰富其文艺娱乐生活，起到了直接的促进作用。儿童文艺各项活动的开展，主要是由"新安旅行团"所大力推进的。早在1935年，在江苏淮安新安小学，多名学生联合组成了"新安旅行团"，直属新四军军部领导。"新安旅行团"的成员大多能歌善舞，在江苏抗日根据地的诸多重大活动都有新安旅行团的精彩演出，对于根据地抗日文艺的宣传，发挥了相当重要的作用。

"新安旅行团"成立以来，特别是在江苏根据地第二次反"扫荡"胜利以后，积极开展文艺宣传活动，在文学创作、诗歌朗诵、戏剧表演以及舞蹈表演等方面都有不俗表现。文学创作方面，诸如张爱萍长篇《苏维埃儿童团的故事》、左林小说《和"皇军"洗澡》、王山小说《毒死汉奸的爸爸》等；戏剧表演方面，经典曲目诸如《小地下军》《雨过天晴》；舞蹈表演方面，诸如《海军舞》《红旗舞》《秧歌舞》等；皮影戏表演方面，诸如《送公粮》《大萝卜》等，从多个层面反

---

① 《纪念鲁迅逝世8周年，追悼邹韬奋先生逝世》，《盐阜报》，1944年10月19日第01版。

映了江苏抗日根据地在当时的军事斗争情况与儿童生活情况。

除此之外,"新安旅行团"还创办了多种儿童报刊,丰富了文艺宣传的形式。"新安旅行团"先后创办了儿童报刊,主要有《儿童画报》《儿童文娱》等。其中《儿童生活》更为著名,不仅刊载了大量抗日战争的英勇故事与英雄传奇,而且也开辟了"儿童园地"与"科学世界"等专栏,得到了"新安旅行团"广大儿童团员的喜爱,也更扩大了文艺宣传的影响力,以致当时根据地人民群众对"新安旅行团"极为赞赏,把它与七旅、八旅的影响力、重要性相提并论,谓之"盐阜区,三个旅,七旅八旅新安旅"①。

(三) 木刻与文艺运动的进一步推动

新四军与江苏抗日根据地,与延安、晋绥等根据地相当,木刻艺术开展得有声有色,为根据地艺术运动的大发展与大繁荣,又添抹精彩的一笔。"作为一种简易而有力的文化宣传工具,木刻版画在各抗日根据地起到了发动群众、团结群众、打击敌人、瓦解敌人的积极作用,为抗日战争的胜利做出了不可磨灭的贡献,在我国现代美术史和版画史上占据着重要的地位。"②

有研究指出,"新四军木刻艺术随着新四军战地服务团美术组的建立而诞生的。木刻版画制版简易,印刷设施及场地限制性小,非常适合战时使用"③,而"木刻版画的创作高潮是在《新四军军歌木刻组画》创作完成后,战地服务团绘画组很多同志对木刻版画发

---

① 刘则先:《刘小清苏北抗日根据地文化散记》,南京:江苏人民出版社,1993年,第123页。
② 张军:《抗战时期苏北地区新四军木刻艺术研究》,《美术》,2011年第11期,第94—97页。
③ 陈红:《抗战时期新四军美术工作述论》,《盐城师范学院学报》(人文社会科学版),2017年第6期,第23—26页。

生兴趣"①,"这一方面是由于鲁迅将木刻版画作为一种有力的战斗的艺术积极倡导的影响;同时在艰苦的战斗环境中,木刻版画最能发挥广为传播的作用"②。

　　而鲁迅艺术学院华中分院的成立及其在江苏抗日根据地第二次反"扫荡"胜利之后的发展,也在很大程度上推动了根据地木刻艺术的繁荣。在 1940 年 11 月 11 日,中共中央华中局、新四军领导干部刘少奇、赖传珠、陈毅、粟裕等人在南通海安会面,商讨筹办鲁迅艺术学院华中分院的重大事宜,研究决定,在盐城设立筹备委员会,以丘东平为筹备委员会主任,以刘保罗、莫朴、陈岛、孟波 4 人为筹备委员会组员。在中共中央华中局、新四军领导干部的直接关心指导下,筹委会就校舍选址、办学方针、学科设置、招生名额以及师资配备等多方面的问题达成了共识。鲁迅艺术学院华中分院最终选择以盐城贫儿院为基础进行建校,学校设置 4 个系别,即文学系、音乐系、美术系和戏剧系。学校初步规定,学制为每期 6 个月,第 1 期招生人数为 400 人。鲁迅艺术学院华中分院美术系所开设的具体课程,主要包括:速写、素描、宣传画和技法理论等。木刻不仅也是其中重要的课程之一,而且在美术系,还专门设有木刻专业。

　　随着鲁迅艺术学院华中分院美术系的不断发展,木刻日渐成为新四军与江苏抗日根据地美术教育与艺术创作的重要内容,不仅如此,苏北根据地广大文化文艺工作者还以盐城为中心,筹建了

① 陈红:《抗战时期新四军美术工作述论》,《盐城师范学院学报》(人文社会科学版),
　　2017 年第 6 期,第 23—26 页。
② 江苏省文学艺术界联合会、上海市新四军历史研究会:《铁军轻骑兵——新四军战地
　　服务团》,南京:南京大学出版社,1991 年,第 81 页。

"苏北木刻工作者协会","以莫朴等人为理事"①,"其成员主要有莫朴、鲁莽、铁婴、沈柔坚、杨涵、丁达明、程默、吴耘、高斯、涂克、钱小惠等,他们在抗日根据地开展了群众化的木刻创作运动,绘制了大批宣传画,分发到连队、农村,为对日局部反攻制造舆论,激励军民的抗战士气,表现新型的军民生活,在战争中把木刻作用发挥到最大化"②,从而使得盐城逐渐发展成为新四军木刻艺术的一个中心所在。

以盐城为艺术中心的新四军与江苏抗日根据地木刻的发展,不仅题材、内容广泛,而且形式也不拘丰富,既有军事、乡村等不同的题材和内容,也有欣赏美术、实用美术等不同的形式。

就军事题材的木刻艺术来说,其内容十分丰富,既有涉及参军、战斗、练兵、行军等方面的,也有涉及抗日宣传、支援前线、军民团结等方面的。其中吴耘、杨涵的木刻作品较为著名,比如吴耘《百日练兵》描绘了苏北根据地新四军开展大练兵的画面,杨涵《沙沟战斗》,又名《登陆战》,则勾勒了新四军在江苏抗日根据地猛烈攻打兴化、高邮、宝应三地交界处沙沟的战斗场景。③ 除此之外,芦芒木刻作品《激战》描绘的是新四军战士们在战场上与英勇杀敌的场景,另一木刻作品《送子参军》勾画出根据地老农满怀期望地送子参军的场景。莫朴木刻作品《我们活跃在苏北》刻画了新四军士兵与苏北农村村民一起生产生活的军民团结场面,沈柔坚木刻作品《坚持原地斗争》则刻画了根据地游击队员在商量开展原地斗争

---

① 中共盐城市委党史工作委员会:《盐城人民革命斗争史 1919.5—1949.9》,北京:北京出版社,1991 年,第 113 页。
② 葛霞:《馆藏中的木刻作品》,《档案与建设》,2003 年第 10 期,第 28—30 页。
③ 刘海粟美术馆:《浴火存真——名辈版画联展画集》,上海:东方出版中心,2011 年版,第 120 页。

以配合新四军抗日战争的场景。

就乡村题材的木刻艺术来说,主要内容以描绘刻画根据地村民生产、生活以及乡村风景风光等方面为主。芦芒木刻作品《帮助老百姓收割》刻画了根据地新四军战士帮助驻地村民收割庄稼的场景;高斯木刻作品《烧盐》描绘了根据地沿海盐民煮盐的场面。丁达明木刻作品《生产》"巧妙地运用木材的横断面,取其自然形态的不规则椭圆形作画面,以自然朴实的刀法,描绘了苏北人民为支援新四军抗战及保卫根据地胜利果实,积极开展生产活动的情形"①。在众多以乡村为题材的木刻作品中,沈柔坚《田间》则是其中从内容到艺术都颇具特色的木刻作品,刻画了当时根据地村民在田地里辛勤耕作的场面,"远处几个勤劳质朴的庄稼汉正在辛勤劳作,画面视觉中心处,一位新四军战士席地而坐和放牧人亲切交谈,位于近处的底部是几头牲畜在悠闲地吃草,整个画面表现了抗日根据地农村娴静而恬适的生产生活,画面中生活场景、道具的设计和安排概括而生动,艺术主体和局部细节有机而趋于完美地结合在一起"②。

在新四军与江苏抗日根据地木刻艺术的发展过程中,也创作了大量的实用美术作品,不仅广泛用于根据地报纸杂志的报头、大号文字、插花及花边图案等,而且也大量用于广告宣传单、新四军臂章等,甚至应用于邮票、钱币等。"新四军在苏北盐城重建军部初期所佩戴的有'抗敌'两字和一个持枪的新四军战士臂章,是马达同志用木刻制版印刷的。1942年新四军在苏北盐阜区建立盐阜

---

① 盐城市《新四军重建军部以后》选编组:《新四军重建军部以后》,南京:江苏人民出版社,1983年,第526页。

② 葛霞:《馆藏中的木刻作品》,《档案与建设》,2003年第10期,第28—30页。

银行,当时的注有'盐阜银行'钱币图案,就是木刻家沈柔坚、芦芒设计。"①新四军与江苏抗日根据地木刻艺术实用美术的发展及其应用,一方面反映出当时根据地印刷制版条件的十分有限,另一方面也反映出当时根据地木刻家的木刻水平和根据地木刻艺术的繁荣。

总的来说,新四军与江苏抗日根据地木刻艺术的兴起、发展与繁荣,是根据地文艺发展的重要组成部分,推动了根据地文艺运动进一步走向兴盛。根据地的木刻艺术作品具有较为强烈的现实性,一方面,木刻作品主要以根据地在现实中生产、生活、战争等不同场景为题材与素材,另一方面,木刻作品在主要服务根据地村民、士兵的生产、生活方面,在广泛服务根据地士兵、村民对敌斗争等方面,也具有显著的现实意义。为数众多的新四军与江苏抗日根据地木刻艺术作品,不仅极大地活跃了根据地军民的文化娱乐生活,而且也较为全面地反映了根据地不同区域的乡村风景;不仅对于根据地人们坚持抗日战争具有团结、教育的积极作用,而且其木刻作品有关题材的选择、格调的养成、审美的培育、技艺的进步等方面,对于当代木刻创作也具有一定的理论借鉴意义或现实参考价值。

## 三、文学艺术繁荣发展的社会影响

新四军与江苏抗日根据地文艺大众化的繁荣发展,促进了根据地文艺工作的普及,推动了根据地群众文艺活动与文艺创作的进一步发展,进一步提升了根据地文艺工作者政治思想与业务水

---

① 张军:《抗战时期苏北地区新四军木刻艺术研究》,《美术》,2011 年第 11 期,第 94—97 页。

平,并在此基础上,鼓舞了根据地广大军民的斗争士气,为最终夺取抗日战争的胜利贡献了应有的力量。

（一）推动群众文艺活动、文艺创作的进一步发展

随着新四军与江苏抗日根据地文艺大众化的繁荣发展,根据地大量的农村剧团也逐渐发展起来,不仅丰富了根据地村民的文艺娱乐生活,而且也通过群众文艺的形式为抗日宣传、鼓舞士气贡献了力量。

1943 年前后,新四军在江苏抗日根据地特别是苏北抗日根据地,一股组建农村剧团的热潮逐渐形成,"盐阜区阜宁、盐城、阜东、淮安、射阳、涟东、盐东、建阳、滨海 9 个县专业文工团,形成了 300 人左右的文艺队伍"①。其中,阜宁县文工团率先以淮戏作为主要依托,积极开展了文艺活动,表演的剧目主要有《渔滨河边》《生死同心》《王大进冬学》等。此后,盐阜区各县文工团对此形式的活动争相效仿,不仅促使各个农村剧团逐渐发展壮大起来,而且也使得淮戏得以新生,在整个盐阜区更大范围内推广开来。淮海区则组建了"淮海实验剧团",致力于京剧艺术的研究和推广,也取得重要文艺成果,既丰富了当地广大人民群众的文艺娱乐生活,也促进了根据地抗日宣传活动的发展。

大量农村剧团的迅速发展,以及其文艺活动成果的形成,既与当时根据地各级文艺机构的政策扶持,也与当时根据地广大文艺团体的大力帮助是分不开的。一方面,盐阜区总剧联出台了《乡镇农村剧团暂行组织章程》《区剧联组织条例》等文件,对于农村剧团

---

① 上海市文化局党史办公室、江苏省文化厅史志办公室、安徽省文化厅史志办公室、浙江省文化厅史料征集办公室:《华中抗日根据地文化工作大事记(1937.7—1945.8)》,上海:上海市文化局党史办公室,1996 年,第 238 页。

组建与发展的宗旨、任务以及组织领导等各个方面都作出了明确规范和具体要求。阜宁县委则印发了《怎样组织农村剧团》《我们怎样组织俱乐部》等相关材料,直接帮助创建农村剧团。另一方面,当时诸多文艺机关与文艺团体都对农村剧团的发展付出了大量心血。诸如盐阜区总剧联、淮海区涟水县文化协会以及其他县区剧联、文教机构、各县文艺团体,即为积极推进农村剧团的组建以及剧团的戏曲表演而倾注了大量精力。涟东县文工团于1944年即曾专门举办了农村剧团训练班,每个剧团轮流于当天晚间演出,由文工团于次日进行文艺评论,将理论与实践紧密结合起来是行之有效的,在促进农村剧团发展方面起到了良好效果。其中,"盐阜区涟东县一度组建了20余个农村剧团或文艺宣传队,阜东县组建了58个俱乐部,阜宁县周门、沙淤等7个乡组建了7个农村剧团和26个农村俱乐部"[1]。时至1944年年底,苏北根据地农村剧团方兴未艾,"仅在盐阜区9个县内,共有农村剧团440个,参团团员数6 704人"[2],呈现出大普及、大提高、大繁荣的局面。

与农村剧团兴起相对的,是战士剧团的发展。在根据地诸多农村剧团大力组建与迅速发展之际,驻苏北根据地三师八旅、十旅所属各团、各营也纷纷建立了战士剧团、战士剧社,或者是连队戏剧小组,并在重大节日、庆祝活动、重要会议中,自编自演了诸多剧目。除此之外,另外一种深受广大人民群众喜爱的文艺娱乐形式——秧歌舞也在此时兴起。秧歌舞易学易跳,便于普及推广,也因此逐渐发展成为参加人数最多的文艺活动,不仅有根据地广大

---

[1] 刘则先:《苏北抗日根据地文化散记》,南京:江苏人民出版社,1993年,第239页。

[2] 凡一:《盐阜根据地戏剧运动史料》,《中国人民解放军文艺史料选编·抗日战争时期》(第四册),北京:解放军出版社,1988年,第151页。

农民、中小学教师,也有根据地广大党政军领导干部;不仅有根据
地广大中小学生、儿童,也有根据地广大妇女、老人。根据历史数
据显示,"阜宁县汪朱乡 1 600 人口,参加扭秧歌的就有 1 120
人"①,切实印证了秧歌舞作为一种文艺活动所受到的关注与喜爱
程度之深。战士剧团、战士剧社、连队戏剧小组的组建,以及秧歌
舞的迅速发展,也在一定程度上推动了新四军与江苏抗日根据地
群众文艺活动的进一步发展。

　　随着新四军与江苏抗日根据地群众文艺活动诸多成就的取
得,群众文艺创作也日益成为一种需求并进一步发展起来。群众
文艺创作活动如火如荼地开展起来,成绩斐然,也为促进根据地文
艺大众化的繁荣发展,也为鼓舞根据地广大军民的斗争士气作出
了积极贡献。在 1943 年初盐阜区阜宁县的文教行政扩大会议上,
发动 1 000 人参加编写文艺材料即作为一种文艺工作要求被提上
日程。同年 4 月,《盐阜大众》创刊,与《淮海大众》一起,为鼓励根
据地广大工农兵进行文艺创作提供了广阔园地。1944 年年初,为鼓
励根据地广大群众进行文艺创作,淮海军分区颁布了文艺创作奖
励条例、诸多农村剧团则公开重金征求剧本。各种措施,手段不
同,但目标都是鼓励和支持文艺创作,从而有力地推动了根据地文
艺创作的大发展。

　　这一时期,新四军与江苏抗日根据地的文艺创作,其主题主要
是围绕抗日战争与根据地建设两大方面进行的。根据地文艺创作
的具体内容则主要包括:战争、参军、拥军、民兵、学习、民主建设、
生产生活、减租减息等。根据地群众文艺创作的形式以淮剧与淮

---

① 凡一:《盐阜根据地戏剧运动史料》,《中国人民解放军文艺史料选编·抗日战争时期》
　　(第四册),北京:解放军出版社,1988 年,第 154 页。

海剧为主,同时也有京剧、歌剧、话剧、民歌等多种形式。在诸多剧本当中,影响较大的主要有两个剧目,一个是由阿英所创作的大型古装历史话剧《李闯王》,另一个是由李一氓所创作的大型古装京剧《九宫山》,两个剧目表现的具体戏剧形式有所不同,但表演主旨与目标却是一致的,即面对抗日战争的发展,广大群众仍然需要注意戒骄戒躁,一时广为流传,是对根据地文艺创作发展的有力推动,也为夺取抗日战争胜利提供了思想意识方面的有益认识。

（二）促进文艺工作者政治素质、业务水平的进一步提升

1942 年 5 月,毛泽东《在延安文艺座谈会上的讲话》深刻指出"普及工作和提高工作是不能截然分开的。不但一部分优秀的作品现在也有普及的可能,而且广大群众的文化水平也是在不断地提高着","人民要求普及,跟着也就要求提高,要求逐年逐月地提高。在这里,普及是人民的普及,提高也是人民的提高。而这种提高,不是从空中提高,不是关门提高,而是在普及基础上的提高。这种提高,为普及所决定,同时又给普及以指导","我们的提高,是在普及基础上的提高;我们的普及,是在提高指导下的普及。正因为这样,我们所说的普及工作不但不是妨碍提高,而且是给目前的范围有限的提高工作以基础,也是给将来的范围大为广阔的提高工作准备必要的条件"[①]。相关论述为进一步提供文艺工作者政治、业务水平提供了明确要求与理论基础。

新四军与江苏抗日根据地,为了适应形势发展,促使根据地文艺活动在大众化普及的基础上有所提高,各区委积极为此创造条件、出台政策并付诸行动。在盐阜地区,盐阜地委即于 1944 年秋

---

① 毛泽东:《在延安文艺座谈会上的讲话》,载《毛泽东选集》(第三卷),北京:人民出版社,1953 年版,第 884 页。

集中了全区 9 个县的文工团所有成员 200 余人,进行了为期两个月的整训;在淮海地区,淮海地委则于 1945 年 5 月集中了淮海地区实验剧团、各县文工团所有成员进行整训,借以提高各文工团所有成员的政治思想素质与业务水平,既要从思想上、政治上,也要从艺术上做好适应抗日战争发展形势的准备,为最终夺取抗日战争的胜利,奠定坚实的思想文化基础。与此同时,广大文艺工作者在积极进行文艺创作的同时,也积极进行了文艺理论的探讨,进一步提升了根据地文艺工作者的政治素质与业务水平,也推动了根据地文艺事业的进一步发展。其中,较有影响力的文艺理论著述主要有:范长江《对于华中文艺工作的几点意见》、阿英《关于盐阜区儿童戏剧问题》、常工《关于戏剧运动的倾向》、钱毅《怎样写小诗歌》等。

抗日战争胜利前夕,新四军与江苏抗日根据地各文工团迅速组成文艺大军,开赴根据地各抗日前线,积极为彻底解放江苏贡献自己的力量。毛泽东《在延安文艺座谈会上的讲话》指出:"在我们为中国人民解放的斗争中,有各种的战线,就中也可以说有文武两个战线,这就是文化战线和军事战线。我们要战胜敌人,首先要依靠手里拿枪的军队。但是仅仅有这种军队是不够的,我们还要有文化的军队,这是团结自己、战胜敌人必不可少的一支军队。"①从 1940 年至 1945 年,在江苏抗日根据地成立与发展以来,新四军即一方面坚持以武装斗争开展抗日活动,另一方面又倡导新文化运动,坚持以形式多样、内容丰富的文艺活动开展抗日活动。根据地文艺运动的开展,不仅丰富了根据地广大军民的文艺娱乐生活,推动了根据地群众文艺活动与文艺创作的发展,提升了根据地文艺

① 毛泽东:《在延安文艺座谈会上的讲话》,载《毛泽东选集》(第三卷),第 869 页。

工作者政治素质与业务水平,为根据地文艺大众化发展和文化建设作出了重大贡献,而且也积极宣传了抗日,鼓舞了根据地广大军民的斗争士气,进而在此基础上为最终夺取抗日战争的胜利作出了积极贡献。

# 第五章　新四军与江苏抗日根据地的社会建设

　　卢沟桥事变爆发后不久,日本帝国主义兵分两路,除一路继续在华北侵略外,另一路则大举南侵,在上海、杭州湾登陆,仅半年时间,上海及江苏大部地区被日军占领。日军在占领了苏州、南京、徐州、扬州等大中城市后,一方面扶植汉奸组织地方维持会负责维持社会秩序,另一方面引诱国民党副总裁汪精卫投降。在扶持汪精卫伪建立政权后,日伪政权大肆压榨沦陷区人民。

　　在中国共产党领导下,新四军坚决挺进江苏敌后坚持,积极发动沦陷区人民群众,在江苏各地逐步建立起比较巩固的抗日根据地,并积极进行政权建设、经济建设以及社会建设等,为抗日战争的胜利作出了重要贡献。江苏抗日根据地的社会建设主要包括以宣传动员民众、组织教育民众、扶持爱惜民众与武装民众为核心内容的群众工作,以及大力开展联合一切愿意对日抗战的各阶级的统战工作,努力为新四军与江苏抗日根据地人民群众服务的卫生工作。

## 第一节　新四军在江苏抗日根据地的群众工作

卢沟桥事变爆发后,中华民族到了生死存亡的危急关头。7月8日,中国共产党向全国各界同胞呼吁:"只有全民族实行抗战,才是我们的出路!"①8月19日,经过谈判,国共两党就陕北工农红军改编问题达成协议。9月22日,中国国民党通过中央通讯社发表《中共中央为公布国共合作宣言》。9月23日,蒋介石公开发表《对中国共产党宣言的谈话》,标志着以国共合作为基础的抗日民族统一战线正式成立。10月12日,南方八省红军游击队整编为新四军。由于抗战形势紧迫,新四军第四支队在皖集结后迅速开赴苏南、皖中与皖东敌后战场,积极参加对日作战;同时,大力加强敌后抗日根据地建设,以便更好地动员民众、组织民众、武装民众和依靠民众投身于伟大的抗日战争中来。

### 一、新四军开赴江苏前沦陷区群众工作的开展

卢沟桥事变爆发后,日军在武装侵占以平津为中心的华北地区时,8月13日,又集中军事力量向华东地区的上海、南京等地大规模入侵,中日军队展开了第一次大规模会战——淞沪会战。淞沪会战期间,江苏人民坚决响应中共中央关于建立抗日民族统一战线的政策,积极支持国民政府抗战,采取多种形式展开了声势浩大的抗日救亡活动。

在淞沪会战打响后,地处上海外围的江苏苏州太仓、常熟等地

---

① 中共中央文献研究室、中央档案馆编:《建党以来重要文献选编》(1921—1949),第14册,北京:中央文献出版社,2011年,第356页。

成为前线阵地,当地人民群众同仇敌忾,积极投入抗日救亡运动
中。浏河、新塘、岳王、沙溪等地群众帮助军队赶筑公路、构筑战壕
等工事,太仓、昆山、常熟、吴县、吴江等地群众则出动卡车或轮船、
民船积极投入军队运输或封锁港口。吴县等地组织工人、青年学
生、妇女以及童子军等各种战地服务团,并培训大量救护人员参加
伤病员救治、收容难民。仅吴县一地,在战争爆发的三个月中"收
治伤员5万多人";同时组织救济委员会,"收容流离失所、饥寒交
迫的难民数10万人"。①

　　苏州地区各界积极动员群众开展募捐钱物、慰劳前线将士活
动。青年、妇女到车站、医院慰问伤病员和难民,各界抗敌后援会
派代表到前线参加救护、慰问将士及运送食品等,吴县文艺协会、
吴江怒吼歌咏团等剧团与青年学生组织的各种救亡团体也一起上
街下乡展开抗战宣传,以鼓舞中国军民士气。上海地下党所领导
的抗日团体在江苏各地积极开展救亡活动。如上海全国基督教青
年会到苏州成立军人俱乐部,上海话剧界救亡演出队先后到苏州、
常熟等地进行抗日救亡演出,交流抗日救亡经验。

　　淞沪会战爆发后,苏北地区的盐城、东台、阜宁等地各界群众
纷纷行动起来开展抗日救亡活动。其中,盐城县中学生要求国民
党当局发放枪支以奔赴前线作战,大力呼吁开展抵制日货斗争。
东台县栟茶学生联合组织抗日宣传团进行抗日救国宣传,垦区进
步青年学生及各界人士创办报刊积极宣传抗日;东台县的工人、商
人、学生以及城市各界还积极认购"抗日救国公债"30万元。阜宁
进步爱国学生开展募捐抗日经费活动,举行抗日游行示威。1938

---

① 中共苏州市委党史工作办公室编:《中共苏州地方史》,北京:中共党史出版社,2001
　年,第114页。

年春,延安陕北公学派党员和进步青年多人到徐州参加第五战区民众总动员委员会工作。其中,李寄农被该委员会委任盐城县民众总动员委员会指导员,在盐城公开宣传抗日以及开展秘密武装。

处于恢复与重建阶段中的中共江苏省委、南京市委等积极贯彻执行中共关于建立抗日民族统一战线的相关政策,指导当地人民群众积极开展抗日救亡工作。七七事变后,被迫流亡到南京的大批平津学生,在党组织指导下成立了平津流亡同学会,踊跃参加南京的各项抗日救亡活动,其中部分优秀的学生加入了党组织。由进步学生团体组织的无锡学社在七七事变后,率先发起成立了无锡青年抗敌后援会,"给群众演剧、唱歌宣传抗日,还到伤病医院做救护工作"①。10月,正在筹建中的中共江苏省委与无锡青年抗敌后援会取得联系,在党的指导下,苏州、常熟、无锡以及淮安、盐城等地区群众抗日救亡活动蓬勃开展起来。

无锡、苏州、常熟等地人民群众在党的指导下,建立了以共产党员和进步青年为骨干的抗敌后援会,团结社会各界人士积极开展抗日救亡活动。在无锡沦陷前夕,无锡抗敌后援会中的党支部决定组织抗日青年到宜兴、溧阳一带打游击。为开展苏北地区抗日救亡运动,1937年11月,淮盐地下党员宋振鼎根据八路军办事处负责人吴仲超、张爱萍的指示,返回苏北家乡开展组织抗日救亡团体,建立民众抗日武装。他们在淮安、淮阴、涟水等地积极宣传,并筹建了苏北抗日同盟会。经过积极筹备,1938年2月19日,苏北抗盟在淮阴召开成立大会。苏北抗盟成立后,积极派员在苏北各地筹建分会组织。其中,3月在盐城成立抗盟盐城分会,4月在

---

① 中共无锡市、县委党史办公室,无锡市档案局编:《无锡革命史料选辑》第三辑,内部资料,1985年,第125页。

阜宁成立抗盟阜宁分会。苏北抗盟成立后，积极动员民众、组织民众、依靠民众以及武装民众，争取各阶层人民参加抗战工作。

在日军攻陷苏州、南京、徐州、无锡、常州、扬州、南通等大中城市，以及重要交通干线与战略要地后，为了维持沦陷区统治，开始"到处建立起初步的伪政权（维持会）和培养了许多汉奸、护路警等，以为其爪牙"。日伪对沦陷区人民群众的烧杀抢掠，"虽然使广大人民深加痛恨，但其欺压与屠杀的结果，给了人民以严重的打击"，不少的人民群众往往"敢怒而不敢言，只好任敌为所欲为，而毫无抵挡"。[①]

南京保卫战后，由于国民党军仓促撤退，地方政府则"事先不组织民众、训练民众，事后不知道动员抵抗"[②]；而中共在江苏的组织自大革命失败后遭受到国民党的严重破坏，大批共产党人和革命者，被逮捕、残杀或长期关押在监狱，致使苏南大部分地区人民缺乏组织。因而，在苏南地区沦陷后，盗匪、帮会头目则纷纷收集武器，组织或扩充武装，各霸一方，鱼肉百姓，使苏南沦陷区民众处于国破家亡、水深火热的深渊。敌人的烧杀抢掠、地痞帮会的残酷压榨，使不甘任人宰割的苏南人民一方面自发行动起来与侵略者进行殊死斗争。1938年3月24日，"300多名日军由宣城狸头桥开到水阳，企图进扰高淳。邢璧贵带领他的队员在水碧桥与日军展开激战。……经过几番冲杀格斗，杀敌20多名，邢璧贵等16名队员也壮烈殉国"[③]。这种自发斗争虽然给侵略者造成一定的危害，但自身损失也巨大。苏南人民不断总结经验，由自发对日斗争逐

① 粟裕：《先遣队的回忆》（1939年4月15日），《抗敌》第1卷第3号，1939年5月15日。
② 中共江苏省委党史办公室编：《苏南抗日斗争史稿》，南京：江苏人民出版社，1987年，第8页。
③ 中共江苏省委当时办公室编：《苏南抗日斗争史稿》，第16页。

渐走向有组织的联合斗争,许多农村地区建立了"夜防队""联防队""自卫队"等。

中国共产党在苏南地区具有广泛的群众基础。淞沪会战开始后,部分失去组织关系的中共党员或者被国民党释放的部分党员积极组织当地群众,开展抗日活动。其中,管文蔚所领导的游击队是比较著名的一支。

卢沟桥事变后不久,管文蔚在访仙桥以农民协会的骨干以及失去组织关系的党员为主要力量,筹建了丹北抗日武装,作为群众的核心和依靠力量。1937 年 12 月 11 日,丹阳、镇江相继沦陷后,管文蔚所领导的抗日自卫团迅速组织起来并积极展开抗日救亡活动。12 月底,梅嘉生也回乡组织抗日自卫团,担任访仙桥北乡的自卫团团长。为联合其他抗日自卫团体以及动员更多群众参加抗日与肃清土匪,管文蔚提议抗日自卫团改称江南抗日自卫总团,并商讨决定:"各乡村凡十六岁至五十岁的青壮年,全部编入抗日自卫团。抗日自卫团每乡一个,下设三至五个大队。每个大队下辖三至五个中队。每个中队下辖三个小队。每个小队为十人左右。每个乡的抗日自卫团至少要搞三五十支枪,作为基干力量……各乡的基干队三五十人,全部武装,属半脱产性质。"[1]1938 年 2 月,管文蔚、梅嘉生等在访仙桥召开各乡抗日自卫团团长会议,正式成立江南抗日自卫总团,管文蔚被推举为总团长。到 4 月 30 日,在总团团长管文蔚带领下,江南抗日自卫总团已经发展到包括各地抗日自卫团 84 个,其中武进的孟河、中行、小河、黑木桥,以及镇江的大同、练厂、纪庄、大港一带均建立,"参加自卫团青壮年数以万计"[2]。

① 管文蔚:《管文蔚回忆录》,北京:人民出版社,1985 年,第 273 页。
② 马洪武:《史海求真集》,南京:南京大学出版社,2006 年,第 370 页。

但是,苏南地区的抗日自卫团作为一种群众性的组织,起初内部并不纯洁,甚至一些土匪、帮会、特务也包括在内。这些人在自卫团内不断实施一些破坏活动。如果要继续坚持丹北一带的抗日斗争,管文蔚等人认识到,必须尽快整顿、巩固和发展自己的力量。此后,在管文蔚、梅嘉生领导下,江南抗日自卫团一边整顿,一边继续发展,为苏南地区的抗日救亡作出了重要贡献。

在民族危急关头,重建中的中共江苏省委积极领导各地共产党组织开展江苏沦陷初期的民众抗日运动。尤其是在苏南地区,中共地下党组织在努力动员各界民众开展抗日救亡运动的同时,积极派人到各地组织抗日武装,而刚刚出狱或失去组织关系的共产党员也返回家乡组织抗日自卫武装,开始在苏南各地建立起若干游击基点。

## 二、新四军在江苏抗日根据地群众工作的开展

全国抗战时期,积极开展群众工作是建立抗日民族统一战线的必然要求。1938 年 5 月,新四军奔赴江南敌后开展抗战,由于其面对的自然环境和政治环境十分复杂,广大民众在国民党军撤退后又饱受日伪的残酷压迫与统治,因此,战斗在江苏敌后地区的新四军,始终围绕如何战胜日本侵略者这一最紧迫、最艰巨的重大历史任务,在抗日民族统一战线指引下,为坚持华中抗战,维护人民群众的切身利益,动员和组织广大群众结成巩固的抗日统一战线成为新四军的中心任务之一。在中国共产党的领导下,新四军和江苏抗日根据地各级政府认真执行党的群众路线,制定切合实际的民众工作政策与方法,建立了各种民众组织,与人民群众建立了水乳交融、血肉相连的密切关系,为争取抗日战争的最后胜利奠定了坚实基础。

（一）新四军群众工作政策的制定

全国抗战爆发后，以毛泽东为首的中国共产党人公开呼吁实行"全国人民的总动员"。1937 年 7 月 15 日，中共中央急切呼吁："各地此时最要紧的任务，是迅速的、切实的组织抗日统一战线，以扩大救亡运动。""各地党部应即派出适当人员出面，向当地党、政、军、警、学、商各界接洽，组织这类团体"；"共产党员应实际上成为各地救亡运动与救亡组织之发起人、宣传者、组织者"。[①] 23 日，毛泽东也指出"民族战争而不依靠人民大众，毫无意义将不能取得胜利"，必须抛弃单纯政府抗战的方针，把"全中国人民动员起来武装起来，参加抗战"。[②] 8 月 1 日，中共中央在《关于南方各游击区域工作的指示》中强调：在顺利的条件下，"加强群众组织的民主化与党的领导，改善群众工作方式与方法，使之成为团结广大群众的组织"。在不顺利的条件下，"党应当根据当地的实际环境，利用一切合法的可能与组织形式去进行组织群众的运动"[③]。同一天，中央组织部则要求红军改编为国民革命军后党和政治机关的工作机构中，应"在政治部（处）主任指导之下，应分设组织部（股），宣传教育部（股），民运指导部（股），敌军工作部（股），分任各项工作"等，"民运指导部（股），专负对外宣传及对居民和友军的工作"[④]。

为了推动全国各地抗日救亡高潮的到来，8 月 12 日，中共中央

---

[①] 马洪武主编：《新四军和华中抗日根据地史料选（1937—1940）》第一辑，上海：上海人民出版社，1982 年，第 5 页。

[②] 《反对日本进攻的方针、办法和前途》（1937 年 7 月 23 日），《毛泽东选集》第 2 卷，第 347 页。

[③] 中共中央文献研究室、中央档案馆编：《建党以来重要文献选编（1921—1949）》第 14 册，第 417 页。

[④] 中央档案馆编：《中共中央文件选集》第 11 册，北京：中共中央党校出版社，1985 年，第 310 页。

在《关于抗战中地方工作的原则指示》中指出："应该普遍组织合法的统一战线的人民参战团体,或某些已经普遍存在的合法组织(如抗战后援会)转变为这类性质的团体。在它的总的领导下,可以发起各种吸收群众参加的活动与组织(如各种委员会、战地服务团、慰劳队、运输担架队、募捐队、义勇军、侦探队、抵制日货十人团、国防文艺团体等)。""利用一切旧政权的武装组织形式,如民团、保安队、壮丁队、义勇军等,实行组织群众与武装群众,并取得领导地位。""利用一切机会组织工人、农民、学生、市民自己的合法的群众团体。"[①] 25 日,洛川会议通过的《中共中央关于目前形势与党的任务的决定》中也强调:"共产党员及其所领导的民众和武装力量,应该最积极的站在斗争的最前线,应该使自己成为全国抗战的核心,应该用极大力量发展抗日的群众运动。不放松一刻功夫一个机会去宣传群众、组织群众、武装群众。"[②]

　　为了放手发动群众,壮大人民力量,打败日本侵略者,反击社会上存在的"中国必亡论"和"中国速胜论",1938 年 5 月,毛泽东在延安抗日战争研究会上发表了著名演讲——《论持久战》。毛泽东在文中强调指出:"如此伟大的民族革命战争,没有普遍和深入的政治动员,是不能胜利的。""动员了全国的老百姓,就造成了陷敌于灭顶之灾的汪洋大海,造成了弥补武器等等缺陷的补救条件,造成了克服一切战争困难的前提";而且"不是一次动员就够了,抗日战争的政治动员是经常的……把战争的政治动员,变成经常的运动"。[③] 11 月

---

① 马洪武主编:《新四军和华中抗日根据地史料选(1937—1940)》第一辑,第 18—19 页。

② 中共中央文献研究室、中央档案馆编:《建党以来重要文献选编》(1921—1949),第 14 册,第 474 页。

③《论持久战》(1938 年 5 月),《毛泽东选集》,第 2 卷,人民出版社 1991 年版,第 480,481 页。

6日,中共终于六届六中全会在《关于各级党委暂行组织机构的决定》中也明确指出:应在区委以上各级党的领导下必须设置战时动员部、民运部、统一战线部等,民运部的任务是"管理工人、农民、青年、妇女、儿童各种民众运动及民众团体中党员的工作,在民运部内得组织工人、农民、青年、妇女等委员会"①。

根据中共中央和毛泽东的系列指示,新四军军部迁驻皖南后,军部机关即设置民众运动工作部专门负责新四军的民运工作,邓子恢兼任民运工作部部长,余再励为副部长。同时,在民运部下设三个科:动员科、组织科与武装科。新四军军部设民运干事,新四军各支队均设有民运科,团一级设民运股,基层连队党支部专门设有民运委员,甚至各班也都设有民运战士。由此,新四军内形成了比较完善的民运工作组织系统。

新四军领导人特别重视群众工作。新四军副军长项英明确指出:新四军在华中敌后开展游击战争,"光靠军事力量不够,一定要在政治经济军事的观点上发动游击战争,一定要靠政治力量动员民众,组织民众,发动民众";"民众重于军队。只有军队没有民众团结在周围,是孤立的军队,在这样困难的情形下坚持抗战是不可能的"。② 政治部主任袁国平要求新四军"开展与深入敌后的民众运动",强调"一切破坏与阻挠民众运动的办法都是违背国家至上民族至上的原则","现在的敌后的民众组织应该更加扩大与强固起来,以适应敌后长期抗战的需要,加强民众组织的政治教育,组织生活与抗战动员发挥每一民众组织的实际抗敌作用,纠正民众

---

① 中共中央东南局编写组:《中共中央东南局》下卷,北京:中共党史出版社,2006 年,第628 页。

② 项英:《本军抗战一年来的经验与教训》(1939 年 1 月 1 日),《抗敌》1939 年创刊号。

工作中的形式主义"。① 亲率新四军第一支队在江南敌后作战的陈毅尤其重视民运工作。他根据在敌后作战的经验总结出民运工作开展的一些经验：如"第一,宜充分采取民主方式,避免包办限制及不信任的办法。第二,宜就职业分别进行各业组织,一面使其讨论抗战责任,同时兼顾其本身利益。第三,宜大胆培养民运工作干部,最好取材于当地"②。

1939 年 11 月 1 日,中共中央作出《关于深入群众工作的决定》。《决定》要求在八路军、新四军活动区域,"地方民众团体必须由党员领导深入群众内部去发动为着群众自己利益而斗争的群众运动,依照自动自愿的原则,将最大多数群众一步一步的组织于工会,农会,妇女团体,青年团体,儿童团体及民众武装团体(自卫军少先队)之中,为参加抗日改善生活提高文化而斗争。这些民众团体,负有教育民众,发动民众积极性的重大责任。当地党部,必须认真检查民众团体工作,党的支部,必须以群众工作为基本工作"③。

根据中共中央关于群众工作的指示精神,1940 年前后,新四军在江苏敌后进行抗战与加强根据地建设时大力加强群众工作。1941 年皖南事变后,以江苏、安徽为中心的华中抗日根据地建设全面展开,新四军和根据地政府在群众工作中不断加强党的领导,尊重群众团体组织的独立性,把维护根据地群众利益作为其工作的根本任务,制定了符合本地实际的群众组织工作政策。

---

① 袁国平:《论坚持大江南北的敌后抗战》(1939 年 11 月 5 日),《抗敌》1939 年第 1 卷第 6 期。

② 陈毅:《江南游击区域工作经验片谈》(1939 年 7 月 25 日),《八路军军政杂志》1939 年第 1 卷第 7 期。

③ 中共中央文献研究室、中央档案馆编:《建党以来重要文献选编(1921—1949)》第 16 册,第 738 页。

　　在苏皖边区,为动员、组织与武装千百万群众来反对敌后汉奸、顽固派的进攻,坚持抗日战争,建立巩固的根据地,1940 年 9 月,刘瑞龙就苏皖边区群众工作指出:"要加强各级党部的民运工作部门,使民运工作成为自己的经常工作,创造模范的群众工作的党部。"①建立党在群众团体中的领导作用,"乡以上各级农救工救妇救要真正建立党团的组织,有保农救的地方必须建立党的分支"②。1941 年 9 月,刘瑞龙在《巩固既得的阵地继续前进》中继续强调:"必须建立党在群众团体内部的有组织的领导,作为推动工作的核心。"③在淮南津浦路东抗日根据地,自 1941 年 2 月,在党的领导下,根据地政权机构的建立与运用达到相当高度后,为东泉根据地群众准备了有利条件。到 10 月止,"农抗已发展到 10 万人,妇女、儿童、工人、青年团体也发展到 3 万余",广大群众成为根据地"民主政权的柱石"。④ 在苏北抗日根据地,1941 年 3 月,盐阜区各县将发动群众工作作为中心工作。4 月 11 日,根据刘少奇指示,盐阜区各县建立了农工科,大力"协助农工运动之发展"。经过一年发展,到 1942 年夏,盐阜区群众运动获得飞跃发展,"全盐阜区人民为 280 万,而有组织的群众已达 50 万"⑤。在苏南根据地,面对汪伪政府组建政府,蛊惑人民群众,以及国民党反共嚣张的形势,江南区委"提出发动群众,组织群众 30 万的口号",积极争取群众;同时,进一步要求各级政府要继续"深入群众工作,面向群众,巩固

---

① 《刘瑞龙文集》第 1 卷,北京:人民出版社,2010 年,第 44 页。

② 《刘瑞龙文集》第 1 卷,第 52 页。

③ 《刘瑞龙文集》第 1 卷,第 72 页。

④ 《淮南抗日根据地》编审委员会编:《淮南抗日根据地》,北京:中共党史出版社,1987 年,第 149,150 页。

⑤ 《盐阜区有组织群众现已达五十万人》,《盐阜报》,1942 年 8 月 11 日第 3 版。

已有的群众组织"。①

　　尊重群众团体的独立性。为避免抗日根据地群众运动中曾发生过的两种错误倾向,即把群众团体办成政府机构的附属物,失去了群众团体的独立性;或者用群众团体代替政府的工作,超越群众工作的范围。根据中共中央有关改善群众工作方式与方法的指示,新四军和江苏抗日根据地接受以往群众运动的经验教训,在开展群众工作时,特别强调群众运动是民众自己的运动,努力克服官办作风。1941年,皖东北区委副书记刘瑞龙指出:"各种问题的解决,要在群众中、干部中进行保证,用民主的方式求得解决,提高群众的积极性、自动性、创造性,任何代替包办都要纠正与避免。"②1942年9月,苏中区指出:应"加强群众团体的独立性(反对代替与包办的现象),党必须通过党团来领导群众团体,属于群众团体本身的工作,党委不应包办,应当由群众团体建立正常工作制度"③。

　　以群众利益为根本任务。新四军和江苏抗日根据地各级政府在开展群众工作中认识到在动员、组织群众进行抗战与建设根据地时,要把真正解决群众在生活中提出的各项政治经济要求以及日常生活需求放在首位,才能真正把群众动员起来参加各种工作。新四军领导人和江苏抗日根据地各政府在组织各类群众团体时,把维护群众利益放在首位,如坚决贯彻减租减息斗争,带领群众开展大生产运动,积极修建民生工程,改善群众生活;建立"三三制"政权,人民有抗日自卫权,抗日人民有言论、出版、结社、集会、出版等自由,整治地方治安,发展地方武装,确保群众生活安全;普及大

① 中共江苏省委党史工作委员会、江苏省档案馆编:《苏南抗日根据地》,北京:中共党史资料出版,社1987年,第179页。
②《三年来的政府工作》(1942年10月),《刘瑞龙文集》第1卷,第52页。
③ 中共江苏省委党史工作委员会编:《苏中抗日根据地》,第121页。

众文化,发展群众教育,启迪民智等。

（二）江苏新四军动员群众的途径

1938年5月,毛泽东在《论持久战》一文中强调指出:"如此伟大的民族革命战争,没有普遍和深入的政治动员,是不能胜利的。""动员了全国的老百姓,就造成了陷敌于灭顶之灾的汪洋大海,造成了弥补武器等缺略的补救条件,造成了克服一切战争困难的前提。"并且,毛泽东在此也指出了在民族解放战争中动员民众的方法:"靠口说,靠传单布告,靠报纸书册,靠戏剧电影,靠学校,靠民众团体,靠干部人员。"①遵照中共中央和毛泽东关于动员民众的指示,新四军和华中抗日根据地各政府采取了多种方法进行民众动员,最大限度地动员了华中地区的民众。

积极创办报刊,宣传动员群众。新四军开赴江苏敌后进行抗战之际,根据毛泽东"必须动员报纸、刊物、学校、宣传团体、文化艺术团体、军队政治机关、民众团体及其他一切可能力量,向前线官兵、后方守备部队、沦陷区人民、全国民众作广大之宣传鼓动"②的指示,从军队到党群机关均设立了宣传机构,以加强宣传工作,各类报刊迅速出版,宣传方式百花齐放,尤其是军队报刊更为突出。新四军军队从1938年5月开始创办第一份报刊《抗敌报》开始,到1941年夏,出版报刊约40种,油印小报200余种,其中,仅华中各党群机关创办报刊有60余种。这些报刊都特别强调宣传动员民众在抗战中的作用。如《抗敌报》(江北版)在创刊号上指出:该报创办的目的之一就是"为着加强与我军有如鱼水不可分的广大民众的教育,以提高一般的文化水平,增进对于抗战基本问题的认

---

① 《论持久战》(1938年5月),《毛泽东选集》第2卷,第480,481页。
② 中共中央文献研究室编:《毛泽东新闻工作文选》,北京:新华出版社,1983年,第39页。

识,广泛的动员他们参加抗战,进一步与军队亲密合作"①。

　　1940 年 12 月 2 日,华中抗日根据地第一张党报《江淮日报》在苏北正式创刊。刘少奇兼任社长,王阑西任副社长。陈毅在"发刊词"中指出:"《江淮日报》既是党报,又是华中人民的喉舌;是党联系广大人民群众的纽带,是建设华中抗日根据地的有力工具;它的任务是发动与支持人民的抗日群众运动。"②1941 年 6 月 1 日,《江淮日报》在"社论"中再次强调:要"广泛的在民众中进行民族的民主教育……提高民众的文化水平,发扬民众的民主精神,民众运动的情形,其组织、其工作,多予以记载和叙述"③。

　　组建文艺团体,进行文艺演出。全国抗战时期,根据地文艺团体的基本任务:一是鼓舞士气,二是动员民众。新四军和江苏抗日根据地的文艺团体主要包括文艺剧团、文工团、文化协会以及各种文化社等。其中比较著名的文艺剧团有:新四军抗敌剧团、抗战剧团、前锋剧团、苏北抗日根据地淮海地区的实验剧团、盐阜区的鲁迅艺术工作团、新安旅行团、苏北文工团等,苏皖边区的实验京剧团和淮北抗日根据地的拂晓剧团、奋斗剧团、生活剧团等。这些文化团体以戏剧、话剧、活报剧、快板、舞蹈、歌咏、民谣、大鼓等农民喜闻乐见的形式演出,深受广大军民的喜爱,对教育民众、动员民众、组织民众参加抗战起了积极的推动作用。

　　举办社会教育,启发民智。由于诸种原因,新四军和江苏抗日根据地所在的广大区域,绝大多数民众缺乏接受教育的条件,因此文化教育程度都较低,绝大多数民众处于文盲和半文盲状态。同

---

① 转引自王传寿主编:《烽火信使——新四军即华中抗日根据地报刊研究》,合肥:合肥
　工业大学出版社,2010 年,第 38 页。
② 王传寿主编:《烽火信使——新四军及华中抗日根据地报刊研究》,第 27 页。
③《本报的改版与今后的努力方向》,《江淮日报》,1941 年 6 月 1 日第 1 版。

时,日伪又进一步加强对沦陷区民众的奴化教育,这一方面造成根据地社会迷信盛行,另一方面也严重影响党关于民众动员方针、政策的贯彻与执行。面对这一局面,实施社会教育,启迪民智成为新四军和华中抗日根据地政府动员民众的必然途径之一。

1940年1月,毛泽东在《新民主主义论》中谈到,新民主主义文化"是人民大众的,它应该为全民族中95％以上的工农劳苦民众服务,并逐渐成为他们的文化"之后,新四军和江苏抗日根据地掀起了社会教育的高潮。冬学是新四军和江苏抗日根据地开展社会教育的主要形式。冬学,作为一种群众性的政治教育运动,主要任务是向广大人民群众开展抗战形势与任务的思想宣传教育,启发广大群众的政治觉悟和斗志,投入积极的对敌斗争中,以胜利地完成抗日任务。1942年,在苏中抗日根据地开展的冬学运动中,明确提出"明理第一,识字第二"的方针,这就明确提出把政治教育放在首要地位。此外,江苏各抗日根据地还通过创办民校、民众夜校、乡村小学、识字班、俱乐部、演讲、讲座等,或在村口桥头、要道旁设立识字碑,在墙壁上、树上书写标语、诗歌等,不拘一格地开展社会教育。社会教育的丰富内涵与崭新形式,极大地激发了华中根据地广大民众的学习热情,为夺取抗战的胜利提供了强大的精神力量。

(三)江苏新四军群众工作组织概况

全国抗战时期,中国共产党的群众工作吸取了华北战场上,国民党军孤军作战导致节节败退的经验教训,明确制定了在敌后战场中,"当务之急是发展抗日民族统一战线,特别是发动群众"的方针政策。1937年10月16日,中共中央要求,"在抗日根据地的各种群众,首先应该自己组织起来,在群众自己的政治、经济与文化的各种要求纲领上,建立起真正群众的工会、农会、商会及青年、妇女、儿童等团体。要使最大多数的工人、雇农组织在工会之内,最大多数的农民组织在农会之内"①。

1938年5月,毛泽东在《抗日游击战争的战略问题》中指出:
"要从这种斗争中去武装人民,即组织自卫军和游击队。要从这种
斗争中去组织民众团体;无论是工人、农民、青年、妇女、儿童、商
人、自由职业者,都要依据他们的政治觉悟和斗争情绪提高的程
度,将其组织在各种必要的抗日团体以内,并逐渐地发展这些团
体。民众如没有组织,是不能表现其抗日力量的。"②"一切群众团
体的中心任务是广泛发动群众为改善生活待遇而斗争,引导广大
群众去参加抗日政府与抗日武装部队的建设。派遣自己的好干部
到政府与军队中去负责工作,动员群众去加入抗日军队和游击队,
发动群众去参加抗日战争中各方面的工作。"③新四军领导人和华
中抗日根据地各级党委政府,遵照中共中央与毛泽东指示,特别重
视民众团体的建设,把建立各类民众团体作为根据地建设的中心
工作之一。

积极组建农民团体组织。新四军在江苏敌后作战的地区绝大
多数是农村,根据地建设的中心也在广大农村。同时,面对日伪在
江苏农村地区的残酷侵略和多重压榨,江苏地区农民普遍转向积
极抗日,并开始自发组织农民团体,如农民救国会、农抗会等与日
伪斗争。面对这种形势,新四军和江苏抗日根据地领导人决心根
据群众自愿的原则,"把最大多数的群众组织到工救、农救、青救、
妇救、抗日儿童团,特别是自卫军里面去";"要把群众工作的中心

① 陕西师大政教系中共党史教研室资料室编:《中共党史教学参考资料》第3集上,1979
　年,第36页。
②《抗日游击战争的战略问题》(1938年5月),《毛泽东选集》第2卷,第423,424页。
③ 陕西师大政教系中共党史教研室资料室编:《中共党史教学参考资料》第3集上,1979
　年,第38页。

目标,工作的中心方向转移到农村中去,深入地组织农民群众",提高农民群众团体的威信,帮助农民解决各种实际问题,从而提高农民抗战的热情,为根据地政权奠定坚实基础。①

为支援农民团体的建立与扩大,新四军和江苏抗日根据地各政府通过各种方式予以支援。1941 年夏秋,苏中区党委和政府利用减租减息运动,大力动员农民参加农救会或农抗会。经过努力,在此次运动中,"卷入夏收运动浪潮的群众共计 80 万人,参加农抗会组织的群众 60 余万(内有 13 万农抗会会员在夏收减租运动时建立起来的)"。到 1941 年 11 月,"苏中区农抗会员共计 522 860 人,有 5 个县成立农抗"②。到 1945 年 8 月抗战胜利时,苏中区全区农抗会员有 622 400 人。③

在苏南,从 1941 年 8 月底,丹阳县首先成立了农会。此后,茅东、句容、金坛、溧水等县也相继自上而下地建立了区、乡农会。在苏北盐阜区,到 1941 年 7 月,"共成立 8 个县级农会、20 个区级农救会、423 个乡农救会,农救会员达 16 万人。淮海区在 1941 年夏收前后,该区仍抓紧时机广泛发动群众建立了 6 个县级农救会,会员达 5.2 万人"④。据 1944 年 10 月不完全统计,仅苏北盐阜区就调整、充实和健全农救会组织 246 个。到 1943 年底,淮北区组织起来的群众超过上一年的一倍,在全区 500 个乡 200 万人口中,有

---

① 豫皖苏鲁边区党史办公室、安徽省档案馆编:《淮北抗日根据地史料选辑》第 3 辑第 1 册,1984 年内部版,第 36 页。

② 江苏省委党史资料征集研究委员会编:《苏中抗日斗争》,南京:江苏人民出版社,1987 年,第 280 页。

③ 江苏省委党史资料征集研究委员会编:《苏中抗日斗争》,第 199 页。

④ 中共江苏省委党史工作委员会编:《苏北抗日根据地》,第 8 页。

400 个乡建立了农会,会员达 426 934 人。①

　　大力发展妇女组织。全国抗战爆发时的华中地区,由于重男轻女等封建思想的影响,加上绝大多数妇女生活的农村地区教育落后等原因,她们的政治经济地位都比较低。全国抗战爆发后不久,为动员全民抗战,1937 年 9 月,中共中央发布了《妇女工作大纲》,强调"妇女工作的斗争纲领和总的目标是从争取抗战民主自由中争取男女在政治上经济上文化上的平等,改善与提高妇女地位,反对一切封建束缚与压迫"。妇女群众组织的形式,"可采用各种各样的组织形式和名称,原则在于能组织群众,能公开地存在与活动,要充分运用旧形式灌输新内容的组织策略"②。1939 年 2 月20 日,中共中央在《关于开展妇女工作的决定》中强调:"立刻建立与健全各级党的委员会下的妇女部与妇女运动委员会;动员全党女干部与女党员,起来担任妇女工作。"③

　　根据中共中央关于开展妇女工作的要求,新四军与江苏抗日根据地各级党委政府纷纷建立起妇女工作委员会,积极组织广大妇女成立各类妇女团体。同时,为动员根据地广大妇女加入妇女团体组织中,各地妇女工作委员会进行大力开展宣传教育工作。主要包括:1. 要求妇救会等组织提出正确的宣传口号,包括"(1) 一般的抗战与民主的要求;(2) 与男子一样的阶级要求,如减租减息、增加工资等;(3) 妇女特殊的要求——解除家庭的压迫。2. 争取妇女有政治活动的自由,如参加妇女会及抗战工作等。

---

① 马洪武主编:《新四军和华中抗日根据地史料选(1937—1940)》第六辑,上海:上海人民出版社,1986 年,第 543 页。

② 中华全国妇女联合会妇女运动历史研究室编:《中国妇女运动历史资料(1937—1945)》,北京:中国妇女出版社,1991 年,第 15 页。

③ 中共中央东南局编写组:《中共中央东南局》下卷,第 667 页。

3. 妇女接受教育文化,参加生产学习,解除身体上的痛苦,如剪发、放足等"①。

　　经过努力,江苏抗日根据地妇女工作取得了巨大成绩。在苏南,1938 年 12 月,新四军战地服务团率先在丹南地区建立起妇女抗敌协会。1940 年 7 月,苏州县妇女协会成立,100 余名代表出席成立大会。到 1941 年 9 月 7 日,在淮北苏皖边区的泗南、泗东、泗宿以及泗五灵凤四个地区不完全统计,共"18 个乡,75 个保中有妇救组织,共计 380 个小组,10 963 个会员,212 个党员"②。9 月 9 日,淮北苏皖边区妇女工作委员会成立。1942 年 3 月 8 日,淮北苏皖边区召开第一次妇女代表大会,宣布苏皖边区妇女抗日救国总会成立。到 1942 年底,"淮北抗日根据地发展妇救会成员 58 115 人"③。

　　实际上,在 1942 年前,由于种种原因,整个江苏抗日根据地的多数地区妇女儿童工作开展的都较为缓慢,如苏中区等地基本上尚未组织起。为此,1942 年 2 月,中共中央华中局在召开扩大会议时,刘少奇对此特别予以强调:"对于青年、妇女、儿童的组织,今后不能再容许忽视,必须分配必要的干部建立各根据地青年、妇女、儿童团体,大规模争取与组织青年、妇女、儿童群众。"④华中局会议后,苏中区对根据地群众工作予以高度重视。苏中区领导人粟裕要求;"立即开始加强妇女儿童工作,抽调大批妇女干部参加此项工作,克服妇女干部中不愿做妇女工作的错误观点"⑤。经过努力,

---

① 豫皖苏鲁边区党史办公室编:《淮北抗日根据地史料选辑》第 3 辑第 1 册,第 73 页。
② 豫皖苏鲁边区党史办公室编:《淮北抗日根据地史料选辑》第 3 辑第 1 册,第 63 页。
③ 陈信琼:《安徽抗日根据地妇女运动》,《江淮文史》2004 年第 3 期。
④ 中共江苏省委党史工作办公室、江苏省档案馆编:《中共中央华中局》,第 109 页。
⑤ 江苏省档案馆编:《苏中人民反扫荡反清乡斗争》上,北京:档案出版社,1985 年,第 87 页。

1945 年 7 月 26 日—8 月 5 日,苏中区召开苏中妇女代表大会,到会代表 120 余人,会议确定了妇女工作的方针与任务,要求统一和扩大苏中妇女组织。到 1945 年 8 月,苏中区妇抗已有 128 300 人。①

组建民兵或自卫队等地方武装。民兵、自卫军等地方武装是民众组织的骨干力量,是三结合的人民战争体制的重要组织部分。因此,做好民兵工作,是全国抗战时期中国共产党及其领导下的军队开展民众工作的一项重要任务。1937 年 7 月 23 日,毛泽东在《反对日本进攻的方针、办法和前途》一文中指出:"武装民众实行自卫,并配合军队作战。……民力和军力相结合,将给日本帝国主义以致命的打击。"②8 月 25 日,在《中国共产党抗日救国十大纲领》中又明确提出:"武装人民,发展抗日的游击战争,配合主力军作战。""全中国人民动员起来,武装起来,参加抗战。"③同时,中共中央要求八路军、新四军每到一地,就应该立即帮助当地人民,在当地干部领导下组织民兵或自卫队,发展成为地方武装。

遵照中共中央、中央军委有关指示,挺进江苏敌后作战的新四军各部队十分重视民兵等地方武装的建设,各部队纷纷抽调骨干深入广大农村地区,把群众中男女青年,在自愿、民主、不脱离生产的原则下组织起来,建立起民兵或抗日自卫队等组织,使其担负起保卫家乡,支援新四军主力部队作战的任务。在民兵团体和自卫队发展壮大后,江苏新四军与根据地党委政府适时对其进行政治教育和思想教育,确保其树立为人民服务的思想,克服脱离人民群

① 江苏省委党史资料征集研究委员会编:《苏中抗日斗争》,第 199 页。

② 中共中央文献研究室、中央档案馆编:《建党以来重要文献选编(1921—1949)》第 14 册,第 396 页。

③ 中共中央文献研究室、中央档案馆编:《建党以来重要文献选编(1921—1949)》第 14 册,第 475,476 页。

众的现象。同时,坚持"劳武结合"的原则,即引导民兵把战斗与生产结合起来。

江苏抗日根据地各级政府和新四军各部积极发动群众,自觉帮助和慰劳民兵,优待民兵家属,这提高了民兵的政治热情与参军积极性,巩固发展了民兵队伍和扩大了新四军队伍。此外,还注意加强民兵训练,提高其作战能力。华中抗日根据地各区域根据本地不同情况,规定了民兵训练内容,如射击、爆破、制造地雷等,有效提高了民兵的作战能力。

皖南事变前,除新四军军部和第三支队所在的皖南地区的民兵或自卫队武装组织发展较为缓慢外,其他地区都有了较大发展。尤其是陈毅和粟裕所在的江南地区,在皖南事变前已有丹阳抗日自卫总团、苏南人民抗日义勇军、常熟"民抗"、江阴民众抗日自卫队、长漏人民抗日自卫团、常熟人民抗日自卫会等地方武装。苏皖边区,在皖东北地委领导下,在各地组织自卫队,集中一切力量组织保家乡的群众武装。苏中地区在黄桥决战前,全苏中发展自卫队约4 000人,大部分编为地方武装,一部分编入主力部队。到1941年12月,皖东北地区对自卫队进行调整后,"统计有基干自卫队的保有500个,普通自卫队,各地也组织了"①。

皖南事变后,民兵建设成为江苏抗日根据地建设的重要任务。1941年7月,日伪发动对苏北盐阜地区第一次大规模"扫荡",此后又接连不断的"扫荡""清乡",再加上国民党顽固派不断掀起的"摩擦"斗争,使新四军和江苏抗日根据地面临的形势十分严峻。为解决这一危机,新四军军部和华中局对于华中各抗日根据地的民兵建设十分重视。为使各地迅速开展武装群众的工作,华中局要求

---

① 豫晚苏鲁边区党史办公室编:《淮北抗日根据地史料选辑》第3辑第1册,第132页。

各地能加入自卫队的党员,"一律自动首先报名,来做群众模范,去引导群众踊跃加入自卫队";"模范队、自卫队、青年队、妇女队的组织原则完全遵照军部所颁布的自卫军组织条例,统一编制";"建立起来的自卫队、青年队特别是模范队就必须加强军事与政治的教育"。① 1942 年 2 月,陈毅代军长在华中局第一次扩大会议上再次强调根据地开展民兵工作的重要性,并明确提出民兵建设的四大口号,即"农村军事化,党员军事化,武装保卫家乡,就地游击、就地坚持"②。新四军第一师师长粟裕指出,"要有强大的武装力量,并不是单单依靠主力部队","必须要使各个乡镇普遍地建立起地方武装和民兵自卫队来,使全苏中能有上百万地方武装和民兵自卫队,这些地方武装和民兵自卫队能与主力部队互相配合,这样才能真正地建立起强大的武装力量,才能发挥出它的伟大作用"。③

在中共中央华中局领导下,江苏抗日根据地在内的民兵和自卫军工作都有了较大发展。尤其在苏中、苏北等地,"已把组织和领导民兵成了党的经常工作任务";在淮北、淮南、盐阜等地,"在战时民兵作用表现亦大"。通过组织发动,盐阜区于 1942 年 5 月已拥有民兵 4 万余人,自卫队 7 万余人。东台仅三仓等 5 个区 33 个乡就有不脱产的民兵和自卫队员 34 000 人。至 1942 年底,盐阜区民兵已达到 10 万人。④ 1944 年 3 月,苏中抗日根据地对其现有民兵

---

① 中共江苏省委党史工作办公室、江苏省档案馆编:《中共中央华中局》,第 81,82 页。

② 上海师范学院政治教育系、上海师范学院马列主义教研室编:《陈毅资料选》,内部资料,1979 年,第 161 页。

③ 中国人民解放军历史资料丛书编审委员会编:《新四军·文献》(2),北京:解放军出版社,1994 年,第 370 页。

④ 中共盐城市委党史工作委员会编:《盐城人民革命斗争史(1919—1949)》,北京:北京出版社,1991 年,第 152,153 页。

部队的发展状况作了统计："自卫队 33.513 5 万人,民兵 10.318 万
人,基干队 1.7 821 万人。"①

　　抗战进入 1944 年下半年后,随着抗战大反攻的到来,中共中
央认为当时的 47 万军队和 210 万民兵还远远"不能胜任"。因此,7
月 1 日,中共中央发出了《关于整训军队的指示》。《指示》指出:民
兵与自卫军,"不但是现在坚持与发展根据地配合主力军与游击队
作战的绝不可少与极有成效的力量,而且是将来我军扩大一倍至
数倍的主要兵源"②。9 月 26 日,中共中央、中央军委又作出了《关
于民兵工作的指示》,要求继续扩大现有民兵数量,"民兵发展到
(根据地)总人口 3‰的比例"③。

　　对中共中央关于进一步发展民兵、争取千百万群众的指示,
1944 年 8 月 26 日,华中局要求各地党委"必须郑重注意,切实执
行";并责成苏中、浙东、苏南、淮南四个区委尤其要负责其这一重
要任务。④ 27 日,华中局书记饶漱石复电毛泽东时指出:华中地区
民兵与地方武装,"仍有大量发展的可能"。他认为"应在党、政、
军、民众进一步进行思想教育与各种必要准备,把大量发展与训练
民兵与地武,作为今冬各地方党政主要任务之一"⑤。11 月 7 日,
华中局在致刘少奇电中再次明确要求新四军各师把"发展整顿民
兵,充实提高敌方兵团"作为基本工作之一。

---

① 中共江苏省委党史工作委员会编:《苏中抗日根据地》,第 307 页。
② 中共中央文献研究室、中央档案馆编:《建党以来重要文献选编(1921—1949)》第 21
　 册,第 353 页。
③ 中共中央文献研究室、中央档案馆编:《建党以来重要文献选编(1921—1949)》第 21
　 册,第 527 页。
④ 中共江苏省委党史工作办公室、江苏省档案馆编:《中共中央华中局》,第 347 页。
⑤ 中共江苏省委党史工作办公室、江苏省档案馆编:《中共中央华中局》,第 357 页。

遵照中共中央与华中局有关指示,新四军与江苏抗日根据地各级党委政府把发展民兵工作作为当时一切工作的中心,并取得了显著成绩。1944 年 10 月 24 日,苏中区委作出了《关于发展与组训民兵工作的指示》。《指示》决定把"民兵的发展与整训问题"作为苏中根据地 1944 年冬至 1945 年春的"工作中心";并努力"使民兵无论在数量或质量方面均提高和发展一倍以上,成为能够负担战斗任务和随时可以动员上前线的强大民族武装与阶级武装的后备"①。苏北盐阜区在 1944 年冬季地委扩大会后民兵工作有了大发展,如在涟东县到 12 月底民兵已发展到 10 132 人,已经占全县人口的 5.13%。② 至 1945 年 2 月,在盐阜区有 900 多个乡建立了民兵组织 819 个。2 月 23 日,盐阜区召开第一次民兵代表大会,黄克诚师长到会讲话,高度肯定论盐阜区民兵在根据地各项工作中发挥了重要作用。淮北地区,到 1944 年 12 月,已在"63 个区和 513 个乡建立了民兵大队与中队部";而且,淮北苏皖区党委认为,在接近反攻前夜,必然需要大批民兵配合作战,更需要大量民兵巩固后方,为此他们决定 1944 年"组训 10 万民兵",1945 年争取组织 20 万至 30 万民兵。③

全国抗战时期,新四军与江苏抗日根据地各级党委政府组织起来的广大民兵和自卫队(军),依靠其人熟地熟的有利条件,与新四军主力部队巧妙配合,开展了伏击战、捕捉战、围困战、水上游击战等,沉重打击了日伪军,创造了人民战争史上的奇迹。同时,民兵也是反"清乡"、反"扫荡"、反伪化等各种斗争的中坚力量,是根

---

① 中国人民解放军历史资料丛书编审委员会编:《新四军·文献》(4),第 1064 页。

② 中国人民解放军历史资料丛书编审委员会编:《新四军·文献》(4),第 1067 页。

③ 中国人民解放军历史资料丛书编审委员会编:《新四军·文献》(4),第 1067,1086 页。

据地各种群众组织的骨干。实践证明,民兵和自卫队等民众武装是新四军的得力助手和强大后盾,是华中抗日根据地生活秩序的维护者。总之,江苏抗日根据地的民兵和自卫队为抗日战争的胜利作出了重大贡献。

### 三、江苏抗日根据地群众工作的特点

在中共中央、中央军委及中原局、华中局等领导下,新四军和江苏抗日根据地各级党委政府动员、组织了华中地区民众的大多数,开展了卓有成效的民众工作,取得了群众工作的辉煌业绩。同时,新四军和江苏抗日根据地群众工作形成了其鲜明的特色,为中国共产党民众工作创造了新鲜的经验。

群众运动以农民为主体,推动其他群众工作的开展。1938 年5 月后,新四军主力陆续挺进华中敌后,积极对日伪展开作战;并逐步建立了抗日根据地。到 1941 年皖南事变前后,江苏新四军在广大民众支持下,相继建立了苏南、苏中、苏北、淮北抗日根据地。这些根据地几乎全部是在农村地区,没有广大农民群众的支持,根据地的建立是不可能的。这正如毛泽东所说:"中国的革命实质上是农民革命,现在的抗日,实质上是农民的抗日。"①

皖南事变后,新四军和江苏各抗日根据地政府把民众工作的重心转向农村,把发动农民运动作为群众工作的首要任务来抓。1941 年 3 月 27 日,中原局书记刘少奇主持召开了盐阜区各县县委书记会议。他指示各县在大力开展群众运动中,要放开手脚,"在农村要立即组织各级农救会"。4 月 5 日,刘少奇再次指出:"要建立巩固的苏北抗日根据地,除开军事问题以外,民众运动——民众

---

① 陈晋主编:《毛泽东读书笔记精讲 1》(战略卷),南宁:广西人民出版社,2017 年,第 163 页。

组织与武装及抗日积极性的发扬,就成为我们建立根据地与长期坚持抗战的基础。"①根据此次会议精神,苏北抗日根据地盐阜区各县把开展以组织农救会、发动群众作为当时工作中心。到6月底,盐阜区全区农救会员达18万人。1944年10月,淮北行署主任刘瑞龙在《淮北五年来群众工作总结》中也指出:我们的群众工作"实际上是以农民运动为中心,工人运动、青年运动及妇女运动是配合进行的"②。总之,以农民运动为中心、推动其他民众工作是新四军与江苏抗日根据地民众工作的一大特色。

开展农民运动,根本问题是要解决农民的民生问题,提高农民的政治和社会地位。全国抗战爆发后,华中地区广大农民不仅仍然深受封建性地主的高利贷剥削,而且日本侵略者也对其大肆屠杀与掠夺,使广大农民挣扎于死亡线的边缘。如何在抗日民族统一战线的旗帜下改善农民生活,调动广大农民的抗日积极性,成为新四军和江苏抗日根据地各级党委政府必须加以解决的重大问题。为此,根据中共中央制定减租减息的方针政策,江苏抗日根据地普遍开展了减租减息运动和大生产运动,这不仅使广大农民在经济上得到了改善,而且使其认识到只有依靠党的力量,组织起来,才能提高自己的政治和社会地位。随着减租减息运动的深入,各地同时进行基层政权和基层党组织的改造工作,通过把农民中的先进分子吸收到乡村基层权力机构中,农民从心态上更加认同共产党领导的抗日民主政权,进而产生比较强烈的支持中共及其政权的政治取向。

农民是新四军在江苏、安徽为中心的华中地区得以快速发展,

---

① 中共江苏省委党史工作委员会、江苏省档案馆编:《苏北抗日根据地》,第63页。
②《刘瑞龙淮北文集》下卷,北京:中共党史出版社,2005年,第499页。

并迅速建立起比较巩固的抗日根据地的最基本依靠力量；离开了农民，新四军也就失去了在农村建立抗日根据地的民众基础。在广泛深入发动群众的基础上，新四军和江苏抗日根据地各级党委政府遵照中央指示，通过组织农救会、妇救会等组织，把农村中的基本群众纳入了中共权力运作的体系和轨道中，广大农民的参政意识和政权观念显著增强，彻底打破了原有乡村中的权力体系和力量对比，树立起了农民的政治优势。随着农民运动的深入开展，工抗会、青抗会、妇抗会、儿童团及各种群众团体纷纷建立，这为巩固抗日根据地，坚持华中抗战，并最终夺取抗战胜利具有重要历史意义。

群众工作方式灵活多样，内容全面。卢沟桥事变爆发后，国民党推行片面的抗战路线，即不发动群众，单纯依靠政府和军队来抗战。在抗战进入相持阶段后，国民党当局又积极推行反共、限共政策，高唱"军令""政令"统一，限制和破坏新四军在华中地区独立自主的开展民众工作、发动游击战争以打击日伪。但是，新四军为团结华中地区广大民众起来抗日，在如此复杂困难的环境下采取灵活多样的民众工作方式，创造性地执行了党的抗日民族统一战线政策。

初到江南的新四军，为积极开展群众工作，严格执行党制定的军民一致原则，以模范的行动来表明新四军是人民的武力。"三大纪律和十项注意，是新四军全体抗战人员最低限度必须遵守与执行的信条，这些信条……不仅百分之百遵守与执行了，而且更加倍的超过了这些信条。"①经过半年时间，新四军这种模范行动传遍整个江南、整个华中，这使得江南民众不仅主动请新四军住到当地群

---

① 中国人民解放军历史资料丛书编审委员会编：《新四军·文献》(1)，第259页。

众家中,而且探消息、送信、带路、扰乱敌人、破坏交通等,越来越愿意帮助新四军,甚至踊跃参军,使得新四军不断发展壮大,成为华中抗战的中坚。

抗战进入 1939 年后,鉴于敌占区国民党政权已不能坚持抗战、维持治安与安定民生的重任。于是,在新四军已经建立起根据地的地区,党和政府开始进行政权建设、经济建设和文化建设,采取多种方式开展群众工作。

要动员与团结广大人民群众积极抗战,巩固抗日民主根据地,必须使人民真正能够运用政权,尤其是基层政权不健全,则一切成为空谈。因此,民选村乡镇长成为基层政权建设的首要任务。1941 年 3 月 1 日,中共领导下的苏南第一行政区率先颁布《村乡镇长选举法暂行条例》,决定在其所辖各村乡镇实施。① 为保证村乡镇民选顺利实施,4 日,苏南第一行政区又颁布《村乡镇各级地方行政机关组织大纲》,对乡的范围、乡镇长的选举以及乡行政机关等都作了较为详细地规定。②

抗日民主政权的社会基础是广大人民群众,没有他们拥护的抗日民主政权是不会巩固的。作为基层政权的乡级政权,必须掌握在共产党员、进步分子和可靠的人民群众手中,才能打破传统的保甲制对基层政权的操纵,以巩固抗日根据地。华中局要求改造乡级政权的斗争,必须与广大群众切身的经济利益建立密切的联系,"从群众中培养出新的干部,锻炼出新的人民,建立起新的组织与制度,然后才能达成政权的彻底改造"。其中必需的工作包括:

---

① 《苏南第一行政区村乡镇长选举法暂行条例》,《大众报》第 171 号,1941 年 3 月 1 日。

② 《苏南第一行政区村乡镇各级地方行政机关组织大纲》,《大众报》第 172 号,1941 年 3 月 4 日。

(1) 确定公民独立的政治权利,取消甲长在政治上法律上的特权;
(2) 确定以乡(镇市)为人民自治单位,代替保甲制。乡村自治的基本组织形式,应确定为乡政府;并组织乡民代表会,有乡民代表会选举乡政委员会及乡长,组织乡政府。① (3) 政府应立即举行公民登记,发给公民证,进行必要的公民教育。(4) 依照自然条件(以及敌情条件)重新划分行政区。(5) 除汉奸及法律剥夺公权者外,公民的选举权不应有任何限制等。②

　　为动员广大民众起来参加基层政权改造,根据中共中央与华中局有关基层政权建设的指示,以及各行署颁布的乡选条例及《乡镇政府组织法》等法规,再加上各地新制定的关于乡选运动的实施办法与方案,在 1942 年后,新四军和江苏抗日根据地县区政府把乡选作为基层政权改造的中心任务。

　　1942 年 2 月,苏北区盐阜行政公署为彻底改造下层行政机构,实行民主政治,决定把改造乡保政权作为该年度行政公署十大任务之一,并特设行政学院“以事培植行政干部”③。经过努力,至 4 月 16 日,盐城已经有 12 个乡政权彻底改选,“用普选的方法,选出正副乡长”④。26 日,为使政府与人民更形密切,政府更易接受人民意见,盐阜行政公署颁布了《盐阜区乡镇公所暂行组织法》,决定“废除保甲制度,建立抗日人民代表会议的乡镇民主制度”;并具体规定了乡镇划定范围的原则、乡镇公所的组织机构与职权、乡(镇)

---

① 中国人民解放军历史资料丛书编审委员会:《新四军·文献》(3),北京:解放军出版社,1995 年,第 96,97 页。

② 鄂豫边区革命史编辑部编:《鄂豫边区抗日根据地历史资料》第 3 辑 政权建设专辑(一),1984 年,第 3—5 页。

③《改造乡保政权的起点,行政学院定期开学》,《盐阜报》,1941 年 2 月 6 日第 1 版。

④《民主运动澎湃拓展,盐城十二乡彻底改选》,《盐阜报》,1942 年 4 月 16 日第 3 版。

民代表大会代表的选举原则及任务等等。① 5 月,盐阜区行政公署
决定改革基层行政机构,又制定了《盐阜区行政公署市、乡政府暂
行组织法》。该《组织法》主要内容:一是把乡公所改为乡政府,作
为乡级政权的中心;二是决心继续"改革违反民主原则的保甲制
度,建立抗日人民代表会议的市乡民主制度";三是对于乡范围的
划分、乡代表大会代表的产生、乡代表会与乡政府的组织机构及其
职权等都作了详细规定。②

　　1942 年 4 月 18 日,苏皖边区行政公署同时颁布了《关于行政
区划的决定(草案)》《县以下各级代表会组织法、选举法(草案)》
《乡镇公所组织法》等法规法令。③ 5 月,淮南区津浦路西联防办事
处颁布《淮南津浦路西乡选暂行条例》,决定采取普选无记名投票
制度,选举乡政权负责人;并详细规定了公民的选举资格、乡代表
会的职权等。④ 6 月 20 日,苏北淮海区行署提出把重划乡区、废除
保甲,完成基层行政建制,建立乡级人民代表会议及民选政府作为
其今后的施政方针。25 日,淮海区参议会驻会委员召开第一次常
会,修正通过《县区行政委员会及乡镇组织法》。⑤ 此后,华中各边
区县区以上政府又陆续颁布了《乡选举委员会组织法》《乡选举法》
等乡选法规。

　　抗战进入 1943 年后,日伪无力继续发动较大规模的"清乡"与

① 《行政公署颁布乡镇暂行组织法》,《盐阜报》,1942 年 4 月 26 日第 3 版。

② 中共江苏省委党史工作委员会、江苏省档案馆编:《苏北抗日根据地》,第 204—211 页。

③ 豫皖苏鲁边区党史办公室、安徽省档案馆编:《淮北抗日根据地史料选辑》第 2 辑第 1
　册,合肥:内部版,1985 年,第 131—147 页。

④ 马洪武编:《新四军和华中抗日根据地史料选(1937—1940)》第四辑,上海:上海人民
　出版社,1987 年,第 498,499 页。

⑤ 《沭阳民选普遍开展》,《淮海报》1942 年 6 月 25 日。

"扫荡",江苏抗日根据地外部环境相对稳定。与此同时,江苏抗日根据地各地行政公署认识到:在乡级政权改造中,如果只是单纯的人事改造,即仅仅换一些乡镇长收效并不大,必须从制度上进行改造。为此,江苏抗日根据地各行政公署又相继颁布了乡政府组织法、选举法等,以确保乡选后新乡级政权机构的运行。如1943年5月6日,苏皖边区颁布《区、乡临时行政委员会组织法》;6月1日,苏中行政公署公布《乡镇政府组织法》和《乡镇政府暂行选举法》;8月,苏中区行政委员会颁布《苏中区县以下各级代表会(县委参议会)组织法选举法(草案)》;9月,盐阜行署颁布《盐阜区乡政府组织法》。①

经过广大军民的努力,到1944年底,江苏抗日根据地乡选取得了初步胜利。大多数乡级政权都开展了至少一次的乡选,新的乡级权力主角得到重构,中农与贫农开始取代地主与富农掌握了乡级政权,共产党员在乡级政权中占据主导地位。新乡制逐步建立并取得一定成效。

为动员江苏地区的广大民众积极抗日,保卫抗日根据地,新四军根据中央有关政策,在江苏抗日根据地积极开展减租减息运动。1940年11月1日,中共中央书记处发出《关于建立与巩固华中根据地的指示》,其中明确指出:"减租减息运提高工农群众的政治权利是必要的。"②到1941年1月,在苏北各地已普遍实行了减租减息、废除苛捐杂税的革新办法,使得根据地劳资关系得到改善,人民的负担也已减轻。5月,华中局又发出《关于组织根据地人民大

①《盐阜区乡政府组织法(草案)》(1943年),盐城市档案馆藏,档案号0003000000—100110020。
② 中共江苏省委党史工作办公室、江苏省档案馆编:《中共中央华中局》,第54页。

多数的决定》,要求"要切实的普遍的进行减租减息,要组织农村合作社去代替才行,要尽一切可能去保障与提高民众的生活水准"。根据地华中局指示,江苏抗日根据地的减租减息运动得到较大发展。如7月19日,苏北盐城县抗日民主政府发布了"减租减息法令";并指出要"把减租减息与组织人民大多数任务,动员人民参战任务。紧密联系起来,把经济斗争提高到抗日的政治斗争"的地位上来。① 可见,根据地的减租减息运动,这不仅减轻地主对农民的剥削,借以改善农民生活,而且也保护地主的土地所有权和财产所有权,以联合地主阶级一致抗日。这为实现全民族抗战,创造了更加广泛的民众基础。

此外,华中各根据地从节省民力、财力、物力等方面出发,实行精兵简政,减轻人民负担。开展拥政爱民、拥军优属、优待抗属等活动,民运队经常派工作组或工作人员到附近农村开展工作,帮助民众干农活,与民众谈心,帮助解决实际困难。通过这种方式,使新四军进一步密切了同人民群众的联系。

宣传教育民众,是江苏抗日根据地群众工作的又一项重要内容。新四军和江苏抗日根据地的文化宣传特色尤为明显。全国抗战期间,新四军在江苏各抗日根据地开展了声势浩大的教育、宣传工作,比如创办的各类报刊、成立战地服务团、建立文艺剧团、创办各类文化学校和补习班等等,这在动员和组织人民群众投身于抗日斗争,提高根据地人民群众的政治觉悟和文化水平,推动抗日运动的发展方面发挥了极大的作用。

因地因时制宜,适时调整群众工作思路。在华中敌后坚持抗

---

① 中共江苏省委党史资料征集委员会苏北领导小组编:《苏北抗日斗争历史资料》(3),
　　内部版,第91页。

战的新四军,虽然建立了较为巩固的华中抗日根据地,但由于政治环境复杂,政权往往具有多重性,多重性的政权使得人民负担面较广,为有效动员广大群众,新四军必须根据不同地区、不同阶段和不同矛盾斗争的形势,适时调整群众工作思路和工作重点,这是新四军群众工作的又一显著特征。

在新四军建立根据地比较早的苏南、苏中、苏北等地,由于这几个地区新四军各支队(各师)的领导人能够认知执行党的抗日民族统一战线政策,能灵活地根据本地区日、伪、顽与我方之间矛盾的变化来动员群众。一般来说,这些地区新四军领导人依据本地实际情况划分为三个区域分别开展民众动员工作,即游击区——抗日进步力量所支配的区域,群众工作可以轰轰烈烈地开展;敌占区——日伪统治或日伪力量占优势的区域,新四军的群众工作则采取秘密的方式进行;在伪化区——伪军占优势的区域,新四军动员群众的工作方针是:发展进步势力,组织进步知识青年;争取当地伪乡保长、伪自卫团长和地主士绅及地方实力派;孤立顽固派,打击汉奸特务。

总之,全国抗战时期,在江苏抗日根据地的不同地区、不同时期,民族矛盾与阶级矛盾呈现出不同的表现,这些都决定着新四军的群众工作不可能有统一的模式和固定不变的政策措施。

## 第二节　江苏抗日根据地的统战工作

新四军的组建是第二次国共合作的结果。从组建之日起,新四军就始终高举抗日民族统一战线的旗帜,不仅广泛动员国内各阶层抗战,而且也致力于对国际爱好和平人士的统一战线,尤其是对海外华侨的统一战线。同时,中国人民抗击日本侵略者的正义斗争,也赢得了包括日本人民在内的世界各国人民的广泛支持。为此,新四军努力对江苏地区的日伪军开展统一战线,其中"在华日人反战同盟"在以江苏地区为核心的华中地区的广泛建立,即是新四军开展统战工作的重要成就。

## 新四军对江苏各派别的统战工作

统一战线是中国共产党三大法宝之一,这对处于敌伪顽包围之中的江苏新四军来说更是其生命线。为大力开展统战工作,巩固和发展各抗日根据地,1941 年 6 月 3 日,刘少奇在苏北抗日民主根据地盐城第二届参议会上作了《我们在敌后干些什么》的演讲。他指出:抗日民族政治在中国必然实现,"我们盼望各阶层的人民与我们合作。不管他是什么人,属于哪一阶层……为了把这里的一切事情办好,我们都愿意和他们一道,手携手地共同前进"①。8月,日伪苏南掀起第一次"清乡"活动后,中共中央华中局特别强调"统一战线"在反"清乡"中的特殊作用。要求"反'清乡'斗争需要好的统一战线,争取一切阶层参加反'清乡'行动"。② 新四军领导人正确地坚持和执行了党的统一战线政策,使新四军和其创建的江苏抗日根据地不断得到发展、壮大,为抗战胜利作出了巨大贡献。

（一）新四军对江苏地方武装与国民党友军的统战工作

新四军是在第二次国共合作背景下诞生的。可以说,其诞生也就是中共统一战线正确运用的结果。1937 年 10 月,新四军组建

---

① 中国人民解放军历史资料丛书编审委员会编:《新四军·文献》(2),北京:解放军出版社,1994 年,第 837 页。

② 中国人民解放军历史资料丛书编审委员会编:《新四军·文献》(2),第 296 页。

后,遵照中央有关统战政策与方针,新四军军部、中原局以及华中局等特别重视统一战线在中国人民坚持抗战中的作用。新四军组建初期,叶挺军长以个人声望对国民党做了大量统战工作,为争取编制、军款、补给,与国民党经过多次谈判,取得一定实效。陈毅曾说:"没有叶军长出来调停、奔走,新四军的成立要增加很多困难。叶军长为本军的保持发展尽力了最大的力量,这是叶军长的功绩。"①新四军副军长项英也特别重视统战工作。他认为,新四军若能在南方抗战中具有模范作用,必须能"动员千百万民众参加抗战,巩固抗日民族统一战线"②。时任新四军政治部主任的袁国平对统战工作也特别注意。1938 年 7 月,他在《新四军的政治工作》报告中指出:"抗战根据地的条件,应在巩固并扩大统一战线,充分发动群众与深入群众救亡运动的基础上,普遍的组织各界群众,普遍的武装群众。"③

　　1938 年春,新四军在皖南集结、整训与接受"点验"完毕后,根据国民政府指示,江南的新四军将开赴南京、芜湖、镇江、丹阳间狭窄地区参加抗日斗争。在国共合作抗日的前提下,遵照国民政府命令,4 月后,新四军先遣队与第一、第二支队陆续开到苏南积极抗战;第四支队开赴皖中、皖东坚持抗战。为坚持对日作战,根据中共中央有关统战工作的指示,开赴到苏南地区的新四军对当地地方武装与国民党友军、地方实力派等积极开展统战工作。

　　新四军初到江南,面对装备好,实力强大的日军,若在当地建立根据地,必须做好与地方武装的统战工作。陈毅率第一、第二支

---

① 孙伟编:《土地革命战争时期陈毅史料选编》,北京:解放军出版社,2013 年,第 76 页。

② 中国人民解放军历史资料丛书编审委员会编:《新四军·文献》(1),第 84 页。

③ 中共江苏省委党史工作办公室、南京军区政治部编研室、江苏省新四军和华中抗日根据地研究会编:《袁国平文集》,北京:中央文献出版社,2006 年,第 84 页。

队到达茅山地区后,积极对当地地方武装开展统战工作,取得重大成绩。7 月上旬与管文蔚会面后,陈毅以礼相交,说服管文蔚将"抗日自卫总团"改为"丹阳游击纵队",委任管文蔚为司令。10 月初,陈毅在丹北管文蔚部视察工作,听取汇报时对新四军在江苏的统战工作做了分析。他指出:"我们应该使'二李'①中立,如果能争取过来,那就更好。"此外,陈毅还积极争取到在江阴活动的地方武装梅光迪部和朱松寿部等。经过上述统战工作,江南新四军的实力得到大大增强。

为指导各地大力开展统战工作,尤其是加强与友军的统战工作,1938 年 11 月 4 日,中共中央军委总政治部发布《关于在部队中成立联络部的命令》。《命令》指出:"为增加与友军的友谊,在互助互爱的原则下,保证作战上的配合和长期精诚团结,决定在八路军、新四军及各军区政治机关之内设立联络部。经常派人与当地友军联络,主动的积极的接近友军,疏通彼此间的关系……在他们同意与自愿原则之下,进行部队的联欢、相互参观、帮助工作等。"②11 月 6 日,中共中央六届六中全会通过的决议指出:"国共两党合作是抗日民族统一战线的基础。"

遵照中共中央相关指示,为巩固与扩大抗日民族统一战线,新四军对友军积极开展统战工作,认真执行"发展进步势力,争取中间势力,孤立反共顽固势力"的策略,统战工作取得了显著成效。

对于国民党各派武装,新四军各部一方面利用其与中央军的矛盾,阐述国民党顽固派保其嫡系部队、消耗杂牌武装的一贯作风,另一方面对其晓以民族大义,许其实际利益,使其往新四军靠

---

① "二李"指:李明扬、李长江,时任国民党苏鲁皖边游击区正副指挥。
② 中国人民解放军历史资料丛书编审委员会编:《新四军·文献》(1),第 116 页。

拢,加入抗日民族统一战线。对于地方武装,则将武装斗争和统一战线巧妙结合,对于不愿参加抗战积极反共者给予暂时武装打击,然后开展统战,派得力的干将深入其内部,做细致深刻的统战宣传,对新四军得到好感,让其接受抗日民族统一战线政策。而且,新四军在对敌斗争的过程中,以德报怨,面对陷入日军围困的国民党军队,一再掩护,帮助其撤退,显示了新四军维护抗日民族统一战线的诚意。

1939 年初,为执行中共中央六届六中全会精神,陈毅准备率部渡江北上,发展苏北。为更好发展苏北,陈毅准确分析了苏北各派系形势,正确制定了"击敌、联李、孤韩"的统战方针。"击敌"即打击日本侵略者,是其首要任务。"联李"是指联合盘踞在泰州城及周围地区的苏皖边区游击总指挥部正副总指挥李明扬、李长江。他们拥有兵力 3 000 多人,其名义上归韩德勤指挥,但实际上与韩德勤矛盾重重,不愿受制于韩。"孤韩"指孤立时任国民党江苏省代主席的韩德勤,其拥有 70 000 多兵力,却不积极抗日,反而积极进行反共。为此,陈毅"三进泰州",取得"二李"及陈泰运的信任与支持,新四军得以顺利东进驻黄桥,并取得黄桥决战的胜利。1941 年春节前夕,陈毅等人了解到李长江即将投敌时,大力争取了国民党鲁苏皖边区游击总指挥部第四纵队司令员陈中柱,使其转变观念,坚定抗日决心。2 月 14 日,即李长江投敌叛变前一天,陈中柱率领部队离开泰州到东台、兴化、泰兴一带继续坚持打游击。

皖南事变后,虽然国民政府当局非法宣布新四军为"叛军",但在新四军重建军部后仍坚持抗日民族统一战线方针政策,在对日作战过程中,积极配合友军,继续开展对国民党友军的统战工作。在苏北盐城重建军部后,新四军根据中共中央制定的总方针,即"联合同情者,争取中立者,削弱顽固者,消灭隐藏的汉奸队伍,以求得争取多数军队,坚持抗战到底"①。新四军决定"对友军中不明大义受人煽惑的挑衅行为,则采取一再退让的办法来促进对方觉悟,只在退让无效而危及自己根本生存的时候,才能采取严肃的自卫手段,一待对方退去,本军又继续待以友好态度,力求再度实现抗战的团结"②。

新四军政委刘少奇特别强调对友军开展统战工作的重要性。他指出:皖南事变后,新四军面临着"朋友不多""敌人很多"的严峻形势,新四军各师在政治上必须根据中央"拉蒋抗战"的政策,"争取顽军合作抗敌"。如对陈泰运、李明扬等中间派部队,"更应实际帮助,免其被迫变为敌之工具"③。代军长陈毅在《论皖南事变及新四军的态度》一文中声明:"本军坚持抗日民族统一战线的政治方针,皖南事变不能阻碍此方针之执行,愿与全国抗战军队、各阶级、各党派或者到底。"④

军部重建后,江苏各地新四军根据本地区实际状况和友军的特点,遵照中共中央和华中局有关统战的指示,对根据地周围的部队进行很好的调查,决定"对顽化的伪军,对伪化的顽军,对两面派的伪军,对打仇了的伪军,均应分别采取'分化''争取'的拉打并用的政策,一切以扩大敌伪矛盾为政策的出发点",积极开展统战工作。⑤ 1941 年 2 月,国民党军李长江部投靠敌伪,进攻海安、兴化等地的韩德勤部时,陈毅、刘少奇等人发出讨伐李长江部通告;同时,"向苏北各友军声请:为剿灭叛逆与粉碎敌寇'扫荡'而破除成

---

① 中国人民解放军历史资料丛书编审委员会编:《新四军·文献》(2),第 266 页。
② 陈毅:《四年抗战与新四军现状》,《八路军军政杂志》第 3 卷第 8 期,1941 年 8 月 25 日。
③ 《刘少奇年谱》(上卷),北京:中央文献出版社,1996 年,第 356 页。
④ 上海师范学院政治教育系、上海师范学院马列主义教研室编:《陈毅资料选》,第 119 页。
⑤ 中国人民解放军历史资料丛书编审委员会编:《新四军·文献》(2),第 313 页。

见,共同进行战斗,并要求停止进攻本军,给本军以行动协助"①。经过激战,新四军一师在粟裕指挥下,迅速歼灭李长江主力一部,解了苏北国民党韩德勤部之围。

1943年1月,在日伪"扫荡"苏北韩德勤总部时,新四军军部致电粟裕、黄克诚等,要求他们"应在根据地各地群众中扩大援韩配合作战的宣传,并以较小游击部队适当配合韩的反'扫荡'行动"②,"给韩部以好的照应,相机援助,以便改善关系"③。其中,新四军第三师在黄克诚率领下,与韩德勤部"配合作战,牵制敌人","并在当韩部遭受敌攻击逃至我区之小部队应予以安慰,必要时可指一定地区给其活动"④。新四军主动配合国民党友军杀敌,援助国民党军对日伪作战,深得华中各界赞扬,以顽固反共著称的韩德勤也曾再三向新四军领导人称谢。新四军对国民党友军的统战工作,不仅使皖南事变后华中国共两军大规模冲突得以避免,抗战局面得以维持,而且使部分国民党军人及各界人士逐渐认清国民党当局的本质、共产党真心为民族抗战的决心,进而赢得了各界人士对共产党与新四军的信赖。

(二) 新四军对民族资产阶级和开明士绅的统战工作

全国抗战爆发后,江苏境内的地方士绅和民族资产阶级 一般都有民族气节。如果能争取到与他们的合作,这对于初到江南作战的新四军来说将具有极其重要的意义。苏州、南京等地沦陷后,一方面,日本帝国主义对当地的开明士绅和民族资产阶级进行残酷的剥削压迫,因而对日本侵略者一般都有反抗日本的决心;另一

---

① 中国人民解放军历史资料丛书编审委员会编:《新四军·文献》(2),第338页。
② 中国人民解放军历史资料丛书编审委员会编:《新四军·文献》(3),第254页。
③ 中国人民解放军历史资料丛书编审委员会编:《新四军·文献》(3),第454页。
④ 中国人民解放军历史资料丛书编审委员会编:《新四军·文献》(3),第459页。

方面,地方士绅和民族资产阶级对国民政府的消极抗日极为不满,但对于中国共产党的抗战政策在赞成的同时也有心存顾虑。为了争取民族资产阶级与地方士绅积极加入抗战统一战线中来,开赴到江苏抗战的新四军各部做了大量团结和教育工作,赢得了他们对新四军的理解、同情与支持,对新四军坚持在江苏的抗战提供了大力支持。

陈毅率新四军挺进苏南坚持抗战之际,多次强调抗日民族统一战线政策的重要性。1938 年 5 月 28 日,他在南陵干部会议上作了《新的战斗条件和新的战斗任务》的报告。报告指出:"抗日民族统一战线是战胜日寇分化阴谋毒计的基本路线。统一战线的基本内容,是团结一切中国人对日军抗战,使日寇、汉奸卖国贼陷于孤立⋯⋯抗日的纪律最主要的原则,是部分利益服从总的利益,阶级利益服从总的民族利益⋯⋯我党的基本路线在此,本军的基本纪律也就在此,这是战胜日寇的革命动力的源泉。"[1]

新四军第一、第二支队初到苏南茅山地区,陈毅立即号召"各地翘楚,破除畛域,团结抗日"。对此,当地不少民族资产阶级、地方实力派纷纷响应。尤其是爱国民主人士樊玉琳,在陈毅拜访、恳请其支持新四军抗日后积极投入抗战,不遗余力,奔走呼号,为新四军在宝堰镇初步站稳。7 月 1 日,新四军第一支队二团一部袭击辛丰车站取得胜利后,当地人心振奋,樊玉林遵照陈毅所嘱,"联名邀请镇江、句容、丹阳、金坛泗县各界人士代表,于 7 月 7 日抗战一周年纪念日,在宝堰召开成立四县抗敌自卫委员会筹备会议",负责当地抗战事宜。[2] 此外,樊玉琳还积极帮助新四军广泛发动群

---

[1] 陈毅:《茅山一年》,《抗敌》第 1 卷第 5 号,1939 年 9 月 15 日。

[2] 中共句容县委党史办公室编:《句容革命史料选》第四辑,1986 年,第 117 页。

众,配合新四军战地服务团组织农会、妇救会、青抗会和儿童团;帮助建立交通站、递步哨和自卫队;动员开明士绅"合理负担"为新四军筹款筹粮等。与此同时,陈毅还就积极争取当地茅麓公司经理纪振纲。纪振纲是当地著名民族资本家,有民族正义感,不甘仰国民党的鼻息,也不愿屈从日本人,且有一支300多人的装备较好的武装。陈毅等人研究后决定努力争取纪振纲对新四军的支持。为此,陈毅亲自多次登门拜访,高度赞扬他的民族气节和正义行动,并希望能与新四军合作,共同抗日。最终,纪振纲决定与新四军合作共同抗日,并将全部武装队伍及枪支交给新四军;并且还多次设法帮助新四军购买医药器材、武器。此外,经过陈毅积极争取,在苏南教育界闻名遐迩,曾任句容县督学及泰兴县教育局局长的巫恒通决心投笔从戎,跟随共产党新四军抗日救国。1939年11月7日,新四军江南指挥部成立后,巫恒通部队被编入新四军战斗序列,为江南抗日做出重要贡献。

　　在苏北,在江苏地区坚持抗战的新四军领导人积极邀请地方开明人士召开座谈会,阐明抗日民族统一战线政策,大力开展统战工作。1940年8月,新四军苏北指挥部进驻黄桥,积极开展群众运动,建立民主政权,创建黄桥抗日根据地。经过努力,新四军先后建立了太兴、靖江、如皋等县级政权,并成立如靖太临时行政委员会,公布减租减息法令,大力开展统战工作,召开各界代表会议,宣传积极抗战等。新四军的这一正义行动,得到了苏北广大人民群众的积极拥护和开明士绅的同情与支持。但是,却遭到国民党韩德勤部的坚决反对。面对韩德勤一意孤行发动黄桥战役的严峻形势,为政治上取得主动地位,陈毅积极开展统战工作,多次登门拜访当地名望人士韩国钧、朱履先等。

　　为进一步指导陈毅、黄克诚等新四军领导人进一步开展统战工作,1940 年 10 月 11 日,中共中央发出《关于对苏北名绅进行统战工作给陈毅等的指示》。《指示》认为苏北著名士绅韩国钧、朱履先等人在江苏地方人士中具有极大威信;他们代表民族资产阶级利益,与国民党集团有很大矛盾。因此,要求中共华中局和新四军"把与韩国钧等苏北绅耆的统战工作看成是党争取民族资产将的一部分最重要的任务,把对这个问题的认识提到党的策略原则高度";"必须在民意机关、政权执行机关、教育机关、财政经济机关的实际工作中,采取与他们合作的政策,并吸收他们或他们的代表参加这些部门的实际工作"。[①]

遵照中共中央指示,陈毅、刘少奇等与韩国钧、朱履先等名绅多次交谈,赢得了得他们的信任和支持,坚定地站在中国共产党一边,投身于抗日民主活动。黄桥决战开始后,朱履先等按照陈毅指示,四处呼吁苏北实现国共合作。10 月 31 日,朱履先参加苏北抗敌和平会议(曲塘会议),此后又参加苏北临时参政会的筹备工作。11 月 15 日,在海安召开的苏北临时参政会上,朱履先当选为苏北临时参政会副参议长。

陈毅、管文蔚等对韩国钧的统战工作也取得重大成绩。1940 年 9 月,"韩国钧、陆小波等 25 人领衔签字,以苏北绅商学各界致重庆诸公电,要求国民政府停战息争,积极整顿军旅,改善省政,爱民节用,立解倒悬"[②]。同时,韩国钧应新四军方面倡议,主持召开了苏北各界代表会议。当韩德勤得寸进尺向新四军进攻之际,韩国钧大骂他"贼子无信,天必歼之",要新四军做好迎战准备;并与朱

① 中央文献研究室、中央档案馆编:《建党以来重要文献选编》(1921—1949),第 17 册,第 586 页。
② 中共江苏省委党史工作办公室等编:《新四军统战纪实》,北京:中共党史出版社,2007 年,第 222 页。

履先等联名向重庆各界及国民党政府呼吁制止内战,团结抗日。通过对韩国钧、朱履先等人的统战工作,在苏北乃至江苏省产生了重大影响,一大批知识分子加入新四军中来。

1941年7月,日伪对苏北发动大规模"扫荡",新四军军部及三师、一师的生存环境日趋恶劣。为坚持团结各界抗战,需进一步巩固并扩大统一战线,遵照中央有关统战工作的指示,新四军领导人刘少奇、陈毅、黄克诚、粟裕等披肝沥胆、广交朋友,团结各民主人士、开明士绅、工商业者及宗教人士等进步势力,通过召开座谈会、登门拜访、书信往来等方式使他们在抗战过程中坚持与新四军合作,至少不与新四军为敌,这为新四军在皖南事变后的发展有着重要的作用。1942年5月7日,在阜宁张庄举行盐阜各界人士座谈会,来自8个县的著名士绅、文化教育界及救国界的200多位代表出席会议。会议中,他们真诚拥护抗日民主政府,称赞共产党和新四军的正确领导,也批评政府工作中的缺点,这对根据地的发展起到了良好的作用。此外,江苏新四军各部还在各根据地积极召开参议会,按照"三三制"原则进行政权建设,极大地调动了当地士绅等进步人士的参政积极性,动员了当地民众积极参加新四军,使统战工作取得实效。总之,新四军对民族资产阶级与开明士绅的统战工作,赢得了他们的理解、同情与支持,为新四军在极端困难的环境下,坚持华中敌后抗战,并且其力量不断发展壮大,建立巩固的根据地等方面都具有重要的意义。

(三)新四军对国内文化界与宗教界的统战工作

1938年5月14日,中共中央书记处发出《关于新四军行动方针的指示》,要求新四军要充分利用当前有利时机,"主动的积极的深入到敌人的后方区,以自己灵活坚决的行动、模范的纪律与群众工作,大大的去发动与组织群众,扩大自己";"要大胆的向外发展与积极的抗战行动中,来扩大与巩固统一战线,争取更多同情者在自己的周围,同时扩大与巩固自己的力量"。①

新四军的统战工作不单单涉及国民党及其军队,也积极将其他各界群众统统纳入抗日阵营中来。新四军领导人陈毅经常说:"军队如果没有文化,就提不高战斗力。"因此,新四军领导人特别重视军队文化建设。作为一只有文化的军队,新四军对国内知识分子大力开展统战工作。

新四军军长叶挺对做好爱国知识分子的统战工作十分重视,并亲自谋划。1940 年,在叶挺邀请下,著名音乐家任光从重庆来到新四军军部,负责新四军的音乐创作工作。1940 年秋,苏北抗战新局面一打开,为建设巩固的根据地,陈毅广纳贤才,派司徒阳前往上海邀请从事进步戏剧工作的许幸之。为了加强新四军各部都重视文化统战工作,11 月,陈毅在苏中海安文化座谈会上指出,"当着日本帝国主义文化侵略猖獗的形势下,当前顽固派反共文化政策的进攻条件下,我们的文化运动就要充分提倡与帮助一切抗日的文化工作,组织坚固的文化战线"②,提高文化知识水平,唤起民众争取抗战胜利。为此,当华中局商讨创办鲁迅艺术学院华中分院后,陈毅、刘少奇决定请上海的许广平任院长。为此,派许幸之携陈毅亲笔信到上海邀请许广平和动员一些专家教授到抗日根据地从事教学活动,此行虽然由于种种原因,许广平、王任叔、李平心三位著名学者没能成行,但是也动员了 20 多名进步青年前往苏北。

刘少奇在华中工作期间十分重视对知识界的统战工作。他提

---

① 中国人民解放军历史资料丛书编审委员会编:《新四军·文献》(1),第 112 页。

② 北京新四军暨华中抗日根据地研究会编:《铁流——新四军文化工作专辑》,北京:解放军出版社,2002 年,第 11 页。

出并落实了"热情欢迎，大量吸收，关怀爱护，积极培养，严格要求，大胆使用"的知识分子政策。新四军军部在盐城重建后，刘少奇与军部其他领导人在华中党校、抗大五分校、苏北行政学院以及创办的各种培训班，对在苏北的知识分子广泛开展培训，然后分配到部队和地方，很快成为基层骨干。同时，为团结华中文艺人才，刘少奇还积极创办了鲁迅艺术学院华中分院，广泛团结当地知识分子。刘少奇在苏北文化协会成立大会上所作《苏北文化协会的任务》报告中，要求通过文化协会等组织，培养一批文艺骨干，以推动抗日根据地的文艺运动，扩大文化统一战线。

　　皖南事变后，陈毅代军长积极对知识分子开展统战工作，大力开展文化工作的统一战线，倡导建立多种文化社团。1941 年 1 月，在海安文化座谈会上，陈毅作了《关于文化运动意见》，其中明确提出了"文化界的统一战线问题"。陈毅指出："为了完成抗战建国的革命任务，在抗日高于一切的大前提之下而且极愿意与一切抗日文化人文化团体或派别建立抗日的文化统一战线……只要是能打击日寇的力量，我们都主张联合。"他号召大家"为开展苏北抗日民主根据地的文化运动而斗争！"①。4 月，陈毅与刘少奇在华中局第一次会议期间，商讨后，华中局觉得成立文化事业委员会，以钱俊瑞委书记。文化事业委员会成立后，陈毅支持开展文化教育工作中的统战工作。与此同时，经过充分准备，"苏北文协代表大会"在盐城召开，来自镇江、启东、如皋、盐城、阜宁、淮安、涟水、泰兴、东台、兴化等地约 300 人，代表着出版界、教育界、自然科学界、卫生界、文化界等，齐聚鲁艺华中分院剧场。大会通过了《苏北文化协

---

① 中国人民解放军文艺史料编辑部：《中国人民解放军文艺史料选编》抗日战争时期，第四册，北京：解放军出版社，1988 年，第 5 页。

会第一次代表大会宣言》《苏北文化协会简章》《苏北文化协会工作纲领》等，其中，《苏北文化协会第一次代表大会宣言》作为纲领性文献，强调苏北文化界对于中国抗战的立场和态度。

1941 年 12 月，日军入侵上海租界后，陈毅代表新四军和根据地人民向上海抗日文化节发出邀请，欢迎上海文化界人士到苏北根据地创作新的文化。1942 年夏，陈毅为使来敌占区和大后方的文化人有个较好的学习和工作环境，指示军部转设置一个"文化村"，并在"文化村"设立招待所、石塘、俱乐部，专门用以接待文化界人士。

新四军领导人对知识分子的统战工作，使各地知识分子源源不断加入新四军，他们的加入不仅为部队提供了知识保障，提高了部队文化素质，扩大新四军的影响，也为抗日根据地文化教育事业的繁荣起到了重要作用。

为使华中各地人民团结到一起，形成全民抗战的局面，新四军还积极开展对宗教界人士的统战，甚至对外国传教士也开展统战工作。1941 年 6 月，新四军军部为团结外国传教士支持中国抗战，曾发布如下布告："凡在抗日根据地之外人传教者，不问其为基督教或天主教，只要不破坏抗日民主政权及与敌伪沟通者，政府一律予以保护，规定一切教产不得扰占或损害，军民不得随意入内滋扰，教堂内不允许部队进入驻扎，如欲参观者必得先经同意。新四军切实实行抗建国策，保护在华外人权利。"[①]

为争取当地宗教界支持新四军的抗日斗争，新四军领导人陈毅等要求严格执行党的宗教政策，努力开展对宗教界的统战工作。当陈毅听说五台山和尚参加抗敌的消息后，陈毅决定学习这个经

---

① 中共江苏省委党史工作办公室等编：《新四军统战纪实》，第 400 页。

验,动员茅山地区道士起来参加抗战。他曾三次造访乾元观,为新四军伤病员寻求帮助。同时,开展统战工作。经过广泛动员,加上对日军残暴的认识,和对新四军英勇抗战事迹的切身感受,茅山乾元观几十名道士十分敬仰,他们结伴下山要求发给枪支,开展抗日斗争。

1939 年春,在新四军某团政治部主任萧国生追悼会上,二十余名和尚主动要求组织和尚抗敌协会,参加抗战工作;要求新四军给予支持。① 1940 年底,陈毅率部进驻盐城,了解到永宁寺方丈雪松法师具有爱国精神,便去拜访。初次会面后,陈毅、刘少奇邀请雪松法师参加盐阜开明士绅文艺晚会。雪松法师深切感受到新四军是抗日的部队,在演讲中指出僧侣也要为抗战出力,在此影响下,盐阜区佛教人士踊跃参加各项抗日工作。

谭震林率第三支队在安徽繁昌与日军作战时,武器装备较差,当他听说当地马仁寺主持通慧存有 3 挺机枪、3 支步枪和两箱子弹后,派人送帖请通慧主持到新四军第三支队司令部谈新四军如何为了团结抗战和国民党携手合作,如何为了民族利益,开赴敌后,奋勇杀敌;尤其讲到国家兴亡,匹夫有责。经过两次相邀谈心,通慧主持决定将武器全部交给新四军第三支队,共赴国难。1941 年秋,谭震林指示新成立的中共长江工作委员会和中共铁道工作委员会,"广泛开展包括宗教界在内的各界人士的统战工作,以确保丹北和茅山地区反'清乡'斗争的胜利"②。9 月,东路苏常太地区反"清乡"斗争刚结束,新四军六师师长谭震林在途经半山庙时,积

① 马洪武主编:《新四军和华中抗日根据地史料选(1937—1940)》第二辑,上海:上海人民出版社,1984 年,第 149 页。
② 中共江苏省委党史工作办公室等编:《新四军统战纪实》,第 399 页。

极对梅初和尚开展统战工作,取得了重大实效,不仅热情接待,还为谭震林师长介绍当地地形情况。

（四）新四军对国际友人的统战工作

根据中共中央统战的方针政策、为扩大国际反法西斯统一战线,新四军十分重视与国际友人加强联络,建立友好关系,以便让世界人民了解中国人民抗战的正义事业。

新四军组建并开赴抗战前线初期,虽然国民党对新四军在抗战中取得的战绩也多次进行嘉奖,但在抗战进入相持阶段后,随着国民党开始限制新四军的进一步发展,并严密封锁对新四军抗战的宣传。这导致外界很难了解新四军的抗战事实,以致产生很多误解。为了使国际人士了解新四军抗战的真相,新四军通过各种渠道,与英国、美国等国新闻记者沟通联系,先后有多达 30 名记者报道了新四军的抗战。这些新闻报道发表在《大美晚报》《每日译报》《上海周报》《保卫中国同盟》等报刊;同时,海外报刊,如《密勒氏评论报》《美亚》《亚细亚》《真理报》《消息报》等也刊登了一定数量的新闻报道,使新四军的抗战的新闻传播海内外,打破了国民党的新闻封锁。

新四军积极邀请在中国的外国记者访问新四军。1938 年 10 月,美国著名记者史沫特莱经武汉、长沙、南昌等地到达皖南新四军军部泾县云岭。在这里,史沫特莱广泛搜集新四军各种素材,撰写了《中国的战歌》一书。在皖南期间,新四军军医处处长沈其震陪同她访问新四军后方医院,并答应帮助新四军解决相关困难,尤其是写信给在上海的英国朋友鲍威尔、克拉克女士和卡尔等人,让他们帮助前去上海购买医药器材的沈其震。

作为富有正义感的外国人,美国记者杰克·贝尔登、英国记者杰克·布鲁斯以及德国记者汉斯·希伯多次到新四军各部进行采访,对新四军英勇抗战事迹广泛报道。1939 年 1 月《大美晚报》刊登的《新型的人民军队》一文,就是杰克·贝尔登访问新四军军部及皖南部队后所写。《新四军印象记》一书为英国记者布鲁斯在1938 年 11 月访问了新四军后所写,部分章节发表在上海的《译报周刊》,该书对新四军坚持抗战予以高度赞扬。1938 年 11 月,德国记者汉斯·希伯访问了皖南军部,并于 1941 年 5 月,冲破国民党的层层封锁,来到重建军部所在地——盐城,访问了苏北抗日根据地,写了大量通讯和文章;并对新四军领导人和人民群众说:"我此次来到贵军后,亲自看到新四军比以前壮大。我不但要向全世界报道新四军仍然存在,而且还更强大地生长了起来。"①

新四军在苏北抗日根据地营救美国援华作战飞行员,维护世界反法西斯国际统一战线。1944 年 8 月 20 日,盐阜独立团营救了赛弗艾等 5 名在建湖境内坠机的美国飞行员,新四军三师领导人黄克诚、张爱萍亲自接待,获救美国飞行员对此高度赞扬,并在参观根据地后提出双方合作进行抗战的建议。

组织朝鲜青年为抗日和世界反法西斯战争服务。在新四军三师和苏北抗日根据地中朝鲜籍战士较多,他们在国际统一战线政策下,与中国军民并肩作战。1942 年 5 月,"朝鲜青年联合会苏北分会"在阜宁召开成立大会,黄克诚亲自参加大会,代军长陈毅发来贺信。1944 年 1 月,朴正龙等 4 名朝鲜籍青年冒险从上海到阜宁参加新四军。在反"扫荡"斗争中,朝鲜独立同盟苏北分盟和朝鲜义勇军与抗日根据地军民一起与日军作战,取得了反"扫荡"胜利。

此外,新四军还积极邀请国际友人在新四军和抗日根据地内

---

① 江苏省政协文史资料委员会编:《江苏文史资料集萃》革命斗争卷,《江苏文史资料》编辑部,1995 年,第 276 页。

开展医疗卫生工作。加拿大"援华医疗队"医生尤恩在 1939 年到达皖南军部，接受叶挺邀请，帮助新四军开展医疗工作。1941 年，在上海新四军办事处人员安排下，奥地利医生罗生特带着医疗设备和药品来到盐城，成为第一个参加新四军的外国友人。罗生特在根据地期间，积极参加各项政治文化活动，在各种纪念会上演讲，利用一切机会宣传歌颂共产党和新四军，控诉法西斯的暴行，为中国抗战事业作出了重大贡献，被誉为"新四军中的白求恩"。

（五）江苏新四军对日伪军的统战工作

1. 大力开展敌军工作

九一八事变后，中国人民抗击日本侵略者的正义斗争，博得了国际社会和世界各国人民的广泛同情与支持。尤其是在日本全面侵华之后，包括日本人民在内的世界各国人民都积极支持中国人民抵抗日本侵略者的正义战争。其中，"在华日人反战同盟"就是一支特殊的国际主义队伍，他们的出现及其抗日义举，被称为"世界战争史上的奇迹"。

1940 年 2 月 3 日，香河正男、田畑作造、后藤勇、滨中政志等人被新四军俘虏。新四军严格执行党制定的优待俘虏政策，积极开展对日军士兵思想的工作，使其他们逐渐认识到日本军国主义对中国人民的战争是非正义侵略战争，他们与日本普通民众也深受其苦。香河正男和田畑作造在转变了思想后曾说："日本军阀发动侵华战争，不但给中国人民带来了深重灾难，而且摧毁了日本民族的光荣。屠杀中国人民就是屠杀自己的父兄妻子。""打倒日本军阀是我们两国人民的共同事业，是中日两大民族共同的前途。"①

---

① 转引自南京陆军指挥学院编：《新四军对日作战研究》，北京：军事科学出版社，2015 年，第 369 页。

在新四军政工干部努力下,争取了香河正男、田畑作造、后藤勇等日本士兵参加新四军。他们与新四军政工人员一起奔赴抗战前线,与新四军一起开展宣传工作。此后不久,随着俘虏日军的增多及对日伪开展工作的特殊需要,新四军组建的"在华日本人反战同盟"(简称"反战同盟"),成为活跃在华中敌后,尤其是江苏地区开展敌军工作的一支特殊力量,为中国人民的抗日战争发挥了特殊作用。

新四军在盐城重建军部后,把新四军整编为 7 个师。其中在江苏抗日根据地的新四军各师都积极开展日伪军工作。首先各师建立了敌军工作部。新四军军部敌工部长刘贯一,副部长李亚农。第一师敌工部长陈超寰,苏中军区敌工部长程业文,第二师兼淮南军区敌工部长邱察荣,第三师敌工部长王央公,第六师兼苏南军区敌伪军工作委员会书记顾复生,第七师敌工部副部长段洛夫。各旅和军分区也都设立敌工科,各团均设敌工股。由此,新四军对敌工作的体系和网络比较系统的形成,为开展敌军工作奠定了强有力的组织基础。

1941 年 5 月,华中局书记刘少奇作出了《关于大力发展华中新四军敌军工作的指示》,要求华中新四军各部"把敌军工作作为一项重要的工作来抓"。同时,刘少奇强调:"对日军俘虏应严格执行中央军委命令,不准杀害。同时还应纠正我们队伍中狭隘的民族主义倾向及侮辱日本民族的行为。"①在了解到华北各地敌军工作已取得重要成绩时,刘少奇及时给华中局和新四军领导人发来电报,要求华中地区也应该重视日本士兵的反战工作。刘少奇指出:"华北争取了不少日军俘虏,他们积极工作,对我们帮助极大。日

---

① 中国人民解放军历史资料丛书编审位委员会编:《新四军·文献》(3),第 88 页。

本俘虏帮助我们教操、教刺枪、教劈剑等获得很大成绩,特别对我军做敌军工作,争取俘虏工作帮助更大。"同时,还可以用"已转变的老俘虏去争取新俘虏,望你们切实注意这个工作"①。

1942 年后,江苏抗日根据地在华日人反战组织迅速建立。其主要原因:在国内,新四军已经从皖南事变的危机中摆脱出来,通过整编部队,队伍比皖南事变前更加壮大;在国际上,太平洋战争的爆发,最终使世界反法西斯统一战线正式建立。国内外形势的迅速变化,为新四军积极建立日本人反战组织提供了十分有利的环境。据统计,至 1943 年底,在江苏建立的日人反战组织主要有:1942 年 7 月 11 日,苏北抗日根据地建立的"在华日人反战同盟苏北支部"。1943 年 8 月 2 日,淮南抗日根据地建立的"在华日人反战同盟淮南支部"。1943 年 12 月 1 日,苏中抗日根据地建立的"在华日人反战同盟苏中支部"。江苏抗日根据地内的在华日人反战组织在新四军敌工部门指导下,积极开展各种对日工作,为中国抗日战争作出了重要贡献。

积极开展对日军宣传工作。在华日人反战组织的成员都来自侵华日军,他们熟悉日本国内情况,能比较好地理解日本普通士兵的心理,尤其是对日军内部矛盾比较了解,因此在宣传工作中更能打动日军士兵。因此,在新四军敌工部支持下,在江苏的日本反战组织的成员对日军积极展开宣传,"踊跃地自愿写告日本士兵书,劝他们与中国军队携手,打倒共同的敌人"。"他们编印了大量日文宣传品及日文报刊。如苏中支部的《新时代》,苏北支部的《日本兵队之声》《士兵之友》"等。"日本人民反战同盟苏中支部还出版了日文刊物,编印了大量日文传单、小册子,以及便于日军士兵投

① 韩亚光:《百年国史札记》,北京:知识产权出版社,2011 年,第 95 页。

奔新四军用的通行证、路线图,向苏中地区的日军士兵散发。这些宣传品以大量事例揭露了侵华日军内部的黑暗,官长对士兵的压迫,士兵的厌战反战和思乡情绪,很容易引起日军士兵的共鸣。"①如反战同盟苏中支部的一份日文宣传单写道:"日本士兵弟兄们:你们无论何时都要保重生命和身体!在无益的战争中,千万不要变成炮弹的牺牲品。你进行着残酷战争,你的家属在庞大的军费下将被压死!亲爱的战友,保重你的身体,成了残废将是最大不幸。如果战死,则不会再生……"②1943年4月,反战同盟苏北支部的一份宣传单写道:"4月又悄悄来临,在这个樱花盛开的时候,一年一度,往日的情景历历在目,铭刻在心头,而如今不会再来,身处异域的兄弟们,是谁迫使我们离开那迷人的故乡?!"③

这些传单内容虽少,但令人深思。通过宣传,在政治上揭露日本军国主义对日本人民的反动宣传,对于瓦解战场上侵华日军的军心,丧失其作战斗志,争取抗战胜利均具有重要的作用。正如新四军(代)军长陈毅在盐阜区敌工会议上所说:"由于中日战争第五力量对比的悬殊,直到现在日本的力量还相当强大,如果不从内部去分化它,瓦解它,削弱它的力量,而要完全用自己比较劣势的军事力量去压倒敌人,真正达到反攻胜利,是不可能的。"④

2. 积极开展伪军工作

在江苏地区,当南京沦陷后,江苏大部沦为日军统治之下,与此同时,各种名义的伪军快速涌现,其中以所谓"曲线救国"的国民党军人数最多。1940年3月,汪伪国民政府成立后,伪军蜂拥而

---

① 王庭岳:《在华日人反战运动史略》,郑州:河南人民出版社,1989年,第168,169页。
② 转引自王庭岳:《在华日人反战运动史略》,郑州:河南人民出版社,1989年,第170页。
③ 转引自王庭岳:《在华日人反战运动史略》,第171页。
④ 总政治部联络部编:《新四军敌军工作史》上,内部版,1997年,第26页。

起,江苏地区伪军的情况,无论在数量上还是质量上都发生了极大变化。江苏抗日根据地处于日伪军严密包围之中,不仅难以发展,而且开始日益缩小。为改变这一严峻形势,江苏抗日根据地军民大力开展日伪军工作,争取局势的好转。

　　针对伪军和伪组织在华中地区,尤其是江苏集聚越来越多的严峻形势,中共中央、总政治部制定了一系列关于伪军的方针政策,战斗在华中敌后的新四军也制定了相关政策机动灵活地开展伪军工作。1937年10月,总政治部在《关于确定抗战之政治工作方针及组织案》中指出:"对于伪军,估计其士兵与下级军官是被迫而去投军,应以民族利益的立场,去瓦解和争取,组织暴动以响应我军的进击。"[①]1939年2月23日,周恩来视察皖南军部时特别强调制定正确的伪军政策的重要性。他说:由于"敌人从本国抽调部队到中国来是非常困难的,主要的是利用伪军,以华制华,来弥补他兵力不足的缺陷,因此,我们应该把瓦解伪军的工作放在很重要的地位,不仅在军事上消灭他,而且要在政治上瓦解他,使敌人不敢运用伪军"。"利用维持会、伪军做内线,为我们侦查敌情,通报消息,将来时机成熟可以里应外合。"[②]

　　遵照中共中央指示,新四军军部十分重视伪军工作。1939年5月,新四军政治部主任袁国平在《论江南伪军工作》一文中初步提出了对伪军"采取宽大的政策"以及比较具体翔实的操作方法,也反映出新四军的一些高级干部对伪军工作开始有了进一步的认识。

---

① 总政治部办公厅编:《中国人民解放军政治工作历史资料选编》第4册,北京:解放军出版社,2004年,第70页。

② 中共中央文献研究室、中央档案馆编:《建党以来重要文献选编(1921—1949)》第16册,第155,156页。

　　新四军第一支队长陈毅率部挺进江南后积极开展伪军工作。根据中共中央及军部关于伪军工作的指示精神,陈毅在三年中争取了大量伪军反正,如"金坛王德成部、镇江卫岗绥靖队(姜希安部)及镇江杜××部,共计 300 人枪。陈毅认为,虽然争取伪军人数少,但有其重要的政治意义"。据此,他总结了做好伪军工作的七条经验:"第一,以军事进攻配合政治争取。第二,通过居民关系争取伪军反正。第三,伪军做贼心虚,始终存在观望心理,我军愈有抗战的政治主张和光明的政治态度并获得民众拥护,愈可以吸引伪军反正。第四,运用正确的统一战线政策,争取两面派,是争取伪军反正的桥梁。第五,伪军工作宣传鼓动方面是公开的,应动员广大人民造成民众运动,但如何组织反正应是绝对秘密的。第六,伪军反正其作用在造成敌人营垒的瓦解,不是着眼在扩充几多人枪。第七,不应贪图小利,凡有觉悟的伪军,应使其尽可能留在敌方,从伪军方面进行敌军工作,只有在事机泄露不能再留下时才坚决反正,争取先机。"①

　　1941 年 3 月,新四军第三师师长黄克诚对如何做好争取伪军的工作提出新要求。他说:"只要他(伪军)不再进攻我们,保护我们的工作人员,帮助我们工作(如送情报等)条件下,我们允许他'明投日本',暗保中华。"3 月 18 日,第二师在全师政治工作报告中也提出:"以前之过早反正与瓦解都不是中心,目前主要策略在争取伪军伪组织成为两面派,再进一步成为革命的两面派,使暗中助我。"②

---

① 中共江苏省委文委主编:《红藏:进步期刊总汇(1915—1949)》,《上海周报》2,湘潭大学出版社,2014 年,第 414 页。

② 张劲夫:《抗日战争时期我在安徽的经历》,合肥:安徽人民出版社,1998 年,第 169 页。

根据敌伪形势的变化,尤其是日伪勾结对江苏根据地开始残酷的"扫荡"和"清乡",加强伪军工作对巩固和发展江苏根据地具有特殊重要的作用。1941年10月25日,华中局《关于加强敌伪军工作的指示》强调:"加强敌伪军工作,今天已成为华中全党全军一个极其重要的任务,这不单由于瓦解敌伪军是中国抗战胜利与促进日本国内革命的一个重要条件,而且也是由于目前华中客观形势的变化和要求,更加重了华中敌伪军工作的重要意义。"《指示》要求各区党委和各师负责同志参加成立党政军统一的敌伪军工作委员会,加强师敌工部,建立敌伪工作站。尤其强调"目前应集中最大力量来进行伪军工作,注意经过伪军关系来进行敌军工作,在实际执行中央对伪军工作方针时,应严格纠正那种言行不一致上下不一致和党政军不一致的不良现象。为了保证对伪军工作更正确更便利的进行,特规定伪军营长以上的关系一律由当地负责同志亲自处理之"①。

12月,新四军代军长陈毅向各师发出《关于应乘日军他调争取伪军》的电报,要求在日军他调之际,"各兵团首长应特别加强对当面敌伪据点的侦查和对伪军的争取"②。面对日汪在江苏地区开展的残暴的"清乡"活动使根据地日益缩小的严峻形势,1942年9月16日,中共中央华中局也向新四军各部发出《关于开展伪军工作的指示》。指示各部利用敌伪之间矛盾,"应与伪军上中层切实联络,表示我军随时可予伪军反正以援助,反正后地区划分、经费供给,我军竭尽所能绝不吝惜"③。

---

① 总政治部联络部编:《新四军敌军工作史》上,1997年,内部版,第72页。

② 中国人民解放军历史资料丛书编审委员会编:《新四军·文献》(2),第325页。

③ 中国人民解放军历史资料丛书编审委员会编:《新四军·文献》(3),第28页。

遵照中共中央华中局关于伪军工作的指示,1942 年初,在苏中地区的新四军第一师对伪军的工作策略出现了新变化:"一是以军事待机为主转到以政治争取为主,达到多结朋友,孤立日寇;二是以小股伪军为主转到以较有决定意义的大股伪军为主;三是由公开的反正转到秘密的反正,四分区由两股伪军表面上仍挂伪军招牌,敷衍日寇,实际上完全听我军指挥,接受我们赋予的任务;四是对叛变投敌者以宽大办法代替严办的处罚,使其甘心悦服不再顽抗;五是在经济上某些地方比以前宽大。策略的转变使工作更具灵活性,成效更加显著。如整个苏中伪军有 70％的师与新四军第一师建立了关系;两面派与伪政权中有来往者从 40％增加到 85％至 90％,泰县 48 个伪乡长中,共产党新四军对其中的 47 个可以指挥。"①

## 第三节　江苏抗日根据地的卫生工作

全国抗战时期,新四军由弱变强,一方面在于其军事斗争、党的建设、财经建设以及文化教育诸方面开展的卓有成效的工作,另一方面与其积极开展的医疗卫生工作密切相关。新四军在江苏各地抗战之际,为了保障部队作战胜利,高度重视医疗卫生工作。不仅健全了卫生机构,还相继建立军医处,成立华中卫生学校等教育培训机构,积极开展医务人员的培养,培养了大量优秀的医务人才,大力支持了江苏抗日根据地人民群众的卫生事业。

---

① 总政治部联络部编:《新四军敌军工作史》上,内部版,1997 年,第 72,73 页。

## 一、新四军在江苏抗日根据地卫生工作的开展

### （一）皖南事变前江苏新四军卫生工作的发展

新四军军长叶挺在筹组新四军之际，即开始着手开展新四军卫生工作。于1937年9月，叶挺邀请医学博士沈其震担任新四军军医处处长，负责新四军医疗卫生机构的筹建。1938年2月，新四军军医处正式成立，医政科科长为宫乃泉，保健科科长为齐仲桓，材料科科长为吴之理。军部军医处成立后，各支队卫生机构随之建立。6月，任命王聿先为新四军第一支队军医处处长，第一团卫生队队长明道德，第二团卫生队队长徐金元；罗化成为第二支队军医处处长，第三团卫生队队长段凤九，第四团卫生队队长高黎民。新四军组建初期，支队军医处机构精简，主要包括几名具体办事人员，各支队军医处下设医院（或休养所），所部队行动，收治伤病员。

1938年5月14日，中共中央指示新四军："应利用目前的有利时机，主动的、积极的深入到敌人的后方去，以自己灵活坚决的行动，模范的纪律与群众工作，大大的去发动与组织群众，建立地方党，组织与团结无数的游击队在自己的周围，扩大自己，坚强自己，解决自己的武装与给养，在大江南北，创立一些模范的游击根据地，以建立新四军的威信，扩大新四军的影响。"①陈毅率第一、第二支队进入苏南茅山地区，打击日伪、广泛开展宣传群众、发动群众的工作，卫生工作也随之展开。军医处在茅山九龙塘设置伤员收容救治点，可收治20—30名伤病员。

第一支队到达苏南后，随支队军医处处长王聿先一同前来的义务工作人员有：李子民、梁玉贵、曾庆济、陈耀汉、胡墨林、徐世

---

① 中国人民解放军历史资料丛书编审委员会编：《新四军·文献》(1)，第142页。

杰、刘振之、谭恩济、朱观杜、周念华、龙启余等。1939 年 2 月,在扬中建立医院。夏季,第一支队军医处在溧阳县水西村镀金的神塘圩设置病房,收治病人。后扩建为江南指挥部前方医院。8 月,常熟人民抗日自卫队(民抗)编入江南人民抗日义勇军(简称江抗),同时以民抗医院为基础,成立江抗后方医院,林震兼院长,张贤为医务主任。9 月,江抗主力西撤后,该院仍坚持继续治疗伤病员。

11 月,随着新四军在江南抗战力量逐渐壮大,新四军成立江南指挥部统一指挥新四军第一支队和第二支队。指挥部下设军医处,崔义田任处长,同时在溧阳县神塘圩建有前方医院,有床位五六十张,并设有手术室、化验室、药房等;在社渚设立后方医院,院长崔义田兼任。同月,新四军挺进纵队成立,司令员管文蔚,纵队也设军医处,处长李子民,于扬中设立挺纵医院。

中共六届六中全会确立"发展华中"的战略部署后,中原局确定苏北为新四军发展的主要地区。郭村保卫战取得胜利后,新四军挺纵医院迁至郭村,进行伤员救治工作。与此同时,江南指挥部军医处和医院工作人员也迅速到达江北泰州西塘镇,组建医院,救治伤病员。

黄桥战役后,苏北指挥部与八路军第五纵队在白驹、刘庄间狮子口会师。黄桥战役改变了苏北地区的政治形势和力量对比,为创建苏北抗日根据地奠定了坚实基础。1940 年 7 月,江南指挥部北渡后改称新四军苏北指挥部,崔义田处长带领数名义务工作人员携带部分手术器械一同到达泰州汤头镇,以江南指挥部前方医院为基础组建指挥部前方医院。医院领导机构变化不大,所属部队整编为 3 个纵队。其中李子民任第一纵队军医处处长,唐求任第二纵队军医处处长,第三纵队军医处处长为高黎民,所辖第三、七、八团三个卫生队。黄桥战役中伤病员的救护工作,由苏北指挥部军医处下设的野战医院负责。黄桥战役中第一纵队约300名伤员由该纵队军医处救治,其余轻伤战士由轻伤队负责,并组织休养所收治中等伤员。

新四军与八路军在苏北会师后,为适应新的斗争形势需要,经中共中央批准,11月17日,在海安成立新四军八路军总指挥部,总指挥部军医处处长为崔义田。

（二）皖南事变后江苏新四军卫生工作的发展

皖南事变后,新四军军部在盐城重建。在陈毅、刘少奇等军部领导人指示下,新四军卫生部,各师、旅卫生部随之建立。新四军军部卫生部编为医政、保健、材料和总务四科,沈其震为新四军军卫生部部长,副部长为崔义田和戴济民,医务主任为齐仲桓,薛和为医政科科长,杨光为保健科科长,洪振声为材料科科长。军部卫生部主要工作内容:一是协助各师、旅配备医疗卫生干部,健全领导机构,组织军部医院和卫生干部训练工作;二是制定工作条例,明确各级职责,建立各项工作制度;三是积极准备应对日伪军"扫荡"和顽固派的进攻作战的卫生勤务工作。①

随着新四军7个师的重建,各师、旅、军分区的卫生部、医院和卫生训练机构也随之建立起来。其中,战斗在江苏地区的新四军第一师,由李振湘卫生部长,卫生部在东台县城郊组建后方医院,到1941年12月,又组建前方休养所,设有手术室、化验室、药房等;第二师卫生部长为宫乃泉,原江北指挥部军医处直属所改为师部直属医院;第三师卫生部长先后为张化一、齐仲桓;战斗在苏南地区的是新四军第六师,卫生部长为林震;1941年8月,以江抗后方医院部分人员为基础,扩建为六师后方医院。同时,各旅部也相继

---

① 石文光、伏斟:《新四军卫生工作史》,北京:人民军医出版社,1991年,第46页。

建立卫生部开展本地卫生工作。

新四军各师、旅卫生部相继成立后,新四军领导人陈毅、刘少奇等特别重视部队卫生工作的基本建设。新军部在盐城重建后,军卫生部发布了《新四军卫生工作条例(草案)》,对新四军各级卫生部门的组织编制、人员职责和规章制度作了详细规定。《条例》颁行后,新四军各部遵照条例,结合本地实际,认真贯彻执行。此外,在1941年军卫生部下发《夏季卫生工作大纲》,1943年制定了《夏季卫生应有设施规定》的文件,对卫生制度的建立和执行都做了详细规定,极大地促进了新四军卫生工作的开展。

成立新四军卫生学校,创办卫生人员培训班。1941年7月20日,在军部卫生学校举办的开学典礼上,代军长陈毅要求全校师生一面做好战斗准备,一面学会基本医务卫生知识,做到救死扶伤。陈毅为卫生学校题词:"医学是自然科学与社会科学中间的桥梁。对人的治疗,药物方面是属于自然科学,而精神安慰和救护方面必须借助于革命的社会科学。新四军的医务工作同志与一般医生不同之点在此。"①这大大鼓舞和教育了新四军卫生学校的广大工作人员,成为新四军卫生工作的基本原则。

为提高和培养部队营团级医务干部和优秀医务人员的医学理论和技术,1942年,军卫生部创办了华中医学院。1945年成立新四军军医学校(后改名为"华东白求恩医学院")。同时,积极邀请高级医学人才参加新四军。沈其震多方联系,经过努力,经他动员来的有恽子强、孙芳琪、阮学柯等十多位高级医学人才,尤其是在其动员下,奥地利泌尿科专家罗生特也来到新四军工作。罗生特不怕牺牲,经常穿过封锁线,到各师医院做手术和给医务人员讲

---

① 吴晓明:《中国药学教育史》,北京:中国医药科技出版社,2016年,第44页。

课,为中国抗日战争和解放战争都做出了重要贡献。此外,通过上海地下党动员来到江苏根据地的还有公共卫生专家江上峰、沈霁春、邢其毅等著名医生。此外,国际主义战士加拿大护士琼·尤恩也来到新四军军部医院工作半年,同中国人民结下了深厚的友谊。

1943年初,新四军与各师卫生部领导有所调整。军卫生部部长为崔义田,宫乃泉、戴济民任副部长,医务主任叶果。战斗在江苏地区的新四军第一师卫生部部长李振湘,第二师卫生部部长林震,第三师卫生部部长吴之现。

1944年1月,为迎接抗战胜利,进一步加强新四军医疗卫生事业的发展,新四军《1944年卫生工作指示》发布。其主要内容:(1)提高干部质量;(2)要适当的提拔干部和大量的扩充基层人员;(3)卫生材料的节约和储备;(4)帮助开展地方卫生工作;(5)切实建立计划报告制度;(6)关于卫生干部的待遇问题。[1]为了督查各师执行上述指示并检查执行情况,11月,在淮南常庄召开全军卫生工作会议,各师卫生部长通过敌人封锁线前来参加会议,军卫生部医训班学员列席会议。此次会议不仅为各师提供了交流卫生工作的经验机会,而且为迎接抗战的胜利做了思想上和组织上的准备工作。

## 二、江苏抗日根据地医疗卫生工作的主要内容

新四军组建后不久,根据国民政府军事委员会的作战安排,其主要任务是深入敌后打游击。根据新四军初期作战的特点,新四军的卫生工作重点是救治伤病员与积极开展防疫保健,以及培养

---

[1] 中国人民解放军历史资料丛书委员会编:《新四军·回忆史料》(1),北京:解放军出版社,1990年,第57页。

卫生干部,建设正规医院,多方筹集药材等工作。

(一)做好战争中的卫生保障工作,卓有成效的救治伤病员

新四军开进江苏进行抗战,面临日军、伪军与国民党顽固派的夹击,做好战争时的卫生保障工作,一切为了前线的胜利,一切为了伤病员,成为新四军卫生工作的首要任务。新四军初到江南,基本以游击战居多,战斗规模比较小,伤员不多,伤员经简单包扎后即抬回医院治疗,伤员很快得到处理。有一些伤病较为严重者,也会分散到当地由医务人员分别治疗,或者巡回治疗。同时,新四军医务工作者因地制宜,创造了在平原地区、水乡地区乃至海上和敌占区等各种环境下救治伤病员的工作经验,完成了大量伤病员的治疗工作。

在相对大的战役中,伤员较多且情况比较复杂时,各部队军医处都会做好各种准备工作。如黄桥战役时,伤员近千人。此时,苏北指挥部军医处在接受伤员后,首先进行战伤分类,组织收治,把重伤员立即抬到手术室进行手术;轻伤病员重新进行包扎,然后再把伤员转移后方进行继续治疗。这样往往会让受伤战士及时得到治疗,大大提高治愈率。为了及时救治伤病员,新四军"第三师师部和旅部的手术室放在城外仁慈医院,3 个手术台同时开展手术,在三天三夜里完成 282 名战伤手术,伤死率只有 2.6%"①。十四年抗战中,新四军各级卫生机构,克服重重困难,共救治 8.5 万余名伤病员,为抗日战争的胜利提供了充分保障。

新四军各级卫生单位的工作人员,面对日伪的残酷"扫荡"和"清乡",在斗争中政治坚定,意志坚强,经受住严峻考验,表现出了

---

① 中国新四军和华中抗日根据地研究会:《华中抗日根据地史》,北京:当代中国出版社,2003 年,第 587 页。

英勇无畏的献身精神。在战场上,面对敌人疯狂的射击,奋不顾身火线抢救伤员;撤离战场时,他们带领伤病员转移、疏散;在与部队中断联系时,能自行组织治疗和行动,与伤病员共存亡。尤其是,各部卫生工作人员,因地制宜,本着独立自主的原则,创造了平原水网地区、湖泊及海边及敌占区等各种环境下救治伤病员的工作经验,完成了大量伤病员的救治任务。

(二)开展卫生宣传教育,重视部队保健工作

新四军各部始终重视卫生宣传教育工作,把保障指战员和根据地群众的健康,不断提高部队将士健康水平和战斗力放在首位。新四军士兵的来源主要是农民,由于不能很好地接受教育,缺乏卫生知识,加上长期处于游击战环境中,生活条件艰苦,卫生条件差等现实,因此,新四军军医处成立初期,就把开展卫生宣传教育作为部队卫生保健工作的中心内容。

新四军在江苏抗日根据地新通过多种形式宣传卫生知识。比如要求各部队普遍建立卫生课的制度,且注意教育效果;出黑板报、墙报及贴卫生标语和宣传画等;举行演讲会、演出卫生剧,让每个指战员对卫生都引起重视;此外,还通过举办卫生展览会,对部队和根据地群众开展卫生教育。

新四军军队的卫生保健工作,由于受到军长叶挺和陈毅等领导人的重视,军队保健工作做得非常好。军队重要的卫生保健工作的实施和制度的制定、贯彻都是军队首长签发,并纳入日常行政管理日程。皖南事变后,新四军卫生部强调应"特别注意和强调卫生教育,预防疾病的发生和流行"①。同时,军部要求各师根据当地条件及环境,对排以上或者连以上干部,或者全师指战员进行普查

① 石文光、伏尉:《新四军卫生工作史》,第109页。

或者抽查进行体检。1942 年,第二师卫生部用半年时间对全师
10 951 人进行健康体检,并将体检结果进行分析汇总,对所患疾病
分期治疗。共查处超过 15 种疾病,其中占前三位的疾病为:沙眼
患者 9 120 人,占 83.8%,肺部疾病患者 2 935 人,占 26.8%,鼻部
疾病患者,占 21.3%。此外,超过 10% 的疾病还有牙病、贫血、疝、
扁桃腺炎。①

　　鉴于夏季是高传染病季节,为提高各部队卫生工作的重视,
1943 年 4 月,陈毅代军长发布《夏令卫生应有设施的规定》,其中
称:"夏令将届,鉴于去年疟疾之流行,今春各种传染病之猖獗,对
夏令卫生,殊有值得各级军政机关引起严重注意的必要。时值蚊
蝇尚未滋生,未雨绸缪,更是良好的预防疾病时机。除遵守平时个
人卫生、公共卫生条例外,特提出夏令卫生应有设施规定几点,深
望各军政机关切实保证执行,并限于即日起一月内完成是要。"②

　　新四军"保健工作的目标,是保证部队每个成员之身心健康,
以进行战斗,使其发挥最大的效能和作用"。为做好军队的卫生保
健工作,新四军军部军医处编印《卫生季刊》《大众卫生报》《春季卫
生》《夏季卫生》《炊事员卫生课本》《军人卫生手册》等小册子,在
《苏中日报》《抗敌报》《拂晓报》《江淮日报》等报刊开辟卫生专栏,
其主要内容是宣传个人卫生、预防季节疾病,尤其是预防甲状腺
肿、天花、疥疮防治以及骨折等急救常识。

　　新四军在江苏抗日根据地的卫生保健工作不仅有完整的卫勤
组织系统,而且与群众运动结合起来,移风易俗,使根据地军民都
养成良好的卫生习惯,预防疾病,提高健康水平,逐渐形成了"预防

---

① 石文光、伏嵙:《新四军卫生工作史》,第 121 页。
② 石文光、伏嵙:《新四军卫生工作史》,第 115 页。

第一"的卫生工作方针。

（三）重视培养卫生干部，建设正规医院

培养大量具有较高水平的医疗技术干部，对于坚持华中抗战具有极其重要的作用。为此，新四军领导人都十分重视卫生工作人员的培养工作，积极开办卫生工作人员培训班。1938 年至 1940年间，新四军卫生部共办了 6 期卫生干部训练班，共培养近 200 名医务干部。皖南事变后至抗战胜利前夕，新四军卫生部共培养 300余名卫生干部。这些培训班短者一般 3 个月，最长者也不超过一年，但训练内容切合需要。培训中教学要求严格，担任教员的都是军卫生部的专家。这些在战争中培训的学员，后来都担任旅卫生部长以上的职务，为新四军各师旅培养了大量医务人才。

1944 年 11 月，新四军军卫生部在盱眙召开第一次全军卫生工作会议。其中，确定的主要内容之一就是"继续加强干部教育工作"，"计划在最短时间内培训医务员 3 000 名，药剂人员 300 名，卫生队长一级干部 250 名。同时争取外来医生、护士和技师，以加强工作。各师要继续办好卫生学校……军部将创办军医学校，自力更生地培训具有较高水平的后备力量"。①

新四军卫生部除了培养卫生干部，还积极建设了比较正规的医院。1941 年 1 月，新四军在苏北盐城重建军部后，完全处于敌后。日伪不断"扫荡"，顽固派时而偷袭，这导致军司令部和卫生部门等都要经常移动。因此，军部重建初期，新四军卫生部建立正规的医院很不现实。战斗中的伤病员的救治只能利用当地民房、庙宇或祠堂等。虽然这时条件比较艰苦，但是医务人员仍能保持积极乐观的心态，为新四军坚持敌后抗战提供最大的医疗卫生保障。

———————————

① 石文光、伏斟:《新四军卫生工作史》，第 75 页。

（四）多方筹集药材，支援根据地卫生建设

为了更好地为军队作战服务，新四军卫生部门通过多种途径积极筹集药材。第一是自购，军部虽然经费紧张，但还是拨出一定款项购买药材。第二是国内外爱国人士的捐助。如宋庆龄在1938年至1940年的三年间，通过"保卫中国同盟"三次把大批手术器械和药材运往新四军。中国红十字会、海外华侨也多次捐助药材器械。第三，由于新四军活动区域距离上海等大城市近，因此上海地下党对此大力支持，多次购买新四军急需的药材。

新四军在苏北重建军部后，各师分别战斗在华中各地，各师相距甚远，对于药材不便统一供应，只能由各师通过不同渠道购买。为了从敌占区获得更多药材，当时曾有规定，凡是运送到敌占区销售物品之人，必须每次都带回一些急需的药材。

（五）加强地方卫生建设，积极开展卫生运动

新四军在江苏抗日根据地进行"精兵简政"之际，在卫生工作方面，表现为选派大批医疗卫生干部组建和充实地方卫生机构，大力加强地方政权的卫生建设，比较普遍地在根据地建立了休养所、卫生所和医院。这些卫生机构不仅供军队使用，而且也为根据地群众所用。

加强地方卫生建设的同时，有计划开展春夏卫生运动，是江苏新四军各部队大力开展卫生工作的重要特点之一。随着新四军各项卫生制度的建立，加上各级军政首长的大力支持，江苏抗日根据地卫生运动的开展成为巩固和促进根据地发展的重要一环。1944年3月15日，新四军第四师师长彭雪枫和淮北苏皖边区行政公署主任刘瑞龙签发的《夏季卫生运动指示》强调："值此地方加强各项工作建设与我全区部队整训之时，开展卫生运动，以使我边区地方

及部队的卫生工作获得进一步巩固与发展。"①作为人民子弟兵的新四军,与广大农民患难与共,结成鱼水之情,因此,发动根据地群众共同开展卫生运动,保障军民健康,成为卫生运动的重要内容。例如新四军第四师曾与苏皖边区政府联合开展卫生运动,"并规定地方群众卫生运动的优劣,作为军队评定模范单位的条件"②。

江苏抗日根据地的卫生工作是在中共中央及新四军军部领导下,通过广大医务工作者的艰苦努力和人民群众的大力支持,克服了缺医少药等困难,取得了显著成就。在广泛吸收城市医务界知识分子的同时,自力更生,创办医学培训班,培养了大量医疗卫生人员,健全了各级卫生机构,组建了一支医术精湛、服务于抗日根据地军民的队伍。积极开展部队的伤员救治,开展卫生防疫等工作。他们克服敌伪封锁,千方百计地筹措药品、医疗器材,他们不怕流血牺牲、奋不顾身抢救伤员,为部队源源不断地输送治愈后的战斗骨干,对于鼓舞士气,增强部队战斗力,夺取抗战胜利发挥了重要作用。

① 石文光、伏斟:《新四军卫生工作史》,第115页。
② 石文光、伏斟:《新四军卫生工作史》,第117页。

# 余 论

在中国人民抗日战争中,江苏作为中华民族较早地进行抗战的地区之一,它是中国抗战的一个重要战场,因其具有重要的战略地位,对中国抗日战争取得最终胜利发挥重要作用。同时,江苏战场作为中国共产党领导的敌后抗日人民武装抵抗日本侵略者的重要战场之一。1938年春,新四军挺进江南,迅速开辟并发展了以江苏为中心的华中抗日根据地,江苏成为新四军在华中地区抗击日军侵略的主要战场之一,也是中国共产党领导的一块重要的敌后抗日根据地。中国共产党领导的抗日人民军队在江苏,面临日军、汪伪与国民党顽固派三面包围和进攻,形势错综复杂。因为新四军在江苏地区不仅要抗击日本侵略军,而且要抗击大量的汪伪军队,同时,还要同国民党顽固派进行有理、有利、有节的斗争,其所处环境异常复杂与险恶,斗争非常艰苦,但取得的战绩尤为显著,均在中国抗战史上留下了光辉的篇章。江苏抗战的实践表明,中国共产党领导的敌后抗日根据地军民的抗战,不仅是中国抗日战争的中流砥柱,而且是争取中国抗日战争胜利的主力军。中国人民伟大的抗战业绩与抗战精神,中国共产党在全民族抗战中的中流砥柱作用,充分得到了体现。

江苏是连接华北、华南抗日根据地的枢纽,是中国共产党领导的华中抗日根据地的重心所在,中共中央华中局尤其是新四军军部直到抗战胜利结束一直驻扎在苏北,领导与指挥华中地区抗日根据地的建设和新四军的作战。

全国抗战时期,全国 19 个抗日根据地,有 8 个分布在华中地区,其中除了鄂豫边抗日根据地,其他抗日根据地均与江苏省地域有关。苏南、苏中、苏北三个抗日根据地均在江苏省境内,淮南、淮北抗日根据地,各有约一半的地域在江苏省内。皖江抗日根据地包括了江苏省下辖的江浦县及六合县的一部分。浙东抗日根据地的淞沪专区,也是由江苏省所辖的松江、金山、奉贤、南汇、青浦、宝山和嘉定 7 个县组成。自 1942 年以后,除了大中城市与主要交通沿线外,江苏敌后抗日根据地基本上遍及了全省各个地区。新四军的 7 个师中的六个师和浙东游击纵队战斗的区域大都与江苏地域有关:第一师在苏中,第二师在淮南,第三师在苏北,第四师在淮北,第六师在苏南,第七师在皖江,浙东游击纵队在浙东。在全国抗战时期,根据中共中央的划分,陇海铁路以北地区属于华北抗日根据地。位于陇海铁路以北、津浦铁路以东的江苏省下辖的铜山县、邳县、东海县、赣榆县等地区,属于山东抗日根据地。位于陇海铁路以北、津浦铁路以西的江苏省所属的丰县、沛县等地区,则隶属于冀鲁豫抗日根据地,是八路军的战斗活动区域。全国抗战时期,新四军在江苏敌后抗日根据地地域的全面情况,与山东省、山西省、河北省基本上相似,在全国范围内是较为典型的。

## 一、新四军在江苏抗日根据地的发展特征

新四军在江苏建立敌后抗日根据地,具有自己的显著特征。刘少奇说敌后抗日根据地的建立有三种具体方式:一是晋察冀由

上而下的方式;二是山西与阎锡山合作,特别是和新派合作建立的方式;三是华中、华南的方式,"这些地方顽固派占优势,要它来建立根据地它不来吗,最后就只有斗争","长期和敌人与顽固派斗争'摩擦'中发展自己,最后把根据地建立起来。这种方法,就是两句话,独立自主实行三民主义,抵抗顽固派的进攻"。这不同于八路军在华北的各抗日根据地,是在敌伪顽三角斗争中建立的敌后抗日根据地。这种状况决定了建设根据地的艰巨性。它突出的表现在建设工作和军事斗争及战争利益交织在一起。"我们的建设工作是在敌寇侵略破坏之后的废墟上进行的,是在严重的敌情包围中去进行的,是以连串的短期突击方式去进行的,是在一面服从战争利益,一面大度爱惜人力、物力、财力原则下进行的。""敌后的军事胜利所以掩护建设工作,而建设工作所以支持军事胜利。军事胜利是使用力量、消耗力量的,各种建设工作是积蓄力量,保存力量以供长期使用的。八年来我党我军在华中敌后的工作贯穿交织着这一基本特点。"①

新四军在江苏抗日根据地的建设,结合江苏特殊的战略地位,取得显著成效,与自身的特点密切相关。总起来看,它们具有以下特征:

第一,新四军与江苏抗日根据地在民主政治建设方面。在政权建设上,废除了封建专制的保甲制,建立了人民民主的参议会制度,它是经过民主选举的行政立法机关,全乡人民代表大会是全乡的最高权力机关,一切议案取决于多数。人民能够依照自己的愿望来兴办各种事业,来调处相互间的纠纷。"我们实行新乡制,这是敌后民主政治的新创作。"在区、县、专区各级成立临时参议会,

---

① 江苏省中共党史学会编:《江苏抗日战争史》,第16,17页。

由各级参议会选举行政委员会主持政务。按照,中共中央规定在各级政权机关实行"三三制","这种新民主主义政权形式,是适合抗战建国需要的新政权形式"是抗日各阶级联合的抗日民主政权,是抗日民族统一战线性质的政权。①

第二,新四军在江苏抗日根据地的经济建设在中国共产党领导的敌后抗日根据地中成就非常出色。中国共产党十分重视根据地的经济建设,不仅提出了正确的经济纲领,制定了发展经济的各项政策,而且建立了强有力的财政经济工作机关,派政治上最可靠、最有能力的干部去从事经济工作。尤其值得指出的是江苏抗日根据地自身重视建立和健全财政经济制度,逐步建立了预决算制度,会计制度、审计制度、金库制度、税收制度等,这些制度不仅有力地保证了财政经济工作的有序进行,而且为新中国经济建设提供了经验,江苏敌后抗日根据地还采取积极的政策来推动公营工业和各类个体手工业的恢复、发展。这不仅打破了日伪的经济封锁,活跃了市场,增加了农民收入,改善了人民生活,而且为新四军及根据地的党政机关、学校团体提供了物资,为支援抗战作出了贡献,江苏敌后抗日根据地公营工业和各类个体手工业恢复发展,商业贸易、工商税收工作,在当时全国各抗日根据地也是有所创造的,对巩固抗日根据地起了重要作用,对反对日伪顽的经济封锁作出了很大成绩。在经济上还支援了中共中央及相关抗日根据地。其所取得的经济建设的成功经验和所建立的完整的财经制度,都为新中国财经工作所借鉴。

第三,全国抗战时期,随着新四军在江苏创建的抗日根据地的发展与壮大,根据地内的文化教育卫生事业也蓬勃兴起,并发展和

---

① 江苏省中共党史学会编:《江苏抗日战争史》,第 17 页。

繁荣起来。这是江苏敌后抗战的又一显著特点。新四军与江苏抗日根据地的文化教育事业日益繁荣与根据地的建设发展紧密相连,一方面,根据地的开辟为新闻出版宣传、教育、文学、艺术的发展创造了良好的环境和条件;另一方面,江苏抗日根据地文化教育事业的发展,则以直接反映着根据地斗争与生活的变化,推动着根据地的建设。

1938 年 5 月,新四军在东进江南时,即以战地服务团的组织形式开展文化活动。战地服务团既是文艺宣传队,又是民运工作队。他们是新四军开展敌后抗战的得力助手,直接为创建抗日根据地服务。1941 年新四军重建军部以后,江苏各抗日根据地的文化活动是围绕反"扫荡"、反"清乡"、反"摩擦",巩固和发展根据地这一中心任务进行的。军队文化工作又促进和带动了地方文化的发展。江苏敌后根据地特别是苏北敌后抗日根据地,文化工作逐步形成为广泛的轰轰烈烈的群众运动。在当时全国抗日根据地文化工作中规模大、成果丰硕、影响深远,同其他许多敌后根据地相比较是很突出的,不仅出色地完成了文化战线上的抗战任务,对教育民众、动员民众、组织民众参加抗战起了积极的推进作用,而且培养造就了一大批抗日文化战士,为新中国文化建设工作提供了重要的人力支撑。

第四,新四军与江苏抗日根据地在社会建设方面也独具特色。新四军与江苏抗日根据地的社会建设主要包括以宣传动员群众、组织教育群众、扶持爱惜群众与武装群众为核心内容的群众工作,大力开展联合一切愿意对日抗战的各阶级的统战工作,与努力为新四军与江苏抗日根据地人民群众服务的卫生工作。

新四军挺进江苏后,迅速在群众中扎根,并获得了广大民众的积极拥护与支持,进而为新四军在江苏的抗战与江苏抗日根据地的开辟、发展提供了根本保障。在江苏特殊的战斗环境中,既要面对力量强大的日本侵略军和大量的伪军,又要面对国民党顽固派的封锁与进攻,假如没有广大人民群众的拥护与支持,新四军要坚持长期抗战,要开辟与发展抗日根据地,要进行战略反攻,这都是不可想象的。正是由于中国共产党与新四军能够密切联系广大人民群众,发动、组织与武装群众,实行全民抗战,才能改变敌强我弱的不利形势,才能战胜日本侵略者,最终取得抗日战争的胜利。

## 二、新四军在江苏抗日根据地建设的基本经验

自 1931 年九一八事变到 1937 年八一三淞沪抗战爆发的 6 年间,是江苏抗日救亡运动酝酿与兴起阶段。九一八事变后,江苏民众同全国人民一道,掀起了抗日救亡运动的高潮,苏州、镇江、无锡、南通、徐州、连云港等地,分别以青年学生为先锋,社会各界人士积极参加,发动了规模巨大的抗日救亡运动。自 1935 年华北事变后,江苏各界相继成立救国会。江苏是救国会进行抗日活动的主要活动地区。1937 年八一三淞沪会战至 1938 年 6 月徐州失守,在此期间,国民党正面战场是中国军队在江苏抵抗日本侵略的主要战场,国民党部队是江苏地区抗击日本侵略的主要军队,先后进行了包括淞沪会战、南京保卫战和徐州会战等在内的大规模作战。

自 1938 年徐州会战结束,江苏国民党正面战场在抵抗中的主导地位逐步被共产党领导的新四军在敌后战场进行的抗战所取代。早在 1938 年 2 月,毛泽东致电新四军指出:当前最为有利的发展地区当数江苏境内的茅山,以溧阳、溧水为中心,向南京、镇江、丹阳、金坛、宜兴、长兴、广德的敌人作战,建立敌后抗日根据地。根据此项指示,新四军先后在江苏建立苏南、苏中、苏北抗日根据地。1940 年 11 月,中共中央中原局进驻苏北盐城,华中新四军、八

路军总指挥部随后也从海安移驻盐城,华中抗战的领导重心亦移到江苏,统一领导陇海铁路以南、长江以北地区的新四军、八路军。至此,新四军与江苏抗日根据地的抗战有了较好地组织保证,江苏遂成为华中抗战的领导重心。1940 年底,新四军主力部队已经发展到 8.8 万余人,主力大都集中在江苏地区。苏中、苏北敌后抗日根据地的开辟,保障了整个江苏敌后抗战的发展,江苏各抗日根据地开辟的敌后战场成为新四军在华中地区抗击日本侵略的主要战场。

1941 年 1 月,皖南事变爆发后,新四军军部在苏北盐城重建。4 月,华中局在盐城成立。盐城遂成为华中抗战的军事、政治中心。此后,新四军在中国共产党领导下,继续坚持抗战,坚决开展反"扫荡"斗争、反"清乡"斗争以及反"摩擦"斗争,新四军及根据地民众在巩固抗日根据地的斗争中,克服了严重的困难,保存了人民抗日力量,并得到重大发展。至 1943 年底,新四军主力部队较 1940 年底增加了 3 万多人,数量发展到 12 万余人,其中多数是在江苏。1944 年 1 月至 1945 年抗战胜利,江苏抗日军民在中国共产党的领导下,实行局部反攻,巩固和发展了江苏各抗日根据地,新四军英勇作战,扩大了江苏抗日根据地,为抗日战争的最后胜利作出了重要贡献。

自 1931 年九一八事变开始,江苏就已经开展了各种抗日救亡运动,从全国抗战爆发到抗日战争最终取得胜利,新四军与江苏抗日根据地的各项建设取得显著成效。在中国共产党的领导下,带领江苏军民坚持抗战,不仅取得了重大成果,而且也取得了极为丰富的经验,这些经验主要体现在以下几个方面:

首先,大力开展群众工作,坚决地相信与依靠群众,实行全民抗战。抗日战争是中华民族全民族的反侵略战争,只有动员群众、组织群众、依靠群众，实现全民族的全国抗战，才能够战胜日本侵略者，取得战争的最后胜利。

全国抗日战争爆发后，在江苏地区，国民党军队在抵抗日本侵略方面，进行过淞沪会战、南京保卫战、徐州会战等战役，尽管广大官兵作战也十分英勇，但最终结果还是失败了。除了敌强我弱和军事指挥上的失误外，一个非常重要的原因就是国民党政府单纯依靠其正规军队抗战，没有发动广大群众，实行片面抗战路线。

在群众工作方面，必须加强党和民众运动及经济文化各方面的建设和工作，其中尤其以正确执行中央统一战线政策，广泛开展群众运动，从组织上团结根据地内一切抗日的人民共同抗日，是目前一切工作的中心环节。因为一切工作的开展，如部队的扩大，地方武装的发展与巩固，党和政府的加强，经济、文化各方面的建设，均有待于数百万群众抗日积极性的高度的有组织的发动。1941 年5 月 30 日，华中局在刘少奇的主持领导下，制定了《关于组织根据地内人民大多数的决定》，"没有数百万群众革命积极性的发动，我们的一切工作是不能向前进的。只有数百万群众革命积极性的发动，并善于去组织与运用这种积极性的时候，我们的党与数百万群众建立了密切联系的时候，我们就能成为不可战胜的力量，一切困难均可克服，一切工作均有保障完成"①。因此要求切实地组织动员根据地内部的大多数人民群众，积极参与到抗日战争中去。在刘少奇的主持与领导下，中共中央华中局所属的各根据地逐步颁布实行"二五"减租条例，全面进行减租减息运动。至次年初，逐渐

---

① 《中共中央华中局关于组织根据地内人民大多数的决定》，《真理》1941 年 11 月 10 日第 3 期。载中国抗日战争军事史料丛书编审委员会：《中国抗日战争军事史料丛书·新四军·文献(5)》，北京：解放军出版社，2015 年，第 43 页。

巩固了华中各抗日根据地的基础。

同时，刘少奇还积极开展团结民主人士与进步知识分子的工作，维护与扩大抗日民族统一战线。早在 1940 年末，刘少奇一开始到南通海门时，就专门亲自去拜访开明人士韩国钧（民初曾担任过江苏省长），并向他介绍与讲解中共政策，积极动员韩国钧赞同抗日民族统一战线。此外，刘少奇主持的华中局也以参议会的形式团结开明人士，积极听取他们所提建议。在刘少奇的积极动员与带动下，大量的文化界人士纷纷汇聚苏北，促进了江苏各抗日根据地文化事业的发展，某种程度上也有利于巩固抗日根据地政权。

中国共产党始终代表中国最广大人民群众的利益。面对日本全面侵华，中国人民的最本质的愿望是反对日本帝国主义的侵略，进行不屈不挠的斗争，取得抗日战争的胜利。正是因为中国共产党始终站在中华民族反对日本侵略战争的最前列，密切联系群众，依靠群众，这就使得广大人民群众从反侵略的斗争实践中逐步认识与认可了中国共产党的初心使命。

全国抗战时期，中国共产党认识到抗日战争动力之源在于动员广大民众，实行全民族抗战。进行敌后抗日游击战与巩固各抗日民主根据地政权，既要与日本侵略者进行军事斗争，又要积极主动地去解决物质贫乏困境，以上困难的解决唯有发动与依靠广大人民群众，所有的困难均可迎刃而解。抗日民族统一战线绝对不是团结几个党派的统一战线，只有动员亿万人民群众、开展全民族抗战，这才是真正意义上的抗日民族统一战线。既要尊重作战士兵，也要尊重人民群众，让军民连成一片，军队是人民的军队，民众也认为军队是自己的军队，由衷地支持与拥护军队，这样军队的必然取胜。正因如此，中国共产党将坚决地相信群众、依靠群众作为自己根本的政治路线和组织路线。在领导江苏敌后抗战，开辟江苏敌后抗日根据地的过程中,中国共产党及其领导的新四军,视根据地人民为父母兄弟,深入群众,同群众保持血肉联系,以模范的行动去影响群众,争取群众支持,改善民生,发扬民主。新四军挺进江苏后,迅速在广大民众中扎根,得到广大民众的拥护与支持,从而为新四军在江苏的抗战和江苏敌后抗日根据地的开辟、发展提供了最根本的条件。在艰苦复杂的敌后环境里,面对强大的日军和众多的伪军,面对国民党顽固派的封锁和进攻,如果没有广大抗日人民群众的拥护和支持,要坚持长期敌后抗战,要建立与巩固敌后根据地,要进行抗日反攻都是不可想象的。人民群众的动员和组织,造成了陷敌于灭顶之灾的汪洋大海,也成为新四军在江苏抗战和建立发展江苏抗日根据地的基础。中国共产党领导的新四军动员、依靠、武装广大人民群众,实现军民有机结合与密切协作,积极进行抗日战争,克服与战胜重重困难,逐渐扭转了被动的局面,扭转了敌强我弱的不利形势,最后赢得了抗日战争的胜利。江苏抗战的历史证明,坚持群众路线,坚定地相信与依靠人民群众,组织千百万人民群众队伍,实行全民抗战,是中国共产党能在抗日战争中起到了中流砥柱作用,领导抗战取得胜利一个重要原因。①

其次,加强中国共产党的自身建设,正确指定并坚定不移地贯彻中国共产党的路线政策,保证党成为人民抗战的领导核心。

全国抗战爆发后,由于共产党坚决抗战,在全国的政治影响日益扩大,党的队伍也日益壮大,由于抗日战争是在国共合作的条件下进行的,在抗日民族统一战线环境中,如何加强党的自身建设,保持中国共产党在政治上和组织上的独立性和先进性,保证党对人民军队和抗日根据地的绝对领导,确保抗日根据地的生存和发

---

① 江苏省中共党史学会编:《江苏抗日战争史》,第17,18页

展,争取抗战最后胜利,就成为中国共产党领导抗战的一项重大任务。为此,中国共产党十分重视自身的组织建设和思想建设,以保证中国共产党始终成为民族解放斗争的坚强核心。

为了统一领导敌后根据地各方面的斗争,中国共产党在敌后建立了一元化的领导体制,实行对各种抗日力量的统一领导,使根据地党、政、军、民形成政体合力,统一行动,始终把握军事斗争与建设这个中心,紧密结合政治、经济、文化建设,同时保障军事斗争的胜利与根据地各项建设的顺利实现。

保障江苏敌后抗战的进行,筑牢江苏各抗日根据地建设,积极动员与夯实群众抗日力量,为取得抗日战争的最终胜利,需要大量德才兼备的干部。新四军从进入江南开始,就十分重视干部的培养教育工作,先后创办了一批教导大队、随营学校、军政干校和抗大分校,加强军队干部和地方干部的培养、教育,提高干部的政治素养和工作能力。同时,正确执行共产党和地方干部的干部政策,在斗争中加强对干部的了解、考察和选拔工作。干部政策的正确执行,对于提高部队的战斗力、加快江苏抗日根据地的建设与发展、取得抗战最终胜利均发挥了重要作用。

全国抗战期间,中国共产党领导的新四军在江苏各抗日根据地进行建设的又一显著特色是非常注重思想理论建设。新四军进入江苏开辟抗日根据地后,即十分重视对贯彻实施和总结提高。这种学习和研究提高的过程,实际上是对毛泽东思想的认识和学习过程。1940年10月刘少奇率中共中央中原局进入苏北,特别是1941年5月中共中央华中局成立后,共产党在江苏的思想理论建设进入一个新的阶段,并且同中国共产党的整风运动结合起来进行。强调加强对共产党员的党性教育,加强党性锻炼,提高自己的党性;要加强党的正确路线的教育吗,提高执行中共中央正确路线的自觉性,要加强学习,联系实际,改造思想,总结经验,提高觉悟。对于党的思想理论建设,刘少奇在华中地区和新四军中作出了突出贡献,他所撰写的报告与理论文章,如《论共产党员的修养》《论党内斗争》《论党员在组织上和纪律上的修养》《哲学的范畴》等,提出了党在思想理论建设中的一系列正确原则,从思想理论上武装了广大共产党员,使他们在抗战中发挥了先锋模范作用,并为其他根据地党的建设提供了宝贵经验。

坚定不移地贯彻执行中共中央正确的路线,是新四军进入江苏后一项艰巨而重大的任务,也是开创江苏敌后抗战新局面,保证中国共产党成为江苏抗战的核心的需要。江苏敌后抗日根据地的发展,是新四军和华中局坚定不移地执行中共中央正确路线方针政策的结果。

1938年5月,陈毅率第一支队建立了以茅山为中心的苏南抗日根据地,并经过一年多的努力,在大江南北初步取得了立足之地,但由于受王明等的错误影响,却失去了发展华中的最佳时机。直到1939年秋,中共中央发展华中的战略方针还未很好落实,大江南北敌后抗战的局面没有完全打开。

刘少奇主持中原局后,认真贯彻中共中央的路线,确立了大力开辟发展苏北的战略方针,将苏北作为新四军在华中地区对日军作战的主要基地,中共中央也提出新四军应向长江以北地区发展。以陈毅为首的新四军苏南部队先后开辟了苏中、苏北、淮北(含江苏8个县)、淮南(含江苏6个县)的抗日根据地。华中抗战的局面随之大为改观。皖南事变后,新四军在苏北盐城重建军部,中共中央对新军部的斗争方针和任务发出了一系列重要指示,指出皖南事变发生,并没有改变中日民族矛盾的主导地位,也不会造成国共合作的全面破裂,华中敌后地区三角斗争的局面将继续存在,新四军要从这一基本情况出发,作好长期斗争打算,要着重巩固长江以北,津浦路以东的基本区,粉碎日伪军的"扫荡",击退顽军的进攻,并以此为基础,聚集力量,坚持皖南,发展皖中,在条件成熟时向敌后抗战的一系列指示,特别是在全党进行整风运动以后,使江苏抗战出现了前所未有的大好形势。新四军不仅迅速渡过了皖南事变后的暂时困难,而且力量还得到发展壮大,粉碎了日伪军的"扫荡""清乡",击退了国民党顽固派的进攻,保存积蓄了力量,于1944年初开始转入局部反攻,并以江苏为基地,实施西进、南下的战略任务。1945年8月,中共中央号召全民族一切抗日力量进行全国规模的战略反攻,积极配合盟国作战,夺取抗日战争的最后胜利。新四军在江苏坚决贯彻执行中共中央政策与要求,开展独立自主地的战略斗争,在江苏辖区内共解放了26座县城和100多个重要集镇,歼灭日伪军5万余人,为中国人民抗日战争的最后胜利作出了重要贡献。这些,都是坚定不移地贯彻执行中国共产党正确路线的结果。

再次,模范地、创造性地执行抗日民族统一战线政策,团结一切可以团结的抗日力量,形成浩浩荡荡的抗日和革命大军。

中国人民的抗日战争,是在中国共产党倡导的以国共合作为基础的抗日民族统一战线旗帜下进行的。在面对日本帝国主义侵略时,中华民族体现出强大的凝聚力。这种凝聚力是在中华五千年优秀传统文化中滋生的,是与生俱来而又不可战胜的精神力量,是战胜一切外来侵略的精神动力之源。中华民族团结一致面对外来侵略,战无不胜。在抗日战争中,以国共合作为基础的抗日民族统一战线,是中华民族凝聚力的集中体现。因此,在抗日战争中,正确地贯彻执行中国共产党的抗日民族统一战线政策,就成为坚持抗战、争取抗战最后胜利的重要保证。

　　以中国共产党领导的抗日民族统一战线,维系着全体抗日的中华儿女。他们不仅各自的政治立场和意识形态不同,而且抗日的目的、态度、利益等也各不相同。因此,抗日民族统一战线内部不可能没有阶级之间的矛盾和冲突。统一战线中的顽固势力,总是企图在抗日过程中限制、削弱、瓦解乃至消灭中国共产党领导的人民抗日力量。这种状况,在江苏抗战中也表现得十分突出。1940年春,国民党顽固派在华北地区发动的第一次反共高潮被击退后,逐渐将反"摩擦"的重点转向华中,新四军成为其进攻的主要目标。皖南事变就是国民党顽固派妄图消灭人民抗日力量所制造的一个突出事件。除此之外,国民党顽固派也不断在江苏地区制造其他"摩擦"事件,向中国共产党领导的人民抗日力量发动进攻。因此,正确地进行反对顽固派的斗争,成为坚持和巩固抗日民族统一战线的重大问题,由于中日民族矛盾是当时的主要矛盾,抗日是中华民族根本利益所在,必须从这一大局。为了坚持抗日,不得不反击顽固派的进攻,不反顽固派就不能进行抗日,但是,反击顽固派的目的又在于抗日。既要反击顽固派进攻,又要不破裂统一战线。如何处理好两者的关系吗,是一个复杂的问题。

　　中共中央和毛泽东提出了在统一战线中采取"又联合又斗争,以斗争求团结"的方针;提出了"利用矛盾,争取多数,反对少数,各个击破"的斗争策略;提出了对待顽固派的进攻实行"人不犯我,我不犯人,人若犯我,我必犯人"和"有理、有利、有节"的原则。这些方针原则,对新四军在江苏进行的反顽斗争,起到了重要的指导作用。江苏新四军在反"摩擦"斗争中,坚决地同时又创造性地执行了中共中央和毛泽东提出的统一战线政策,从维护国共合作大局出发,尽量避免同国民党顽固派"摩擦"斗争,坚持自卫立场,反"摩擦"只在顽固派向根据地和新四军进攻时进行,并且不到国民党统治区去反"摩擦";在反"摩擦"斗争中,以最顽固的反共分子作为打击目标,尽量缩小打击面;在反顽斗争中坚持又斗争又团结,"有理、有利、有节"的原则;既要击退顽固派的进攻,又要维护国共合作的局面,维护抗日大局等。

由于中国共产党和新四军在江苏地区创造性地执行和成功地运用了统一战线的策略,不仅保证了自己在江苏复杂的三角斗争局面中站稳了脚跟,而且维护了国共合作大局,团结了一切可以团结的抗日力量,发展和壮大了人民的抗日力量,推动了江苏抗战的发展,并最终取得了胜利。

最后,加强人民军队建设,使之成为抗战的主要力量和根据地建设的支柱。新四军挺进江苏敌后,随着中国共产党"发展华中"战略方针的贯彻,抗日武装逐步发展壮大,1940年后,新四军逐渐成为江苏抗战的主力和江苏抗日根据地的支柱。因此,加强新四军建设就成为坚持江苏敌后抗战,发展壮大江苏敌后根据地的一项重要任务。

新四军进入江苏后,在战斗频繁的游击环境中,坚持一边打仗,一边建军,提出建立共产党在部队的坚强领导,调整充实干部队伍,发挥共产党员的模范作用,使新四军成为共产党领导的政治上、军事上坚强的队伍。1941年1月皖南事变后,新四军根据中共中央和毛泽东的历次指示,于5月在苏北盐城召开建设进队的会议,重点讨论将新四军建设成中国共产党领导下的正规军队工作。会议要求必须保证共产党对军队的绝对领导权,而且要求必须保证军队的军事素养与战斗力,必须具有严明的组织纪律,必须具有饱满的革命热情、朝气蓬勃的工作作风与斗争昂扬的革命气概。依据会议的以上要求,新四军在江苏开始了全面的建军工作。在政治上,普遍恢复政委制度,加强政治工作与党组织建设;在军事方面,加强军事教育训练,统一编制,实行主力军、地方军和民兵三结合的军事体制,办好"抗大",培训干部。此后,江苏地区的新四军的建设进入了一个新的时期,新四军的政治军事素质不断提高,战斗力增加,不仅支持了江苏抗战,而且成为在江苏打败日本侵略者的中流砥柱,为江苏抗战的胜利、全国抗战的胜利作出了历史贡献。

# 参考文献

## 一、档案类

《盐阜区乡政府组织法（草案）》（1943年），盐城市档案馆藏，档案号0003000000—100110020。

## 二、著作类

1. 阿英:《敌后日记》,南京:江苏人民出版社,1982年。

2. 陈虹:《管文蔚传》,北京:中共党史出版社,2002年。

3. 陈毅:《陈毅在盐城》,北京:解放军出版社,2001年。

4. 戴鞍钢:《中国近代经济地理第2卷:江浙沪经济地理》,上海:华东师范大学出版社,2014年。

5. 龚意农主编:《淮南抗日根据地财经史》,合肥:安徽人民出版社,1991年。

6. 管文蔚:《管文蔚回忆录》,北京:人民出版社,1985年。

7. 韩亚光:《百年国史札记》,北京:知识产权出版社,2011年。

8. 黄美真主编:《日伪对华中沦陷区经济的掠夺与统制》,北京:社会科学文献出版社,2004年。

9. 江苏省中共党史学会编:《江苏抗战史》,北京:中共党史出版社,

2007 年。

10. （美）陆束屏：《忍辱负重的使命：美国外交官记载的南京大屠杀与劫后的社会状况》，南京：江苏人民出版社，2018 年。

11. 毛泽东：《论敌人反对是好事而不是坏事》，北京：人民出版社，1964 年。

12. 马洪武：《史海求真集》，南京：南京大学出版社，2006 年。

13. 刘则先：《苏北抗日根据地文化散记》，南京：江苏人民出版社，1993 年。

14. 刘少奇：《刘少奇论党的建设》，北京：中央文献出版社，1991 年。

15. 刘崇文：《刘少奇传记年谱》，北京：中央文献出版社，2008 年。

16. 李占才、张凝：《著名实业家荣氏兄弟》，郑州：河南人民出版社，1993 年。

17. 李维汉：《会议与研究》（下），北京：中央党史资料出版社，1986 年。

18. 齐春风：《中日经济战中的走私活动（1937—1945）》，北京：人民出版社，2002 年。

19. 孙健：《中国经济通史》中卷，北京：中国人民大学出版社，2000 年。

20. 石文光、伏斠：《新四军卫生工作史》，北京：人民军医出版社，1991 年。

21. 田秋野、周维亮：《中华盐业史》，台湾：商务印书馆，1979 年。

22. 唐宝富：《抗日根据地政治制度研究》，北京：人民出版社，2001 年。

23. 王若渊主编：《黄克诚与苏北抗日根据地》，北京：中共党史出版社，2002 年。

24. 王传寿主编：《烽火信使——新四军及华中抗日根据地报刊研究》，合肥：合肥工业大学出版社，2010 年。

25. 王庭岳：《在华日人反战运动史略》，郑州：河南人民出版社，1989 年。

26. 新四军战史编委会：《中国人民解放军战史丛书·新四军战史》，北京：解放军出版社，2017 年。

27. ［英］方德万（Hans J. van de Ven）：《中国的民族主义和战争（1925—1945）》，生活·读书·新知三联书店，2007 年。

28. 一师:《新四军军部在盐城》,南京:江苏人民出版社,1988 年。

29. 朱超男、杨辉远、陆文培:《淮北抗日根据地财经史稿》,合肥:安徽人民出版社,1985 年。

30. 钟期光:《新四军军部在黄花塘》,南京:江苏人民出版社,1993 年。

31. 总政治部联络部编:《新四军敌军工作史》上,内部版,1997 年。

32. 张生等:《南京大屠杀史研究》(增订版),南京:凤凰出版社,2015 年。

33. 张生、王明生:《中国敌后战场》,北京:华夏出版社,2015 年。

34. 张宪文、张玉法:《中华民国专题史第 11 卷抗日战争与战时体制》,南京:南京大学出版社,2015 年。

35. 张劲夫:《抗日战争时期我在安徽的经历》,合肥:安徽人民出版社,1998 年。

36. 镇江市地方志办公室:《镇江抗日史话》,南京:江苏古籍出版社,1995 年。

37. 镇江市教育局编志办公室:《镇江市教育志》,南京:江苏科学技术出版社,1994 年。

38. 中共中央东南局编写组:《中共中央东南局》下卷,北京:中共党史出版社,2006 年。

39. 中国新四军和华中抗日根据地研究会:《华中抗日根据地史》,北京:当代中国出版社,2003 年。

## 三、外文论著

1. 宍戸寛『中国八路軍、新四軍史』、河出書房新社、1989 年。

2. 三好章『磨擦と合作:新四軍 1937—1941』、創土社、2003 年。

3. F. F Liu, *A Military of Modern China*, 1924—1949, Princeton University Press, 1956.

4. Hsi-sheng Ch'i(齐锡生), *Nationalist China at War: Military Defeats and Political Collapse*, 1937—1945, University of Michigan Press, 1982.

5. Ger Teitler& Kurt W. Radtke eds. *A Dutch Spy in China: Reports on*

*the First of the Sino-Japanese War*，1937—1939，Brill，1999.

6. Richard J. Aldrich，*Intelligence and the War against Japan：Britain，America and the Politics of Secret Service*，Cambridge University Press，2008.

7. Maochun Yu，*The Dragon's War：Allied Operation and the Fate of Modern China*，1937—1947，Naval Institute Press，2006.

8. ShermenX. Lai(赖小刚)，*A War within a War：The Road to the New Fourth Army Incident in January* 1941，Joural of Chiese Military History 2 (2013)。

9. Yung-fa Chen，*Making Revolution：The Communist Movement in Eastern and Central China*，1937—1945，University of California Press，1986.

## 四、报纸杂志

《八路军军政杂志》

《大众报》

《东方杂志》

《道路月刊》

《福建公路》

《淮海报》

《抗敌》

《江淮日报》

《解放日报》

《申报》

《太湖流域水利季刊》

《扬子江水利委员会年报》

《盐阜报》

## 五、论文类

1. 经盛鸿：《论南京保卫战中的唐生智》，《日本侵华史研究》2016 年第 4 期。

2. 卢岗峰：《抗日时期淮北邳睢铜解放区税收情况》，《安徽财政研究资料》1981 年第 11 期。

3. 齐春风：《沦陷时期南京的粮食供应》，《中国农史》2014 年第 6 期。

4. 齐春风：《国民党与"九一八"时期的对日经济绝交运动——以上海为中心的探讨》，《江海学刊》2012 年第 2 期。

5. 齐春风：《抗战时期国统区的桐油走私贸易》，《抗日战争研究》2012 年第 1 期。

6. 齐春风：《抗战时期中原地区的走私活动》，《江苏社会科学》2011 年第 5 期。

7. 齐春风：《抗战时期大后方与沦陷区间的经济关系》，《中国经济史研究》2008 年第 4 期。

8. 齐春风：《国民党中央对民众运动的压制与消解（1927—1929）》，《中国社会科学》2016 年第 8 期。

9. 齐春风、许梦阳：《抗战时期的山东战工会与根据地经济建设（1940—1943）》，《临沂大学学报》2016 年第 2 期。

10. 齐春风：《匹夫有责抑或为其难：商人与济案后的抵制日货运动》，《南京师大学报》（社会科学版）2012 年第 3 期。

11. 齐春风：《中国近代反日运动史的文本书写》，《河北师范大学学报》（哲学社会科学版）2018 年第 5 期。

12. 王建国：《华中抗日根据地减租减息运动探析》，《中共党史研究》2010 年第 6 期。

13. 王骅书、王祖奇：《新四军、八路军华中"连通"战略的缘起与逐步实现》，《史学月刊》2013 年第 3 期。

14. 王骅书、王祖奇：《抗战期间中共"发展华中"战略研究探析》，《抗日战争研究》2012 年第 4 期。

15. 王祖奇、王骅书:《反击驱赶政策、皖南事变与新四军战略中心的北移——论 1939 年底至 1941 年初毛泽东和中共中央对新四军危局的应对》,《安徽史学》2015 年第 2 期。

16. 王骅书、王祖奇:《原则性与灵活性的有机结合:毛泽东对组建新四军的指导》,《苏州大学学报》(哲学社会科学版)2012 年第 6 期。

17. 严峰:《笔扫千军—回顾刘少奇、陈毅同志对华中解放区党报的重视和关怀》,《江苏报业史志》1991 年第 1 期。

18. 曾凡云、王骅书:《新四军在江都抗日根据地的反"清乡"斗争政策述论》,《盐城工学院学报》(社会科学版)2016 年第 2 期。

19. 曾凡云:《蒋介石与皖南事变的发生》,《北京师范大学学报》《社会科学版》2015 年第 4 期。

20. 曾凡云:《抗战后期中共"向南发展"的战略方针》,《军事历史研究》2015 年第 4 期。

21. 曾凡云:《国民党有关新四军电文的史料价值》,《史学史研究》2015 年第 2 期。

22. 曾凡云:《"新四军游击战术与华中抗日根据地政权建设理论问题"学术研讨会综述》,《史学史研究》2016 年 3 期。

23. 张连红:《南京大屠杀前夕南京人口的变化》,《民国档案》2004 年第 3 期。

24. 张连红:《华东地区日伪关系的实像——张生等著〈日伪关系研究——以华东地区为中心〉》,《抗日战争研究》2005 年第 1 期。

25. 张连红:《南京大屠杀幸存者的日记与回忆》,《抗日战争研究》2005 年第 4 期。

26. 张连红:《如何记忆南京大屠杀——中日共同历史研究中的学术对话》,《抗日战争研究》2010 年第 4 期。

27. 张连红:《学术对话:中日共同历史研究中的南京大屠杀》,(日)《立命馆经济学》第 61 卷第 3 号(2012 年 9 月)。

28. 张连红:《战时江南水泥厂的命运与汪政权的角色》,《抗日战争研究》2012年第1期。

29. 张连红:《南京保卫战中的国军形象》,《抗日战争研究》2012年第2期。

30. 张连红:《遇难者绝大多数都是平民》,《新华日报》2014年12月12日第5版。

31. 张连红:《南京大屠杀期间日军的"慰安妇"制度:西方传教士的记录与批判》(军史三人谈:史实与论争:不同视域里的南京大屠杀),《军事历史》2014年第6期。

32. 张连红:《侵华日军暴行研究的回顾与思考》,《历史研究》2015年第4期。

33. 张连红:《南京保卫战:悲歌慷慨抗顽敌》,《中国社会科学报》2015年8月21日第5版。

34. 张连红主编:《南京大屠杀研究:历史与言说》(上、下册),江苏人民出版社2014年。

35. 张生:《南京大屠杀史研究》(上、下册),凤凰出版社2012年。

36. 张生:《美国文本记录的南京大屠杀》,《历史研究》2012年第5期。

37. 张生:《从历史到记忆:深化南京大屠杀研究的逻辑路径》,《南京政治学院学报》2014年第6期。

38. 张生、陈如芳:《南京大屠杀期间的鼓楼医院》,《北华大学学报》(哲学社会版)2008年第5期。

39. 张生:《从南京大屠杀看中国抗战前途——南京西方认识的观察与预判》,《民国档案》2006年第4期。

40. 张生:《德国档案中的南京大屠杀》,《抗日战争研究》2005年第4期。

41. 张生、袁新国:《实体民主与程序民主的历史观照——中共抗日根据地民主实践透视》,《江苏社会科学》2001年第3期。

42. 张生:《侵华日军南京大屠杀"德国视角"——以德国外交档案为中心》,《南京大学学报》(哲学·人文科学·社会科学)2007年第1期。

43. 张生:《南京大屠杀受害者 PTSD 初步研究》,《抗日战争研究》2009 年第 4 期。

44. 张生:《南京大屠杀时期难民生活状况研究》,《阅江学刊》2010 年第 1 期。

45. 张生:《笔谈:"抗日战争与沦陷区研究"》,《抗日战争研究》2010 年第 4 期。

46. 张生:《抗战时期日汪之间的中共》,中国抗日战争史学会、中国人民抗日战争纪念馆编:《纪念抗战胜利 65 周年学术研讨会论文集》,团结出版社,2011 年。

47. 张生:《空间的产生与生产:从南京大屠杀到侵华日军南京大屠杀遇难同胞纪念馆》,《日本侵华南京大屠杀研究》2019 年第 3 期。

48. 周建超:《新四军关于帮会工作的理论与实践》,江苏省新四军和华中抗日根据地研究会编:《纪念抗日战争胜利六十周年文集》,军事科学出版社,2006 年。

49. 周斌、周建超:《抗战时期中国共产党保持纯洁性的历史考察与主要经验》,《思想理论教育导刊》2018 年第 7 期。

## 六、资料汇编

1. 安徽省财政厅、安徽省档案馆编:《安徽革命根据地财经史料选》(二),合肥:安徽人民出版社,1983 年。

2. 陈晋主编:《毛泽东读书笔记精讲 1》(战略卷),南宁:广西人民出版社,2017 年。

3.《陈毅资料选》,上海师范学院政治教育系,1979 年(内部发行)。

4.《陈云文选(一九二六——一九四九)》,北京:人民出版社,1984 年。

5. 财政部税务总局编:《中国革命根据地工商税收史长编——华中革命根据地部分》,北京:中共财政经济出版社,1989 年。

6. 冯文纲编:《彭雪枫年谱》,郑州:河南人民出版社,2000 年。

7. 故宫博物院明清档案部编:《清末筹备立宪档案史料》,北京:中华书局,1979年。

　　8.湖北省历史学会编:《辛亥革命论文集》,武汉:湖北人民出版社,1981年。

　　9.华中抗日根据地和解放区工商税收史编写组:《华中抗日根据地和解放区工商税收史料选编》上册,合肥:安徽人民出版社,1986年版。

　　10.《华中抗日根据地财政经济史料选编》第三卷,北京:档案出版社,1986年。

　　11.《淮南抗日根据地》编审委员会编:《淮南抗日根据地》,北京:中共党史资料出版社,1987年。

　　12.江苏钱币学会编:《华中革命根据地货币史》(第一分册),北京:中国金融出版社,2005年。

　　13.江苏省盐城市政协文史资料研究委员会编:《盐城文史资料选辑》第13辑,1994年。

　　14.江苏省地方志编纂委员会编:《江苏省志·政府志》,南京:江苏人民出版社,2005年。

　　15.江苏省委党史工作办公室编:《江苏省抗日战争时期人口伤亡和财产损失》,北京:中共党史出版社,2014年。

　　16.江苏省垦殖设计委员会编:《苏北滨海垦殖区各盐垦公司概况》,1936年。

　　17.江苏省民政厅编:《江苏省政府十七年度施政大纲》,1928年。

　　18.江苏省公路局编:《江苏省公路局年刊》,江苏省公路局,1931年。

　　19.江苏省建设厅编:《江苏省建设厅二十一年度征工浚河概况》,1933年。

　　20.江苏省建设厅编:《江苏省建设厅二十年度业务概要》,1933年。

　　21.《江苏革命根据地法制文献选编(1941—1949)》,江苏高级人民法院院志编辑室,1988年。

　　22.江苏省财政厅、江苏省档案馆编:《华中抗日根据地财政经济史料选编(江苏部分)》第1卷,北京:档案出版社,1984年。

23. 江苏省财政志编辑办公室编:《江苏财政史料丛书:江苏抗日根据地和解放区财政史料》第 2 辑第 3 分册,北京:方志出版社,1998 年。

24. 江苏省地方志编纂委员会编:《江苏省志·盐业志》,南京:江苏科学技术出版社,1997 年。

25. 江苏省交通史志编纂委员会编:《江苏公路交通史》第 1 册,北京:人民交通出版社,1989 年。

26. 江苏省地方志编纂委员会编:《江苏省志·交通志·航运篇》,南京:江苏古籍出版社,2001 年。

27. 江苏省档案馆编:《苏中人民反扫荡反清乡斗争》上,北京:档案出版社,1985 年。

28. 刘瑞龙:《刘瑞龙淮北文集》上卷,北京:中共党史出版社,2005 年。

29. 《刘瑞龙文集》上卷,北京:中共党史出版社,2005 年。

30. 刘树发主编:《陈毅年谱》(上),北京:人民出版社,1995 年。

31. 陆阳、胡杰编:《胡雨人水利文集》,北京:线装书局,2014 年。

32. 《刘少奇选集》上卷,北京:人民出版社,1981 年。

33. 马洪武主编:《新四军和华中抗日根据地史料选(1937—1940)》第一辑,上海:上海人民出版社,1982 年。

34. 《毛泽东选集》第一至三卷,北京:人民出版社,1991 年。

35. 南通县自治会编:《二十年来之南通》,1930 年。

36. 南京陆军指挥学院编:《新四军对日作战研究》,北京:军事科学出版社,2015 年。

37. 吴福保:《盐城县政府实习总报告》,1931 年。

38. 秦孝仪主编:《中华民国重要史料初编——对日抗战时期·第二编作战经过(二)》,台湾:"中央文物供应社",1981 年。

39. 上海社会科学院历史研究所编:《"八一三"抗战史料选编》,上海:上海人民出版社,1986 年。

40. 上海师范学院政治教育系、上海师范学院马列主义教研室编:《陈毅资料选》,内部资料,1979 年。

41. 上海新四军历史研究会苏南研究组编:《江南抗日斗争一页》,上海新四军研究会苏南组,1985年。

42. 实业部中国经济年鉴编纂委员会编:《中国经济年鉴民国二十四年续编中》第2册,北京:商务印书馆,1935年。

43. 宋希濂、黄维等:《正面战场淞沪会战——原国民党将领抗日战争亲历记》,北京:中国文史出版社,2013年。

44. 孙伟编:《土地革命战争时期陈毅史料选编》,北京:解放军出版社,2013年。

45. 泰县财政经济史编审组:《泰县财政经济史》,北京:中国财政经济出版社,1990年。

46.《新四军和华中抗日根据地史料选》第五辑,上海:上海人民出版社,1988年。

47. 西北五省区编纂领导小组、中央档案馆:《陕甘宁边区抗日民主根据地》(文献卷·下),北京:中共党史资料出版社,1990年。

48. 延安时事问题研究会编:《日本帝国主义在中国沦陷区》,上海:上海人民出版社,1962年。

49. 余子道、刘其奎、曹振威编:《汪精卫国民政府"清乡"运动》,上海:上海人民出版社,1985年。

50. 豫皖苏鲁边区党史办公室、安徽省档案馆编:《淮北抗日根据地史料选辑》第2辑第1册,1985年。

51. 中国人民政治协商会议大丰县委员会文史资料研究委员会编:《大丰县文史资料·第7辑盐垦史专辑》,大丰县文史资料研究委员会,1987年。

52. 中共中央文献研究室编:《毛泽东新闻工作文选》,北京:新华出版社,1983年。

中央档案馆编:《中共中央文件选集》第11册,北京:中共中央党校出版社,1985年。

53. 中央档案馆、中国第二历史档案馆、吉林省社会科学院合编:《日汪的清乡》,北京:中华书局,1995年。

54. 中华全国妇女联合会妇女运动历史研究室编:《中国妇女运动历史资料(1937—1945)》,北京:中国妇女出版社,1991年。

55. 中国人民解放军历史资料丛书编审委员会编:《新四军·文献》(1),北京:解放军出版社,1988年。

56. 中国人民解放军历史资料丛书委员会编:《新四军·回忆史料》(1),北京:解放军出版社,1990年。

57. 中共江苏省委党史工作办公室等编:《新四军统战纪实》,北京:中共党史出版社,2007年。

58. 中共江苏省委党史办公室编:《苏南抗日斗争史稿》,南京:江苏人民出版社,1987年。

59. 中共江苏省委党史资料征集委员会苏北领导小组编:《苏北抗日斗争历史资料》(6),内部出版。

60. 中共江苏省委党史资料征集研究委员会苏中史编写组:《苏中抗日斗争》,南京:江苏人民出版社,1987年。

61. 中共江苏省委党史工作委员会、江苏省档案馆编:《苏南抗日根据地》,北京:中共党史资料出版社,1987年。

62. 中共江苏省委党史工作委员会、江苏省档案馆编:《苏北抗日根据地》,北京:中共党史资料出版社,1989年。

63. 中共江苏省委党史工作委员会、江苏省档案馆编:《苏中抗日根据地》,北京:中共党史出版社,1989年。

64. 中共江苏省委党史工作办公室、江苏省档案馆编:《中共中央华中局》,北京:中共党史出版社,2003年。

65. 中共江苏省党委史工作办公室编:《中共江苏地方史》,南京:江苏人民出版社,1996年。

66. 中共盐城市委党史工作办公室编:《万卷归海:财经战线卷》,南京:江苏人民出版社,2015年。

67. 中共句容县委党史办公室编:《句容革命史料选》第四辑,1986年。

68. 中共江苏省委党史工作办公室、南京军区政治部编研室、江苏省新四军和华中抗日根据地研究会编:《袁国平文集》,北京:中央文献出版社,2006年。

69. 中共中央文献研究室、中央档案馆编:《建党以来重要文献选编》第14册,北京:中央文献出版社,2011年。

70. 中共中央书记处编:《六大以来》(上),北京:人民出版社,1980年。

71.《中共中央东南局》编辑组编:《中共中央东南局》(下),北京:中共党史出版社,2006年。

72. 中共苏州市委党史工作办公室编:《中共苏州地方史》,北京:中共党史出版社,2001年。

73. 中国抗日战争军事史料丛书编审委员会编:《新四军·参考资料》(8),北京:解放军出版社,2015年。

74. 中国人民解放军历史资料丛书编审委员会编:《新四军文献》,北京:解放军出版社,1995年。

75.《中国共产党廉政反腐败史记》,北京:方正出版社,1997年。

76. 中共盐城市委党史工作办公室、盐城市新四军和华中抗日根据地研究会编:《刘少奇在盐城》,北京:军事科学出版社,2009年。

77. 中国新四军和华中抗日根据地研究会编:《华中抗日根据地史》,北京:当代中国出版社,2003年。

78. 中国人民银行盐城市中心支行、江苏省盐城市钱币学会编:《盐阜银行史》,南京:江苏人民出版社,2000年。

79. 中国人民解放军文艺史料编辑部:《中国人民解放军文艺史料选编·抗日战争时期》(第四册),北京:解放军出版社,1988年。

80. 赵如珩编:《江苏省鉴》,新中国建设学会,1935年。

81. 张宪文主编:《南京大屠杀史料集》(1—72册),江苏人民出版社,2005—2010年。

82. 张宪文主编:《南京大屠杀史料集29:国际监察局文书·美国报刊报道》,南京:江苏人民出版社,2014年。

# 索 引

## A

阿英 260,302,308—310,320,321

安丰 49

安徽 2,3,5,14,16,24—26,42,
47,52,56,60,162,167,175,176,
178—180,184,187,189,193,194,
199,205—209,212,214,218,219,
224,226,235,240,241,246—248,
250,252,254,259,288,306,317,
333,340,342,349,353,370,378

安徽省财政厅 162,167,175,176,
179,193,199,205—208,212,219,
224,226,235,240,241

安乐乡 207

奥地利 373,384

## B

八国联军 14

八路军 2,3,68,70,71,75,84,
159,161,165,167,219,236,265,
326,333,343,359,361,383,393,
394,397,398

八路军第五纵队 69,172,238,382

白崇禧 50,53

白驹 49,172,382

白驹会师 68,236

《百日练兵》 314

板垣征四郎 55

半塔集 69,291

《帮助老百姓收割》 315

宝山 16,17,38,297,393

宝应 17,53,74,85,203,233,248,
314

保安司令 16,48,71,82

保甲制 59,84,86,351—353,394

《保卫中国同盟》 371

《保障人权财权产权及保护工商业
　条例》212

鲍威尔　371

北方局　159

北京政府　15,16,18,23,55

《本报的改版与今后努力的方向》
　262

边币　247,248

《边区当地押地赎地办法》194

滨海　18—20,260,289,317

栟茶镇　236

并山乡　208,214

《波茨坦公告》75

博览会　23

## C

财经部　163,169,174,188,236

财经工作　8,11,157,160,161,
　163—167,169—175,177,179,
　183,186,188,189,237,246,395

财政部　23,65,186,221,223,224,
　228,230

财政部江淮税警总团　52

《财政会议决议》224

财政经济部　169

财政经济科　109,173

财政经济委员会　165,169,221,
　226,229

财政局　108,110,172,176

参议会　76,84,97—103,105,106,
　108,110—113,118,125—127,
　149,152,192,193,239,262,302,
　353,354,357,366,394,395,400

参议会制度　9,76,97,98,100,103,
　394

曹荻秋　84,101

曹县　57

草堰　22,49

岔头庄　238

产销税　181,209,223,228—230

《产销税税率表》223

长滆人民抗日自卫团　344

长江工委　272

长征　3,153

常工　107,108,110,112,113,128,
　140,321,334,335,345

常熟　17,27,29,39,40,47,225,
　270,277,278,324—326,344

常熟人民抗日自卫队　225,382

朝鲜青年联合会苏北分会　372

车桥战役　74

车载　260

陈超寰　374

陈粹吾　71

陈公博　58

陈广生　272,273,277

陈果夫　16

陈家港　18,27,34,35,74

陈夔龙　14

陈穆　175

陈泰运　53,65,360,361

陈耀汉　381

陈毅　3,60—64,67—69,71,100,
　101,135,152,153,158,160,165,
　167,170,172,190,205,218,236,
　258—260, 262—264, 267—269,
　276,277,280,281,284,285,287,
　289,293,296,298,301,302,304,
　305,307—309,313,333,337,344,
　345, 358—361, 363—370, 372,
　376,378,379,381,383,384,387,
　388,403

陈云　121,122,260,261,309

陈则民　55

程德全　15

程默　314

程业文　374

《惩治贪污暂行条例》　152

澄锡虞　64,65,80,271,278

持久战　43

崇明　16,17,35

滁州　47

储非白　275

《处理土地问题暂行条例》　197

川沙　16,17,38

《炊事员卫生课本》　388

《春季卫生》　388

崔义田　382,383,385

村公所　112,113

《村乡镇长选举法暂行条例》　351

《村乡镇各级地方行政机关组织大
　纲》　351

村政委员会　112,113

**D**

大本营　37

大本营陆军部　72

大丰盐垦公司　36,301

大精盐分厂　23

《大美晚报》　371,372

大浦　23,24,26,27,52

大生产运动　142,157,189,190,
　198—208,217,244,335,349

大生纱厂　21,25

大团　49,304

大仪办事处　241

大源　34

《大众报》　270—272,278,351

大众化　258,266,281,305—307,
　310,311,316,317,319,320,322

《大众日报》　276

《大众生活》　260,309

《大众卫生报》　388

大众园地　271

《大众知识》　260

戴季陶　30

戴济民　383,385

戴家窑　49

丹北游击根据地　63

丹阳　16,60,62,63,170,190,219,
225,273,276,284,296,328,340,
358,363,397

丹阳抗日自卫总团　276,344

丹阳游击纵队　63,276,359

当涂　62,73,219,225

《党的文艺工作者两个倾向问题》
260,261,309

《党的文艺工作者下乡问题》　260,
309

《党风》　132

砀山　16,17,248

"导淮"工程　28

德国　371,372

《登陆战》　314

邓仲铭　82,83

邓子恢　240,242,258,268,332

《敌国汇报》　258,289

敌军工作部　330,374

敌人罪行调查委员会　5

地方银号券　252

第八十九军　47,49,52,53,65

第二十一师团　52,53

第二支队　61—64,67,68,170,
218,258,358,363,381,382

第六区行政专员　71

第六支队　70,176,258

第三战区　37,42,47,53,54,63,79

第十四游击纵队　70

第四总队　70

第五十七军　46,47,49—51

第五战区　37,42—44,46,47

第五战区民众总动员委员会　326

第五支队　68,69

第一〇一师团　44,47

第一次世界大战　18

第一行政督察专员公署　105

第一支队　47,60—64,67,158,
170,198,258,276,296,333,363,
378,381,382,403

丁达明　314,315

订立财务人员守则以便遵照案
188

定陶　57

东海　17,22,26,47,52,56,393

东路抗日根据地　65,233

东路特委　270,271,277,278

东南互保　14

东南局　64,66,72,159,161,332,
341

东台　17,19,22,24,26,44,48,49,
57,58,68,85,183,189,203,213,
232,243,289,325,345,360,368,
383

斗龙港　29

《斗争报》　259

杜夫　275

端方　14

段焕竞　63

段洛夫　374

堆沟港　27

对华长期作战指导计划　72

《对于华中文艺工作的几点意见》
　321

《对中国共产党宣言的谈话》　324

**E**

鄂北　70

鄂豫边区　72,352

《儿童画报》　267,312

《儿童们组织起来自己解放自己》
　269

《儿童生活》　267—269,312

二五减租　94,95,164,192,193,
　195—197

**F**

发展华中　2,66—69,237,382,
　403,406

法币　54,147,166,167,188,204,
　215,217,225,227,232,235,237,
　239—245,247—253,255,289

樊玉林　82,363

《反对日本进攻的方针、办法和前

途》　330,343

反腐倡廉　155,156

反"摩擦"　396,398,405,406

反"清乡"　72,73,171,173,203,
　347,357,370,396,398

范长江　308,321

范公堤　18,19,26

范文照　30

范醒之　175,236

方德万　8

访仙桥　63,328

访仙镇　276

《纺织事业奖励办法》　205

纺织业　19,198,206,212—214,
　247

冯二郎　278

冯玉祥　37

奉贤　16,17,38,393

《拂晓报》　258,280,289,388

福建　26,42,45

辅币流通券　252

《妇女工作大纲》　341

妇女运动　341,342,349

阜东地区　146

阜宁　17,19,22,24,26,35,44,49,
　50,56—58,74,75,172,210,238,
　259,260,262,268,292,301,302,
　309,310,317—319,325,327,366,
　368,372

阜宁县文工团　317

傅学群　278

富安镇　26

**G**

《改善工人生活条例》　89

赣榆　17,22,24,26,46,47,52,56,
393

高淳　17,53,61,327

高冠吾　55

高敬亭　68

高黎民　381,382

高斯　314,315

高邮　17,47,53,58,85,233,243,
314

高资　63

《告江南父老兄弟书》　274

葛覃　48

工农红军　3,324

工人运动　349

公安机关　91,113,114,116

宫乃泉　381,383,385

《巩固既得的阵地继续前进》　334

古力治　30

谷力虹　275

股票　19

顾复生　374

顾祝同　16,37,42,46,47,54

顾准　239

《关于帮助群众夏收夏种与自己动
手生产的动员大纲》　203

《关于财经工作的指示》　159

《关于春耕工作的训令》　202

《关于春季工作的指示》　200

《关于大力发展华中新四军敌军工
作的指示》　374

《关于大量吸收知识分子和培育新
干部的训令》　122

《关于敌汪排斥法币及我根据地发
行抗币的决定》　242

《关于对苏北名绅进行统战工作给
陈毅等的指示》　365

《关于发行江淮银行钞票的布告》
242

《关于发展华中各根据地生产事业
的决定(草案)》　212

《关于发展华中武装力量的指示》
68

《关于发展与组训民兵工作的指示》
347

《关于法币问题的指示——各根据
地可采取的对策》　237

《关于各级党委暂行组织机构的决
定》　332

《关于各抗日根据地劳动政策的初
步指示》　211

《关于根据地内财政经济工作的指
示》　162

《关于华中根据地的财政经济工作
　　建设对各地区的指示》　220
《关于加紧春耕运动努力生产》
　　199
《关于加强财经工作克服财政危机
　　的决定》　181
《关于加强敌伪军工作的指示》
　　379
《关于坚持东路抗战十大工作纲领》
　　161
《关于减租、生产、拥政爱民及宣传
　　十大政策的指示》　200
《关于减租问题的指示》　192
《关于建立党对政府的正确领导及
　　积极改造政权的决定》　85
《关于建立皖东北抗日根据地的指
　　示》　68
《关于建立与巩固华中根据地的指
　　示》　161,219,236,354
《关于开展部队与机关生产运动的
　　指示》　201
《关于开展纺织运动的决定》　205
《关于开展妇女工作的决定》　341
《关于开展根据地生产建设运动的
　　指示》　202
关于开展全边区春耕生产运动的指
　　示　206
《关于开展生产建设的决定》　205
《关于开展生产运动的训令》　201

《关于开展伪军工作的指示》　379
《关于抗日根据地土地政策的决定
　　的附件》　192
《关于抗战中地方工作的原则指示》
　　331
《关于民兵工作的指示》　346
《关于目前时局与党的今后任务的
　　决定》　78
《关于南方各游击区域工作的指示》
　　330
《关于确定抗战之政治工作方针及
　　组织案》　377
《关于深入群众工作的决定》　333
《关于生产运动的指示》　200
《关于太平洋战争爆发后敌后抗日
　　根据地工作的指示》　137
《关于戏剧运动的倾向》　321
《关于夏季工作的决定》　202
《关于新四军行动方针的指示》
　　62,160,366
《关于行政区划的决定（草案）》
　　353
《关于盐阜区儿童戏剧问题》　321
《关于应乘日军他调争取伪军》
　　379
《关于在部队中成立联络部的命令》
　　359
《关于整训军队的指示》　346
《关于组织根据地人民大多数的决

定》　191,354

管文蔚　63,236,276,328,329,
　359,365,382

灌河　27,34,52,74,165

灌云　17,22,26,27,52,58

广东　45

广州　30

桂系　70

郭村保卫战　67,382

国都设计技术专员办事处　30

《国民参政会组织条例》　98

国民党　3,4,6,9,16,21,38—40,
　42,44,55,63—65,69—72,74,
　75,77—81,83,86,91,98,104,
　156,169,172,174,175,194,195,
　197,198,209,212,215,218,225,
　226,229,230,234—236,240,247,
　248,251,256,257,262,264—266,
　268,270,274,282,323—325,
　327—329,334,338,344,350,351,
　357—362,364—367,370—372,
　376,386,392,397,399,401,404,
　405

国民政府军事委员会　25,50,52,
　218,385

国民政府军统帅部　41,43,44,46

国民政府全国经济委员会　29

**H**

海安文化座谈会　298,367,368

海门　17,18,20,21,24,28,33,35,
　48,85,243,400

海州　26,50,52

海(州)青(岛)公路　46

韩德勤　4,46,47,49,50,52,53,
　65,67—69,194,219,360—362,
　364,365

韩复榘　37

韩国钧　15,364—366,400

汉斯·希伯　371,372

郝鹏举　56,58

合德　210

合议制度　118

何克希　64,271,278

河南　43,57,58,70,211,376

荷兰治港公司　27

横山　64,81,172

红十四军　66

洪泽湖管理局　166

后藤勇　373,374

胡弼亮　175

胡发坚　64

胡汉民　30

胡墨林　381

胡文臣　53

沪杭公路　26

沪宁路北特委　272

沪宁铁路　20,24

华北方面军　44,52,53,55

华北政务委员会　56

华东白求恩医学院　384

华中方面军　40

华中局　73，74，81，84，85，101，
　137，157，164—166，169，172，175，
　177，179，183，185，191—197，200，
　201，203—206，208，212，222，223，
　226，229，231，237，238，240—242，
　246，250，259，261，263，264，268，
　287，288，292，308，344—348，351，
　352，354，355，358，361，365，367，
　368，374，375，379，398—400，403

华中局财经委员会　183，184，186

华中局会议　163，342

华中军政大学　130

华中抗日根据地　2，4，12，62，71，
　72，77，79，92，99，102，132—134，
　137，139—141，149，150，152，
　154—156，160，161，163—165，
　167，169，170，175，177—179，182，
　183，185—189，191，192，196，202，
　205，209，211—214，218—223，
　227，229—231，233—237，250，
　254，259，263，264，290，306，317，
　330，331，333，336—339，341，344，
　348，353，356，358，367，370，386，
　392，393

《华中抗日根据地财政经济政策草
　案》　177—179，183，184，186，
　　221，222，226，229，233

华中派遣军　44，47，48，50，51，55

《华中少年》　267—269

《华中少年画报》　267

华中卫生学校　380

《华中新华报》　262—264

华中医学院　384

怀德中学　213

淮安　17，46，53，56，58，74，238，
　248，267，311，317，326，368

淮宝地区　69，176

淮宝县　166

淮北地方银号　241，242，247—
　249，252

淮北军区　75

淮北抗日根据　1，68，74，176，178，
　180，184，187，189，193，194，199，
　204—206，224，248，337，340，342，
　344，348，353，393

淮北区党委　205，206

《淮北苏皖边区减租条例》　194

《淮北苏皖边区救灾借贷办法》
　194

《淮北苏皖边区垦殖暂行条例》
　199

淮北苏皖边区行政公署　166，176，
　178，199，205，227，234，390

《淮北苏皖边区行政公署垦殖实施
　办法》　199

《淮北苏皖边区修正改善人民生活
　　办法》193
淮北盐区　22,23,27,34,35
淮北总金库　247
《淮海大众》319
淮海地方银行　238—240,243—246
淮海军区　84
淮海抗日民主根据地　172
淮海区　77,84,89,102,112,151,
　　195,196,202,225,227,232,233,
　　238,239,245,246,300,306,309,
　　310,317,318,340,353
《淮海区关于普遍组织自卫军及民
　　兵,发动广泛的群众抗日游击战
　　争的决定》148
淮海区行政公署　84,165,172,196,
　　202,246
《淮海区修正人权保障条例》89,
　　90
《淮海区租佃关系调协办法》93
淮海省省长　58
淮海省政府　56
淮海实验剧团　317
淮南　68,70,74,75,84,160,206—
　　208,213,217,218,228,230,232,
　　234,235,240,241,246—248,251,
　　252,260,291,345,346,353,385,
　　393,403
淮南津浦路东　175,193,199,206—

208,227,234,240,249,251,252,
　　254,334
淮南军区　75,206,207,374
淮南抗日根据地　1,68,77,83,161,
　　165,166,174,175,193,207,214,
　　215,217,232,240,247,254,334,
　　375
淮南区党委　174
淮南苏皖边区行政公署　175
淮南铁路　68
淮南盐区　22,34
淮南银行　240,241,246,247,249,
　　252,254
淮泗县　166
淮阴　17,28,46,47,53,172,238,
　　245,248,306,326
黄海　18,22,27,33,34,232
黄花塘　200,294,296
黄克诚　69,71,84,160,165,172,
　　195,215,219,236,238,267,268,
　　347,362,364,366,372,378
黄桥　2,57,67,68,71,194,196,
　　219,225,344,360,364,365,382,
　　383,386
黄桥抗日根据地　364
黄窝　51
黄源　260
回避制度　118
会计制度　166,167,177,178,182,

183,395

《火线报》　258,275,289

货管局　172

货物税　169,181,209,210,218,
219,222—228

**J**

鸡笼山　63

《激战》　314

纪振纲　364

冀察战区　57

加拿大　8,373,385

嘉定　16,17,38,393

价值观　6,7

《坚持原地斗争》　314

检察机关　113,115

减租减息　84,90,93,94,96,97,
113,148,149,155,157,161,164,
167,170,189—197,319,335,340,
341,349,354,355,399

减租减息法令　149,355,364

《建国方略》　33

《建设一个好的党做一个好党员》
281

建阳　214,317

江北特委　66

江北运河工程局　28

江北指挥部　68,69,258,291,384

江都　17,24,46,57,67,85,243

江华　70

《江淮》　259,298,299

《江淮日报》　259,261—264,281,299,
303,305,337,389

江淮水利测量局　34

江淮银行　184,236,237,241,242,
249

江坚　272

江抗东路司令部成立三周年纪念
279

江抗政治部　105

《江南》　271,277—279

江南财经处　164,170—172

《江南党刊》　279

江南抗日救国军东路指挥部　65

江南抗日义勇军第3路　64

江南抗日义勇军第三路　64

江南抗日义勇军挺进纵队　63,67

江南抗日自卫团　63,329

江南人民抗日救国军　80

江南社　271,272,278

江南特委　277,278

江南铁路　24

江南文艺　271

江南行署　54,78

江南行政委员会　80,170,222

江南指挥部　67,69,79,83,364,
382,383

江宁　17,61,63,64,219,225

江浦　17,46,393

江苏光复　15

江苏抗日根据地　1,3,4,6,8—13,
　60,71,72,74—77,87—89,93,
　97,100,105—111,114,115,118,
　127,130,131,136,146,149,151—
　153,157,160,161,163,164,167,
　169,171,173,174,177,178,181—
　190,193,197—199,201,208,209,
　212—218,221,222,225—236,
　242,248—250,253,255—257,
　266,267,269—271,279,281—
　290,292—298,300—317,319—
　321,323,324,329,335,337,338,
　340—342,344,345,347—350,
　352,354—357,374,375,377,380,
　381,386,387,389—391,393—
　398,401,402,406

江苏省保安部队　46,47

江苏省第四区　48

江苏省第四区税务总处　219,222

江苏省建设厅　28,29

江苏省委　18,54,64—66,78,80,
　84—86,89—96,100,101,114,
　125,132,135,147—149,153,161,
　165,168,182,190,192,193,195,
　197,198,200,202,203,239,246,
　277,326,327,329,335,340,342,
　343,345,346,349,353—355,358,

　366,370,371,378

江苏省行政公署　15

江苏巡抚　14,15

江渭清　82

江阴　17,24,40,47,64,359

江阴民众抗日自卫队　344

江浙地区　19,28

姜堰　24,48,57,58,67,68

《奖励垦荒条例》　198

《奖励群众生产办法》　202

蒋介石　3,5,30,37,40,41,43,49,
　50,60,70,75,324

杰克·贝尔登　372

杰克·布鲁斯　372

《解放日报》　96,129,208,261,276,
　310

金柯　274

金库制度　177—179,184,185,395

金沙　48

金山　16,17,38,393

金坛　16,56,60,170,190,198,219,
　225,296,340,363,378,397

津浦路东　69,160,161,166,169,
　174,175,193,207,234,235

津浦路东各县联防委员会办事处
　174

津浦路东抗日根据地　68,69,174,
　175,179,191,193,206—208,225,
　227,233,249,251,252,254,334

津浦铁路　24,43,45,47,72,393

《进出口货物税征收章程》　223,
　227

京沪铁路　80,82

泾县　60,371

经济掠夺　9,58,59,160,167,191,
　253

精兵简政　81,83,84,101,136—
　139,142,172,173,175,188,355,
　390

警备师团　50,51

靖江　17,24,85,243,364

《九宫山》　320

久大精盐公司　23

句容　17,63,64,170,190,199,
　204,219,225,296,340,363,364

俱乐部　112,150,300,306,307,
　318,325,338,369

卷烟厂　216

掘港　57,219

军民分治　15

《军人卫生手册》　389

军事参议院　40,57

军事检讨会议　43

《军事建设》　259,289

军训部　50

军医处　372,381—384,386—388

军用票　235,240,253,255

军政委员会　64

## K

卡尔　372

开封　57

《开展部队机关的生产运动》　206

《开展群众中的生产运动》　207

凯丰　260,309

抗大第八分校　130,287

抗大五分校　219,368

《抗敌报》　132,258,281,289,336,
　337,389

《抗敌画报》　258,289

《抗敌》杂志　258

《抗日根据地的政权问题》　78

抗日救国公债　325

《抗日救国十大纲领》　87,145,158,
　189

抗日民主政府　80,82,95,103,104,
　125,142—145,154,164,189,199,
　232,239,244,253,283,302,355,
　366

抗日民族统一战线　6,79,87,93,
　98,103,122,159,190,192,193,
　235,282,287,324,326,329,338,
　349,350,356,358—361,363,364,
　395,400,401,404,405

《抗日游击战争的战略问题》　339

《抗战报》　259,274,275,279

《抗战时期施政纲领》　166

《克服投降危险力争时局好转》 78

克拉克女士 372

《垦荒条例》 197

孔祥熙 30

昆山 17,40,325

**L**

来安 47,131,208

来六办事处 241

赖小刚 8

狼山 32,48

劳武结合 344

雷明 242

冷欣 54

李长江 53,57,65,67,72,359—
362

《李闯王》 320

李鼎铭 136

李寄农 326

李建模 164,170

李明扬 53,65,70,359—361

李品仙 70,175

李平心 368

李人俊 169,174,175,236,241

李士群 58

李守维 52

李亚农 374

李一氓 84,268,300—302,308,
309,320

李振湘 384,385

李子民 382,383

李宗仁 42—44,46

溧水 17,60,61,82,172,191,219,
225,340,397

溧阳 16,54,60,62,172,326,382,
397

连云港 21,24,27,33,45—47,49,
51—53,397

连云港保卫战 51,52

涟东 317,318,347

涟水 17,53,245,301,318,326,369

联防队 328

联席会议 64,79,82,83,105,140,
207

梁鸿志 55

梁玉贵 382

两淮盐区 18,22—24,34

两淮盐务管理局 23,232

两江总督 14,23

廖磊 45

林逸民 30

林震 382,384,385

临沂 43,52,276

灵璧 56,248

刘贯一 374

刘桂堂 46

刘坤一 14

刘沛臣 46

刘瑞龙　166,177,224,225,242,
　　248,334,335,349,391

刘少奇　66,69—72,145,156,160,
　　163,164,168,169,174,186,188,
　　189,192,205,236,258,259,261,
　　262,267—269,280,281,287,289,
　　291—293,296,301,302,304,305,
　　307,313,334,337,342,347—349,
　　357,361,362,365,366,368,370,
　　374,375,383,384,393,399,400,
　　402,403

刘顺元　207

刘炎　63

刘一氓　84

刘玉柱　71,242

刘振璜　53

刘振之　382

刘庄　49,382

浏河　325

六合　17,67,68,208,217,393

六届六中全会　2,66—68,128,332,
　　359,360,382

龙启余　382

陇海铁路　21,24,26,27,46,52,
　　72,393,398

鲁南　43,52,70

鲁苏战区　52,53,58

陆小波　365

陆星大　274

吕四港　18,24

吕彦直　30

吕有佩　175

沦陷区　4,5,50,51,55,59,68,74,
　　75,160,210,211,323,324,327,
　　336,338

《沦陷区防范共党活动办法》　78

《论持久战》　331,332,336

《论江南伪军工作》　378

《论皖南事变及新四军的态度》
　　361

《论新阶段》　121

罗炳辉　69,206

罗店镇　38

罗化成　381

罗生特　373,385

罗忠毅　274

洛川会议　87,145,158,189,331

骆耕漠　169,236,237

**M**

马坝区　208

马克思　6,7,12,120,128,129,
　　156,291,293,294

马仁寺　370

马馨亭　70,176

《买契章程摘要》　234

毛泽东　2,60—62,69,71,75,120—
　　123,128—130,137,146,147,150,
　　151,159,160,202,204,205,211,
　　266,280,293,303,305,310,320,
　　321,330—332,336,338,339,343,
　　346,348,397,402,405,406

茅麓公司　364

茅山　4,60,62—65,73,80,82,
　　105,170,171,190,191,199,204,
　　219,225,235,274,276,284,296,
　　297,303,359,363,370,371,382,
　　397,403

梅初　371

梅光迪　64,359

梅嘉生　67,328,329

《每日译报》　371

《每月新歌》　267

美国　30,38,42,371,372

《美亚》　371

米兰世界博览会　23

《密勒氏评论报》　371

庙岭　51

民兵　73,101,111,149,195,319,
　　343—348,407

民运工作　78,288,332—334,396

民政长　15

《民众报》　279

明道德　381

墨菲　30

**N**

南昌　60,288,371

南汇　16,17,38,393

南京　3—5,11,14—17,22—24,
　　27,30,31,37,40—44,46,51,54—
　　57,60,62,65,68,69,81,83,105,
　　173,175,199,202,237,277,285,
　　294—297,307,312,313,315,318,
　　323,324,326,327,329,340,358,
　　362,374,377,397

南京保卫战　37,39,42,43,45,60,
　　167,210,327,397,399

南京大屠杀　4,5,10,11,42

《南京大屠杀史料集》　4,5

南京国民政府　15,16,21,23—25,
　　28,29,31,34,98

《南京事件争论史》　4

南陵　61,62,363

南通　17—28,30—33,35,36,44,
　　47—51,58,59,65,66,85,298,
　　313,327,397,400

《1944年卫生工作指示》　385

《1940年五六月份工作计划大纲》
　　178

宁杭公路　26

钮永建　15

农民抗敌协会　64,190

农民运动　348—350

农商总长　18

**P**

庞友兰　101,308

沛县　17,393

彭雪枫　70,242,391

邳睢铜灵四县联防办事处　166

邳县　17,47,248,393

朴正龙　373

浦口　24

**Q**

七七抗战三周年纪念　279

七七事变　37,326

七省公路会议　25

齐锡生　8

齐仲桓　381,383,384

祁硕陶　36

祁铸臣　36

启东　17,20,21,24,33,35,48,85,
　243,369

契税　166,178,181,219,221,224,
　233—235

《前锋报》　259,281

《前进报》　272—274,277

《前驱报》　279

《前哨报》　259,279

《前线报》　259

钱俊瑞　369

钱小惠　260,314

钱毅　260,309,321

乾元观　370

秦加林　264

青岛　45,52

青戈江　61

青昆嘉　65

青年抗敌斗争协会　64

《青年团结》　279

青年运动　349

青浦　16,17,38,393

青阳　61,71

清政府　14,15,18,23,34

庆日新　34

邱察荣　374

《区剧联组织条例》　317

《区、乡临时行政委员会组织法》
　354

曲塘会议　365

全国经济委员会　25,30

《群众导报》　272,276,277

群众工作　3,5,8,10,62,68,145,
　202,262,287,291,323,324,329,
　330,332—335,338,340,342,
　348—351,355,356,367,381,396,
　398,399

群众团体　64,76,83,84,101,118,
　141,148—151,331,334,335,339,
　340,350

## R

饶漱石　101,135,264,346

《人民报》　274

人民代表大会制度　103,104

人权　79,89—92,97,114,115,
　　117,119,370

人事制度　9,119,120,122

任大石　271

任光　367

任天石　278

任援道　56

《日本兵队之声》　376

日本军国主义　373,376

《日本侵略中国史》　269

日军大本营　40,42,50,55,72,74

日照　22,35,45,46,52

宍戸寛　7

如皋　17,19,20,22,24,26,28,33,
　　44,48,57,58,66,85,225,243,
　　364,369

如西县　223,230

## S

赛弗艾　372

三好章　7

三七分租　166,191,193

"三三制"　79,80,85,88,98,102,
　　103,124,139,141,166,336,366,

395

《沙沟战斗》　314

沙溪　325

山东抗日根据地　83,393

山东中兴煤矿公司　27

山东自治联军　46

陕北　3,200,324,326

《陕甘宁边区各级参议会组织条例》
　　126

《陕甘宁边区施政纲领》　122,124

上党　81,132

上海　2,15—17,20,22,26—28,
　　30,38—41,43,45—47,51,55,56,
　　59,62,79,102,129,133,155,156,
　　158,163,170,204,210,211,216,
　　244,249—251,264,271,288,299,
　　306,313,314,317,323—325,330,
　　341,345,353,361,367—370,372,
　　373,385,390

《上海周报》　371,378

上诉制度　117

《烧盐》　315

社会变迁　4,8,12,17

社会主义核心价值观　6,7,10

射阳港　29

射阳中学　153

沈其震　302,372,381,383,385

审计　167,171,177,178,185—
　　188,395

审判机关　92,113—115,117

审判制度　117

《生产》　315

生活教育　268

《生死同心》　317

牲畜税　209

省款　178,179,181,185,224,241

《省临时参议会组织条例》　98

盛泽　24

盛子瑾　70,176

石婆乡　207

石原支队　51

史沫特莱　371

《士兵之友》　376

士绅　36,55,102,117,152,207,
　302,309,356,362—366,370

《首都计划》　30,31

首都建设委员会　30

《赎田条例》　197

沭阳　17,53,56,58,196,239,245,
　306,353

双十协定　172,274

税警总团　56,65

硕陶图书馆　36

司法机关　91,92,113,114,116,
　117,119,152

司徒阳　367

《撕毁蒋介石的假面具》　269

四县抗敌总会　170,190,225

泗宿县　166

泗五灵凤县　166

泗县　70,166,206,248,363

泗阳　17,53,199,245,248

松江　16,17,38,393

松井石根　40

淞沪会战　37—40,43,45,60,65,
　324,325,328,397,399

宋公堤　146,244,302

宋乃德　237,302

宋振鼎　326

宋子文　30

《送子参军》　314

苏北　1,3,6,7,9,10,17—21,26,
　28,36,42,45—47,50—53,55—
　59,65—71,73—75,77,81,83—
　85,96,145,146,160,163,165,
　168,172—174,180,185,194,195,
　198,199,201,210,213—217,219,
　223,225,227—234,237,238,248,
　252,259,261—263,267—270,
　280,286—292,295,296,298—
　300,302—304,306—310,312—
　316,318,325—327,337,340,344,
　345,347,348,353—357,360,362,
　364—369,373,376,382,383,390,
　393,396—398,400,402,403,406

苏北各界代表会议　366

苏北公学　130

苏北军区　74,84,109,173,201,238,246

苏北抗敌和平会议　365

苏北抗日根据地　8,68,71,73,75,77,83,84,89,90,100—102,106,116,134,135,146—148,151,165,172,173,179,195,198,201,233,236,238,239,250,254,270,299,301,302,304,307,308,312,317,318,334,337,340,349,353,372,375,383,397

苏北抗日同盟会　326

苏北临时参政会　236,365

苏北临时行政委员会　172,173

苏北区　83,84,109,165,173,224,238,352

苏北绥靖公署　58

苏北特委　67

苏北文工团　337

《苏北文化协会第一次代表大会宣言》　369

《苏北文化协会工作纲领》　369

《苏北文化协会简章》　369

苏北文协代表大会　369

苏北行政委员会　85

苏北行政专员公署　55,56

苏北指挥部　67,172,298,364,382,383,386

苏常太　65,170,271,272,371

苏常太经济委员会　225,228,231,233

苏淮特别区行政长官公署　56

苏嘉铁路　24

苏鲁皖边区　53

苏鲁豫支队　70

《苏南报》　275,276

苏南财经委员会　170

《苏南敌后抗日民主政权建设》　82

苏南二区财政经济委员会　221

苏南抗日根据地　8,60,64,65,73,75,78,80,81,83,94,96,99,100,114,135,147—149,161,164,165,168,170,181,182,185,190,197,199,203,204,222,225,228,231,235,270,272,276,284,285,335,403

《苏南区行政公署暂行组织法》　82,83,105,115

苏南区行政委员会　82,105

苏南人民抗日义勇军　344

《苏南施政纲领》　82,88,164,182,203

《苏南行政第二分区专员公署训令》　182

《苏南行政公署暂行组织法》　171

《苏南行政区处理土地问题暂行条例》　93,94,164

《苏南行政区各级参政会组织条例》

99,152

苏皖边区第二次财政会议　224

《苏皖边区第一次财经会议决议案》
　　241

苏皖边区绥靖总司令　57

苏皖边区委　70

苏皖省委　69

苏皖支队　67,69

苏浙军区　75,172

《苏浙日报》　276

苏浙皖　25,26,60

苏浙皖区党委　274

苏浙皖三省道路专门委员会　26

苏浙皖绥靖军　56

《苏中报》　132

苏中第二分区　274

苏中第三行政区　213

苏中第三行政专员公署　215

苏中第五专员公署专员　274

《苏中经济建设方案》　214

苏中军区政治部　203

苏中抗日根据地　8,65,66,68,72,
　　73,85,86,89—93,95,114,116,
　　125,132,139,152,153,172—174,
　　183,187,189,197,202,214,222,
　　223,226,230,232,235,243,335,
　　338,346,375

苏中区　84—86,106—111,115,
　　117,118,131—134,152,187,196,

197,202,213,217,223,227,232,
　　242,253,273,335,340,342,343,
　　347,354

《苏中区处理诉讼案件暂行办法》
　　116

《苏中区法院组织条例草案》　115

《苏中区改善农业雇工生活暂行条
　　例草案》　89

《苏中区各级公务人员任免暂行条
　　例》　106,124

《苏中区各级审计委员会暂行组织
　　及审计法规(草案)》　187

《苏中区各级行政人员公约》　152

《苏中区各区级政府组织法》　109

《苏中区人民纠纷调解暂行办法》
　　118

《苏中区人权财权保障条例》　89,
　　90

《苏中区施政纲要》　88,93,114

《苏中区土地租佃条例》　93,95

《苏中区县以下各级代表会(县委参
　　议会)组织法选举法(草案)》
　　354

《苏中区乡镇政府组织法》　111,
　　112

《苏中区战时进出口税暂行管理办
　　法》　223

苏中四专署　181

苏中行政公署　85,86,88,89,106,

152,173,181,226,242,253,354

苏州　14,15,20,22,24,27,28,39,
　　40,47,51,55,56,59,62,65,210,
　　211,277,308,309,323—327,342,
　　362,397

《宿东办事处整顿财政经济制度决
　　议案》　179,183

宿迁　17,53,245,248

宿县　56,248

粟裕　61—63,67,68,71,74,75,
　　85,132,160,170,172,218,296,
　　313,327,342,344,345,362,366

睢宁　17,53,58,248

孙家山　51,52

孙科　30

孙良诚　57,58

孙中山　15,31,33,40,97

**T**

台儿庄　44,50

太仓　17,324,325

太滆　80,82,274,275

太湖　29,30,39,73,81,82

《太湖报》　274,275

太湖流域　29

太湖流域水利委员会　29

太平洋战场　74

泰东县　189,236

泰和　36

泰县　17,24,47,53,85,183,184,
　　187,189,211—213,215,217,253,
　　380

《泰县财经人员守则》　189

泰县第二中学　213

泰县民主政府　184

泰兴　17,53,57,85,360,369

泰兴县教育局　64,364

谈平东　274

谭恩济　382

谭震林　64,65,213,271,278,370,
　　371

唐生智　40—42

涛青场　22

陶行知　268

《田间》　315

田畑作造　373,374

畑俊六　55

铁道工委　272

《挺进报》　259

挺进纵队　63,67,69,225,276,382

通海公路　26,50

通海垦牧公司　18,35

通慧　370

《通令》　250

通遂　36

通榆公路　25,26

通州　32

同盟国　5,75

同仁泰盐业公司　23

铜山　17,61,393

统一战线　6,66,70,77,79,139,
　141,162,191,192,211,249,277,
　283,288,301,308—310,329—
　332,357,358,360,363,366—368,
　371,372,375,378,399,400,405,
　406

统治　4,6,9,13,15,16,29,37,
　54—56,58,59,65,73,77,86,98,
　182,197,215,248,253,256,284,
　327,329,356,377,405

《突击报》　279

涂克　314

屠宰税　178,181,209,218,219,
　223,224,228,233—235

《屠宰税征收章程》　224,233

《土地租佃条例》　197

《团结力量大,什么都不怕——老尖
　庄小学生翻身记》　269

**W**

瓦屋山　63

皖东北　69—71,176,248,335,344

《皖东北日报》　241

皖东工委　69

皖东抗日根据地　68,69

皖南　54,60,61,64,66,67,218,
　303,332,344,358,371—373,377,
　404

皖南事变　2,3,7,11,71,72,80,
　83—85,163—165,169,170,176,
　186,191,193,196—198,209,211,
　218,221,222,226,227,229,233,
　236,237,240,249,258,262,282,
　289,296,302,333,344,348,360—
　362,366,368,375,381,383,388,
　389,398,403—406

皖西　60,70

万毅　51

汪达之　267

汪精卫　55—59,323

汪伪政府　55—59,83,284,335

《王大进冬学》　317

王德成　378

王德威　268

王法　275

王浩　272

王瑚　15

王家村　208

王家港　29

王阑西　260,261,264,308,337

王龙广　199

王明　66,403

王任叔　368

王央公　374

王聿先　381,382

韦永义　67,274

《为坚持江南敌后抗战之政治纲领》 79,83,88,161

《为开展春耕运动告农民书》 202

《为争取千百万群众进入抗日民族统一战线而斗争》 120

卫岗 63,378

卫生保健 387—389

卫生工作 10,323,373,380—391,396

《卫生季刊》 388

卫生教育 387,388

卫生运动 390,391

伪币 167,171,174,215,237,240,249—251,253—255

伪南京要港司令部 56

魏光焘 14

《魏特琳日记》 4

《文化工作中的统一战线》 146

文化事业委员会 369

文教行政扩大会 319

《我们活跃在苏北》 314

《我们在敌后干些什么?》 262

《我们怎样组织俱乐部》 318

巫恒通 64,364

无锡 17,20,22,24,27,30,40,51,64,210,211,277,278,326,327,397

无锡青年抗敌后援会 326

《无线电讯报》 263

芜湖 24,51,60—62,73,358

吴宝康 272,278

吴江 17,29,325

吴江怒吼歌咏团 325

吴良镛 31—33

吴绍文 53

吴淞江 30

吴先元 175

吴县 17,24,325

吴县文艺协会 325

吴小平 274

吴耘 314

吴之理 381

吴仲超 64,326

伍佑 22,49,210

武汉 14,30,41,43—45,50,51,53,55,60,63,371

武汉会战 45,51—53

武进 17,56,63,64,272,276,328

武南 82

《武装报》 259

X

西贺初级中学 283

西墅 51

西亭 48

西团 49

西尾寿造　55

锡澄线　40,41

锡宜武　82

锡宜武办事处　170

锡榆铁路　24

歙县　60,61

下蜀　63

《夏季卫生》　389

《夏季卫生工作大纲》　384《夏季卫
　生应有设施规定》　384

《先锋》　259

先遣队　61—63,168,327,358

县款　167,178,179,181,185,224

《县区行政委员会及乡镇组织法》
　353

《县以下各级代表会组织法、选举法
　（草案）》　353

《限制异党活动办法》　78

宪政　79,87,88

《乡选举法》　353

《乡选举委员会组织法》　353

《乡镇公所组织法》　353

《乡镇农村剧团暂行组织章程》
　317

《乡镇政府暂行选举法》　354

《乡镇政府组织法》　352,354

乡政府　86,92,111,112,179,181,
　352—354

香河正男　373,374

项英　60—62,65,66,160,332,358

项致庄　57

《消息报》　371

萧国生　370

萧县　16,17,248

小丹阳　62,64

《辛丑条约》　14

辛丰车站　363

辛亥革命　14—16,18,23

新安旅行团　267,268,305,310—
　312,337

新安小学　267,311

《新的战斗条件和新的战斗任务》
　363

新丰　36,63

《新华报》　259,263,280,281

新民主主义　5,76,87,88,103,
　116,123,143,146,147,157,159,
　209,303,310,338,395

新四军　1—13,54,60—79,83,
　101,102,105,132—134,139—
　141,146,147,149—151,153—
　166,168—170,172—177,184,
　186,188—191,194,198—201,
　203,205,208,209,211,213,216,
　218,219,225,230,232,235,236,
　240,244,247—249,256—272,

274—276，279—299，301，303，
　　307—310，312—317，319—321，
　　323，324，329—341，343—345，
　　347—367,369—399,401—407
新四军八路军总指挥部　71,383
《新四军的政治工作》　358
新四军第二师　175,206
新四军第六师　73,80,164,384
新四军第三师　73，74，84，165，
　　201,215,259,287,299,362,378
新四军第十六旅　73,75,172
新四军第四支队　68,69,174,324
新四军第一师　72—75，85，154，
　　172,345,380,384,385
新四军军部　60,61,63,64,67,71,
　　73—75，81，83，84，163—165，
　　169,172,200,201,236,237,257,
　　258,260,262,263,267,287—290,
　　293,294,296,298—300,305,308,
　　311,332,344,345,358,362,366—
　　369,371,372,374,378,383,385,
　　388,391,393,398
新四军军分会　61,64,65,67,137
《新四军卫生工作条例（草案）》
　　384
《新四军印象记》　372
新四军战地服务团　190,301,312,
　　313,342,364

《新四军致毛主席和党中央电》
　　265
新塘　63,325
《新文化》　259,260,309
新乡制　86,100,354,394
新兴　22,30,32,35
《新型的人民军队》　372
《新盐法》　23
新洋港　29
新镇　49
《新知识》　259—261,302,309
兴化　4，17，22，47，53，57，58，65，
　　68,85,203,314,360,361,369
行政村　112
行政督察区　16
行政督察专员　16,48,70,107,170,
　　176
行政区　1，16，30，85，99，104—
　　106,115,126,165,197,203,221,
　　226,228,351,352
行政院　5,16,33
行政专员公署　80,81,83,105,107,
　　172,189
《修正淮海区审理司法案件暂行办
　　法》　116
《修正减息条例》　196
《修正陕甘宁边区各参议会组织条
　　例》　98

盱风嘉县　166

盱眙　42，68，69，214，240，241，
　248，389

墟沟　45，51

徐金元　381

徐世杰　382

徐州　21，24，42—47，49，51—53，
　55，56，58，65，69，323，326，327，
　397

徐州会战　4，37，42—47，50，65，
　210，253，397，399

许广平　368

宣城　24，60，61，327

薛镇　63

雪松法师　370

**Y**

牙税　178，181，209，218，224，
　230—232

《牙帖章程》　224

雅周裕民消费合作社　217

《亚细亚》　371

延安　7，122，128，138，211，260，
　261，265，276，288，305，309，310，
　312，326，331

《沿海鱼税征收章程》　224

盐城　17，19，21，22，24，26，28，35，
　36，44，48，49，57，58，71，74，153，
154，163，169，172，173，186，188，
189，191，196，210，214，216，217，
223，236—238，243—245，249—
251，258—262，280，281，287—
296，298，299，301—304，309，310，
312—315，317，325—327，345，
352，354，355，357，361，368—370，
372—374，383，384，390，397，398，
403，406

盐城县民众总动员委员会　326

盐城县政府教育局　36

盐东　254，317

《盐阜报》　238，243，259，264—266，
　300，305，309—311，334，352，353

盐阜币　232，233，243—246

《盐阜大众报》　153，232，259，265，
　266，281

盐阜党校　130

盐阜各界人士座谈会　366

盐阜工商管理局　223

盐阜军区　84

盐阜区　7，77，84，89，96，100—
102，110，111，115，117，118，135，
145，147，151，152，172，179，180，
185，194，198，213，216，223，225，
227，229—234，237，238，244，246，
251，259，264，268，294，300，302，
306，310，312，315，317—319，334，

337,340,345,347—349,354,370,
376

《盐阜区高等法院检察官权限暂行
条例》 115

《盐阜区高等法院院长权限暂行条
例》 115

《盐阜区高等法院组织条例》 115

《盐阜区各机关部队收支及预算决
算暂行办法》 185

《盐阜区各机关部队收支预决算暂
行办法》 180

《盐阜区各县司法科长权限暂行条
例》 115

《盐阜区各县属区乡(镇)调解委员
会关于民刑诉讼调解权条例》
118

《盐阜区减租条例》 93

《盐阜区区级政府组织法》 109,
110

《盐阜区司法案件审理暂行办法》
116

《盐阜区司法大纲》 116

《盐阜区司法工作人员大纲》 115

《盐阜区司法工作人员服务纪律条
例》 154

《盐阜区司法人员任免奖惩待遇条
例》 125,127

《盐阜区乡镇公所暂行组织法》

352

《盐阜区乡政府组织法》 354

《盐阜区新颁征收契税暂行章则》
234

盐阜区行政公署 84,101,106,152,
165,172,179,180,198,223,227,
237,250,251,353

《盐阜区行政公署保障人权暂行条
例》 89

《盐阜区行政公署市、乡政府暂行组
织法》 353

《盐阜区行政公署征收各种税税率
表》 223,232

《盐阜区行政公署——重订契税章
程》 223

《盐阜区行政公署组织条例》 106

盐阜区总剧联 317,318

盐阜行政干部学校 130

盐阜银行 237,238,243—246,
249—251,254,315,316

《盐阜银行章程》 237

盐河 165

盐垦 18—20,35,36

盐税 18,23,24,103,178,181,209,
210,218,219,221,224,230,232

盐务总局 23

盐业 18,22—24,27,34,35

阎锡山 30,394

燕尾港　27

秧歌舞　311,318,319

扬帆　260,308

扬中　16,63,67,225,272,276,
277,382

扬中县抗日民主政府　199

扬州分局　23

扬子江水利委员会　29

杨镜吾　153

杨仲华　57

叶楚伦　16

叶挺　60,61,71,158,358,367,
373,381,388

夜防队　328

一元化　84,85,113,140,142,173,
402

仪征　17,24,67—69,254

宜兴　16,54,60,326,397

义和团运动　14

义勇军　65,331,373,382

《艺术教育的改造问题》　261

益林　210,215—217,238,301

印花税　209

英国　38,371,372

营溪　68

营业税　103,170,181,209,220,
222,223,228—231,233

永安桥　63

永丰祥商号　215

永宁寺　370

尤恩　373,385

于学忠　52

余再励　332

《渔滨河边》　317

《预算编造方法》　181

裕华　36

裕民公司　215

裕通　34

豫东　70,168

豫皖苏边区　169

豫皖苏边区联防委员会　178

豫湘桂战役　74

袁国平　332,333,358,378

袁世凯　15

援华医疗队　373

岳王　325

云台山　27,51,52

**Z**

在华日人反战同盟　357,373

在华日人反战同盟淮南支部　375

在华日人反战同盟苏北支部　375

在华日人反战同盟苏中支部　375

《在生长与壮大中的盐阜区人民武
装》　149

《在延安文艺座谈会上的讲话》

260,266,305,310,320,321

《暂行税则》 220

《怎样写小诗歌》 321

《怎样组织农村剧团》 318

曾庆济 382

榨油业 214

《战士报》 258,289

张爱萍 70,71,215,311,326,372

张储乡 208

张鼎丞 62

张睿 18,20,21,23,25,32,33,35

张圩 239

张贤 382

张星炳 48

张勋 15

张勋公馆 60

张英 277

张渔 268

张云逸 68,69,258

张之洞 14

张宗元 46

章乃器 175

赵平生 264,266

赵韵松 47

《哲学的范畴》 403

浙江 24—26,37,42,45,56,57,
60,210,250,288,306,317

《真理》 149,259,399

《真理报》 371

镇江 15,16,27,40,46,56,59,60,
62,63,65,170,175,190,204,210,
219,225,276,283,285,296,297,
328,358,363,369,378,397

镇扬地区工委 272

《征收货物税暂行条例》 220,225

《征收油酒产销税暂行统制办法》
223

整风运动 130—135,142,290,293,
402,404

《政府与中共代表会谈纪要》 274

政权建设 8,9,11,76,77,81—85,
88,137,163,168,170,176,197,
238,262,323,351,352,366,394

直系军阀 15

中共长江工作委员会 371

中共澄武锡工委澄西民运工作队
272

中共澄锡武中心县委 272

中共澄锡武中心县委宣传部 272

中共澄锡虞工委 64

中共丹北中心县委 272,273

中共丹南县委 279

中共丹阳中心县委 279

中共江南区委 279

《中共江苏省委关于外县群众工作
的指示信》 147

中共京沪路北特委　272,273,277

中共茅山地委　279

中共苏南区委　275

中共苏皖区委　88,161,182,203,
　275,279

《中共苏皖区委苏南施政纲领》
　114

中共苏中第五地委书记　274

中共太滆工委　279

中共太滆特委　274

中共太滆中心县委　279

中共铁道工作委员会　371

《中共中央关于目前形势与党的任
　务的决定》　331

《中共中央关于徐州失守后对华中
　工作的指示》　69

中共中央华中局　72,166,191,192,
　200,211,221,236,237,246,252,
　259,261—263,267,268,291,292,
　299,300,303,305,308,310,313,
　342,345,346,354,357,380,393,
　399,402

中共中央书记处　66,69,159—161,
　163,201,236,280,354,367

《中国的战歌》　372

《中国敌后战场》　5,11

《中国革命和中国共产党》　159

中国共产党　2,4,6,9,12,13,54,

64,71,102,119,121,124,128,
131,136,143,145,147,155,172,
189,190,195,197,198,204,208,
256,257,261,262,264—267,274,
275,277,282,283,285,286,291,
305,309,323,324,328—330,338,
343,348,357,363,365,392,393,
395,397,398,400—406

《中国共产党在抗日战争时期的任
　务》　120

《中国人民的大救星》　269

《中国正面战场》　4,5

中华门　24

中华民国南京临时政府　15

中原局　66,69—72,83,84,159—
　164,168,169,172,174,186,188,
　189,191,220,236,259,298,348,
　358,382,397,402,403

《重订典赎土地条例》　196

《重订改善雇工待遇条例》　196

《重订减租条例》　195

周恩来　64,66,67,377

周佛海　56,58

周岗村　208,214

周念华　382

周扬　261

朱观杜　382

朱履先　365,366

朱松寿　64,359

朱毅　169,236,237

竹镇区　207

庄兆林　274

壮丁队　331

紫金山　30

自卫队　149,150,296,307,328,
　343—348,364

自卫军　68,333,339,340,343,
　345,346

自卫权　38,90,91,336

自卫团　112,328,329,356

自治会　33,55

最高国防会议　37

佐藤正三郎　47

佐藤支队　47—49